社會學精通

Mastering Sociology

Gerard O'Donnell◎著

朱柔若◎譯

譯者的話

　　在此時此地翻譯一本社會學導論的書，就譯者所具有的學術背景來說，其實不是件討好的差事。這不僅是因為市面上已經有太多本介紹社會學基本概念的譯著，就連以我國社會為背景的本土著作也有不少。在這種情況下，為何還要扛起這份苦差事呢？一來好在《社會學精通》這本書，採用的主要是英國社會的例子，當你展卷閱讀的時候，你會看到與你常接觸到的美國社會學迥異其趣的英國社會學風貌。二來這本書的選定，從專業的立場來看，出版者稱得上是慧眼獨具。對社會學有興趣的讀者，略一翻閱馬上就會發現，它絕對是一本指導社會學新鮮人利用分析世事的角度來吸收社會學知識的佳作；更別提它也是一本特地為準備社會學考試的年輕學子提供系統整理的專業讀本。簡單地說，本書之所以優於同類作品，主要在於：原著者奧唐尼爾（Greard O'Donnel）於詳盡傳授答題技巧與介紹閱卷者評分方式之餘，又由淺入深出為初入門者解說社會學剖析社會問題時所秉持的角度與所遵循的程序；尤其重要的是，為學習者提示準確掌握社會現象剖析的切入點。

　　雖然對一般人來說，第一眼瞧過去從事人類社會的研究，似乎是件再簡單也不過了的事，哪曉得它其實是件萬般複雜的工程。何況時至今日，社會學已經成為一門足以引發學生與社會大眾好奇心的學問。正因如此，高知名度也為社會學帶來了一些負面效應。其中之一是對現代社會生活的膚淺詮釋，一些學藝不精之士濫用奇囫圇吞棗下所吸收的普通社會學讀本中的常識與理

論。這正是任何一本介紹性的社會學讀本所必須承受的風險。太多的情況下，社會學並不僅僅是察看某個事件或某個個人，研究者更不甘於表面價值，它尚包括把你所看到的事「擺回」某個情境脈絡之中。所以讀者最好牢記奧唐尼爾的提醒，世事的因果環節總是比這裡所描述的複雜，而社會學知識只是略微反映社會生活豐富全貌中的鳳毛麟角。

平心而論，翻譯一本應考專書的誘因，與其說它是吸引力，還不如說是障礙來得貼切。既然要譯書，選譯一本名著常為上策。然而棄英國社會學大師紀登斯的大著而不譯，卻選擇這本簡易的小書《社會學精通》來從事，到底是何道理，總得有所交代吧。個人以為本書結構方面章節安排的輕、薄、短、少，就是它最大的特色──每章僅藉助數篇短文的簡述，便將社會學抽象神秘的面紗給褪去，從與彰顯出社會學構成的主題──再短短的章節裡，社會學變得更加生活化、通俗化，也更接近我們日常的生活。有機會與此書結緣的讀者，展讀之餘，當知譯者並非河漢斯言。

朱柔若

一九九年春
寫於中山大學

應試準備

1. 回答本書每個單元的試題時，必須記住社會學研究領域本是相互關聯的，爲了能夠表現主題，本書才依據標題分成數個單元。某個特殊問題可能要求你從數個不同的章節中（例如，家庭、階級、與教育）彙整資料之後再作回答。當你讀完整本書，試試看慢慢複習你早先所做的努力，這次把你在這門課上所學到的所有知識都整合起來。

2. 普通考試試題的設計，是爲了考核你確實學會了些什麼，閱卷者並不是想要「逮你出局」。不同等級的成就必須要給予獎勵，這項「能力辨識」主要是靠書面論文來完成，是藉助：

　（a）利用一系列難度增高的題目，最後面的題目是最需要考生仔細判斷思考的題目（這些可能被描述爲「難易坡度試題」或「階梯化試題」、或是「結構化試題」）。

　（b）比較長的問題可以測量考生回答的深度。

　（c）能力辨識也由作業評分或計畫評分來達成，其中可以測驗你規劃、研究、以及權衡證據的能力。爲了確實能夠讓考生做他們自己特別感興趣的題目，這項作業活動給予較大的自由空間。

3. 如果試題分成幾個部份，先看看每部份所分配到的分數。投入數行文字在只能夠得到一分的題目上，是浪費時間；對於這些題目閱卷者只期望數個字的答案。一項常見的（嚴重的）錯誤是寫出幾乎是你對某個特殊主題所知道的全部答案，來回答某題中只能得到少少幾分的某個部份，而對於那些就是要你回答這

些答案的主要題目，你卻沒有重複將相關答案寫出來。

4.就較長的答案來說，以論文的形式作答，而不要以草稿備忘、要點條列的方式做為你的答案。雖然你可能在正式開始作答時，會在你的試題卷上打些草稿。（把草稿寫成整齊的一行字，閱卷者就不會特別注意）記住閱卷者在兩到三週之間，會有上百張的試卷要改；他們不可能花太多時間去弄清楚你想要說什麼，或是去辨識你的字跡；重複重點想要使某個零零碎碎的答案看起來長些並不會給閱卷者任何好印象，華麗的描述只是浪費時間。

5.只是說出社會學家的名字是得不到任何分數的。主考官不期望普通考試考生瞭解詳細的社會學理論（例如，俗民方法論），但是你應該知道進行社會學調查的不同取向，而且若能舉出某些特殊的研究範例，是相當管用的。

6.不要試圖死記一些統計數字。閱卷者感興趣的，主要是你對社會學的瞭解程度，而不是你能夠記住事實項目的能力。你應該能夠對社會的結構與制度做出平衡的判斷，只提到不具體的見解是沒有多少價值的。你應該知道社會學家使用的各種研究方法，並且能夠詮釋與分析以各種不同方式呈現的證據。這就是為何本書中會包括各種不同的圖表與摘要論文的一項理由。

7.作答時，光是長度並不會為你爭取任何分數。不管如何，時間都會限制你答案的長度，目標應當擺在產生架構完整、盡量包括所有相關重點的答案。

8.算出你能夠花在每項試題上的可能時間；當時間一到，就直接寫下一題。如果你有時間的話，再回過頭來完成你未完成的答案。三題回答得不錯的答案，肯定不會比五題一般水準的答案得的分數多。

9.花點時間仔細讀完整份試卷，選出你知道最多的那些題目（而不是那些看起來容易作答的題目）。有些人認為最好先回答他們知

道第二多的那些題目，那麼當他們寫到最會答的題目時，會變得更有信心。

10.不要回答多過於你需要回答的題目——有些試委會排除所有多答的答案；其它的試委會在批改過所有的答案後，然後就規定作答的題數中挑出答得最好的答案——你只會浪費寶貴的時間。

11.回答被問到的問題，而不是回答你希望被問的問題。如果你讀過「範本」或「範例」解答，不要奢望一字不漏地死背下來；從中摘取相關的重點來回答你被問到的問題。

12.本書沒有包括一份參考文獻，因為經驗告訴我很少有參加普通考試的考生有這個時間（或是這個意願）會廣泛閱讀教科書之外的其它讀物。不過，如果你真的想擴大你的閱讀範圍，你將更能享受並且欣賞社會學這門科學。

13.1950年代與1960年代的英國，親眼目睹第一次社會學入侵它的國境。這些年引進了許多標準的、通俗的社會學教本，他們對社會學的概念提供了相當珍貴的洞識。丹尼斯、韓瑞克斯、與史洛特（N. Denis, F. Henriques & C. Slaughter），1956的《煤礦是我們的生活》；楊格與威爾蒙特（M. Young & P. Willmott）1972的《倫敦東區的家庭與親屬關係》；童斯多（J. Tunstall）的《漁民》依然是相當有用的論著，但是考生確實需要瞭解這些論著中，有一些就今日的角度來看是有點過時了，有必要將之與1990年代的現況做一批判比較。

作業評量

　　這個部份的設計是爲了給你一個機會讓你選取你特別感興趣的某個層面或某些層面的主題，然後使用社會學的技術，深入地研究你選出的那個主題，或那些主題。

　　這時你將能夠以你自己的步調來取得、收集資料，而且你能夠用你自己的技能來應用你的研究發現。我們預期你的老師會幫助你選擇你研究的計畫，並且會隨著你計畫的進展而給你適時的指導。但是所有的聯招小組都強調那必須是你自己的作業。例如，倫敦與東安哥里亞聯招小組說：

> 考生之間是可以合作設計一項研究並且一同收集資料，但是撰寫報告必須是個別考生自己的作品。最後的調查報告必須包括一項清楚的陳述說明考生個別的貢獻。調查可以是根據第一手的研究與／或次級資料，看哪種適當。不過，盡是大幅抄襲次級資料將是不適當的作品，重點總是應該擺在在綜合與評估。

　　課堂作業現在佔總分的百分之二十。分配給課堂作業的百分比將給你某些概念你應該花多少時間在這個上面。

　　每個試務小組在其出版的簡章中，都會詳細說明他們希望從你完成的作業中看到些什麼，關於這部份的規定你當仔細閱讀。有些試務小組允許你呈現非書面的資料：例如，錄影帶、電腦程式、或是口頭發表（在你開始作業之前，最好先確定哪種方法可

被接受的）。

　　雖然每個試務小組都會說明課堂作業計畫或作業的最大篇幅或平均字數的要求，並且允許使用圖表（以及其它的表現形式），但是接受評鑑的是作品的品質而不是數量。

　　各聯招小組建議的若干適當的研究範例包括有：

1. 就所選出的報紙，針對這些報紙的內容與讀者群的社會組成之間所顯現的差異之關係，進行的一份調查。
2. 社會規範的探究，例如：

◆觀察機車騎士看到「停止」道路號誌時所表現的行為
◆觀察一場足球賽中支持者的行為
◆觀察在操場上學生的行為

3. 分析媒體上性別刻板印象及其對態度形成的影響，使用抽自該生自己學校的一組樣本。
4. 一份以學校為基礎的研究，探討來自不同文化背景學童的童年生活，以訪談的方式執行。
5. 研究英國自1900年以來經濟控制與所有權的變遷，使用次級資料。
6. 研究對社會階級的態度，使用問卷／訪談法對同輩團體展開研究。
7. 調查某所中學／大專／某條街上，不同年齡與性別群體的閱讀習慣。
8. 研究家庭關係，使用訪談法訪談三代的家人。
9. 研究某個特殊的「問題」（學生濫用藥物）。使用次級資料加上訪談。
10. 職業研究──諸如：工作環境、性別歧視、工會參與、工

資、技術變遷、資格學歷。

北區聯招會提供一個有用的例子，指出一項適合調查研究的可能執行方式：

媒體是如何處理犯罪新聞，媒體處理犯罪新聞與大眾態度、政府反應之間有關係嗎？

（a）列出這個議題的大綱。媒體呈現的是一個扭曲的、不正確的故事嗎？媒體會影響態度與行為嗎？從現有出版的書籍中可以找到很多可參考的資料。

（b）討論不同層次的犯罪活動，以及因時期與地區的不同，犯罪在分佈上與層次上的可能變遷。以官方統計數字做為實際違法行為的指標所具有的屬性與缺點。有很多已出版的書籍可用。

（c）把媒體報導犯罪及其強調的方式和犯罪活動的實際數量與程度做一比較。數本坊間已出版的書籍與新聞剪報可用。

（d）為何媒體以目前使用的這套手法來處理新聞。討論關於媒體定義具有新聞價值事件的標準。有不少這類書籍可用。

（e）媒體可能的影響力——例如，「道德恐慌」。社會大眾把犯罪當作「問題」看待的知覺。可以使用問卷、訪談，作為你瞭解抽樣程序的憑據。

（f）結論——例如，當檢視「實際」發生的犯罪水準時，會彰顯警察行為受到何種影響？社會大眾的知覺又受到何種扭曲？但是或許近年來犯罪活動已經發生劇烈的變化。

（g）參考書目

每個試務小組都會清楚說明他們要你在你的計畫報告中列入哪些項目；不過，大部份應該包括有：

◆題目頁
◆目次頁
◆動機陳述（你想要做的研究是什麼——你的主題領域，以及你選擇用來探究它的方法與理由）
◆研究報告——說明這個研究是如何進行的
◆ 研究結果與發現的提出
◆分析與結論
◆列出你所有次級資料來源的書目

評定你的計畫

　　每個試務委員會會有他們自己制訂的評分標準，但是其中重要的因素大抵包括：

◆你收集到的資訊有多少是你自己獨立找到的程度
◆原創性
◆架構段落的明晰程度
◆推論的能力
◆主題涵蓋的深度
◆正文中你用以支持論述的言論整合程度
◆精確性
◆完整性例如，資料來源的摘要，參考文獻

目錄

第四單 社會分化 *171*

第五單 工作與休閒 *237*

12,工作的意義 *239*

13,報酬與待遇 *257*

14,就業狀況的變遷 *269*

第一單元

第*1*章
社會學的術語與概念

1.1 文化與社會秩序

　　「社會學」這個名詞第一次是在1838年被一位法國人，孔德（Auguste Comte），用來描述他稱為「人類結合生活的科學」。在孔德之前許多人已經有系統地研究過社會的各個層面，但是只有孔德試圖把社會學建立成一門獨立的學科；事實上孔德把社會學視為最重要的一門科學，並將之置於一層層日益複雜的科學的頂端。另一方面，有些人一點也不認為社會學是門科學，而認為它只不過是用複雜的術語包裝明顯事物的一種方式罷了。

　　在第二章中，我們將把社會學當作一門「科學」看待；本章的目的在建立什麼是社會學家研究的主題——即孔德所指的「人類結合的生活」。

　　大部份的動物為了保護自己、養育他們的後嗣，以及改善他們供應食物、遮風避雨的效率，多為群居；由於他們必須合作，所以發展出某種規則與期望。

　　如果有一群雞為了爭奪食物而不斷地打鬥，那麼他們常會把對方啄傷。但是若建立起啄食的先後秩序，或「上下層級結構」，其中較具攻擊力的雞有權先吃，那麼這個現象就可以避免了。

　　人類的生活比雞更加複雜。對他們來說，與他人合作，更加重要。的確極少數的人會希望生活在由最具攻擊性的人所主宰的社會。想要見到合作發生，相關的人必須同意某些想法，共享相似的行為模式。在英國，大家接受第一位排隊等公車的人有權最先登上公車，後來才到的人通常不會隨便推擠進入隊伍，因為他們可以預期排在隊伍中的人不會同意他們這麼做。

　　當一群人建立起一種生活方式，即為大眾接受的行為與信仰模式，那麼他們的行為與道德規範就被描述為他們的文化（culture）。

　　文化包括：言論、衣著、食物、與一般的行為舉止；但或許

大多數的動物皆為群居

更為重要的是，文化還包括了思維過程。

　　一般說來，一個國家將會共享一個文化模式，所以我們通常說英國文化、法國文化，但是在任何一個國家之內，因為階級、年齡、族群背景等事實，團體間在行為與信仰上也會有所差異。在英國，也常見「勞工階級（working class）」與「中產階級（middle class）」文化的區別。

　　美國社會學家路易斯（Oscar Lewis）指出，可在大都市的貧民區見到特殊的「次文化（subculture）」。這股「貧窮文化（culture of poverty）」有它自己獨特的信仰與行為，包括：不信任權威、仇視警察、信仰男性優越感、以及與無法改變事實這個觀念所產生的自卑感。

　　「社區（community）」這個名詞有時被用來描述所有共享一個相似文化的人群，但是這個概念通常是指人與人之間因合作與歸屬感而產生的較為親密的認同。基於實用的目的，最好把社區想成一個為所有成員所知的區域範圍，不論這個區域範圍是個修道院，還是城市裡頭的數條街道，然後把這個社會團體與「文化」做一區別。一個社區意味著共享諸如：學校、道路安全、住家與保安等方面的需要；因此有合作的需要。共同的文化是其中一種確保合作的方式。一個社會之內不同的文化會為生活帶來變化與色彩，如果我們假定其間存有某種共享的價值來避免失序的話。

1.2 社會化

　　有數種方法社會秩序可以得到維繫，包括使用武力。不過，確保某個社會內的人會相互合作而不失序的最有效方法是，把他們教養成能夠照社會期望做出某種特定、互相差不多近似的行

為。

　　從我們生下來開始，我們就開始學習。最早是在家庭裡，然後是在鄰里社區與學校。就這樣我們被「社會化(socialised)」了，養成了接受某種行為對我們來說是正當的，並且也期待別人表現某種行為的想法。

　　我們學會了「性別」行為──期待會出現在小男孩與小女孩身上的行為──我們學會了「階級」身份──如果想要被某個社會地位團體接受，我們應該會表現出來的言行舉止；我們的「財產價值觀念」──這將確保我們對所有權的態度，合乎我們生活於其中的社會。

　　我們在生命開始最初幾年所學到的東西，已被證明在決定我們的未來上有關鍵性的影響力。數世紀以前，耶穌會把這個情形總結成一句──「給我一個七歲的男孩，我將造個男人」。不過，大部份的研究指出，影響社會化最為關鍵的那幾年不是七歲才開始，而是從誕生就開始了。有位研究者，約翰・包爾比（John Bowlby），十分確定地指出，影響情緒穩定成形至為關鍵的時期是從出生到三歲的時候。

　　不用說，社會化的過程將會反映社會的需要；為了要產生像古希臘斯巴達民族一樣堅毅驍勇善戰的人民，社會化可能是相當苛刻、並且紀律嚴明的；社會化也可能會是溫和自在的，就像生活在沒啥經濟或社會壓力的新幾內亞社會的阿拉佩虛（Arapesh）民族一樣。

　　一個有趣的、試圖刻意影響社會化過程的例子，見諸於第二次世界大戰前的日本童話書，書中將所有原該出現房子與樹木的文字圖片都換成為槍子與士兵。

1.3 順從與偏差

　　社會上大多數的人會照著人們的期待表現他們的行為——「順從」。如果大多數的人不順從期望的行為模式，那麼不是會出現四分五裂、一團混亂的情形，就會有一個新的行為模式浮出檯面，成為新的「順從模式」。大部份的社會也有一些行為不順從期望模式的人，他們與眾不同——「偏離」常軌。這些「偏差份子」有可能是只拒絕社會某部份信仰的人，或是全盤否定所有社會信仰的人；也可能是他們的行為不被社會上大多數的人所接受。這些偏差份子可能是某個團體的成員，而這個團體所有的成員都接受、甚至操持不同於社會共同接受的信仰與行為——就這個例子而言，他們是某個「偏差次文化」的成員。個別偏差者可能是個品德高尚的隱士，或是個有兒童性侵犯毛病的人；偏差「次文化」的成員有可能是某個大城市內某個永久社區的一部份，靠犯罪為生，或是某個地獄天使幫派一時的成員。

　　偏差的判定並非由某個特定的行動所決定，而是該行動在某個環境下的可接受性。舉例來說，醫院護士為病人注射藥物可能是被社會接受的行為，而某個年輕人「為求刺激」而注射相同的藥物，可能因此受到責罵、處分。

　　隨著社會的變遷，它對何者為偏差的看法也會跟著改變。現在年輕女士在沒有男性陪伴之下，在大庭廣眾面前飲酒作樂已是社會接受的行為。數年以前這種行為會令該名女子被貼上妓女的標籤——背離英國文化所接受的道德規範的偏差份子。但是賣淫這種行業在所有文化下都未曾被視為偏差行為，在古代黎巴嫩的寺廟中有聖潔的妓女。

何謂偏差？

　　某個行動，可能對某些群體的人來說，是相當可以接受的行為，但是對另一個團體來說，可能會是受到嚴厲處分的行為。某個順手牽羊的女孩，可能在她中產階級的老師眼中是個偏差份子，但是對她的同輩朋友來說，並非如此。我們如何判斷這個女孩持續的偷竊行為？她是受到她同輩朋友價值觀的強大影響力，還是她未能明白老師對她的負面看法？…但人若未能及時調整行為，比較可能會被視為愚不可及，而非作奸犯科。

　　另一個問題則是，什麼反應才算是團體中其他成員所表現出的敵意、或是制裁的反應。這類反應並不是每一次都會以逐出團體的形式出現。社會心理學的研究業已顯示，行為偏差的成員經常是團體動力中非常可貴的一環。馬許（Marsh）在其有關足球迷的一份研究中指出，團體中的「脫線」在界定正常行為上擔負一項重要的功能：他的行為不僅被整個團體所包容，甚至受到其他成員的鼓勵。違反一項社會規則或許會激起數項直接反應。曾經有此一說，憤怒、困窘、與幽默是對破壞規則的三種典型反應。不過，他們同時也是對破壞規則之外的行為的反應。幽默或許是對講笑話的反應，憤怒是對沒有通過駕駛測驗的反應——這兩者沒有一項破壞了任何一條規則。另一個存在的問題是關於如何發現哪些是社會規則的問題…實際上，不可能要某個人坐下來，逐條列出——讓我們說———場晚宴的行為規則。只有當狀況出現時，我們才發覺事情好像有點不對頭——例如，交談中突然出現一段不算短的、令人困窘的沈默，或是有人喝得酩酊大醉以至於他的行為失去了控制…似乎我們勢必得放棄去尋找一個絕對的、放諸四海皆準的偏差定義。法律會變，同樣的行動或許適用於多種不同的描述〔摘自於康貝爾（A. Campbell），1982，《偏差少女（*Girl Delinquents*》Oxford：Blackwell〕。

1.4 角色與地位

　　其實，大部份的人都不是偏差份子，他們照著人們對他們的期待行事爲人。有意識無意識地，他們照著腳本行動，採取某個「角色」。事實上，人們隨著年紀的增長，他們的腳本多了，所以必須同時扮演許多角色；因人格之故他們保留了學習到的基本角色，但是不時增添些新腳本，例如，幫派份子、爲人母親、或爲人弟子。這些「多重角色」可能會有所衝突，造成緊張與不穩定。某人可能在工作上獲得升級，對於他以前的同事必須要採取經理的角色，儘管他仍然希望能夠扮演是他們兄弟的角色。某位女士或許在她小孩還小的時候就想要找份工作做，但是可能有困難協調母親與勞工的角色。身爲一名員工社會期望她按時上下班，但是如果她的小孩病了，又期望她能留在家裡照顧小孩。

　　角色一旦學會要再拋棄常是件難事。當人們必須扮演一個正常情況下不期望她們扮演的角色，則稱爲「角色倒置（role reversal）」。在英國，有些社區發展到了今天，或許有工作給女人做，卻沒有工作可給男人做，這對那些帶著要養家活口期望長大的男人來說，常發現他們成了心不甘情不願的家庭主夫。他們或許會尋找其他可以表現他們男子氣概的出口，不過有此一說，這種情形可能是造成北愛爾蘭暴力瀰漫的衆多主要因素之一。

　　我們與他人發生關聯的所有角色，總稱爲「角色組（role set）」。每個情況下和我們發生關聯的人們，稱爲我們的「角色他人（role others）」。

　　我們有許多角色是「歸屬的（ascribed）」，因爲這些角色都是事先決定的，與我們個人的意願無關——例如，小孩的身份，或是身爲皇胄的父親過世後，我們成了伯爵。其他的角色則是「成就的（achieved）」，也就是說，這些角色我們總是以某種方式賺來的；例如，搶劫銀行，結果賺到了犯罪的角色；或者站出來競

選，結果得到了國會議員的角色。

我們扮演的角色會成為決定我們在社會上的「地位（status）」的重要因素。我們的地位是我們在一個上下層級結構上的位置；代表著我們在社區裡能夠贏得他人尊敬的程度。在社會上我們或許會因我們做的工作被公認為有特殊的價值，而比其他人得到較高的地位。或者，我們也可能會擁有較高的社會地位，如果我們贏得了一枚彰顯我們英勇行為的維多利亞十字獎章。甚或我們只是在我們的死黨中擁有較高的地位，因為我們擁有一些特殊的才能、或是令他們羨慕的特質。

我們的地位可能與我們的言行舉止受到社會讚許的程度有關。或者與某個不是我們能夠掌控的社會位置有關。英國的社會階級就是個例子。如果我們是「勞工階級」的一員（即做的是一份勞力的工作），我們的地位就比「中產階級」（做的是份「白領」工作）來得低。我們或許能夠透過教育來得到中產階級的地位，但是如果我們生在中產階級的家庭，那麼我們的位置將會因我們的家庭具有為我們爭取較多接受教育與社交人脈機會的能力，而受到保障。

1.5 規範與價值

雖然人們在社會上會佔有不同的地位，扮演不同的角色，但是仍有某種行為模式是在任何狀況下都被視為「正常的」。這種我們期待人們會表現的標準行為，社會學家將之簡稱為「規範（norm）」。正是由於大多數人接受社會的規範，所以社會才有辦法運作順暢。

如果你上醫院去看醫生，結果他什麼都沒有穿，只穿條內

褲、靴子、並且繫上一條蝴蝶結領帶，你對他的信心可能會有點動搖，但是你社會的結構並不會因此而受到危害。不過，假定老闆的勢力比現在弱，而且人們變得期望靠自己的力量得到他們想到的東西，那麼我們的社會可能無法以現在我們知道的形式繼續運作。

我們社會上大多數的人，不會不分青紅皂白地想去行竊或殺人，因為這兩項行為都與我們社會的「道德價值（moral value）」相抵觸。當某項「規範」具有增強社會上某一條道德價值的效果時，社會學家稱該規範為「民德（more）」，而簡稱道德價值為「價值（value）」。在我們的社會裡，其中有一項民德是，父母有照顧子女的責任，並以合乎人性的方式對待他們。

適可而止地責打自己的小孩，在一百或五十年前曾經是被社會接受的行為，但是打小孩卻違反了現代英國社會的民德。另外，英國有許多機車騎士認為在高速公路上一小時的行車速度超過七十英里，或者父親為他十七歲的兒子在酒吧中叫杯半品脫的酒，都不是什麼大不了的事情。但是他們做的雖然沒有破壞任何一條民德規範，卻是違法的事。因此，法律與民德並不是同一回事。

有些價值諸如：尊重生命，對大多數的文化來說，是共通的。但是在其他方面，例如，財產權，各個社會則有相當大的差異。即使關於尊重生命的解釋各界的歧異亦相當大。在英國，為自衛而戰獲得廣大的支持，但是在巴拉圭的森林區，說德語的已經建立起一個繁榮昌盛的社區，並發展出在任何環境下都拒絕拿取武器的核心「民德」。

重要性較低的民德稱為「民俗（folkways）」。違反民俗的人可能會被視為標新立異、特異獨行，好比說一位只穿內衣褲執行手術的醫生，但是他們並未被視為犯下了任何失德的事。民俗可能會是一時起興的——女性裙子流行的長度便是這類暫被視為正確行為的例子——或者他們可能更為持久，那麼則被稱為「風俗

（customs）」。在英國，朋友之間通常以握手的方式，或只說聲「哈囉」的方式打招呼。在義大利，他們可能彼此擁抱、然後親吻對方的雙頰。

1.6 衝突與共識

當然每個人都接受一個社會所有的價值，遵守所有的社會規範，那麼社會文化可能都不會有啥改變。不過，社會確實在變，有些變得快，有些變得慢，儘管確保順從行為的壓力一直存在。

有兩種觀察社會變遷的方式：其中一派是「功能論者（functionalists）」所偏好採用的。涂爾幹（Emile Durkheim）——生於1858年的一位法國人——並未創造「功能論者」這個名詞，但是他強調，社會整合最重要的層面在於對社會賴以建立的原則達成「共識（consensus）」。涂爾幹覺得，社會上存有一股「集體意識（collective conscience）」，其乃是社會所擁有的共享價值與規範的反映。功能論者相信，一個社會的文化反映該社會的需要，文化的每個層面都具有確保社會順利運作的功能。因此，功能論者認為，社會會調整其規範以適應需要的改變，因為某個規範或價值若不再有助於社會的運作，將會對社會造成「反功能（dysfunctional）」，而被社會所揚棄。

如果變遷發生的速度過快，社會適應的速度不夠快，人們將會因缺乏規範而感到無所適從。他們進入一種「無規範（normlessness）」的狀態，通稱為「脫序（anomie）」，而且他們可能藉著酗酒、吸毒、攻擊、與自殺等方式，來逃避無所適從的感受。涂爾幹最著名的研究是探討自殺的肇因，在該研究中涂爾幹找出不同國家的自殺率與該國文化內個人整合程度之間的關聯。

相對於「功能論者」傾向於強調變遷乃一漸進過程的重要性，其他學者傾向於把變遷看做更近似源自社會內部衝突猛然爆發的過程。馬克斯在其《共產黨宣言》中指出，「當下存在的所有社會的歷史，都是部階級鬥爭史」。這個社會變遷的「衝突理論（conflict theory）」對社會學家有很大的影響。

　　基本上，「衝突理論」所建議的是，一個社會的規範必須對社會成員有意義，否則這些規範將會被社會成員所「疏離（alienated）」，或孤立，甚至叛離。由於任何一個社會的財富、權力、以及其他人人渴望得到之物的數量都相當固定等因素，這類的衝突幾乎無可避免。

　　宗教就是一個社會可以藉此整合、團結信徒的要素，同時也是引發衝突來源的好例子——例如，新教徒與天主教徒之間、或是印度教徒與回教徒之間的問題。

第2章

社會學的研究方法

2.1 主要的研究方法

　　進行社會研究有兩大主要的理由。一是出於「描述（descriptive）」，目的在發現事實：吉普賽人的生活實際上是什麼樣子？有多少人是窮人？第二個理由是出於「解釋（explanatory）」，目的在發掘特殊形式的團體行為的成因：為何人們對於某些族群團體，會有偏見？為何年輕人比老年人更可能涉足犯罪？這類研究經常嘗試找出兩類問題的解答：如何以及為何？

　　為了解釋某個社會層面，我們可以從某個「理論（theory）」開始——人們對某個族群團體存有不利的偏見，會是因為怕他們嗎？然後，我們必須透過建立某些「假設（hypothesis）」——某些假想的因果關係——來檢定（test）我們的理論：或許人們懼怕移民，因為他們認為新移民可能會減低他們在自己國家內成家立業的機會？建立了假設之後，我們必須去檢定它。

　　然而，就是在檢定階段，出現了社會學是否是門科學的論戰。當然像社會學之類的任何一門社會科學，是比任何一門諸如化學或氣象學的自然科學，較不具確定性。我們處理的主體事物——人——幾乎帶有數不盡的變項，而其它科學處理的則是帶有更多有限可能性的沒有生命的客體。然而，化學家與天氣預報員常常預測錯誤——任何一門科學裡沒有絕對正確的事；一門科學的本質面向是在科學方法的使用。科學家必須「客觀（objective）」，他自己對於主體事物的看法不一定要中立，但是他必須保證他是以一種任何私人看法，都不能影響他研究的方法進行調查。

　　在檢定他的假設時，社會學家必須避免可能會影響結果的個人偏執；他也必須設法跳出他所研究之團體的思想窠臼。團體成員也可能熱心提供他們之所以會有某些行為的理由，因為他們希望獲得金錢上的好處，或是他們想要討好研究者。

所有的社會科學研究都需要有「資料（data）」——可以對之進行檢定的選擇性資訊——而這類資料可以分做兩類。「量化的（quantitative）」，舉凡可以化成數字形式者，皆屬之；例如，某個年齡團體或社會階級的人數。「質化的（qualitative）」，舉凡無法與統計形式發生關聯的事物，諸如：影響行爲的觀念，皆屬之。

雖然相同的研究兩種形式的資料都可使用，不過有兩種主要的研究方法適用於質化資料，有兩種主要的研究方法適用於量化資料。量化研究方法可以分類爲各種各樣的「調查（survey）」與「實驗（experiments）」。質化研究方法包括：「參與觀察（participant observation）」「深度訪談（in-depth interviewing）」。

社會學的研究可以進行一段時間，以便觀察到趨勢、建立因果之間的關聯性，然後將追蹤的結果與早先收集到的資訊做個比較。這類研究若歷經一段長時間，被稱爲「貫時性研究（longitudinal study）」。貫時性研究面對的問題包括：花費過高、過了一段時間之後才又接觸原來的樣本、篩選出來的哪些效果是與原來可能發生的因果關係有關？到什麼程度可以說是這中間經歷的結果？一個不錯的貫時性研究的例子是戴維、巴特勒與金斯坦（Davie, Butler, & Goldstein）1972年所出版的《從出生到七歲（*From Birth to Seven*）》一書。該書是對1958年某一週內出生的一萬七千名兒童所進行的，社會階級地位對兒童發展的可能影響的一項調查。這群兒童在11歲與15歲時又再度接受一次調查。

2.2 資料來源

你必須選擇適當的方法來進行調查。北區聯招會列有下述幾種調查方法——當你親自使用這些技術所收集到的資訊，就是你的

初級資料來源（primary sources）：

1. 直接觀察
2. 參與觀察
3. 實驗
4. 訪談
5. 問卷（開放式、封閉式、編碼式）
6. 調查（比較的還是貫時性的）
7. 抽樣（代表性與隨機）
8. 個案研究
9. 假設檢定

此外，你可以使用次級資料來源（secondary sources）。次級資料來源包括：

1. 官方統計（例如，《社會趨勢》，你的圖書館應該有一本）。
2. 正式出版的研究（例如，《社會學精通》所舉的一些例子）。
3. 別人的日記／私人文件（例如，你可能有位親戚，他會讓你借閱一本第二次世界大戰時保存下來的日記）。
4. 公開的記錄文獻（例如，你的教會牧區可能會讓你取閱有關該牧區教友出生、死亡、以及結婚的記錄。這些記錄可能會提供你關於當地的職業變遷，或是該區過去人們結婚或死亡的年齡等等意想不到的事實資料）。
5. 大眾媒體的報導（電視、雜誌、廣播、電影、以及報紙）—你當地的圖書館應該收集有各大報紙，特別是地方版的報紙，常可能連過去好幾十年前的報紙都有收藏（一般會收藏在「微管軟片檔案」中）。
6. 書籍，就如本書；但也可以是小說、傳記、以及自傳。

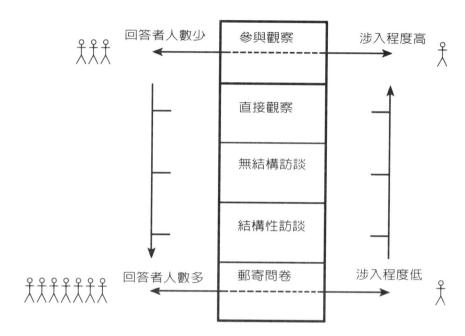

圖2.1　社會科學各調查方法的研究者涉入程度

　　記住雖然次級資料來源：

◆用起來便宜
◆很快就可以拿到手
◆能夠追溯過去的情況
◆進行不同時期的比較

　　但你可能無法檢視：

◆資料的精確程度
◆資料的客觀性
◆該筆資料原來收集的目的

當你進行初級研究時，那些你想從他們身上得到你想要的資訊的人，稱為回答者（respondents）。一般說來，你有的回答者愈少，你就有愈多的時間花在每一位的身上——這時你的涉入程度（level of involvement）就會很高（參見圖2.1）。這項高涉入程度意味著你能夠更加詳盡地檢視每一個人，或許會得到你想都沒有想過的資料，因而更可能發現事情的真相。另一方面，你私人涉入的愈多，你影響結果的可能性就愈高——而產生所謂的訪問者偏誤（interviewer bias）。

參與觀察

參與觀察時，研究者成為他研究團體的一份子；這就是說，研究者非常涉入該團體平日的活動。理想上，這個方法可能有機會比用別的方法，更能觀察到該團體成員平時經常出現的言行舉止，而獲得更為深入的瞭解。不過，隨著研究者對該團體成員變得特別友善或特別仇視，有可能不知不覺地對他們的行為做出偏誤的解釋，所以這個方法特別容易產生訪談者偏誤。

優點

1. 有些團體的生活方式，使得不論用別的那一種方式研究他們都頗為困難。例如：

    ◆不良幫派份子（他們可能仇視訪談者，拒絕填寫問卷）。
    ◆吉普賽人（經常四處流浪、居無定所；可能也讀不懂問卷）。

2. 研究者能夠充分瞭解被研究團體的關係模式，因此能夠瞭解為何這些人如此特意獨行（體會他們的看法）。

3. 可以研究每天的正常作息，找出可能被團體成員忽略掉的因素。而這些因素在正常情況下，團體成員可能想都不會想到要提出來。
4. 可能會出現研究者想都沒想到的非預期因素。
5. 如果團體不知道觀察者是來做研究的，觀察者甚至不會影響到該團體的行為。
6. 可能記錄到非口語的溝通。

缺點

1. 控制個人偏誤，可能不是件容易的事。
2. 觀察者的出現有可能影響到團體的行為。
3. 獲得研究團體的接受，可能不是件易事。
4. 要隨時記錄當下發生的訊息，往往不是件易事；有可能因此遺漏掉重要的細節。
5. 可能還會涉及到法律或道德的問題：例如，不良幫派可能會期望觀察者做出違法的或是與觀察者價值觀相抵觸的行為。
6. 可能會涉及到良心的問題：例如，為了維持「其偽裝的身份」，「間諜」有時必須說謊。
7. 參與觀察相當耗時：可能造成不少成本上的問題，並且打斷了研究者「正常的」生活型態。

範例

◆詹姆斯・狄頓（James Ditton）研究一家上好麵包店中出現的一些上下其手的小型犯罪行為。在其《兼職犯罪（*Part Time Crime*）》一書中，狄頓描述他做數個月麵包烘焙師父時所進行的研究。他還訪談了送貨員。狄頓發現送貨員欺瞞顧客，而且偷減送貨，但是卻護衛他們自己的行為說「這種事大家都在做」或是說「顧客負擔得起啦」，最後他們自己甚至相信上下其手並算

不得什麼犯罪。

◆威廉‧懷特（William Whyte）大約在四十年前花了三年半的時間，與波士頓美國義大利街頭幫派一起生活，並且寫了一本經典大作，《街頭社會：義大利貧民窟的社會結構（*Street Corner Society: The Social Structure of an Italian Slum*）》。雖然他知道他的出現有改變該團體行為的風險，但是不可避免地他還是產生了一些影響——該團體中有位成員告訴他說：「現在，每當我要做些什麼事時，我就會想到比爾‧懷特會想要知道些什麼…以前我做這些事的時候都是憑直覺的。」懷特也承認在他的研究過程中，他從一個「參與觀察者」轉變成一個「非觀察的參與者」。

◆詹姆斯‧派崔克（James Patrick）於1950年代暗中加入格拉斯哥的一家街頭幫派，並且在他的《格拉斯哥幫派觀察記（*A Glasgow Gang Observed*）》一書中，描述他何以最後必須結束他的研究，因為幫派期望他涉入暴力與犯罪的行為。他不喜歡這個幫派的感覺似乎影響到了他的研究。

◆哈羅德‧派克（Howard Parker）1960年代在利物浦的研究，《男孩看天下（*View from the Boys*）》並沒有偽裝身份；而且因為這群「男孩」知道他不是真正的幫派份子，他們接受他損失的比他們更多，因而不期望他積極主動地參與犯罪。不過，他承認他有時改變了這群「孩子」的行為模式，因為他無法忍受某些犯罪行為。這項由於觀察者的出現而產生行為改變的結果，現在已經熟稱為霍桑效應（Hawthorne effect），這是因為艾爾頓‧梅歐（Elton Mayo）於1920年代與1930年代研究芝加哥生產工人行為時發現他在場時，生產力有增加的傾向。

直接觀察（或稱為非參與觀察）

　　直接觀察時，研究者並沒有想要成為被研究團體的一份子，

而且這類觀察常常與其它研究方法，諸如：訪談與問卷法一併使用。

在某些情況下，直接觀察可能是唯一可行的方法——例如，研究托兒所中小孩子的行為。觀察者不可能變成一個小孩，也不可能成功地偽裝成一個小孩；問卷法顯然並不適當；訪談法可能會非常簡短而且不太管用。

優缺點

有些與參與觀察有關的因素也與直接觀察有關，例如，可以注意到非口語溝通；目睹非預期的事件；可以將團體成員間的互動加以歸類。同樣的，個人偏誤可能仍會是個因素：觀察者更可能會影響到某些團體的行為。這個方法同樣也是花費高、耗時長——雖然時間抽樣（time sampling）〔或以隨機的方式，或是根據配額的基礎，選擇出實際進行觀察的時段〕可以減少花在觀察標的團體上的時間，而不致減少研究的效力。

範例

◆史坦華斯（M. Stanworth）證實在劍橋的中等學校裡，男學生比女學生受到老師更多的關注。在《性別與學校教育（*Gender and Schooling*）》一書中，她（1983）描述她如何透過課堂錄音來避免影響這個團體的行為。

問卷調查

使用問卷是一項常見的收集社會調查資料的方法——是研究者設計來收集代表某個特殊團體標準化資訊的方法。這類調查可以僅僅是描述性的（例如，想要發現有多少失業人口在黑市經濟中「兼差」賺錢），或是特別設計來檢定某些因素之間是否有關係的某項假設、建議、甚或「猜測」（例如，有可能是人們不想費事透過正

式管道找工作，因為結合社會安全給付與非正式就業，他們能夠賺到更多的金錢）。（注意：這是個例子，不是一項事實。）

問卷的答案可以是封閉的（例如，要回答者選出適當的答案），也可以是開放的，要回答者用他們自己的話把答案寫出來。

問卷可以是用郵寄的，或是由一位研究者當場統一施測——兩種方法都有利有弊。兩種類型都需要非常清楚的說明文字——郵寄問卷尤其如此。

郵寄問卷

◆優點

1.快速。
2.省錢。
3.容易製表，計算相關。
4.不會有訪談者偏誤。
5.回答問題之前，有時間思考。
6.人們更有可能回答令人困窘的問題。
7.不受地理區域的限制：要調查世界上任何地方的人都可以辦得到。

◆缺點

1.回答率低（相較之下，寄回的問卷份數可能少得多）。
2.不具代表性（由於回答率低之故）。這項缺陷會隨標的回答者的自我選擇回答或不回答而增加——例如，寄回登在報紙上的問卷。
3.問卷中題目的意思有可能被誤解（沒有人在旁幫忙解釋）。
4.沒有機會旁敲側擊以找出答案的含意。

當場施測的問卷

　　如果研究者根據問卷上的問題逐題詢問回答者、或是協助回答者填答一份問卷，通常會增加成本（或許要支付研究者一筆訪問費用）；也可能會要花上比較久的時間，而且可能為這次的調查又添上了訪談者偏誤，這有可能是因為訪談者在問問題時帶有建議性的語氣，例如，贊成或反對，或是因為訪談者的年齡、性別、膚色、服裝，而影響到回答者。

　　不論如何，比起郵寄問卷，這個方法有數項優點，包括了較高的回答率，增加信度與代表性；此外，還有機會問些開放性的問題，因而增加了研究的深度。

訪談

　　訪問可能是找出我們想要知道的答案，最為直接了當的一種方式。但是人們常常不願意告訴你他們真正的行為與想法。反而他們可能會告訴研究者他們認為研究者想要聽的答案來取悅研究者，甚或他們為了表現出自己比實際上更是個重要的人物、更為鐵齒、或有更多的性經驗，而刻意提供誤導研究者的答案。

　　結構性（structured）訪談有一份確定的格式，明確的問題，並且按照一定順序排列。可以用這個技術快速地找出某項事實資訊。例如，地方上休閒與交通設施的使用。無結構（unstructured）訪談允許訪談者不受題目排列順序的限制、可以用新的話語文字來問問題、並且鼓勵受訪者發表他們的看法。這種形式的訪談將來的用處可能更大，尤其是在決定諸如感情深度等質化層面的答案時，更是如此。不過也有某些缺點——需要一位有技巧的訪談者，能夠使受訪者輕鬆地接受訪談，而且不會引導出某種特殊類型的答案。錄音帶現在常被用在無結構訪談之時，而使訊息的流

通得以更加流暢。

提供你一些進行訪談的訣竅：

◆穿著打扮盡量中性，才不至於很清楚地洩漏了你的態度。

◆避免配戴徽章或其它的線索。

◆不輕下判斷，好比說，不要說你贊成還是不贊成。

◆留意非口語溝通，那可能會使受訪者認為你在暗示某種答案。

◆向受訪者做自我介紹，並且解釋你研究的目的——如果你覺得這會使他傾向某種答案的話，你不需要告訴他實際情況。

◆謹慎對待你的受訪者，但須記住你的目的是挖掘事實——必要時當深入旁敲側擊。

◆進行無結構訪談時，在你的腦海中應記清楚你的目標，不要偏離主題太遠。

◆如果可以的話，保證不記名。

抽樣

大部份調查的團體都太過龐大，而無法使團體中的每個人都被問到，必須加以選擇，或是「取樣」某些人而不是其它的人來問問題。所以問的人數必須要夠大，大到足以代表這個團體，同時也必須注意到取得不會太困難，處理起來比較經濟省錢。

執行調查常用的方式現在是根據隨機抽樣（random sampling）的技術。這項技術消除了所有可能的偏誤，並且是根據數學計算公式，保證在隨機的基礎上從標的母體中選出正確數目的人。從中抽得隨機樣本的這份包括某個團體所有成員的名單，稱為「抽

人們通常不願透露他們真正的行為

「如果明天投票，那個政黨…？」

你的目的是在發掘事實——如果必要，就挖的深入些

「不，他不認為他的父母過於嚴厲」

《每日電視報》3/6/93

樣架構（sampling frame）」。

一些抽樣架構

選民名冊
學校註冊學生名冊
學校社團團員名冊
青年會會員名冊
教會會眾名單
雜誌郵寄訂戶名單

就你的來源，你可以從名單上，每隔十個或每隔二十個名字，抽取一位。如果你想要做個精確的研究的話，你不可以略過任何一個名字，或是找個更為方便的替代者。

在決定用某個抽樣架構時，你必須先判斷該架構代表你想要研究的標的母群的程度。例如：

◆安‧奧克里（Ann Oakley）用兩位醫師的病人名單，從中選出已婚婦女來進行她《家庭主婦（*Housewife*）》的研究——這些婦女都住在倫敦，所以可能不能代表其它地方婦女對家事的態度。

◆電話簿無法充分代表比較窮困的人，而且那些有電話，但是「不願登錄」的人，就沒有被包括在電話簿裡頭。

記住隨機抽樣不是隨便抽樣——不是要你在街上攔下任何一人就交差了事了。

非常精確地根據某個團體的每一個層或級，而抽得的樣本，稱為分層樣本（stratified sample）。這意味著這組樣本是根據正確的比例，從研究團體中每一個可以辨識出來的部份中，抽取出來的。如果某個被研究的團體有百分之七十二的人是男性、有百分之十年齡在十八歲以下，那麼樣本的每個層也都要根據相同的比例抽取。

配額樣本（quota sample）是一個以比較省錢的方式而抽得的分層樣本。決定標的母群每個類屬抽取的指定比例——或稱為「配額」——不是根據數學計算公式來選出接受調查的人；相反的，訪談者根據自己的意思選擇合乎這個類屬的人來做研究。於是，偏誤就成了其中一項缺點。舉例來說，訪談者可能想要訪問五十位年齡介於十五歲到二十歲的女孩子。如果研究者於正常工作日早上十點到下午四點之間登門拜訪受訪者，那麼絕大多數被訪問到的不是失業在家、就是逃學在家的人。簡單隨機抽樣與分層隨機抽樣都做過個體辨識，因此都比較可能產生一個代表各年齡團體的樣本。

多階段（multi-stage）或叢集抽樣（cluster sampling）是把一個大地區分成為數個較小的「叢集」。這個方法最常使用在政治意見調查之時，某個地區先被區分成若干個選舉區、然後再區分成若干個「小區」、再從小區中區分成若干個調查區域，然後找出調查區域中的所有成員名單，再以隨機抽樣的方式進行抽取——最後被選出來的個人應該是一組相當能夠代表原來整個地區的樣本。

研究的階段

不論你用什麼方法，你的研究者應該遵守一套合乎邏輯的程序。

◆計畫階段。形成你的假設（你想要證明或否證的猜測或預感）。選出適當的方法來研究你確定要研究的問題。

◆執行階段。使用某種初級調查方法或使用適當的次級資料來源來收集你的資料。你可以決定要不要先做個試測調查（pilot survey）來檢定你選擇的方法是否可行。例如，你的回答者是否瞭解你的問卷？

◆分析階段。把你收集到的資訊製表，或是以合乎邏輯的方式整理出來。然後求取變項之間的相關，或把變項做個比較——也就是說，如果改變肇因情況，哪些因素會隨之產生變動。（例如，如果男女混合學校的老師對男學生表現出較多的關注，那麼就讀於純女校的女學生會比男女混合學校的女學生有比較好的表現嗎？）

◆撰寫報告階段。以清楚易懂的方式，把你的研究發現寫成報告，並且說明從研究中你得到什麼結論。

「研究調查」的主題

中區聯招會曾經就適合各個「方法論」進行「研究調查」的主題，提出一些建議。

1. 直接觀察：考生可觀察教室內互動的情況，比較老師花在女學生與男學生身上的時間。這項研究能夠利用量化方式記錄下老師問男同學問題的次數，將之與老師問女同學問題的次數做一比較。也可以寫日記的形式記下筆記。

2. 參與觀察：有工作經驗的考生可以親自研究他目前的工作場所。比方說集中研究他工作場所內的性別歧視問題。

3. 實驗：社會學很少有機會用到這個方法。

4. 訪談：使用訪談法，對某個被其他人視為偏差的年輕人團體（例如，膜拜某種非洲宗教的團體、龐克族），進行個案研究。

5. 問卷：設計一份問卷，用它來獲知民眾對教育目的的態度與看法。

6. 調查：調查某個吉普賽人住過地區的民眾對吉普賽人的態

度。

7. 個案研究：針對某次地方上的政治活動或事件，進行個案研究（例如，一項阻止關閉某間學校或醫院的行動）。

8. 官方統計：檢視某地區1981年與之前某一年的人口調查結果。比較這兩次調查結果之間出現了什麼變化，提出值得注意的差別。

9. 大眾媒體報導：對一星期觀賞的電視節目進行內容分析；比較一份「有水準的」報紙與一份八卦小報，青少年雜誌，浪漫愛情小說；以及其它某項大眾媒體的例子。這項研究可以與呈現女性或男性的形象有關。

10. 已出版之研究：檢視與評估現成的研究，諸如已發表的社會學研究或報紙上的文章。這包括了對研究目的、使用方法、與主要結論的描述；使用另一種方法來複製這個研究；並對原來研究的效度與信度提出評論。

不論如何，有許多計畫，包括上述提及的那些，可以因同時使用數種不同的方法，而得到更大的收穫；主導你決定使用那種方法的因素，可能是應試之聯招會所要求的計畫長度。

2.3 統計的應用

官方機構為了要能夠做決策，需要事實——而這些以數字表示的事實資料，我們稱為官方統計數字（official statisitcs）。

為了決定近二十年內高齡市民會需要多少棟的房子與醫院，政府與地方當局需要知道目前有多少民眾的年齡，是介於四十五歲與六十五歲之間，也需要知道有多少人在二十年內可能會死

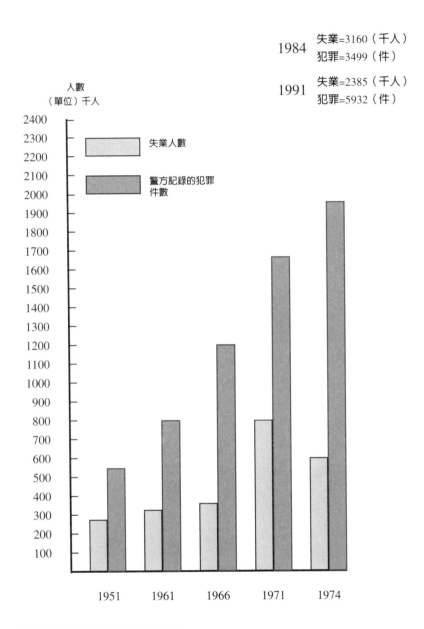

1984　失業=3160（千人）
　　　犯罪=3499（件）

1991　失業=2385（千人）
　　　犯罪=5932（件）

人數
（單位）千人

失業人數

警方記錄的犯罪
件數

1951　1961　1966　1971　1974

圖2.2　犯罪與失業的關係（聯合王國）

亡。

　　要決定將會需要有多少警察、教師、以及護士，也需要同樣的事實資料——你在進行社會學研究或是做家庭作業時，你或許也會收集並且用到統計數字。

　　沒有統計數字形式的證據，將會使許多決策變得很不容易制定。而且聯招會也期望你能夠瞭解以各種不同形式表現的統計數字——例如，表格、圖形、圖表、餅圖、直方圖。

　　有時候一個表格立即就能指出某個老生常談的假設可能並不正確的事實。例如，或許大家都這麼認為，明顯上升的犯罪率是失業率日益上升的直接結果。然而，瞧一眼前頁的表格你將會發現，犯罪率開始快速上升是在1960年代的早期，那是一個充分就業的時代，所以其它的事實可能是更為重要的因素。

　　但是，犯罪率有在增加嗎？或許有，但是只看統計數字，我們並不能確定。犯罪「清除」率是警察效力的表現嗎？或許不是。犯罪數字，就像大多數的統計數字一樣，可能會誤導人，而且也可能會被想要顯示某個特殊觀點的人所誤用。

關於犯罪統計的一些問題

　　許多犯罪警方並未接獲報案——這是所謂的犯罪「黑字」。犯罪統計數字的增加可能與這些黑字的減少有關，而不是與社會失序的增加有關（英國1982年的犯罪調查發現，每五件竊案中就有四件並未向警方報案）。

1.某些社區比其它社區較不可能舉發犯罪。從官方的比率，我們無法分辨林肯郡高比例的性侵犯案件是因為該郡是性偏差行為的溫床，還是該項罪行在一個關係緊密的鄉村小鎮社區被舉發的可能性較高。

2.有些犯罪比較不可能接到報案。美國調查顯示，只有百分之二十七的強暴案件與百分之三十一竊盜案件，受害者會向警方報案。所有汽車失竊都會報案，無疑地是基於保險的緣故。一份1977年倫敦的調查發現，只有三分之一的犯罪受害人向警方報案。

3.警察行動的差異。特殊警力發動肅清各種形式的犯罪——某個地區可能容忍吸食大麻，另一個地區可能嚴厲掃蕩。諾丁罕郡的警察嚴格執行飆車法，於是該郡觸犯飆車罪的比例高於其它各郡。

4.警察比以前獲得更多的訓練與更好的配備。電腦科技、警力以及雷達與法醫鑑識等方面的進步都有助於提高破案率；他們不會增加犯罪行為。

5.有些犯罪比其它類型的犯罪比較容易破獲。「中產階級」犯罪——逃稅、盜用公款、與詐欺——比「勞工階級」的犯罪較不易曝光。

6.有些雇主比較不可能提起訴訟。特別是「白領」勞工的情形，例如，銀行員工，社會大眾倘若知道這些職業有犯罪活動出現，可能會減低對他們的信賴。

7.媒體可能創造犯罪。「盲從犯罪」可能源自於媒體的宣傳活動〔例如，1981年繼柏力克頓（Brixton）暴動之後，英國數大城鎮便接連著發生暴動〕。史丹利‧科恩（Stanley Cohen, 1972），在《民俗惡魔與道德恐慌（*Folk Devils and Moral Panics*）》一書中彰顯大眾媒體如何在1960年代製造了一票「暴民與飛車黨」——年輕人、警察、與媒體湧進海邊的別墅，可以預期這些頭痛人物會造成「一窩蜂偏差行為」的效應。

8.警力的人數與性質會影響犯罪數字的高低。更多的警察可能會促使更高的破案數。1973年與1982年之間，男性警官人數增加了百分之十三，女性警官人數增加了百分之一百四十五。據說女性警官比男性警官更加積極執行色情法令。

9.法律條文制定的愈多製造更多的犯罪。機車時代的來臨已經創造了以前從不存在的犯罪類型（騎機車不納稅或不投保等等）。

10.社會大眾態度的改變明顯增加犯罪的案件。民眾現在比過去較不可能忍受虐待兒童或家庭暴力的罪行，並且以前認爲家醜不可外揚的事都可能會接到報案。「家庭暴力在1970年代以前都不被認爲是個恰當的政治議題，一直到1976年家庭暴力和婚姻訴訟通過之後才有所改變。不過警方不願干涉家務爭端與暴力的心態，仍頗負惡名」〔戴安娜·吉汀斯（Diana Gittins），1985，《家庭問題（*The Family in Question*）》〕。

11.「清理」犯罪數字可能同樣會造成誤導。竊盜案的「清理」率不是警方效力的眞正顯示。高清理率常源自於地方警局保證對被逮捕的竊盜犯以前的犯行全部審問完畢。

　　這是一篇內政部報告的主要發現，《竊盜調查：警政績效測量（*Investigating Burglary: The Measurement of Police Performance*）》，根據六大地區警政程序之研究（《警政評論》，1986）。

　　1986年有幾位在職的警官發表聲明指出，警方捏造不實的犯罪數字，然後再以假供詞「結案」，藉此架高犯罪數字。「一位有二十多年經驗的私家偵探指出，『這只不過是個瞞天大謊，被視爲一個官方的白色謊言，而且製造先聲奪人的效果。警政主管坐在那兒告訴我們，他們做的是多麼偉大的工作，其實根本沒有這回事。事實的眞相是，數字是刻意做出來打發地方上的政治人物，使他們不要老是盯著警政署長的背後，囉唆個沒完。我想我們應該讓大家知道這個眞相』」（《觀察人報》，1986）。

　　但是誤導人的並非僅止於犯罪統計數字而已。

一些誤導人的統計數字的例子

在1986年《社會趨勢》的首篇論文中，「衛生與社會安全部」經濟諮詢處主張，高齡者的收入近年來有快速增加的趨勢（從1951年平均佔成年勞動人口收入的百分之四十一上漲到百分之六十八）。這項主張後來受到挑戰〔參閱湯姆森（D. Thomson）發表於《新社會（New Society）》的一篇名爲「收入過剩的高齡者」的論文〕，理由是當把年金的值與男性手工工人淨收入做不同時期的比較時，有許多其它的因素必須要加以控制——例如，男性從事非手工工作的人數、他們的妻子擁有有給職的人數、他們的家庭人口數、他們可以領到的所得稅津貼、或是收到的社會安全給付的增加等等。

同樣的，也可針對政府計算失業率的方式提出類似的批評。於1979年與1986年間，失業率的計算改變了十五次，其中十四次還產生了減低失業率的效果（例如，把六十歲以上仍然在找工作的人排除不列入計算）。

「長期失業」的計算是根據連續失業的記錄——短期訓練計畫把許多人排除在「長期失業」的類別之外，即使他們後來根本沒找到工作做。

1993年10月10日前貿易部長艾倫・克拉克（Alan Clarke）在電視上提到在他出任就業部副部長時推動的那些「烏龍計畫」，只不過是個「減低失業數字的騙術」。

提到創造「新工作機會」時，這類新創造出來的工作究竟是全職的、還是部份工時的，就很少交代清楚了（例如，從1983年以來創造出的一百萬個新工作機會中，有三分之二是部分工時的工作）。

使用官方統計數字做研究的利弊得失

優處

◆有助於你建立假設。

◆有助於你連接研究中變項的關係。

◆使你能夠比較過去和現在的情況。

缺點

◆可能隱藏住某些扭曲不實。

◆可能不夠完全或不夠精確。

◆可能有所偏誤。

◆可能過期了。

這些優缺點有些適用於所有的次級資料來源。同樣的，你親自收集到的屬於初級資料來源的統計數字，也可能出現偏誤甚至不完整的情況，但這時的你卻是知情的，而且有能力採取適當的補救行動。

自我測驗1.1

1. 對於你自己直接收集來的資訊，有個什麼名稱？（一分）

2. 對於你想在後來的調查中檢定的建議或「猜測」，有個什麼名稱？（一分）

3. 哪種訪談可以讓訪談者詢問額外的問題，甚或改變問題的順序？（一分）

4. 隨機樣本是一個以任何一種順序（例如，以隨便的方式）抽取任何數量的人做為樣本的作法嗎？（一分）

5. 一個分層樣本具有哪兩種主要的特性？（兩分）

6. 說出三種次級資料來源。（三分）

7. 什麼是社會調查的四個主要階段？（四分）

8. 解釋什麼是訪問者偏誤，描述兩種會發生訪問者偏誤的狀況。（四分）

9. 界定「樣本」這個名詞，提出一個理由說明為什麼社會科學家在執行研究時，要進行抽樣。（四分）

10. 使用參與觀察做為一項研究技術可能會有什麼好處？（四分）

總計二十五分

自我測驗題1.2

（根據下面「參與觀察」的一文）

1. 對於研究者成為他研究團體的成員有什麼名稱？（一分）

2. 根據下文：

（i）觀察者的出現對於其所觀察的團體會產生何種影響？（一分）

（ii）從事這類研究，一開始會面對什麼問題？（一分）

3. 說出兩個參與觀察者在研究他們加入的那個團體時，可能會經驗到的問題。（四分）

4. 解釋為何社會科學家比自然科學家更難以客觀？（六分）

5. 研究某個失業團體的生活型態大可以選擇以參與觀察做為研究方法；檢視為何那個特殊的方法會被選來研究這個團體，並考量使用這個方法的限制。（七分）

總計二十分

P代表參與觀察

簡單觀察，舉例來說，一群青少年或罷工者，將會告訴社會學家他們正在做些什麼，但是只有藉著參與人們的活動才能真正瞭解到他們為什麼會做出你看到的那些行為。這類參與可能相當有限，例如，混入一群觀賞足球的群眾當中。另一方面，觀察者可能實際加入他要研究的團體——例如，某個宗教教派。

明顯的，這類涉入提高了研究者可能會太過投入該團體的活動與價值，以至於他們的研究變得有所偏誤、不再客觀。他們的出現可能會影響到該團體的活動到某種程度，而使團體成員的一舉一動不再「自然」——本身反而變成觀察者。

續自我測驗題1.2

　　美國社會學家懷特（W. F. Whyte），完成一份著名的1930年代美國街頭幫派研究，發現幫派領袖——多克（Doc）——成為該研究真正的合夥人」。這對懷特的瞭解大有助益，但是也引起多克說道：「你已經把我的步調弄慢了許多。現在每次我要做什麼事，我就會想到比爾‧懷特會想要知道什麼。之前，我通常都是照著本能做事。」

　　這類研究者一開始會遇上的問題是，「混入」要涉入的團體。有些研究者透過以前接觸過該團體的某位成員，就如哈羅德‧派克進行其利物浦男孩的研究時所採用的策略。費斯廷格等多位學者（Festinger et al.）利用假故事得以進入某個新興的宗教教派。大部份取決於社會學家自己的人格與風格。誠如派克所說，「要不是我夠年輕、頭髮夠長、喝得醉醺醺等等，這番冒險還不見得會成功呢！」

　　一旦進入團體，研究者必須要進入一個可以讓他得到最多知識的位置。湯姆‧陸普頓（Tom Lupton）在工廠裡出任「擦窗」與「掃地」的工作，允許他自由自在地到處走動；羅蘭德‧法蘭肯柏格（Roland Frankenberg）實際上成為他研究的鄉村足球會的秘書。但是社會學家到底該涉入到什麼程度呢？內德‧波斯基（Ned Polsky）主張完全投入到即使要加入一項搶劫行動也要去，哈羅德‧派克做好會被「幹掉」的準備，而觀察格拉斯哥某個幫派的詹姆斯‧派崔克因為不願意加入幫派械鬥而被修理，但是因被警察逮住而得到了該幫派成員最低程度的接受。最後，還有需要知道該觀察什麼以及如何記錄的問題。《社會學ABC（*The ABC of Sociology*）》，馬丁‧史拉特里（Martin Slattery）。

內部辦理失業業務的神秘人士昨天透露道，上個月沒有工作可做的人數減少，是統計上事先設計好的狀況，主要是失業津貼部門主管受到業績目標的驅策。

全英國八百個失業給付部門大多數的主管報告請領給付的人數減少，他們之中竟然許多發佈幾近相同百分比的減少額度。

根據這些數字，有些地區出現了全新的狀況——例如，賴特島杉克林鎮記錄了失業人口驟減了百分四十六，有超過兩千人突然不再沒有工作做了。

設立於德倫大學（Durham University）的政府贊助機構諾米斯（Nomis）——全國線上人力資訊服務中心（National On-line Manpower Information Service）的專家們相信，突然減少的四萬六千名請領失業津貼者與找到工作做之間沒有多大關係，而與公務員想要在會計年度結束之前達到目標有關。

* * *

消息來源說數以千計上個月被取消登記的人中，包括有：

◆轉而修習「重新出發」課程的長期失業者。
◆冒牌的請領人。
◆「不是真心想要找工作」的人。
◆「無厘頭地」拒絕接受雇用的人。

《觀察人報》，1993年5月2日

執行研究時，社會學家使用初級與次級資料來源。

1.解釋初級資料來源與次級資料來源的差異；並各舉一個例子。（六分）

2.為何社會學家使用次級來源的資料，這些資料有何限制？（十四分）

1.初級資料來源是指社會科學家自己直接收集來的資訊（或是在其指導下的研究者收集來的資訊）。這類資訊可以用訪談法加以收集，就像蘇·里茲（Sue Lees）於1993年完成她探討性與青春期少女的《糖與香料（*Sugar and Spice*）》的研究。次級資料來源是當社會科學家使用已經被某人，通常是基於完全不同的目的所收集到或所得到的資料。政府統計服務部門所產生的、涵蓋英國大部份生活面向——公共衛生、教育、交通等等——的《年度摘要統計（*Annual Abstract of Statistics*）》就是其中一個例子。

2.次級來源的資料通常都是隨手可得，所以馬上就可使用，而且很便宜就可取得：基本上所有收集資料的工作都已經替你做好了。日記與小說能夠讓人對思想、情緒、乃至於事實都有所洞察，而用來比較的歷史資料除了使用次級資料來源之外，別無他法。有些研究只有靠次級來源的資料才能完成：例如，涂爾幹針對歐洲各國的自殺研究，促使他去比較天主教國家與新教國家自殺率的差異，而他自己是不可能親自去收集這些資料的。

　　不過，次級來源的資料，有很多的缺點：通常無法檢測他們是否精確；而且為了呈現某個特殊觀點，在收集或校對時是否有所偏誤；甚至明顯可比較的數字是否真的能夠比較等，都是值得注意的問題。例如，十九世紀涂爾幹研究自殺已經遭到批評，因為不同國家對於構成「自殺」的條件有不同的定義；此外，與自殺連在一起的污名，各地也有不同（天主教國家禁止自殺者葬在教區墓園）。如此一來，在某些國家會比其它國家，自殺更可能會被當成自然死亡來加以掩飾。

　　有些統計數字特別令人懷疑，例如，犯罪數字不包括犯罪

的「黑字」──高比例未報案的犯罪事件；也可能過度呈現某些社會團體的罪犯狀況，因為「白領」犯罪比「藍領」犯罪較不可能被告發或被發現。此外，原始數字並不能顯示大眾態度的變遷，而大家態度的變遷可能會使更多的案件被舉發，或是警方更有效率的破案，而導致犯罪數量明顯的增加。

　　次級資料來源不能替代第一手的感覺與情緒，這些也許在許多社會科學研究中是至為關鍵的部份。

研究項目A與項目B。然後回答下面的問題。

項目A

《社會趨勢》所使用的一些主要調查

調查的名稱	多久調查一次	受訪者是誰	涵蓋在內的地區	回答率 (百分比)
人口調查	每十年調查一次	家長	大不列顛與愛爾蘭	100
英國社會態度調查	每年調查一次	家戶中的成年人	大不列顛	67
英國犯罪調查	偶爾調查一次	家戶中的成年人	英格蘭與威爾斯	77
一般家計調查	一直在做	家戶中的所有成年人	大不列顛	84

（改寫自《社會趨勢》）

項目B

計算失業人口

國際勞工組織計算女性失業的實際水準是一百一十萬人，比英國政府估算的數字多出五萬三千人。國際勞工組織的數字包括了沒有領取給付的人口。英國政府的數字則不包括這些人。

（改寫自《獨立人報》，1991）

（a）研究項目A，然後指出：

　　（i）哪個調查有最低的回答率？
　　（ii）哪個調查不涵蓋蘇格蘭？（兩分）

（b）研究項目B，然後指出

　　（i）哪種被國際勞工組織分類為失業的女性，不包括
　　　　在英國政府的數字之中；
　　（ii）根據國際勞工組織，有多少婦女失業？（兩分）

（c）指出有助於研究者研究貧窮問題的兩種次級資料來
　　　源，並解釋為何這兩種資料有用。（四分）

（d）指出並且解釋研究者執行試測研究，可以得到哪兩項
　　　好處。（四分）

（e）社會學家在他們自己的研究中使用官方統計時，為何
　　　應該謹慎小心？（八分）

南部聯招小組

普通考試，《社會學》，1992

第二單元

第3章

現代家庭的發展與特徵

Larry/BBC

3.1 家庭是什麼？

　　為「家庭」下個定義，可不像大多數直覺所想的那麼簡單。家庭的形式有很多種類型。在英國社會，基本的家庭形式通常由彼此維持穩定關係，而且有子女的一個男人與一個女人所組成的；子女是「家庭」這個概念下所不可或缺的要素，但不必然要是「血親（consanguine）」──也就是說，不必然要與住在一起的人有血緣關係。像這一類簡單的團體，被稱為「核心（nuclear）」家庭。幾乎所有的「核心」家庭都因為父母子女的關係，而與一個或是更多的核心家庭有所關聯。母親常會有自己的父母兄弟姊妹住在一起的家庭，而父親也是一樣。這類家庭稱為「擴大家庭」，是可以包括所有知道的親戚。

　　關於家庭，有一個不錯的定義，是由柏吉斯與洛克（Burgess

清楚明確的父親/先生的人物的並沒有出現在這個擴大家庭的相片上，在前面那張「寫實主義」的卡通漫畫上也沒有。

1984年，哈里斯研究中心（Harris Research Centre）進行的一項調查發現，百分之七十九的受訪者認為，在英國典型的家戶是由一個先生、一個太太、以及兩個或三個小孩組成的；實際上只有百分之十四的「家戶」符合這項描述。

當然並不是所有的「家戶」都是由家庭所構成的；而且儘管柏吉斯與洛克對於家庭有如此的描述，但是一個家庭不必然只構成了一個單一的家戶——當前英國大多數的「擴大家庭」就不是這樣。

& Locke）在他們所著的《論家庭（ *The Family* ）》一書中提出來的——「家庭是人們因婚姻、血緣、或收養等連帶而結合成的一個團體，成立一個單獨的家戶，以他們各自的社會角色——先生與太太、母親與父親、兄弟與姊妹——而彼此進行互動與溝通；創造一個共同的文化」；然而，這個定義似乎還不夠廣到涵蓋所有的家庭類型。

婚姻：浪漫還是「方便」

　　婚姻對於人生的前途主要取決於出生時的地位、以及在這個基礎上建立親屬或熟稔關係的社會，是和在工業化的社會具有截然不同的意義。在工業化社會，我們會在意配偶與自己搭不搭配，不搭配常被認為是解釋他們分手的主要原因。除非是那些謹守宗教信仰上婚姻誓言的人，否則這類討論主要的重點是婚姻失敗下子女的福祉問題。近年來我們發現他們的感情生活深受他們父母的負面影響。在這些社會裡，個人靠著自己的努力在專業上或工作上闖出他自己的一片天；許多人受到他們出生階級的不利影響，但是很少有人因為他們父母個人的地位，而受到庇蔭或蒙受損失。結婚不再是絕對必要的，因為曾經由妻子來提供的家務勞動現在已經由機器來完成，曾經由先生供應的經濟支持，現在婦女已經多靠自食其力。很多婦女現在不想生小孩，只有非常少的少數把生小孩看做是他們存在的唯一理由。

　　建立在維生經濟之上的社會，便截然不同。沒有工資勞動力，食物的生產全靠親族團體的團隊工作。期望每個成員愈快結婚愈好…期望婦女，婦女也期望能夠生育愈多小孩愈好。婚姻是把婦女配置給男人的大事，偶爾也會考慮個人的選擇，但通常不會。個人覺得配不配並不太受到重視，配偶在任何情況下都很少花時間在一起。結婚主要的重要性是做為親族網絡的一個環節，透過這層關係將社會聯繫起來。這是社會正式承認的、家族之間招募新成員的管道，並使這些親屬之間創造聯盟。婚姻的締結有部份是依賴男人有權決定自己的女兒該匹配給誰；有部份是根據為自己或為兒子找媳婦的男人相信與那家結親，對自己會有好處的想法。只有一小部份，而且多是在某種類型的社會之下，才會根據男方或女方自己的喜愛。結婚對當事雙方之外更多的其他社會成員來說，是件重要的大事。因此，這類社會常比那些把「為

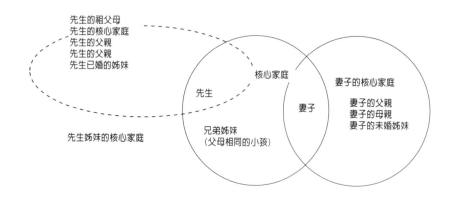

先生的祖父母
先生的核心家庭
先生的父親
先生的父親
先生已婚的姊妹

核心家庭

先生

妻子的核心家庭

妻子的父親
妻子的母親
妻子的末婚姊妹

妻子

先生姊妹的核心家庭

兄弟姊妹
(父母相同的小孩)

圖3.1 典型的「擴大」家庭

愛情而結婚」當做理想的社會，有更多各種規則與儀式的護衛〔露西・麥爾（Lucy Mair），《婚姻（*Marriage*）》Harmondsworth: Penguin, 1971〕。

3.2 為什麼要組成家庭？

雖然家庭的功能會改變，幾乎在所有文化中，家庭都是最重要的社會團體。

在一些社會中，家庭其中一項的功能是政治性的，家庭網絡是主要的權力管道。在今天的英國社會，這項功能實際上只限於皇室，不過經濟實力對於某些主要的財產擁有者與銀行家來說，仍是一項因素，且相當具有影響力。

對某些社會來說，提供保護仍然是家庭的一項主要功能；舉例來說在南歐社會，保護家族內婦女的榮譽仍被視為家族內男性

成員的一項重要角色。照顧病人、老人、或是沒有工作可做的人，都是家庭保護它成員的方式。

在許多社會中，家庭其中的一項功能是經濟的，同時做為一個生產與消費單位。在英國，家庭是一個主要的消費單位，需要的項目有住宅、假日、電視機、與汽車；雖然在農家與亞洲來的店家中可以見到家人集體勞動的現象，但是工業化已經排除大部份家庭聯合勞動的可能性。

在大部份的社會中，家庭有規範性別接觸的功能，雖然這項功能仍相當重要，但已經不是所有家庭體系中的一項必要的功能。在一項探究兩百五十個社會的研究中，發現有六十五個社會允許未婚的或毫無關係的人之間享有性的自由；所以即使性濫交在英國已日漸增加，也不必然意味著家庭的重要性在減退。比方說，有些社會，不瞭解或不承認性交與生育之間有直接關係的社會，先生把所有他太太生的小孩都視同己出。人類學家馬林諾斯基（Malinowski）總結這項家庭功能如下：「婚姻給予的不是性交，而是為人父母的執照」。（人類學是研究人及其發展；特別是研究原始社會與以前文明的一門學問）。

不過，實際上對所有的社會來說，家庭是養育小孩的基本單位，在教養小孩扮演好他們在社會上的角色這個過程上，扮演著重要的角色。各種團體已經發動不少廢除家庭的理想主義行動，1917年的蘇聯就是其中一例。但是家庭又重新回過頭來成為基本的社會單位。把社會的規範與價值從上一代傳遞給下一代。

在以色列稱為奇布茲（Kibbutzim）的公社，安排集體照顧小孩的制度，於是男人與女人都可以在平等的基礎上工作。不過，近年來父母與他們自己的子女在一起的時間，已經與日俱增。

家庭在大多數人的社會化上，所扮演的關鍵性角色，可從約翰‧鮑比等人的著作中彰顯出來（見1.2），特別是年幼的小孩有與母親或「代理母親」——可以是男性——維持溫暖、親密、與持續

核心家庭，就其所必須執行的任務而言，似乎確實是最簡單的結構了。

關係的強烈需要。

在《社會學畫像（*A Sociology Protrait*）》一書中〔保羅‧巴克主編（Paul Barker, ed.），1972〕，傑佛瑞‧霍桑（Geoffrey Hawthorne）對家庭提出一項非常簡單的論述——「事實依然是，核心家庭似乎真的是可以想像得到的，完成它必須完成之任務的一個最簡單的結構，即使我們不知道它是如何辦到的…對於變遷它必然是一項非常有力的節制。」

照顧小孩

存在破碎家庭以及和父母親分開之後，稚齡兒童身上所出現的偏差行為與短暫失常行為之間的明確關係，常被認為是為人母

親必須要與子女維持關係的主要理由。這些發現同時指出，親子關係的破裂可能會產生不良的影響，但是由於關係的破裂常與其他不利的因素一併發生，所以這類父母離異是否會產生有害的影響，則有待進一步的查證⋯暫時的離異不必然是件壞事，這可從正常人的高離婚率中看出來。一份大約涵蓋了五千名兒童的全國樣本調查顯示，四歲半的小孩中，有三分之一與他們的母親分開至少一個星期。而且，該研究顯示，短暫的分開與行為不良之間存在極微弱的關連（行為不良組中有百分之四十一，父母離異；控制組中有百分之三十二的兒童，父母離異）。當然，所有的小孩如果要發展獨立的人格，都必須離開父母一段時期，所以問題不在於小孩是否應該和他們的母親分開，而是該如何以及於何時小孩應該和母親分開。愉快的分離實際上具有保護稚齡兒童不受後期父母離異壓力，所帶來的不利影響的這項事實，也強調在判斷與母親分開可能產生有利、還是不利的影響之時，應該要將與母親分開的不同情況列入考慮。

或許更為關鍵的一點是把「離異」等同於「關係中斷」的想法。鮑比主張學齡前的兒童無法與不在場的人維持關係。基於這個理由，即使是短暫的分離也會破壞一份關係。然而正常小孩的經驗則不同，並不總是會出現這樣的結果，至少受到良好照顧的小孩不至如此。當然，稚齡的小孩會覺得很難適應，但是似乎像年齡之類的環境變項，可能會影響兒童維持與某個不在場的人物間的關係⋯不過鮑比早期的論斷普遍都獲得社會的接受，因此造成某些兒童社福員極度不願意把小孩從一個極為惡劣的家庭環境中帶走。同時也造成寧願用寄養家庭來代替小孩子親生的家，儘管轉入寄養家庭的兒童面對母親前後不同的機會會更高。事實上，尚未有令人滿意的證據支持「一個不好的家庭也勝過一個完善的機構」的想法。從表面價值來看，這似乎意味著家庭本身具有一些神秘的素質，並且似乎在說做人母親的好壞品質並無多大

關連。這樣明顯的胡說八道（肯定不是鮑比的含意），很少有人真正認真地思索過。

再者，即使最好機構的照料常也不如一個正常家庭所發揮的功效，儘管比最糟的家庭來得好些。正如鮑比（1951）在《兒童照顧與愛的成長（*Child Care and the Growth of Love*）》一書中，正確地指出，要一個機構提供一般期望在家庭情境中所享受到的如人父母親般質量並重的照顧，真是強人所難。

然而，這項斷語是有幾分真理可信的，因為一個正常的機構所能提供如母親般的照料，顯然是比一般家庭所能提供的差得多。〔摘錄自麥克・路特（Michael Rutter），《再論缺乏母愛（*Maternal Deprivation Reassessed*）》，Harmondsworth:Penguin, 1982〕。

3.3 各種家庭模式

家庭的建構有三種基本模式：一夫一妻制；（單偶制，monogamy）──一個男人與一個女人結婚；一夫多妻制（polygyny）──一個男人與多個女人結婚；一妻多夫制（polyandry）──一個女人與多個男人結婚。一妻多夫制相當罕見。雖然這個世界上有大約百分之二十五的人生活在接受一夫多妻制的社會，但是隨著工業化與現代工資經濟的普及化，再加上義務教育的延長，使得額外的妻子與小孩成為經濟上的負債而非資產，因而也變得愈來愈少見。多偶制是同時用來指稱一夫多妻與一妻多夫這兩個制度的名詞。

任何一種特殊家庭模式的存在，通常在經濟上、性生活上、以及社會上都有其理由正當的解釋。舉例來說，實施多偶制的社

會，通常有的女子數多於男子數。

不論家庭模式為何，有兩個家庭的面向是同時存在的（見3.1）。那就是配偶（先生與太太或太太們）與手足（同父同母所生的子女）——這個團體被稱為「核心」家庭。在多偶制的社會裡，將會有許多個核心家庭，其中每一個核心家庭是會有一個共同的父親或母親。

每個核心家庭通常會與許多其他的人發生關聯，包括：姑姑、叔叔伯伯、祖父祖母、姪兒、姪女等；這些在「親屬關係」中的人們構成一個「擴大家庭」。

某些社會裡，擴大家庭中的家人可能都會住在一塊，共享他們的財產，以一個整體進行活動；在這種情況下，他們通稱為「聯合家庭（joint family）」。

在其他的社會裡，擴大家庭活動起來並不是整體，但是對它的成員來說仍相當重要——如果失業了或生病了，會相互扶持，互相幫助對方照顧各自年幼的小孩，照顧他們年事已高的長輩——這類幫助的模式被稱為「相互扶持體系（mutual support system）」。在某些情況下，核心家庭可能與其擴大家庭的其他成員之間維持非常少的關係，有的甚至連一點關係都沒有維持。

另外還有一些分類家庭組織的模式如下：

權力

父權：財富與聲望來自於父親，並且由他控制整個家庭（如
　　　阿拉伯人）。
母權：由母親控制整個家庭（千里達島民）。
平權：家庭權威的分配多少是平等的（例如，現代的英國？）

（注意：即使在一個名義上是父系的社會，支配力強的女人可能也會掌有控制權；反之亦然）。

在英國社會，家庭據說比以前更加平權，不過，仍然是個父權社會，因為主要負責養家活口的人多半是男人，因此能夠掌有比較多的控制權。

子嗣

父系：繼承是透過父方——姓父親的姓；兒子有繼承權。
母系：繼承是透過母方。
雙系：繼承是同時透過父母雙方。

在英國，子女現在有同等的繼承權（除了貴族的頭銜之外），但是通常採用父親的姓，雖然這並不是法定的要求。

或是

父居：住進先生父母的家中，或者住在先生父母的家附近。
母居：住進太太父母的家中，或者住在太太父母的家附近。
新居：不和先生的父母或太太的父母住在一起。

或是

外婚：結婚的對象通常是近親圈子或本身社區之外的人。
內婚：結婚的對象通常局限在自己的親人或社會團體。

現代英國家庭的規範可以說是一夫一妻制，日益成長的趨勢朝向核心、平權、新居、以及外婚的方向發展。在某些方面，仍然是父系，不過正朝向雙系發展！

家庭中的性別差異

家事：在家庭內部

　　由於工業化的結果，家庭（home）意味著「家人（family）」而不是「工作（work）」。我們的語言中包括了一個「顧家的男人」的片語，但是對於女人卻沒有一個相對應的片語。因為就社會含意上來說那是個贅字：家庭就意味著女人。女人生育小孩、女人扶養小孩、女人在家作家庭主婦：如果家庭是指家人，那麼這個家人就是女人。

　　這是個什麼樣的家庭類型呢？

　　和歷史上與各種文化下的其他家庭體系比較，這類的家庭是規模小、流動性高、與非生產性的。就某種層次來說，它是沒有功能的：沒有廣泛的經濟、政治、或社會意義。但是從另一個層次上來看，它的功能卻是極為重要的：

　　家庭製造人。從兩方面完成這項工作——以一個社會讚許的妻子—母親—家庭主婦與先生—父親的模式，社會化它的子女與穩定的成熟人格。製造人不是「這類」家庭的新功能，但是它的意義在現代家庭的情況下，因其它前工業化功能的喪失，而更顯擴大。由於女人是小孩的生育者，現代社會對於製造人的重視，也直接影響到女人。瞭解了性別——溫柔與陽剛——在現代家庭結構中的重要性，這項關聯性也隨之獲得釐清。

　　女性與男性角色之間的性別分化，是現代家庭結構的主軸。「婚姻是根源於家庭，而不是家庭根源於婚姻。」先生與妻子不是相同類型的角色，父親與母親不是，家庭主婦與非家庭主婦也不是。下面是傳統的相對關係：先生與太太、母親與父親、丈夫與妻子。在每一組關係中順序若顛倒過來，聽起來都很怪異：太太與先生、父親與母親、妻子與丈夫。在「先生與太太」這個相對關係中名詞的順序標示出了父權的結構〔安・奧克里（A. Oakley）

《家庭主婦（*Housewife*）》Harmondsworth：Penguin, 1974〕。

3.4 今日英國的家庭型態

在工業革命（開始於1750年）以前，大多數的人和親戚住得非常近，並不需要走很遠的路；擴大家庭是個重要的社會單位。

不過，在鄉村地區，人們住的地方和鄰居之間仍有一段距離，一位社會學家——拉斯列特（Laslett）——指出親人住在地理上非常接近的區域內，可能在當代的工業都市是比農家之間，更爲常見的現象」。

工業化開啓了鄉村流向都市的遷徙。年輕人經常獨自外出闖天下，許多擴大家庭因此而分裂。有一段時期，人們生活在遠離他們親人的核心家庭中。

孩子長大、結婚之後，他們常常在他們父母親、兄弟姊妹的家附近定居，而使擴大家庭再度成爲常態；雖然必須記住，從像愛爾蘭這類國家遷入的年輕人，以及持續從鄉村地區輸入的人口數，始終意味著社會上有無數個孤立的核心家庭在活動著。

然而，今天核心家庭正漸漸成爲英國社會主要的運作單位，特別是在年輕的中產階級之間，而且對大多數的人來說，擴大家庭是愈來愈不重要了。雖然來自印度次大陸的移民已經增加了擴大家庭在某些地區的重要性，但是似乎不可能見到擴大家庭的重要性重新回到社會上來，因爲它所具有的許多功能已經被福利國家所接收了（表3.1）。

表3.1 家戶中的人們：按他們生活的家戶與家庭型態分類
（大不列顛：百分比與千人）

年代	1961年	1971年	1981年	1991年
家戶的類型				
獨居	3.9	6.3	8.0	10.7
已婚夫妻，沒有小孩	17.8	19.3	19.5	23.0
已婚夫妻外加有依賴年齡的小孩	52.2	51.7	47.4	41.1
已婚夫妻只有非依賴年齡的小孩	11.6	10.0	10.3	10.8
單親家庭有依賴年齡的小孩	2.5	3.5	5.8	10.0
其它的家戶類型	12.0	9.2	9.0	4.3
所有私人家戶中的總人口數	49,545	52,347	52,760	24,607
單身戶				
低於領取年金年齡	4	6	8	11
超過領取年金年齡	7	12	14	16

1.這些家庭模式可能也包括了非依賴子女。

2.1961,1971,1981年為人口調查的資料，1991年為一般家戶調查資料，1991年的
欄位中包括的是樣本數。

來源：《社會趨勢》，第23期（London: HMSO, 1993）。

複習摘要

家庭的功能

政治的

家庭網絡可以提供權力、在戰時提供援助、或是使經濟權力

操縱在少數人手中的一種機制。除了一些貴族、主要的財產擁有者、以及某些政治人物之外，在今日的英國，通常這已經不被視為家庭的一項功能了。

經濟的

在非工業社會中，家庭是一個重要的生產單位（所有的工作都是由丈夫、妻子、子女、以及其他的親人一同分擔）。希望子女受多一點的教育、更多的專業技術、以及分工的需求，已經大大地減少了這項功能在現代英國社會的重要性（雖仍然可以見到——例如，農民，小商店店家）。家庭乃是個重要的消費單位（例如，住宅、假日）。

保護

理論上國家已經接收了這項功能；不過，「第一線」的守護仍然是由家庭提供（例如，保護年幼的小孩不受陌生人的親近、轉移年輕男人對於年紀輕的女兒/姊妹不該有的注意力、確保家人安全不受闖入者侵犯）。家庭仍然幫忙照料生病、年老、失能、或失業的成員。

規範性行為

仍然有強烈的宗教與社會壓力勸勉人說，性行為應該只限於夫妻之間。社會也有禁止亂倫（手足之間、父母與子女之間、以及其它近親之間所發生的性關係）的禁忌與法律制裁。

子女的社會化

> 「結婚授予的不是性交的執照、而是為人父母的執照。」
>
> 馬林諾斯基

或許家庭最重要的功能是——儘管國家社會化機構的成長（托兒所、學校）——小孩子是在家庭中獲得他們的「初級（primary socialisation）」社會化——家庭的規範與價值對於小孩會長成的成

人類型，可能具有最永久性的影響力；未來身體的健康也取決於孩提時的環境與照顧；父母親的興趣與鼓勵將會影響小孩子在教育上的表現與職業生涯上的選擇。雖然家庭是第一個（「初級」）社會化的工具，而且這些童年歲月是社會化過程中最重要的部份。但是不要忘了，這些會貫穿個人一生的其它工具還有——同輩團體、教育制度、宗教、工作、甚或監獄（該機構已被描述為一個「罪犯的養成學校」）。

同伴關係

和過去比較起來，人們活得更長、有更多的假日、以及更短的工作時數。除了輪班與義務教育之外，先生、太太、與子女可能花更多的時間在一起——在家裡（或許一塊看電視）、在自家的車中（現在大多數的人都有車）、在假期裡（百分之七十五的手工工人現在每年有四個星期甚至更多的假期，而1970年這個數字則不到百分之一）。

社會控制

家庭是社會控制人們行為方式的一種機構。社會接受的行為受到制裁機制的運作而得以強化——非正式的制裁有民意；正式的制裁像是坐牢。

◆在英國，男人可能會因為無法維持他的太太與子女的生活而遭判刑入獄。
◆透過衣著裝扮、以及「適當」的玩具，小孩子會被鼓勵去學習適合於一個小男孩或小女孩的性別角色——做出令大人接受的行為可能會得到獎賞，像是一個微笑。

各種不同的家庭模式

多偶婚

一個男人或一個女人有一個以上的配偶。

◆一夫多妻制＝一個男人與一個以上的女人。

女人過剩，有時是出於女孩早婚、男孩晚婚所刻意造成的，或是接受同性戀的結果。也可能是男人遭殺害的可能性較高所致（例如，戰爭）。注意，只有有錢或有勢的人，才可能有一個以上的太太）。

例子：沙烏地阿拉伯、東部非洲的土坎納族（Turkana）、馬賽族男人（Masai）、與尤路巴族（Yoruba）（可蘭經允許回教徒最多可以有四個太太）。

◆一妻多夫制＝一個女人與一個以上的男人。

男人過剩——罕見。實施的理由可能是為了節制生育的小孩人數以及減少資源稀少的壓力。

例子：馬奎薩斯族人（Marquesas，在波里尼西亞）西藏的愛斯基摩人、（愛斯基摩人同時有一夫多妻制、與一妻多夫制，端視當地環境而定）。

單偶婚

一個男人與一個女人。

◆一夫一妻制

兩性人數粗略相等。易於發生在衛生與醫療保健改善以至減少兩性人數失衡的社會。（例如，男嬰有較高的死亡率)，或是現代工資經濟使額外的太太與子女成為經濟負債而非資產。

例子：現代歐洲、土耳其、美國。

第4章
現代英國家庭性質的轉變

4.1 家庭角色的轉變

　　工業化減輕了家庭的經濟角色；父母與子女現在很少在一起做工。教育機會的增加更進一步縮減了家庭的這項特色；更少見到誰家的兒子承襲他的父親進入礦坑，或是透過叔叔的影響力而在造船廠找到一份差事。1909年勞力介紹所的引進也減少社會了對於這類家庭庇蔭的需求。

　　老人年金（引進於1908年）的開辦，再加上家務助手、老人之家的安排，使退休者要靠家庭來照顧的需要大為減弱。從1911年起的強制疾病保險以及全民健康服務，已經不再需要家庭在個人失能與生病時候扮演庇護所的角色。失業給付、增額給付、國民住宅、學校的免費伙食、保健訪員、家務助手、以及社工人員全都協力減輕家庭在社會看護上的角色。

　　在1870年實施的第一個教育法案開始吃掉家庭的教育功能。提高離開學校的年齡以及增加幼稚園的教育又先後加入這個行列。不過在教育界卻不時出現學齡前玩伴運動試圖保留家庭的連帶，以及為增進父母親涉入親子教育興趣所展開的各種活動。

　　然而，家庭還是保住它在兒童社會化上的基本角色，儘管對大多數已婚的夫婦來說，家庭人數的減少已經把這項功能微縮到一段不到十年的期間。

4.2 家庭內關係的轉變

　　在原本由家庭執行之功能上所發生的變化，也影響到家庭內部的關係。

妻子與子女現在已經不再完全依賴他們的先生與父親來培養，因此也比較少受制於他們的掌控。1978年第一次出現了太太外出工作的人數，超過所有已婚婦女百分之五十的現象。與1931年比較，那時的比率只有百分之十，而且福利國家對於那些離家出走的婦女也提供了一張安全的網。不過，先生的職業仍然是決定家庭生活水準與階級位置的主要因素。據說，愈是上層階級的父親，愈是掌有非他們子女能力所及的經濟力量，反觀勞工階級的父親，對自己的子女卻是一點經濟協商力量都沒有。例如，中產階級與上層階級的小孩比較可能在年屆法定離校年齡時，繼續接受教育，因此陷入經濟上依賴父母的處境。來自貧困家庭的小孩如果真的接受高等教育，他們所賴以維繫的獎學金會使他們相對來說，比較自食其力。有錢人家的小孩依賴他們的父母，通常是他們的父親，來提供這筆經費。

許多小孩現在受到比他們父母親更好的教育，因而對他們的父母比較不可能產生敬畏之心，也比較不可能尋求他們的忠告，儘管生活經驗可能是比學術成就更好的智慧來源。

父母權威角色的式微，以及男性與女性之間地位的日趨平等，增加了家庭之內夥伴關係的程度。早在1950年代柏吉斯與洛克（Burgess & Locke）已經說過，家庭已經從「一個社會制度轉變成一種同伴關係（institution to companionship）」，他們並且把這種家庭形式描述成同伴家庭（companionship family）。到了1973年，楊格與威爾蒙特（Young & Willmott）在《對稱家庭（*The Symmetrical Family*)》一書中，就略帶保留地把這類新形式的家庭描述為「平權式」的家庭形態。

不過，根據經濟與社會研究委員會於1993年所做的調查發現，沒有證據顯示這類「新男人」確實存在；受調查的婦女中有三分之二仍然從事大部份的家事雜務。該調查追蹤1958年5月3日與9日之間出生於英國的嬰兒長大成人的生活經過。

愚蠢的邱比特

　　過去二十年裡，從未結婚的媽媽人數已經增長了四倍。現今全國的家庭中有五分之一是單親家庭，超過四分之一的嬰兒是非婚生子。

　　這會是一大損失嗎？憑良心說，一般的婚姻絕非完美，但是惱人的是，做為社會的一塊基石，一夫一妻的夥伴關係運作起來似乎好過其它的所有形式。大多數縱情愛戀的公社生活，到頭來都變得和猩猩的柵籠並無二致，佔據優勢地位的男性總會想出某種藉口和所有的女性發生關係。

　　以色列奇布茲型態（Kibbutz-style）的公社生活，仍然令人嚮往。但是事實上那些地方正漸漸地回到正統的家庭模式。就我所知道的以色列奇布茲公社，有愈來愈多的當地人士和他們自己的小孩住在自己的家裡，過著正常的生活。

　　如果你指望部落社會提供你一個另類模型，你會發現到目前為止最正常的社會單位，會是一個男人、一個女人，以及一堆他們的孩子，居住在獨棟的小房舍中。作為一個年事漸高的嬉皮，我真的很不願意這樣說，但是我們似乎不可能找到任何一個可以擊敗這個模式的家庭型態。

　　目前走向單親家庭的趨勢並不是對正統婚姻模式的一項修補，至少從小孩子的觀點看來不是。就讓我引述金恩與伊里亞特（King & Elliott）即將問世的《牛津醫學讀本（*The Oxford Textbook of Medicine*）》一書中的一段話，為這個現象做個註腳：「來自單親家庭的小孩在每道受測項目——體力、情緒、行為、教育、與經濟——上，都表現得比來自傳統家庭的小孩差…（他們）死的比較早，在學校表現的比較不好、營養比較不夠、承受較多的失業、較容易陷入偏差與犯罪行為。他們罹患精神疾病的比例是正常人的二到五倍。甚至連他們骨骼發展的年齡都受到延遲。」

即使你調整這些單親家庭小孩相對經濟剝奪的狀況，情況還是如此。這是個在每個階層都見得到的一項社會效應。有父有母的小孩就是表現得比只有一個父母的小孩來得好。而且父母親離婚的小孩本身就比較可能離婚，於是不幸又重新輪迴。

直到最近，我對那個令人洩氣想法的反應一直是：一個生長在沒有愛的婚姻裡頭的小孩，必然大受家庭衝突的負面影響，會比父母親離異的小孩，表現的更差。但是顯然已有研究指出，五歲以下的小孩對於父母親之間相處得和樂與否沒有多大的知覺。他們最有感應的是，能夠在同一個屋簷底下有父親有母親可以接近。實際上，父母離異對不到十歲的小孩子所造成的影響，遠超過即使父母親只是住在一起，但感情如槁木死灰一般的情況。

所以問題是：如果我們關心我們的小孩，確實，對他們來說，沒有一個比穩定的一夫一妻關係還要健康的環境。如果傳統的婚姻已經隨風而逝，那麼我們如何能夠使一對配偶一直住在一起成為更為可能的事？〔約翰‧科李博士（Dr. John Collee）改寫自刊載於1993年10月10日《觀察者生活（*The Observer Life*）》中的一篇論文。〕

4.3 母親與父親的角色

擴大家庭重要性的遞減、養育小孩時期的縮短、教育機會的增加、父親經濟實力的減弱，以及福利國家的發展，已經改變了大多數現代英國家庭的性質。

傳統上，父親會出外工作，而母親會待在家庭，照顧小孩。男人不期望去做像是打掃清潔、購物煮飯、與照顧小孩的家務事。妻子外出工作會使人懷疑這個妻子的男人不像個男人，以及

他養家活口的能力。

在1956年，丹尼斯、韓里克斯、與斯洛特（Dennis, Henriques & Slaughter）完成了他們關於煤礦工人生活的著名大作——《煤礦是我們的生活（*Coal is Our Life*）》。這本著作相對強化了傳統定義下的母親與父親的角色。先生大部份的休閒時間是和他的同事一起度過；而妻子則是與她的母親以及其她女性朋友共同度過的。像這樣分開的婚姻角色，稱為「分隔的婚姻角色（segregated conjugal roles）」。

不過，大約在同一時期，楊格與威爾蒙特完成了他們關於貝斯諾格林（Bethnal Green）與「格林雷（Greenleigh）」郊區的家庭生活研究。原住在貝斯諾格林的居民在一次掃蕩貧民窟的行動中，被遷入格林雷郊區。《倫敦東區的家庭與親族（*Family and Kinship in East London*）》一書肯定了傳統的角色，但是僅限於老年人，而年輕的父親則比傳統的父親角色花更多的時間在他們的子女身上。到了1963年，約翰與伊利莎白·紐森（John & Elizabeth Newson）在《育嬰模式（*Patterns of Infant Care*）》一書中，提出下述結論：「現代父親的地位是在家裡」，而且母親與父親兩者都變得愈來愈家庭中心。

要記住的是，雖然能夠引用像是比較現在社會每個家庭的平均小孩人數與一百年前的狀況之類的「剛性資料（hard data）」，但是不可能用同樣的方法，來測量關係與態度的變遷。不過，可以確定的是，在料理家事與照顧小孩上，父親一般來說已經比以前採取更為主動的角色。隨著家人花更多的時間一起在家中、開著車子載著一家人去度假、旅遊，以及母親日益兼顧全職或兼職的工作與家庭中心的活動、對家計預算有所貢獻而增加了她們的地位，因而親子之間比起以前也較少見到正式的處罰、而是更多的同志關係。於是母親與父親的角色開始出現「趨同合流（converge）」。

家庭模式的變遷

國家對婦女解放有直接的貢獻，特別是透過保健服務與教育制度的擴展。但是撫育年幼子女的母親所承受的孤單寂寞，仍然為人所指證歷歷，缺乏為這類婦女量身定做的社區服務仍然是個有待滿足的需求。同時，更直接影響婦女解放的勢力則已經來自於生育控制法的發明，以及更為重要的是婦女——包括已婚的婦女——的漸漸朝向就業移動。本世紀的第一個二十年，在英國，有不到百分之十的已婚婦女外出工作；在1951年，這個百分比是21.74；到了1966年上升到38.08，到了1976年上升到49。生活富裕慢慢地普遍化自有其貢獻，再加上減省操作單調家事時體力耗損的電器用品的發明，更具有推波助瀾之功。郊區化與地理流動對某些人來說，已經提供了逃開傳統都市勞工階級從母居的母系制度——這點提醒了我們，婦女解放到目前為止是帶有對年紀比較輕的女性有利，對年齡比較老的女性不利的歧視效果。所以，我們才可以繼續走過一大票的經濟與技術變遷，而這些變遷的結果使得朝向楊格與威爾蒙特《對稱家庭》的發展趨勢成為可能。

第一次世界大戰後回歸故里的男人，在很多情況下，必須要去適應曾經在彈藥廠做過工、或是在沒有他的幫忙之下、獨立支撐起整個家，而養成更具有獨立想法的太太。在兩次大戰之間讀寫能力與無線電傳訊又回到以前的水平。第二次世界大戰和以前的戰爭不一樣，並沒有造成殘殺男性多於女性的結果，以至於顛覆了人口的平衡：男女人數維持粗略的均等，女性勞力後備軍已成過去。

還有更重要的是，七十年以前，外出工作的男人通常住在當地同質的職業社區之中。這種類型的社區發展出基本上是屬於男人的大眾場所——啤酒屋、賭場、足球隊；這類大眾場所鬆動婚姻的紐帶、從女人與小孩身上把資源拿走。但是在兩次大戰之間環

繞在倫敦與伯明罕兩大城市、圍繞倫敦的各縣市（Home Counties）、以及米德蘭地區（Midlands）所出現的新工業模式，便向這歷史悠久的男性優勢抽稅——不是削減了階級團結，肯定就是鼓勵更多的浪漫愛情。特別是在第二次世界大戰之後，工作時數的減低，假期的加長，擁有自己的房子也成為更加司空見慣的事，小孩也不再一天到晚黏在身邊，而男人也被拉進一個他們祖先聞所未聞的、更為親密、更為長久的配偶關係之中。生活私人化（privatization）是1960年代描述路頓市（Luton）富裕工人的關鍵字眼。這個關係涉及到上百萬男人進入一種更為親密合作的家庭生活。〔赫斯（A. Halsey）《英國社會的變遷（*Change in British Society*）》Oxford: Oxford University Press, 1981〕。

4.4 核心家庭——利弊得失

核心家庭有時被稱為「聯姻家庭（conjugal family）」，用以強調這類家庭型態是由一個男人、他的太太、以及他們的小孩所組成的這項事實——「聯姻」是指「和婚姻有關」。不過，「聯姻家庭」這個名詞的使用，可能會產生誤導。男人和女人可以住在一起但不結婚；也可能只剩下一個父親或一個母親，不論是因為過世、離異、拋棄、還是自己的選擇；小孩也可以是收養的。

基於數項理由，在過去三十年來，核心家庭已經變得日益重要：

1. 教育機會的增加使年輕人有能力從事相當多樣的工作，而這又使得他們必須離開他們的家庭與鄰里社區。他們也常常選擇一個不同於他們父母親的生活型態，因而與父母親

的共同性也變得比較少。

2. 傳統工業的凋零帶來了人口的移動，特別是年輕人與居無定
所的人；他們從西北部遷移到發展中的東南部。

3. 掃蕩貧民窟與在其他地區興建安置區，再加上一股日益上升
的擁有自己房子的欲望，促使比以前有更多的年輕人脫離他
們的擴大家庭而獨立組成自己的小家庭。

4. 如果沒有額外的人手，小型的現代家庭是比一百年以前的家
庭更容易照料。不過，這並不是個近期的現象，因為每位已
婚婦女平均養育的小孩人數在1925年就已經從1870年的六個
減少到兩個了。

5. 福利國家的服務足以取代以前由擴大家庭所提供的功能（但
是這些相同的服務在危機時期，經常有助於核心家庭的凝
聚，共度難關）。

6. 更大的物理移動能力，諸如擁有汽車、傳播工具像是電視，
以及擁有在發生緊急狀況時能夠聯絡的工具——電話——等
等，使得離開鄰里社區與擴大家庭在心理上不會像以前那麼
可怕。

古狄（Goode）在《世界革命與家庭模式（*World Revolution and Family Patterns*）》一書中，預見因應現代工業社會的需要，核心家庭興起成為主要的運作單位；的確，核心家庭易於流動的特性，增加了工作的機會與升遷的希望。核心家庭的孤立性質也促使家庭成員把彼此當作友伴，更常全家一起活動，這不僅減少了與擴大家庭的接觸，而且也減少了與非家庭熟人接觸的機會。這項轉向核心家庭對內尋求依賴的現象，已經被稱為「生活私人化」。

這種生活私人化在增進家人關係上有它的優點，但是也可能會導致孤立，特別是年輕的媽媽，就像韓納‧高夫龍（Hannah

Gavron），1966，在《被囚禁的太太（*The Captive Wife*）》一書中所生動描繪的情形。生活私人化的核心家庭的社會孤立可能在面臨壓力時缺乏宣洩的出口，而會造成關係的緊張化。

　　老年人現在更加可能感覺到自己一無是處，他們的日子會在孤獨寂寞中結束。年輕的已婚夫妻不再會有一個甘心樂意的保母，孩童們也不再有機會在他們的小時候，有接觸到祖母與表親的經驗。在許多方面，安全和獨立已經作了交換。

複習摘要

家庭關係的轉變

　　先生與太太變得愈來愈平等（平權），因為：

◆太太比較不可能在經濟上依賴她們的先生（今天有百分之五十的太太外出工作，1931年時只有百分之十。）
◆教育機會的增加增進了婦女的地位。
◆如果一名婦女離開她的先生，福利國家為她與她的子女提供了一張安全網。
◆總人口中不再有過剩的適婚女子——男人不再有稀有價值。

　　先生與太太有比以前少的獨立（可以區隔開來的）角色，因為：

◆核心家庭更加重要，所以加重了夫妻對彼此的依賴，而減

少了對親戚的依靠。

◆夫妻花更多時間在一起從事休閒活動〔（結伴婚姻
（companionate marriage）〕。

◆男性與女性可能從事的就業類型愈來愈相似──有部份是受
同樣教育的結果，有部份則是由於立法的關係，有部份是
因爲工商業性質的轉變之故。

子女在家裡有較高的地位，是因爲：

◆每個家庭有的子女人數比以前少了許多，增加了每一個小
孩的重要性。

◆教育程度的改善意味著許多小孩比他們的父母還要有知
識。（不過有人主張，義務教育的延長加長了子女在經濟
上對父母的依賴，取得高等教育管道的增加，也具有同樣
的效果）。

家庭模式的變遷

在今日英國，核心家庭漸漸變成比擴大家庭還要重要的運作
單位，因爲：

◆家庭人口數的減少（從1870年每個婦女大約要生養六個小
孩，到1925年大約只要生養兩個），使擴大家庭在提供母親
直接幫助上的重要性已大爲減少。

◆福利國家已經接收了照顧身體有病、年老體衰、與失業
者、以及輔助年輕人找工作與接受正式教育的責任──這
些「福利」功能中以前是親屬的責任。（注意：擴大家庭
常常仍然在這些方面提供協助，特別是在遭逢諸如死亡等

危機的時刻）。

◆教育機會的增加已經擴大了可以從事的工作種類，促進了地理上的流動。父母與他們子女之間發展出不同的生活型態，於是削弱了家庭的連帶。

◆傳統工業的式微所帶來的人口移動（通常是從北部到東南部）。

◆掃蕩貧民窟，以及想要擁有自己的房子的欲望日增，也造成了某些原居社區的瓦解。

◆更大的物理流動能力（例如，有了車子）、大眾傳播的增加（例如，電視），個人傳播的增進（例如，電話）。

第5章

家庭的穩定性

5.1 家庭內的衝突

有些社會學家，像是帕森思（Parsons）與貝爾斯（Bales），已經提出了這項結論——由於社會愈來愈強調把子女與伴侶當成個體看待，家庭對我們當前社區的重要性變得更加重要，力量也更為強大：孤立增加了配偶相互間的重要性。但是這種孤立已經促使丈夫與妻子的職責更難履行，而且隨著難度的增加，可以預期會有更多的人無法克服這些困難。

丈夫與妻子必須是朋友，也必須是伴侶。在子女還小的時候，經濟的責任大部份落在成年男子的身上。被教育成期望在自己的工作場所中求取成就，而不是準備料理家務的年輕妻子，整天與年幼的小孩被孤立無援地留在家裡。這種畫面就擺明了會造成緊張、挫折、與絕望。

從前，丈夫與妻子有固定的角色要扮演。現在雙方面都不確定他們被期望去扮演什麼角色——出現了某種程度的「脫序」。雙方可能帶有相互衝突的希望。妻子受到社會化的結果，可能期望先生是個強烈權威性的人物，一個想像中的英武之人，但是同時又想要一個與她平起平作的同志，會去幫小孩換尿片、上街去添購家用。先生可能會期望妻子能夠持家，但也是一個能夠和他平等地討論世界大事的伴侶，或是能夠和他一塊外出工作，以增加家庭收入的好夥伴。角色的衝突可能成為家庭衝突中一項主要的來源。

小孩也更難知道能期望他們的父母些什麼，特別是當家庭與學校的價值體系在管教子女上無法達成一致之時，更是如此。延長教育帶來了持續的依賴，同時相伴而生的是孩子生理上的早熟與更多商品化的壓力。電視讓年輕人看到了其它的生活型態，因而增加了年輕人對成人權威自然而然的反叛。

年輕人與老年人觀點的不同常被稱為「代溝」

「我知道這麼說是有點遲了，但是一看到我們家的奈吉，我想我的產後憂鬱症就開始發作了。」

　　年輕人面對的考試壓力愈來愈大，孩子們可能會瞧不起他們教育水準低下的父母（參閱4.2）。家庭有時候似乎是壓抑了、也限制了表達的自由，那是現代社會重視個人重要性所喚起的一項渴望。愛德蒙·李奇爵士（Sir Edmund Leach）在1967年時更極端地表示：「家庭狹窄的隱私及其低俗廉價的秘密，正是我們所有不滿的來源。」

　　年輕人與老年人看法的差異常被稱為「代溝（generation gap）」，儘管這種說法有點言過其實。的確，父母親今天有更多的時間和他們的小孩在一起。而且在很多家庭裡，爭論也已取代了責罰。一項在1993年就青少年態度所進行的蓋洛普民意調查發現，英國比其它國家，大多數的年輕人覺得他們和他們的父母親與老年人看法上，有更多的相近之處。他們最可能認真聽從的

人，是他們的父親（比例和他們的醫生一樣多），緊跟著的是他們的母親。於是這項調查評論道：「幾乎沒有徵候顯示有真正的代溝存在。」

5.2 法律與家庭

1870年以前，女性的法律地位和小孩與精神病患的法律地位是相同的，她們實際上是她們丈夫的財產。1882年已婚婦女財產法賦予已婚婦女保有他們自己的收入、購買人壽保險、以及擁有最高價值二十英鎊的私人財產。1882年婦女可以上法庭提出控訴，也可以被起訴。

1918年的選舉權法賦予婦女投票權，1923年婚姻訴訟法裁定平等的離婚權利。1970年的婚姻訴訟程序與財產法給予離婚的妻子共有房子的權利。1970年引進平等待遇法，到了1975年所有和男人從事相類似工作的婦女，應該都已經得到了相同的工資。現在婦女在法律上是和她們的先生擁有完全相同的權利了。

在婦女得到平等待遇的同時，兒童的權利也因——堅持他們接受教育；控制收養程序；在就業上對他們提供保護措施；以及如果他們受到生理上或道德上的危害，把他們帶離開家庭、安置在主管機關的看顧中——等等法令的制定，而獲得改善。

法律不僅協助改變婦女與兒童在家庭中的地位，也日益對婚姻的解除施以援手。在1715年與1852年間只有兩百四十四件離婚案獲得批准，期間的程序耗費不貲而且曠日費時。1875年，只要上一次法庭，便能成功訴請離婚，而且不再需要得到議會批准的私人法令，但是整個程序仍然非常的昂貴。

直到1920年以及引進「窮人年金法令」，在此之前離婚真的是

比較有錢的人才有可能辦到的事；在第二次世界大戰時期，當法律協助方案被引進部隊之後，離婚的可能性方才更向前邁進一大步。該方案於1949年擴大適用於全國人民。

直到1937年，通姦是離婚的唯一理由，但是婚姻訴訟法進一步把離婚的理由擴增到遺棄、殘暴、無法治療的精神異常等更廣闊的範圍。

從1961年起離婚可以獲得更寬大的法律協助，而且1969年的離婚法改革法案（從1971年起在蘇格蘭以外的地區開始生效，而蘇格蘭的法律直到1977年才有所改變），根據「無法挽回的婚姻破裂」這項裁決，引進了一個新的、更為簡易的離婚概念。

法律還可以透過許多其它各種不同的方式，來影響家庭。1969年家庭法改革法案把不須經過父母同意，自行結婚的年齡降低到十八歲。1993年政府成立兒童扶養機構（CSA, Child Support Agency），以確保由離異的父母親，而不是納稅人，負擔起他們子女的生活費為其目標。大體而言，有關家庭的法律變遷——就像大多數的法律變遷一樣——反映出社會態度與價值的改變。

5.3 離婚與再婚

只要看一眼統計數字就會明白，法律的改變對離婚率確實有顯著的影響。但是其它因素或許對創造不快樂的婚姻更具影響力——法律只是提供結束不幸婚姻的機制罷了：

1. 私人化的核心家庭型態為婚姻關係加上了更多的壓力（參閱4.4）。
2. 傳統固有的夫妻角色的瓦解，增加了不確定性與緊張參閱

「我覺得以前我們好像在哪裡見過？我們曾經結過婚嗎？」

5.1）。

3.工作機會的平等，造成男人與女人更可能在工作上發展出婚外情。

4.結婚時的年紀愈輕，統計上顯示離婚的可能性愈高。在1960年代，有早婚的趨勢。雖然現在這股趨勢有逆轉的現象，但是在1970年代末期與1980年代早期結婚的年輕人數量更多，那是因為總人口有較多的年輕人口（在1971年結婚的人中，有百分之二點六的男性以及百分之十點八的女性年齡是介於十六歲與十九歲之間；比較之下，在1980年結婚的，只有百分之一點四的男性與六點五的女性屬於該年齡層）。

5.因懷孕而強迫結合的婚姻，破裂的可能性更高──這類婚姻一直在增加當中。

6.人們活得更長，因此要忍耐對方的時間也就更久。日漸增加

的離婚比例是發生在結婚超過二十年以上的夫妻之間。

現今，婚姻一旦破裂，不僅在法律上比以前更容易將這段不愉快的婚姻趕快結束，社會所加諸的處罰相較之下也比較少。

◆社會對婚姻破裂的接受性也比較大，社會加諸在離婚上的污點也比較少。

◆福利給付以及更平等地分配共有的家庭資產，減低了離婚對婦女在財務上的懲罰，對那些有小孩的婦女，特別如此。

雖然離婚的人數愈來愈多，大多數的人仍然選擇結婚，而且離婚的仍然再婚，所以離婚顯然並不是拒絕結婚這個制度的癥狀。

家庭變化──得還是失？

「離婚並不容易，但是我願意把這段痛苦的時光，變得讓你比較容易承受。」擺在我們郊區一間郵局內婚禮鐘與哀悼服飾之間的一張「安慰卡」上頭如此寫著。我不記得大法官曾經送給將於今年離婚的十六萬對夫婦，任何一種這類最新流行的文件，但是聽說他的辦公室非常努力尋找各種能夠減輕離婚痛苦的方法──以及離婚的痛苦對國家所可能造成的成本支出。

1990年英國在離婚上支出了一點四兆英鎊：在住宅給付方面支出了一億兩千萬英鎊，在其它給付上支出了一億九千一百萬英鎊，在法律支援上支出了兩千七百萬英鎊，在所得支持上支出了八億零五百萬英鎊，以及在兒童照顧上支出了二千七百萬英鎊。另外，在全民醫療服務上還有許多額外的、隱藏性的花費。不要緊張！離婚仍然是少數人的活動，穩定地成長到現在每三對結婚

夫妻中有一對離婚。有三分之一離婚的夫婦沒有小孩，另外又有百分之十四等到他們的小孩長大成人之後才離婚。但是大概有一半離婚的夫妻，他們至少有一個小孩不到十六歲，而這正是那些破碎的家庭最令麥凱大法官（Lord Mackay）關心之處。

…威廉·古狄（William J. Goode, 1993）在《世界各國離婚模式之變遷（ *World Changes in Divorce Patterns* ）》一書中，徹底粉碎了我們對過去婚姻制度黃金年代的模糊的印象。即使在天主教的義大利也有四十萬對夫妻，在1970年立法准許他們正式結束婚姻之前就不聲不響地分居了。

離婚，據古狄透露，絕不是個西方的疾病，而是個世界性的傳染病，甚至非常流行。日本幾乎有一半的婚姻是以離婚結束，而且在印尼某處鄉間尚有靈媒大言不慚地說服一對老夫妻離婚，因為「某種神秘的緣故」他們彼此並不相配。

日本十九世紀末期的離婚率甚至超過今天的美國。許多婚姻很早就破裂了，以至於很少有人在結婚證書上簽上至少一年的婚期。但是其間有一項很重要的差別。對於返回娘家的新娘、不久之後再嫁，社會並沒有視之為何等的奇恥大辱。「成為成功佳偶的關鍵」，古狄指出，「在於高離婚率，搭配著同樣高的再婚率」。

高比例的再婚率與制度健全的離婚體系相運而生：不問「過錯」，公平地回報所有受過傷害的人。橫跨全世界的證據顯示，法律對減緩婚姻破裂的趨勢沒有多大的貢獻，但是古狄主張，法律在處理「把離婚給制度化」這個實際問題上——現在這個離婚機制在西方是和婚姻的制度化具有同樣的必要性——有其不可忽略的一角。需要更加清楚交代的是——正如在五十年前一樣——當婚姻失敗時，有一定的懲罰與代價需要承受。

古狄認為斯堪地那維亞國家已經走在一條我們也必須要走的道路上。分配給單親媽媽的各種福利津貼與生活費意味著，雖然

破碎家庭有很多不利之處，但是使較少的家人生活在貧窮之中，盡量減少私生子女被的生活支持受到剝奪，並使前夫較不可能逃避負擔家計的責任。

英國將往哪裡去？成立兒童扶養機構去向父親催討生活費，就是朝向北歐模式邁出積極的一步，而許多前夫對於向他們索求扶養費的震驚反應，只反映了他們是如何低估了為人父母責任的神聖本質。判決給前妻一部份她先生的退休年金是另一項引起注意的做法：已是德國與義大利達成離婚協議的一部份⋯

「自大戰以來，問題已經變成該賦予婚姻內性關係何種重要程度的問題了。」席爾朵爾・柴爾丁（Theodore Zeldin）說道。他是位傑出的歷史學家，才剛完成一部人類歷史的著作。

他強調完全建立在感情與依賴之上的關係是相當脆弱的，那會為彼此帶來誇大不實的期望，因此建議應該把這些轉換為更加獨立的關係，好讓共同分享的利益與對話，來取代「永恆不渝的愛情」那個古老概念（《每日電訊報》，1993年9月27日）。

訴請離婚的案子從1880年的四百件，增加到1980年的十七萬兩千件，而總人口數也有實質的增加。一項更好的顯示離婚人數增加的指標，是總人口中每千名結婚人口中離婚的人數（英格蘭與威爾斯）：

1961	1966	1971	1976	1981	1986	1990
2.1	3.2	6.0	10.1	11.9	12.9	12.9

5.4 婚姻破裂——社會與個人的成本

　　大約有百分六十的離婚夫妻有不滿十六歲的小孩，而且政府花在單親父母津貼上的支出，已經從1970年到1980年間的四千三百萬英鎊，上升到1991-92年的八億三千五百萬英鎊（這類家庭的產生一般源自於離婚或分居）。這些數字彰顯出推斷婚姻破裂造成的傷害時，最令人關切的兩個主要因素：對小孩的影響以及公共基金的耗損。然而，就1993年的估算，每一對離婚夫妻造成產業五千英鎊的損失，這導源於失去另一半支持後，而產生曠職、遲到、以及生產力下降的結果。

　　婚姻破裂的代價，不論是否以離婚結束，就其對人所造成的不幸來說，是無法計算的。全部財務上的損失也難以計算，因為除了明顯的直接花費之外，還必須加上損失的工作日數、藥物治療、以及打官司的費用。心理上的代價更是無法計算。有些證據顯示，婚姻破裂或婚姻失諧所帶來的痛苦可能助長不良行為與教育問題。福利國家或許提供單親家庭一個緩衝墊，但是這個墊子經常也是個非常不舒適的墊子。再者單親家庭的平均收入尚不及父母皆在家庭的一半。

單親父母——現代家庭性質的轉變

　　每年有十五萬五千名兒童會受到他們父母離異的牽連。學校，就像孩童一樣，多多少少會被牽扯到這些衝突之中。學校的記錄與運作措施，大部份仍然是建立在學童主要是來自於由典型核心家庭所構成的家戶這項假設上，儘管這類父親是唯一賺錢養家的人、母親是家庭主婦、有兩個在學校讀書的小孩所組成的家庭，適用於不到百分之五的家戶〔《教師與離婚（*Teachers and*

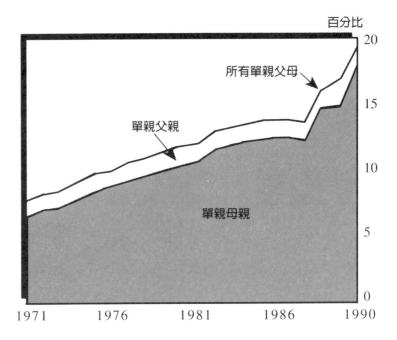

除了1971年與1990年之外，使用每隔三年的動態平均值

來源：《社會趨勢》，第23期（London：HMSO, 1993）

圖5.1 所有帶有依賴小孩、家長是單親母親與父親的家庭百分比

Divorce）》，會議通知，雪菲爾大學（Sheffield University, 1986）〕。

關於經過近兩百年來的工業動亂，到底使家庭產生了什麼變化的爭論，依然甚囂塵上。在《現代家庭的建構（*The Making of the Modern Family*）》一書中，愛德華・修特（Edward Shorter, 1976），主張家庭業已出現非常劇烈的變動，儘管有些證據顯示完全相反的結果。性行為上的革命、浪漫的本質、家庭對於更廣大社區的關係，以及關於生育小孩的觀念，已經造成現代婚姻家庭完全被隱藏在自己建構的舒適小屋中的私人空間裡。

修特的意思是，由於現代家庭夫妻的連帶基本上是建立在兩性的吸引力，而不是某些事先安排好的財產交易，因此家庭基本上會是相當不穩定的制度。再加上小孩子對於他們家庭過去的歷史一無所知，父母因而也不具有任何權威。修特並非全然的悲觀主義者。他說，這項不穩定，是我們為自由所必須付出的代價：自由去選擇他們想要嫁娶的對象、以及交換免受社區干擾「私人」事務的自由，所付出的代價〔改寫自《新社會（*New Society*）》，1980年1月17日〕。

複習摘要

英國社會離婚人數呈現實質增加的理由

◆對婚姻期待的增加，出現失望的機會更大。

◆私人化的核心家庭型態使得已婚夫婦彼此更加依賴對方。

◆先生與妻子對他們角色的不確定性──自然會造成緊張與不確定（「脫序」）。

◆人們活得更久，也就有更長的時間去厭倦對方。

◆婦女較有可能到外面去工作，男人與女人都比以前有更多的機會與異性一塊工作，發生婚外情的機會也就更高。

◆社會加諸於離婚的污點也比以前少。

◆福利給付以及離婚時享有比以前更加平等的財務協定，減少了離婚對女性在財務上的處罰（今天大約有百分之七十的離婚是由女性提出的）。

◆在法律上取得離婚判決比以前容易得多（例如，婚姻訴訟法與

1984年的家庭訴訟程序法，都允許夫妻在結婚週年後，提出離婚的案子）。

離婚的影響

◆分居或離婚後，大筆金錢會以給付的方式支付給沒有生活能力的家人。

◆超過百分之五十以上的父親於離婚後，便和他們的小孩完全失去聯絡。祖父母常常完全和他們孫子失去聯繫。

◆單親父母的壓力是相當可觀的——而且這股壓力同時是心理上的與經濟上的。

◆與婚姻破裂一併發生的創痛，可能會造成子女的不良行為與教育上的問題。

支持婚姻這個制度並沒有式微的論點

◆單親父母的人數並沒有像一般想像的那樣，比一百年前增加很多——雖然造成單親家庭的主要原因可能是死亡而不是離婚。

◆無法評估過去有多少婚姻只不過是個「空殼子」，缺乏溫暖與關係的深度。

◆有人主張與婚姻失諧所帶來的創痛，可能遠大於離婚的創痛。

◆離過婚的人中有四分之三會再婚。（離婚第二次或者更多次的人數於1993年仍維持持續上升的趨勢：1990年離婚件數中大約有百分之三十四，至少其中一位配偶以前離過婚，而在1961年時，這個比例為百分之九）。

◆到了1980年，據估計，有超過百分之二十的婦女在結婚前，已經和他們的先生住在一起了——同居似乎成了結婚的準備階段，而不是取代它的另一種形式。

支持婚姻這個制度是在式微之中的論點

◆在1971年與1981年之間，英國離婚人數成長了一倍（自此以
　後，離婚率維持相當穩定的狀況）。
◆非婚生子已經從1961年占總存活嬰兒的百分之六增加到1991年
　的百分之三十二。

　　1991年英國的新生兒中有百分之三十二是非婚生子，比利時
爲百分之九，希臘爲百分之二。但是瑞典則有百分之六十的小孩
是私生子。

◆所有誕生的受孕兒中，只有一半是在婚姻關係中出生的。
◆婚前同居的人數正在增加當中。

自我測驗題2.1

1. 說出那個用來指稱一個男人合法迎娶一個以上的女人的名詞。（一分）

2. 舉一個英國社區的例子，說明「擴大家庭」可能依然是主要的生活規範。（一分）

3. 舉出兩項家庭執行的功能。（兩分）

4. 舉出兩個理由說明爲什麼核心家庭愈來愈被視爲一個正常的運作單位。（兩分）

5. 舉出兩個理由說明爲何父母與子女可以比以前花更多的時間在一起。（兩分）

6. 舉出三個理由說明爲什麼某些社會接受一個男人迎娶數個女人爲妻是件可欲之事。（三分）

7. 爲什麼離婚愈來愈普遍？（三分）

8. 何謂「代溝」？就什麼程度來說代溝是存在的？（三分）

9. 英國社會近幾年來在（a）母親與（b）父親的角色上，已經發生了什麼變化？（四分）

10. 有何證據顯示婚姻持續保有穩定性？（四分）

總計二十五分

自我測驗題2.2

離婚：英格蘭與威爾斯

	1961	1971	1981	1991
申請離婚總數（千人）				
由先生提出	14	44	47	50
由太太提出	18	67	123	135
總計	32	111	170	185
每一千對結婚夫妻的中離婚率	2.1	6.0	11.9	12.7
所有結婚人數中再婚的百分比	14	20	34	36

1. 在1981年結婚的人中，有多少比例以前曾經結過婚？
   （一分）

2. 是先生還是太太比較可能訴請離婚？（一分）

3. 解釋「離婚率」這個名詞的意義。（三分）

4. 爲何某個國家「離婚率」的數字，可能不足以做爲顯示該
   國婚姻關係如何成功的指標？（四分）

5. 爲何在過去三十年來，離婚率的增加是如此驚人？（五
   分）

6. 英格蘭與威爾斯有百分之七十三訴請離婚案子是由妻子提
   出來的；提出某些足以說明這個情況的解釋。（六分）

自我測驗題2.3

你能想出一個含意是指「完美的女人」的形容詞嗎？

「在本世紀之中，社會條件與態度上已經出現了廣泛變遷，男人與女人都深受這些改變的影響。」（《社會趨勢》，HMSO）

社會環境與態度在哪些方面已經有了改變？而且這些改變如何影響到社會上男人與女人的角色？

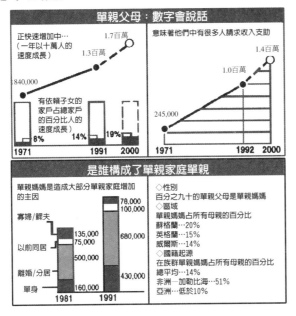

單親父母：數字會說話

正快速增加中…
（一年以十萬人的速度成長）

1.7百萬
1.3百萬
840,000

有依賴子女的
家戶占總家戶
的百分比人的
速度成長）

8%　14%　19%

1971　1991

意味著他們中有多少人請求收入支助

1.4百萬
1.0百萬
245,000

1971　1992　2000

是誰構成了單親家庭單親

單親媽媽是造成大部分單親家庭增加的主因

寡婦／鰥夫

以前同居

離婚／分居

單身

78,000
100,000
135,000
75,000
500,000
160,000

680,000
430,000

1981　1991

◇性別
百分之九十的單親父母是單親媽媽
◇區域
單親媽媽占所有母親的百分比
蘇格蘭…20%
英格蘭…15%
威爾斯…14%
◇國籍起源
在族群單親媽媽占所有母親的百分比
總平均…14%
非洲─加勒比海…51%
亞洲…低於10%

來源：《每日電訊報》1993年11月10日

1.什麼是造成1991年單親家庭的主要理由？（一分）

2.在1981年與1991年之間那一個單親家庭團體增加最多？
（一分）

3.解釋爲何下列的措施影響到離婚率：

（ｉ）1949年的法律補助法案（兩分）

（ｉｉ）1970年的離婚改革法案（兩分）

4.指出並且解釋除了法律改變之外，造成過去五十年來離婚
人數增加的三個原因？（六分）

5.除了高離婚率之外，爲什麼婚姻仍被視爲一項重要的社會
制度？（八分）

━━━解答━━━

1.離婚

2.單身婦女

3.（i）1949年法律補助法案，放寬了得到法律補助的機會，因而影響了離婚率，而且給予法律費用的財務支助也使得更多人能夠透過法律來結束他們的婚姻。

（ii）1970年的離婚改革法案廢除了以前訴請離婚的有限理由，並且訂出「無法挽回的婚姻破裂」是構成離婚唯一理由的規定，也擴大了可以用做辯護離婚的充足理由。

4.過去五十年來造成離婚人數增加的三大理由是：如果女人和她們的先生離婚，她們和她們的子女不會和以前一樣，在經濟上受到重大的迫害，因爲他們可以得到社會安全與其它的給付；與離婚連在一起的名譽受損也大爲減低，使得人們不會因爲離婚而被社會拒絕或喪失工作的機會；而且婦女地位的改善也使得她們較不可能忍受他們先生的惡劣行爲。

〔注意〕：不要回答法律補助法案、或者離婚法改革法案等等，因爲法令的改變已經被排除在試題之外了。只要求你回答三個答案，除了上面提供的之外，還有許多其它的選擇，同樣是可以接受的——例如，教會影響力的減弱、生命期望的延長、私人化的核心家庭型態對婚姻關係施加較大的壓力等等（參考第85頁）。注意，該題要你舉出理由並且解釋該理由如何對離婚率產生影響；很明顯的，該題所配置的分數只期望一個簡短的解釋。

5.離婚率雖高，但這有可能是出於對婚姻關係的上升期望，而導致高期望無法實現，以致產生不滿的結果；可能是出於這種狀況的事實，也獲得另一項事實的支持，那就是大多數離婚的人都會再婚，而且雖然在1981年與1991年之間的結婚率有下降的現象，但是這些年來，英國仍是歐洲共同體結婚率最高中的一個國家（除了被希臘與葡萄牙超過之外）。

　　大多數的人似乎都想要得到，公認存在於婚姻與公開儀式當中的承諾與安全感，以及對他們有權生活在一起的肯定。

　　比較少的人會刻意決定非婚生子，雖然這個數字近年來顯然有明顯增加的趨勢。大多數的人似乎覺得有必要生下合法的小孩；即使是沒有結婚但生活在一起的男女，在知道有了小孩之後，常會跑去結婚。儘管態度變遷了不少，但是社會對於生下了不合法的小孩仍認為是有損名譽的事。而且因為法律是建立在大部份的人會結婚這個前提之上，所以對於沒有婚姻之實卻生活在一起的男女，以及身為一個父母未婚所生下來的小孩，都得面對許多法律問題——例如，維護合法子女利益的繼承法。

　　國家重視婚姻制度，因為這個制度明確規定了父母親對於小孩的共同責任；近年來對於政府花費在支付單親家庭社會安全給付費用的日益增加，已引起了社會普遍的關切。1993年政府為了向父親們徵收生活費，而設立了「兒童扶養機構」。

　　雖然宗教的影響力已經式微，但是仍不該忽視這項影響力的作用。1990年英國宗教有超過八百五十萬的會眾。回教是成長最快的宗教團體，而回教則視婚姻為一項重要的制度。

　　許多雇主似乎仍然比較偏好雇用已婚的員工，認為已婚的員工比較穩重、值得信賴（雖然實際情況可能並非如此）——這似乎可從大多數的申請表中，要求填寫有關婚姻狀況的資訊中得到證實。一流的政治人物都傾向於強調他們有個快樂的婚姻，遴選委員會常會要求配偶一塊出席遴選會場。這些事實都指出婚姻仍被視為一項重要的社會制度。

〔注意〕：這題問的是，為什麼婚姻仍然被視為一項重要的社會制度。不要寫成一篇解釋為什麼家庭仍被視為重要的社會制度——記住你可以結婚不要家庭，也可以有個家庭而不要結婚。

研究項目A與項目B，然後回答下列問題。

項目A

倫敦東區的家庭生活

〔摘錄自一份檢視倫敦貝斯納格林區與伍德佛區——分別是勞工階級與中產階級的市鎮——家庭生活的研究，是在威爾蒙特與楊格的經典研究完成大約二十五年之後的作品〕

　　一項驚人的差異是，大多數貝斯納格林的住戶現在已經變得非常的家庭中心。在1950年代，這曾經是伍德佛區住戶的一項特色。帶著三個月大小孩的母親，當然可能把較多的時間花在家務料理當中。但是很明顯的，今天在貝斯納格林區幾乎有和伍德佛區一樣多的先生只要可以就盡可能地待在家裡。「自己動手做」——即使是在租來的房子裡——以及電視，更不用說還有小嬰孩，很明顯地都成了啤酒屋與足球場的強大競爭對手。

來源：〈倫敦東區的家庭與住戶（*Family and Homes in East London*）〉，安西亞·何姆（Anthea Holme），《新社會》，1985年7月12日。

項目B

結婚與再婚在英國

	1961年	1971年	1981年	1989年
總結婚數（千對）	397	459	398	392
再婚佔所有結婚數的百分比	14	20	34	36

來源：改寫自《社會趨勢》，1991年。

（a）研究項目A然後說明

（i）在哪些方面，1985年貝絲納格林區的家庭與1950年伍德佛區的家庭相近似？

（ii）有什麼證據支持1985年貝絲納格林區的住家是以家庭為生活的重心？（兩分）

（b）研究項目B然後說明

（i）1981年在英國舉行的結婚對數有多少？

（ii）1961年與1989年之間總結婚數中，屬於第一次結婚的百分比趨勢為何？（兩分）

（c）指出並且解釋共享的（或聯合的）婚姻角色可能影響家庭生活的方式。（四分）

（d）指出並且解釋過去二十年來，女性的角色為何已經產生改變的兩個理由。（四分）

（e）對存在於今日英國的各種不同類型的家庭型態，社會學家提出了什麼解釋？（八分）

南區聯招小組

普通考試，《社會學》，論文2，1992（夏）

訴請離婚案件（千計）	1961	1966	1971	1976	1981	1986
由先生提出	14	18	44	43	47	50
由妻子提出	18	28	67	101	123	131
總計	32	46	111	144	170	181

改寫自《社會趨勢》，1989年。

（a）1981年總共有多少訴請離婚的案件？（一分）

（b）解釋1971年訴請離婚案件在數量上的遽增？（兩分）

（c）在上述顯示的這段期間內可辨識出哪些趨勢？（兩分）

（d）解釋爲何年齡會影響到離婚可能性？（四分）

（e）社會上女性角色的變遷會以何種方式影響到離婚率？
（十五分）

倫敦大學考試與評鑑委員會

普通考試，《社會學》，1992（夏）

第三單元

第6章

非正式與正式的教育

6.1 教育的目的

　　人們從出生的那一刻起，就開始學習：剛開始大部份的學習是在家中進行（第三章），但是後來其它的機構，像是鄰居、宗教、媒體、以及「同輩團體（peer group）」——這個名詞用指年紀相同的人——都加入這個非正式教育的過程。

　　由於家人和朋友不再能夠教導大多數的人，如何在我們這個日益科技化的複雜社會裡謀求生計所需要的全部知識與技能，所以更多的正式制度，像是中學、專科、以及大學，便被發展出來為進入工作世界的人預做準備。同時親戚也不再有能力為年輕人找份工作來做，生涯顧問與老師取代了他們的地位。

　　當然，教育機構不僅僅為社會成員的就業問題預做準備——也關心社會規範與價值的傳遞。有時候學校對什麼是正確規範的看法，與家裡所教的不同，而使青年人經驗到相當大的困難來調適這項衝突。學校也可能強調紀律、團隊工作、理論學習、以及正式的關係模式；反之家庭不講什麼結構、紀律、而是個人主義的。當這種差異突顯出來時，可能會使置身其中的青年人無法與學校或是家庭，發展出和諧的關係。

　　近年來學校對於「社會教育（social education）」愈來愈加重視。這項個人素質的發展可能被視為對於家庭功能更進一步的介入，也可能被視為因應一個工作所需的特殊技能快速淘汰的社會需要的必要發展。私人化的核心家庭可能無法提供足夠廣泛的人際關係；而且更多的休閒假日或是日益嚴重的失業問題也增加了人們需要與他人發展適當關係的能力。

　　1958年寇特葛羅夫（Cotgrove）指出，雖然全民教育證明並沒有向某些人所想的，會是個大災難，也沒有造成其他人所期望的平等境界。「隨著證照與文憑日益成為取得待遇比較好的、比較

有保障的、地位比較高的工作的機制，教育做爲職業成就與上升社會流動的基礎的重要性就日益增高。著眼點已經從社會化移轉到篩選——一種帶有貴族本質的結構已經有所變化，因此學校這個一度是教育社會菁英的場所，現在卻成爲教育智識菁英的機構」。

6.2 社會化

　　社會化是個學習的過程，經由這個過程所有年齡層的人取得他們社會的文化、以及這個社會之內他們所屬團體的文化。由於我們一生中不斷地加入新的團體，社會化也就從未停止。我們必須學習做爲一個學生、丈夫或妻子、以及到了人生盡頭最後一個正當的角色——年邁領年金度日的老人。

　　如果我們沒有被社會化，我們的言行舉止就一點也不會像個人，倒會像許多故事中所敘述的被發現在動物中長大的孩童一般，表現出的行爲和動物並無二致。毫無疑問地，這些孩童中有些是一開始就因爲心智上的殘缺而被丟棄在動物群中，但是有些顯然並沒有這類的障礙。

　　小孩先是被灌輸行爲舉止要像個小孩的觀念，不過對於該如何表現才算個小孩，每個社會的「期望」都有所不同。隨著小孩子一天天的長大，也接著被期望不要表現的太孩子氣，也不要過於少年老成。小孩子也會學到「性別角色」（參閱1.2），以及他家裡頭的規範與價值。如果這些家規與大社會一般的價值規範有所不同，那麼衝突就在所難免了。

6.3 社會控制

　　在大多數的情況下，家庭的規範與價值可能是社會價值規範的反映。因此透過舉例、處罰、與獎勵，小孩子會被教導去接受那個社會行事為人的規則。這些規則將在正式的教育過程中，受到更進一步的強化。

　　英國社會是由各個擁有層級權力大小不等的人群所構成的。這個「上下層級結構（hierarchy）」幾乎在所有學校都反映在以校長居於最高位置，然後的層級依序是副校長、資深教師、各科系主任、各級老師、守衛、廚房女管事、與學生的職位結構之中。在這個嚴格的結構中，學生學會表現出正當的行為，並且學著遵守無數條——從非常必要到（顯然）非常荒謬的——規則條文。遂有此一說，學校有個「隱藏的課程」，是為學生進入產業與科層體系預做準備；使他們甘於接受為人屬下、遠離決策制定的安排。學校的結構受到各式各樣的正式與非正式的處罰與獎勵等「制裁」機制的保護——通過考試、微笑、「排隊」、留校關禁閉、在英國還有體罰（實際上沒有其它國家有體罰制度）。學校反映了當前社會的價值，因而在英國許多學校裡，非正式作風愈來愈盛行。

　　就試圖確保學童與學生行為，不逾越社會建立的綱紀這個意義而言，教育機關是個社會控制的機構，不過也是個「監護（custodial）」的制度。把兒童與青年人安置在這個制度之中，不僅是基於他們自身的安全，也為了他人的安全與舒適，使他們不至於礙手礙腳。在今天，許多工作的複雜性以及對就業者人格成熟度上的要求，也造成就業年齡的延後。同樣的，把大量的年輕人帶離開就業市場，也是分配數量稀少的就業機會的有效手段。在這種情況下，就某些年輕人看來，有些正式教育擺明了是個騙人的玩意兒，反而增加了正式教育原本想要降低的紀律問題。

布來德佛市（Bradford）的亞裔青年習得一部份他們社會的文化

紀律與學校

紀律的模式

　　出人意料之外的是，竟然沒有多少研究針對不同紀律模式所產生的影響，做過有系統的探索。不過，曾經做過的少數研究，都指出紀律的重要性，並且強調紀律與處罰不該被視為同義字。如前所述，雷諾斯（Reynold），1976，在《南威爾斯的逃學研究（*Absenteeism in South Wales*）》觀察得知，良好的紀律（就校規強化而言），結合學生參與紀律維護制度（例如，設置班長制度）以及減少體罰的使用，最可能得到不錯的出席率。希爾（Heal），1978，在《政策與政治（*Policy and Politics*）》一書中發現在使用正式處罰制度的學校，行為不當的情形最嚴重；克列格與梅格森（Clegg & Megson, 1968）在《不快樂的小孩（*Children in Distress*）》一書中指出，最高的不良行為率是出現在使用大量體罰的學校。他們也提到學校來了位新校長，他減少校規的行動使情況獲得改善的事蹟…顯然，使用制裁是任何一所學校組織的基本要素，但是將使用獎勵與處罰的研究發現合併起來看，結果確實顯示，有些學校可能並未達到處罰與獎勵的平衡。或許要設計出能夠維持學校價值，並且對次級學校的學生有吸引力的獎勵制度，不是件容易的事，對於那些高年級的團體尤其如此。不過就我們研究的發現，曾經做過這項嘗試的學校，結果都是正面，與使用處罰的發現完全相反，處罰的結果大多產生低的，一般說來是負面的關係〔路特等多位學者（M. Rutter et al.），《一萬五千個小時：次級學校及其對學童的影響（*Fifteen Thousand Hours: Secondary Schools and their Effects on Children*）》，London: Open Books, 1979〕。

6.4 媒體與青年文化

　　大多數的社會都有「成長儀式（rites of passage）」，用來標示一個人生命的不同階段。這些儀式包括有像是受洗禮、割禮、或是婚禮等典禮，是在宣告一個新人已經被社會所接受了，或是清楚地宣告社會或是他人期望他們表現的那種行為。

　　許多社會在接近適婚年齡開始之時，會有個宣告禮，宣佈當事的人不再是個小孩子了，他們有資格得到社會成年人的聲望與特權。同時，從這個時候開始小孩肩負起社會上屬於成人的責任。

　　雖然大約在適婚年齡這個年紀，許多年輕的基督教徒會在這個時候確認他們的信仰，而猶太教的男孩也會在這個時候成為他們宗教下的完全成員。但是在現代工業社會適婚年齡與就業之間日益擴大的差距，意味著青少年這個既不算是個小孩、也不算是個成人的灰色地帶正不斷在延長之中。少了聲望與特權，許多年輕人變得「充滿疏離感」，仰賴流行、音樂、男女朋友、以及叛逆來建立他們自己的地位體系。常常也因此拒絕承擔責任、嘲弄權威——犯罪的尖峰年齡通常是介於十四歲到二十歲之間。

　　少了成人肩頭上所擔負的責任——房租、貸款、保費、油錢、以及小孩子的衣服錢——許多年輕人有比成年人更多剩餘的財富可供他們花用。毫不令人意外的是，商業組織早已嘗試去開發這份資產，從娛樂、流行、化妝品、以及像是「高度傳真電唱機」與磨托車之類的「耐用」品下手，推出一系列適合消費者的生活型態。這項「開發（exploitation）」（不必然帶有做壞事含意的一個詞），使青少年比沒有這些東西時，更加的與眾不同。

　　媒體靠煽情主義來賣錢，因此具有新聞價值的是那些叛逆的青年而不是循規蹈矩的年輕人，靠他們才能創造一窩蜂的風潮。

具有新聞價值的是那些叛逆的青年，而不是循規蹈矩的年輕人

就某種程度來說，「青年文化」是媒體製造出來的產品。不過，
也不該過於誇大媒體對青年行為的影響力。克拉波（J. Klapper,
1960）在《大眾傳播效應（*The Effect of Mass Communications*）》
一書中發現，「媒體對於犯罪與暴力的描繪並不是推動這類行為
的主要動力。內容似乎不是增強就是使其做出既有的、或誘發的
行為。」另一方面，有一小部份的青少年可能受到影響，誠如哈
羅蘭（J. Halloran, 1964）在《大眾傳播效應：特論電視（*The
Effect of Mass Communications - With Special Reference to
Television*）》的研究中，發現受到挫折的兒童模仿電視上看到的行
為來發洩他們的攻擊性。

　　一份由廣播事業主管機關與人力服務委員會所執行的特殊研
究《廣播與青年（*Broadcasting and Youth*, 1979)》發現，對於那個

指出所有收到訊息的人都做出相同回應的「一步（one-step）」傳播理論只受到很少的，甚至根本得不到任何支持。但有可能是「媒體傳播出來的訊息塑造了我們對生活其中的世界的知覺」。例如，電視上經常描述婚外情並且接受同居是正常的、甚至是人人想要的一種行為模式，幾乎肯定造成很多人潛意識地接受了那個規範。

1993年暴力錄影帶同時被法官與數位心理學家認為，是造成兩起駭人聽聞謀殺案的肇因。

「賤人回擊」

雖然男女生都關心名節問題，但是女生與男生談論性的方式相當不同。對男生來說，在其它男生面前吹噓他們「上」了幾個女孩子，是會提高他們在性方面的聲譽。就像一個女生所說的，「男生可以被人稱為種馬而受人喜愛尊敬。對女孩子來說，名節卻是個要護衛的東西。不僅僅是和不固定的男友發生性關係，就連和不同的男孩子約個會、或是和不同男孩子見個面，甚或和別人的男朋友聊上幾句，就飽受威脅。

在我對一百位青少女的訪談中，我發現，對一個女孩子來說，保護她的名節（性方面的聲譽）對維繫她在男孩子與女孩子中的地位來說，都是相當重要的。莫須有的性經驗對一個女孩子名節的重要性，可從年輕人每天生活中所使用的一大堆侮辱人的言詞中窺知一二……校園裡女孩子之間許許多多的恫嚇威脅與打架鬧事，多與攻擊某個女孩子的名節有關。

「賤人」這個名詞意指一個和很多男人睡過覺的女孩子，但是這項侮辱可能和女孩子實際的性行為一點關係都沒有。但是這對那個女孩來說，也不會使事情變得更好過一些。一個沒來由的標籤黏起人來和一個有名有目的標籤一樣輕易。女孩子可能被稱為

賤人，如果她的衣服太緊、太短、太顯眼、或是在任何一方面具有挑逗性，或是如果她老是和男孩子混在一起，如果她和另一個女孩子的男友攀談、甚或她的嗓門太大、或是話太多。那是一個無時無刻不存在的威脅；一個男孩子能夠用來控制女孩子行為——不論是否和性有關——的機制；然而對於男孩子們，卻沒有相對等的詞彙存在。每個女孩在任何時間都面臨著被貼上「賤人」這個標籤的風險。

對男孩子來說，談論性，不論是吹噓還是藐視女孩子，都能增進哥兒們間的情誼。損害女孩或女人的名聲是男性圈子裡的關鍵要素。男人們飲酒與講黃色笑話的傳統，通常都集中在這個「沈默不語的性對象」上。

「賤人」這個標籤的作用，就是針對不屬於任何一個男人的女人所發出的指責。換句話說，任何一項獨立的行為，像是對男孩子回嘴、或是在爭吵中堅持己見，都打開了女孩子遭受到藐視女性謾罵的機會。因此，毫不足為奇的是，所有的女孩子都同意，對女孩子來說，唯一解救她自己脫離「賤人」這個名聲的一條路是：「找個固定的男朋友。那樣子，就像是結婚了之類的，使你覺得似乎變得更受人尊敬。」

既然這樣，女孩子們又如何回應這種雙重標準呢？很難不順從，或不接受這些穢語，甚至不加入男孩子叫別的女孩子「賤人」。另一個反應則是躲避，這牽涉到女孩子改變她自己的行為來躲過謾罵，如不和男孩子約會、不單獨出門、限制自己的自由。改寫自《賤人回擊》，蘇‧里茲（Sue Leez）——《糖與香料：性行為與青少年（*Sugar and spice: Sexuality and Adolescent Girls*）》的一篇論文。（《每個女人（*Everywoman*）》，1993年9月）。

「生為男孩的麻煩」

「在商店裡頭，他們受到別人懷疑目光的注視，而在休閒中心第一個遭受指責的總是他們」。

從統計的觀點來看，沒有理由說男孩子們為何不該受到責備。清一色的是男孩子在破壞公共電話亭、砸壞汽車、丟石頭打破窗戶、偷竊汽車音響、並且恐嚇其他的市民。三個男孩子中有一人會在三十歲之前犯下罪行，而且他們惹上法律官司的機率是同年齡女孩的五倍。然而，如果我們在這個證據上論斷所有男孩與年輕男子，那麼我們就會像所有習慣上認為所有的女生天生數學就很爛、在智力上不如男生的人一樣（許多人仍如此認為），犯下了以刻板印象判斷人的錯誤。

我們現在知道，這不是賀爾蒙的問題，但是毫無疑問的，性別會是個因素。當我是個青少年的時候，有人告訴我們說，男孩子只想要和傻傻地、嗤嗤地笑個不停、以及需要保護的女孩子約會。數學上的天賦是腦力好的清楚證據，諸如此類的表現必須要毫不留情的壓抑下來。如果你十四歲了，生活上出現了要你在男朋友與數學之間做個選擇，男朋友通常會贏（顯然這帶來的趣味會比數學來得多）。幸好這些日子來，對愈來愈多的女孩來說，這項選擇不是那麼直不攏咚的。現在可能要數學也要男朋友，而且女孩子在數學上的表現也好多了。

在男孩子身上也需要學到同樣的教訓。但是這只有靠我們花更多的注意力去關心男孩子的日常生活，才有可能辦得到。正如在生物學上女孩子並沒有算數不好的現象，我也相當懷疑男孩子天生下來就會破壞電話亭。大部份的男孩子不是破壞狂，即使大部份的破壞狂是男孩子。實際上，十幾歲的男孩子更有可能是犯罪的受害者，而不是罪犯，而且他們比任何一個別的團體更有可能是遭受攻擊的受害者。然而，男孩子面對相當大的壓力要表現

出他們是把破壞電話亭當早飯吃的那種人。

　　這裡的差別是，那個沈溺在每個機會都表現出「我是泰山」那種動作的男孩子，並不是努力想要在女孩子面前留下好印象。整體來說，那是後來才出現的動機。大部份的情況，他是想要使他的男性同輩朋友們印象深刻。男孩子是從彼此之間學到英雄氣概（父親在他們大部份的生活中，並沒有突顯出來傳遞給他們任何非常有用的東西）。他們對自己行為的判斷，完全根據被他們同輩接受的程度而定，學習開始於他們進入學校這個公共生活的那一分鐘起。改寫自安琪拉・菲利普（Angela Phillips），《身為男孩的麻煩（*The Trouble With Boys*）》。（《每個女人》，1993年9月）

複習摘要

正式教育的功能

1. 文化傳承把社會的規範與價值傳遞下去，但是傳遞的將會是優勢團體的價值。文化衝撞可能發生在當家庭與學校／同輩團體之間有不同的規範與價值之時——這常會導致拒絕學校，而尋找其它取得地位的手段，有時這會促使個人做出一些違法的活動。

2. 就業訓練為年輕人進入複雜的先進社會工作預做準備，但是有人已經指出這可能預先使某些團體接受地位低下的不討人喜歡的工作。

3. 社會篩選揀選有能力執行社會中某些職務的人，確實達到人盡其才的功能。不過，這可能只是現狀的合法化，也就是說，提出一個合理的理由，使最好的工作落入來自高地位家庭的小孩。是一

種簡化篩選程序的方法，例如，某項工作要求通過五科不必要的普通考試，來削減合乎資格的申請人數。

4. 社會控制教導社會接受的行為，以確保社會能夠和諧運作，使每個人都過著愉快的生活。但是中小學與專科學校有一項明顯的功能是監護——也就是說，使年輕人不至於礙手礙腳，因為在複雜的先進工業社會，不存在任何可以雇用他們的工作。有人指出，另一項功能是藉由隱藏課程——這是學校教的但不公開承認的課程——以確保年輕人學會接受他們在社會裡的地位。

◆ 在上下層級結構中的位置：英國社會是由居於不同層級、擁有大小不等的權力位置的人們所構成。這個「上下層級結構」幾乎反映在各級學校結構之中，校長位於層級的頂端，然後緊跟著的層級是副校長、資深教師、各科系主任，各級老師、守衛、廚房女管事、和學生。在這個嚴謹的結構之內，學生學會表現出正當的行為，將來進入了工作圈也會照著這個模式行事為人。

◆ 預料競爭（為了訓練其做好競爭而非合作的準備）。

◆ 接受繁瑣（為了預備其從事低賤的、重複性的工作）。

◆ 接受評鑑（為了使其接受為人下屬的角色）。

青年文化產生的理由

◆ 依賴增加：法令變動使兒童依賴父母的時期更為長久——常是自願的，出於對於資格的日漸重視。

◆ 消費能力增加：在1950年代與1960年代十幾歲的青少年開始有更多的金錢供其自由揮霍。充分就業意味著有工作的人賺到相對較高的薪水（沒有像是房貸之類的成人負擔）；更有餘裕留給他們的子女花用，這反映在不用工作的人所擁有的零用錢

上。

◆消費主義：被商業組織發現的一個市場，於是鎖定流行、娛樂、以及相關的消費者耐用品，進軍「開發」這個市場。「十來歲的青少年」這個名詞是芝加哥一位十九歲的學生創造的，他成立「吉博青少年服務中心（Gil-Bert Teen Age Services）」致力開發這個他發掘出來的市場。

◆媒體：觀賞特殊的電視節目成為被同輩團體接受的一個重要方法，而且馬上就可以得到角色模範（角色模範是指某個他或她的行為是你可以模仿的人）。另一方面，十來歲的青少年一週大約只花百分之九的時間在看電視上，遠少於其它的團體（出於《電視的衝擊（The Impact of Television）》。貝爾森（Belson），1967，報導說，把電視帶進家門的同時似乎把青少年推出家門）。

◆象徵性的抗議：賀爾（1976），在《用儀式抗議》一書中提出這個結論——勞工階級青年所發展出來的型態是對戰後英國階級的一種象徵性抗議。

◆「代罪羔羊」：科恩（1972），在《民俗惡魔與道德恐慌》一書中指出，所有形形色色的青年次文化，從披頭到剃怪頭，都佔有一定「民俗惡魔」的位置：做為我們不該是什麼的視覺提示物。因而龐克與剃怪頭成了現代的巫婆與壞人。在中世紀，巫婆會被燒死，而在現代社會，他們在報紙與電視上被梟首示眾。

◆都市主義：「代間」權威的減少。「在遷移不定的大都市人口中，年輕人較不準備尊敬他們的長者。「祖父」變成一個帶有輕視意味的名詞」〔郝斯（A. Halsey），1981，《英國社會的變遷（Change in British Society）》〕。

◆教育：強調文憑資格造成比較少有機會得到這些的資格的人，採取其它的機制來取得地位。

◆早熟：到了1960年代，兒童在性方面成熟度比在1900年的兒童早上三到五年（成因包括有飲食的改善等等）。

第7章

英國教育制度的變遷

7.1 歷史發展

　　英國的第一批學校是由教會所開辦的，是爲了培養神職人員，那時期牧師與公務人員的人數成長了兩倍。後來，第一波的「寄宿」與文法中學出現了，以滿足新興商人階級的需要。

　　由於需要更多的行政人員與軍官爲英帝國的發展服務，十九世紀寄宿學校大量成長，此時「初級」學校爲了提供工業革命所需要的技術工人，開始教導閱讀、寫作、與算數（以及宗教）的基本能力。到了十九世紀中期，在提供國民教育上，英國遠落於美國與德國之後。在德國，每六個小孩中有一個上學讀書；在英國則每十個小孩才有一個到校讀書。除了關切缺乏受教育的勞動力會阻礙英國與其它工業化國家的競爭能力之外，有些政治家接獲警告，指出教育會給予人民高過於他們身份的想法，鼓勵革命。其他人士則傾向這個看法——認爲教育會教導民眾尊敬長輩、瞭解勤奮工作的必要。到了十九世紀接近尾聲，如果英國想要持續保持競爭力，教育社會大眾，便成爲不可避免的情勢。

1870　弗斯特的初級教育法案成立學校委員會，專責設立學校、
　　　鼓勵就學。

1876　（山頓法案）父母有責任保證五歲到十三歲的兒童到學校
　　　上學。

1880　（孟道爾法案）理論上受教育成了一項義務；儘管父母仍
　　　然每星期必須出幾便士的學費。

1891　免費教育法，大多數的初級教育成爲免費的。

1902　（波弗爾法案）成立地方教育當局取代學校委員會。爲了
　　　因應需要受過較好教育的勞動力，來從事商業與工業部門
　　　增加的「白領」工作，而設立新的文法學校。而其它學校

獲得補助費以回報他們提供某部份的免費名額。

1906　所有收到公立經費的次級學校必須提供百分之二十五的免學費名額。

1918　把離開學校的年齡提高到十四歲（廢除所有初級教育的學費制度）。

1926　（哈多法案）青少年教育法：規畫十一歲後的升學轉校與兩類次級教育

（a）文法——學術教育，離校年齡最低是十六歲。

（b）次級現代——實用基礎的教育，離校年齡最低是十四歲。

1938　史班斯報告　　　　} 　這兩份報告拒絕採行「多元」
1943　諾伍德報告　　　　　（亦即「綜合」）學校的概念

　　在這個時候以前，勞工階級的小孩除了一點基礎教育之外，受不到任何教育；大約只有百分之十的兒童上文法學校就讀，而且大多數這些學校都是付費的。受到的教育類型端視付費能力，而不是學習能力。

7.2 雙元與三元體制

　　1944年戰時聯合政府引進一項新的教育法案（巴特勒法）。該法的主要目標是在增加「教育的平等」，以便使有能力的兒童不致於因為他們的父母負擔不起讓他們接受適當的教育，而無法充分為他們的社會效力。在1920年代與1930年代教育改革的壓力已經成長，但是它之所以加速成長的原因，可能是因為當局者訝然發現軍隊裡居然有很多能力強但卻沒有受過正式教育的人，以及中

產階級第一次見到來自貧民窟沒有受過良好教育的兒童。

「巴特勒法」把離校年齡提高到十五歲（自1947年起生效），並且推動改革提高學校的教育與健康標準，保留宗教教育爲唯一的義務科目。最重要的是該法提供共同教育給到十一歲的兒童，接著讓他們接受適合每個小孩能力與潛力的教育。

「巴特勒法」所發展的教育體系類型與「哈多報告」所預見的相類似——提供就讀於次級現代中學非學術取向的學生實用教育、文法中學的學生學術教育、以及可能成爲技術工匠的學生進入次級技術學校就讀，雖然在當時技術學校尚未普遍。如果同時存在有這三種學制，這個方案通稱爲「三元」體制；若只有次級現代與文法兩種學制存在者，稱爲「雙元」體制。

雖然這兩種學校被認爲地位相同（具有「同等的聲望」），很快就顯出文法中學的學生離開學校後，有比較好的升學機會，十一歲時的篩選成爲「通過」或「失敗」的關卡；於是全國百分之八十沒有就讀於文法中學的學童在開始接受他們的次級教育時，都認爲他們自己是個失敗者。

7.3 綜合教育

中產階級學童「通過」十一歲以上的考試，比父母是勞動階級的學童，高多出相當多比例（參閱8.3），所以這個分裂爲二的體系被認爲滲透到社會每個角落，增加社會上的階級分裂；是一種「社會性的分裂」（表7.1）。

有人說，招攬來自各種不同背景、能力各不相同學生的大型學校，會鼓勵來自各種不同社會團體的學童一塊來校就讀，如此一來將增進相互的瞭解，並且減少產業摩擦。在這些「綜合」中

表7.1就讀學校：根據父親的社會經濟團體（1972年擴大開辦綜合教育之前）（英國與威爾斯的百分比）

	\多+業	中產階級雇主與經理	中階與新進非手工	技術手工工人	勞工階級半技術	無技術	其它*
			父親的社會經濟團體				
次級現代	3	12	11	42	17	5	10
綜合	3	14	18	40	13	5	7
文化	7	20	26	33	8	2	4
直升與獨立（11-14歲）	30	45	13	11	-	-	1
其它學校	1	7	16	37	19	11	10
佔總樣本之%	6	16	15	38	13	5	7

注意：到了1972年英格蘭與威爾斯有接近百分之五十的次級學校的學生是在綜合中學中接受教育，百分之五十就讀於精英學校。*
上表顯示百分之三十七的學生來自「中產階級」，百分之五十六來自於「勞工階級」。
只有百分之二十六就讀於次級現代中學的學生來自中產階級，而就讀於文法中學的學生有百分之五十三來自於那個階級──就讀於獨立中學與政府直接補助中學的學生有百分之八十八是白領勞工的子女。
*就1986年來說，次級中學中有百分之八十五點四的學生就讀於綜合中學。
來源：根據《社會趨勢》，（London: HMSO）。

學裡，學童在十一歲時不會遇到升級或留級的問題，所有的學生，只要他們具備需要的能力，都有機會讀到高學位。

有人主張學校較大可以增加教授相對只有少數人有興趣的科目的專業人士的受雇機會，這或許是一位教俄羅斯文、或古典希臘文的老師，而且具有經濟規模可以供應較多範圍的設備。

反對綜合教育的人士覺得功課較好的兒童會被功課不好的學童拖累；能力較差的學童不可能像他們在次級中學時一樣，有機會升到承擔責任的職位，反而可能受到大型機構匿名特性之害。至於那些能力強的人也不容易突顯出來，所以也不容易受到特別

大型機構的匿名性

的指導以發揮他們的潛能。

　　也有人預期綜合中學在服裝與學習目標上將會接受一個比較低的標準，結果造成一股風氣，使教育標準全面下降。也有人主張如果好班的學生主要是來自於中產階級，那麼能力分班可能會強化社會區隔。特別是，有證據顯示，被分到壞班的結果創造了一個「自我實現的預言」：轉而使學童認定他們自己的能力很差，而停止做任何努力。

　　更進一步反對綜合中學的論點是，以前聰明的勞工階級學童常常到他們居住環境以外的地方就讀文法學校，現在他們將會到他們住家附近的綜合中學就讀，如果住家附近是個不好的學區，大多數的學生是反權威的，那麼功課好的學童就會受苦。

　　1950年有十所綜合中學，但是在1960年代與1970年代綜合中

學的數量快速增加，1965年工黨政府下令地方當局準備開辦國民教育的完全綜合中學方案。這項命令於1970年被保守黨政府廢止，於1974年工黨再度更新。

1971年有稍微超過三分之一的學童就讀於綜合中學。十年後這個比例上升到百分之八十，儘管綜合中學有數種不同的類型，包括「直升」、「十一歲到十五歲」、以及「中等」與「上流」學校。

由於綜合教育制度的成長，男女合校大量增加。許多文法與現代學校是單一性別的學校，但是大多數倫敦以外的綜合學校是男女合校的。

男女合校的支持者主張，男孩與女孩應該在自然的成長中體認彼此是人，而不是性對象，並且男生與女生應該都能夠使用所有科目的設備。反對者主張，由於女孩成熟較早，男孩可能會感受到不如女生的痛苦，而且雙方都可能分心，無法專心讀書。

綜合中學與成就

專家們繼續反對綜合中學的教育制度。

寇克斯（Cox）及其同事，在論教育的「黑皮書」中批評綜合中學的成就。福特（Ford）在《階級與綜合中學（*Class and Comprehensive Schools*）》一書中，同時研究倫敦的一所文法中學、一所現代中學、以及一所綜合中學，但是發現綜合中學的目標並未達到（例如，學童的同輩團體仍以階級為基礎）。然而綜合中學的支持者認為，如果放任文法學校一併存在，並且「撈走」最有能力的學生，當前的綜合中學制度並不會發揮預期的作用。

「全國兒童局（National Children's Bureau）」1974年的研究指出最有能力的學童並沒有因此受害，較缺乏能力的學童在綜合中學中反而有較好的表現。史蒂芬斯（Stephens, 1980）發現最有能

力的學童可能已經稍微降低了他們的水準，但是能力較差的學童因在綜合中學中有較多的考試，信心反而受到鼓勵。

里茲（Lees, 1986）在《輸掉一生（*Losing Out*）》，一本研究十六歲在學女生的書中指出，綜合中學的學生依然保持強烈的階級意識。「我認為階級氣息太重。每個人多少被歸類為『哦！我們是勢利鬼！』他們總是把我們視為勢利鬼。多少是因為你說話的腔調之故…然後我們班上有一大票女生是來自東區。他們認為我們是有頭腦的人」。里茲和早期的研究者一樣，發現單一性別學校的學童比較生涯取向──綜合中學比三元體制下的其它學校更可能是男女合校的這項事實，可能意味著女孩子入學的機會減少（雖然這似乎缺少證據支持）。

1984年英國社會態度調查顯示社會對三元體制的持續支持。半數的受訪者認為最好的次級教育是由文法與現代學校所提供的；五分之二的受訪者比較喜歡綜合中學。

學校督察看不到勞工階級學生的希望

昨天一份報告指出，都市學校中勞工階級的學童很少有機會能夠受到夠水準的教育。

皇家督學說，位於劣質住宅區的初級與次級學校，其作業水準與教學品質，不但不適當而且亂無章法。

他們呼籲採取緊急行動來解救這些學校。

該份教育標準局所出版的報告指出，「並不是教育鎖鍊中有某個特別脆弱的單一環節，而是整個過程都岌岌可危。」在研究了位於柏利斯多（Bristol）、德比（Derby）、格林威治、賀爾（Hull）、曼徹斯特、史羅（Slough）、與塞洛克（Thurrock）等市六十多所學校之後，督學們紛紛譴責老師高估了貧窮與社會劣勢的影響力，而低估了這些學童潛在的實力，認為他們該為這些學

童差勁的學業表現負責。

在初級學校裡，爲學生提供一個「安全的、善意的環境，蒙蔽了還需要有一個目標明確、具有挑戰性的課程，以便擴展他們成就。」

在次級學校，老師「早就準備好過分推論學童的社會劣勢以及他們未能好好發展基本技能的程度與效果，並以此來解釋他們在學業上的差勁表現、降低對他們進步的期望。」

督學說：「提供教育安全避難所還不夠，還要保護這些學童不受其它的社會壓力與引誘。更需要承認提昇學童的成就是學校的核心目的。」…督學說：「前述的低度期望、無法令人滿意的教學、以及學業成績低落等等一長串名單，好在並不是全部的景象。在所有的這些學校當中，有達到高水準的佳作，有些甚至有最具挑戰力的學童。

「由各個老師，帶領著同一批在其它地方表現得很差或成就很少的學生，確定他們認眞投入並且推動他們學習。」

雖然他們所研究的地區有高於平均的家庭是來自較低的社會經濟團體、有著高於平均的失業水準，他們並不是這個國家中最劣勢的地區。

然而，督察強調他們所觀察到現象的輪迴性質。本身就沒有什麼學歷資格、技術、甚至失業的父母親眼看著他們自己的小孩沒有被教好就離開學校，一副無動於衷的樣子、沒有學到任何可以就業的一技之長。

全國教育委員會——該機構於兩年前著手調查爲何英國兒童受到的是全歐洲最差的教育——的主任委員，約翰‧卡首斯爵士（Sir John Cassels）說過，該調查報告所指出的每況愈下的狀況其實是可以打破的。他說：「從這些地區有非常好的學校的這項事實來看，就顯示那不是件辦不到的事。」

社論：他們的父母常常有的是相近似的負面經驗，有時候甚

至念的是同一所學校。於是，這個受到忽視、不成熟、以及剝奪的循環週而復始、一直持續下去…但是絕不像今天這樣有些老師簡直像是個獄卒，傳統以來老師是把貧窮人家的年輕子弟，從貧窮與階級的監獄中釋放出來的解放者。昨天內政部的調查報告提醒教學界，教育是最基本的一條脫離社會剝奪之路，而且必須使教育再次成為這樣的一條路。（改寫自約翰·克列爾（John Clare）的一篇文章，教育版編輯，《每日電訊報》，1993年10月28日）。

「菁英」就學的日子始於兩歲

一年三千英鎊的托兒費把兒童送進獨立中學

根據昨天第一手托兒教育導覽的報導，如果想要確保他們的子女能夠順利進入最好的獨立中學就讀，父母現在每年都要付出高達三千英鎊的托兒費，以保證他們兩歲大的小孩有個好的開始。

《優良托兒所導覽（*Good Nursery Guide*）》一書敘述超過三百所最好的幼稚園，大多數的這些幼稚園專門負責調教兒童使他們能夠進入能把他們送進伊頓（Eton）與闊滕漢（Cheltenham）女子學院的學校就讀。

希望進入里茲（Leeds）賀鼎里（Headingley）玫瑰園托兒所（光是早上班，學費就要兩千兩百英鎊）就讀的三歲孩童，都要接受面談，以便判斷他們的成熟度、學習與集中注意的能力、說話與瞭解的能力，守規則與動作敏捷的程度」。通常三個人中會有兩個不被入取。

達爾威治（Dulwich）學院預備學校的托兒所（學費為三千一百六十五英鎊）中的學童，都是「在三歲時被精挑細選出來的，寄望他們能夠獲益於一個特別設計來追求卓越的環境」。

最貴的一所托兒所是位於倫敦西區的荷蘭公園（Holland Park）

托兒學校，該校的學費為三千五百英鎊，出生滿十二週半的嬰兒就可以開始入學。穿上尿片，他們就可以開始用手指作畫——通稱為「無結構的自由嬉戲（unstructured free play）」——然後慢慢進步到最好的私立中學。

該導覽也對父母提出警告，登出某些設備並不足以刺激幼兒學習能力的托兒學校。〔改寫自約翰·克列爾（John Clare）的一篇文章，教育版編輯，《每日電訊報》，1993年9月10日〕。

那些奮力爭取排名的私立中學

愛芙林·巫奧（Evelyn Waugh）簡潔有力地指出四種等級的私立中學，在他的諷刺小品〈退步與隕落（Decline and Fall）〉中，他寫道：「冠軍中學、一流中學、優良中學、以及中學…坦白說，中學是相當爛的。」

那是三個世代之前的事了。現在有任何改變嗎？或許沒有，如果大家都相信上星期第一次公佈的個別中學通過普通考試的校際成績表。

薩克斯東區的梅斐德中學的排名在校際學業成績表中敬陪所有私立中學的末座。他的排名在六百一十七所中學中排名第六百零四，普通考試通過率為百分之四十七，比國立中學的平均還低。但是它收取的學費是一學期兩千零九十五英鎊。

社會上真的有像愛芙林·巫奧藍納巴城堡——〈退步與隕落〉文中所暗自諷刺的那所陰森恐怖的中學——一樣的學校存在嗎？當然有，只不過他們是躲在英國生活中某些不為人知的黑暗角落。

即使有，也只有寥寥數個會在最近的校際成績榜中露臉。還有一千所與獨立中學聯合會毫無瓜葛的私立中學，而他們的聲譽尚未接受大眾的監督。到了十一月這個情況可能會有所改善，到那個時候其餘的百餘所高級中學都必須要遵守公佈考試結果的規

定。〔麥可·德倫（Michael Durham），《觀察人報》1993年9月21日〕。

7.4 寄宿學校

　　寄宿學校是私人創辦的、付費入學的次級學校。進入寄宿學校就讀被認為是得到一種特權的位置。事實上，寄宿學校被某些人視為英國階級體系的輪軸，而且有很多證據顯示，自行繁殖的菁英（或稱掌權者）仍然控制著英國社會上層的位置。

　　這個名詞並沒有包括所有私人開辦的次級學校，因為其中有些私人興辦的次級學校特別是為了滿足年輕殘障人士的需要而創設的，其它還有一些並不具有卓越的學術聲譽。

1. 有時「寄宿學校」這個名詞是被用來描述那兩百九十九所（1994年時），其校長屬於校長大會的中學。
2. 更常見的是這個名詞被延伸用指隸屬於男女校長學會的其它幾所主要的私立中學（1994年時總計有四十八所）。（第一與第二類主要是男子學校，雖然有些是男女合校──在1984年時英國大約有百分之三的學生就讀於這些學校）。
3. 兩百四十三所主要招收女生的私立中學有時也被包括在「寄宿學校」這個類別之內。
4. 還有大約六十七所寄宿學校設立在國外。這些是有英國關連、私人興辦的付費入學的學校（有些是校長大會的會員）。

　　就考試結果來說，許多國立中學達到的標準是和許多這些寄

宿學校一樣好，有的甚至超過他們。英國在1991年有三百七十二萬六千名學童接受次級教育，其中有百分之五可以說是就讀於上述第一、二、三類的「寄宿學校」。

7.5 未來

1988年教育改革法使我們回到一個更重視選擇性的教育制度，因此學校現在可以選擇不受地方主管機關的控制；這些選擇不受主管機關管轄的學校有許多就是以前的文法學校，顯然他們想要吸收最具有學術能力的學生進入他們的學校就讀。「校際成績榜（league table）」——該表列出不同年齡學生的在校成績——的引進可能也有助於這股趨勢的推展。這勢將增加那些學校對顯示他們在普通與進階競試上最高排名的需要（可能是位於最中產階級地區的那些學校）；而且這些學校可能又會爲了增加他們的競爭力，而設下入學許可的限制，集中招收那些最有可能會成功的新生。

引進「市立科技」學院，即大部份是由私人部門籌措基金成立的學校，或許會爲某些「水準低」地區，因位於科技學校所在地，而增加不少機會。但是不可避免地，這些學校隨著地方上對他們高級設備需求的增加，也可能會嘗試採用某種程度的篩選措施。

「職業訓練企業委員會（TECs, Training Enterprise Councils）」設立於1991年，責成每個地區的小型雇主團體，確保提供適當的教育與職業訓練，以滿足該產業的需要。這是出於政府對國內職業訓練落後於主要競爭對手的關切，而發展出來的行動。這項增進職業教育的關切近似於十九世紀中期所存在的那股關切，而那

份關切帶來國民教育的普及；更進一步藉助全國基本職業資格（GNVQ）課程的引進——相當於高級的通識課程，但以職業技能為培訓基礎，來強調政府對職業教育的重視。該課程於1993年引進於全國，試圖增進英國全國上下對職業訓練的重視。

　　隨著更多例行性工作的消失、被需要更高層次的技能與教育的工作所取代，政府日益瞭解到有必要將教育擴展到成人以及那些以前很早就離開學校的年輕人身上。1993年這項需要，在落實使這個國家所有提供高等教育的學院成為獨立法人、以便擴大提供服務的行動中，終於獲得承認。

複習摘要

綜合教育

贊成派的主張

◆鼓勵來自所有社會團體的兒童融合在一起，增加相互的瞭解；抒解日後在工業上的仇視。

◆十一歲的兒童將不會被貼上失敗者的標籤。

◆給予所有的學童平等晉級以及尋求更高教育的機會。

◆規模的擴大使得專門科目的教師獲得聘用的機會（例如，俄語或拉丁語）。

◆較好的設備：規模擴大增加添購較好設備（例如，電腦室、游泳池、體育館）的可能性。

◆使基本教育不至於被扭曲為以通過十一歲的考試為主要目標。

反對派的主張

◆有學術能力的學童可能會被能力差的學童拉下來。

◆減少了讓不走學術之路的學童爬升到擔負重責大任社會位置的機會。

◆規模變大更加重了匿名效果——能力可能因此不再受到注意與鼓勵。

◆能力分班（按照學生的能力而分配班級）或是按主科分班（按主科成績分配班級）將加深社會差異，如果高能力的班級多為來自中產階級的學生。

◆如果學生來自「水準低」的鄰里社區，學校的風氣可能會是反權威的，而且該區有能力的學童也將會因為無法脫離這個環境進入文法學校就讀，而輸掉他的一生。

◆成立在鄰里社區之內的綜合中學，主要是從鄰近地區吸收其學生來源，因此並不會減低階級差距。

第8章

能力與成就

8.1 遺傳與環境

　　過去，人們認為某些社會階層的人比其它社會階層的人來得優秀，因為他們除了在體質外貌之外，還繼承了父母親的智慧或藝術才能。過去一百年來，對於「遺傳稟賦」的信仰已經受到挑戰，而今關於「先天與後天（nature vs. nurture）」的爭議，仍然相持不下。

　　解釋智力本質的定義已經百家爭鳴、眾說紛紜。一個簡單的定義可以是，知覺問題與解決問題的能力——至於問題的性質端視問題所在的社會而定。在我們的社會，智力傾向於被認為是操弄語言與抽象概念的能力。

　　大部份的研究已經把目標擺在找出智力是否得自遺傳，或是就什麼程度來說智力是遺傳的這個問題上面。所得到的結論從華森（Watson, 1931）所說的「就能力、天賦、性情、心智構造、以及個性等等的特質而言，根本沒有所謂的遺傳這回事」，以及弗路德、郝斯、以及馬丁（Floud, Halsey & Martin, 1956）主張「大家都知道智力大部份是個後天取得的特徵」；到傑森（Jensen, 1969）與愛森克（Eysenck, 1973）主張遺傳因素是比環境更為重要的影響智力差異的因素。大部份研究的結論指出，以某些方式測得的智力是遺傳來的，但是就其發展而言，環境因素則具有決定性的影響力。

　　在英國，關於遺傳與環境的主要爭論，是圍繞在社會階級間學術成就的差異上。雖然智力測驗上的階級差異已經被社會所注意到了，但是環境對兒童教育機會所造成的衝擊似乎具有更大的重要性。

　　環境將包括兒童所接收到的各種刺激，像是說話、書籍、鼓勵、以及典範都包括等在內；亦將包括像是居住環境、隱私權、

環境包括了可能對孩童產生衝擊的所有影響力

以及金錢資源等等的設備；也包括家庭、左鄰右舍、以及當地同輩團體的價值體系。甚至包括營養狀況，因為有證據指出嬰兒出生的頭兩年若遭遇嚴重的營養不良，將會影響到腦力的發展。

朝均數回歸

「朝均數回歸（regression to the mean）」這個名詞，在這個情形下是指，兒童在某項特性上有比他們的父母，更加接近母體均數的趨勢。因此，非常遲鈍的人的小孩可能會比他們的父母親聰明，而智力高的人的後代可能比他們的父母來得智力低些。〔盧特與梅基（M. Rutter & N. Madge）《劣勢處境的循環（*Cycles of Disadvantage*）》London: Heinemann, 1976〕。

8.2 學校文化

　　學校文化傾向於中產階級的文化，雖然學校各自因教育目標的不同而有所不同。有些學校強調他們的「學術」角色，主要關心的是學業成就；有些專注於他們「牧養」的角色，發展個人特質；有些主要是在維持良好的秩序與紀律，即「監護」角色。

　　如果學校位在一個拒絕上進與權威的社區之內，而其文化又是以學術或監護為主，那麼校園裡就可能會發展出反學校與犯罪次文化，就像哈格利夫斯（D. Hargreaves, 1975）在《教室裡的不良行為（*Deviance in Classrooms*）》一書中所彰顯的情形一樣。

　　學校是個權威主義的機構（參閱6.3），雖然權威主義的程度各校不同。學校老師就定義上來說，算是中產階級。雖然做為一個團體，他們之中可能有相當高的比例是第一代中產階級的成員，已經透過接受中產階級的價值，像是「延遲滿足」（為了追求未來的得利而放棄立即的滿足）而達到現在的位置，也為了完成教育他們花去較長的歲月，因此在年輕時失掉不少賺錢的機會。

　　伯恩斯坦（B. Bernstein）在《社會學習的社會語言學分析取向（*A Socio-linguistic Approach to Social Learning*）》一書中，明確指出中產階級講話模式中充滿了「詳盡符碼(elaborated code)」（或稱正式語言），而許多勞工階級人士所使用的，多為形式上較為簡單、多用基本字詞的「有限符碼(restricted code)」（或稱大眾語言）。這些語言上的差異確實反映出不同的文化背景，特別是來自下層勞工階級青年，當他們想要到學校裡去認真學習些東西時，所面臨的嚴重問題。

自我實現的預言

　　透過放大鏡來看美國幼稚園的生活，心理學家瑞斯特博士（Dr. R. C. Rist）發現老師早年對兒童的判斷嚴重影響到他們在學校生涯中的表現。在她研究的幼稚園中，班導師根據他對學生未來學業成就的期望，把全班學生分配到三張不同的桌子吃飯。她認為最聰明的、最有希望的坐在同一張桌子吃飯，被她評定為中等智力的坐在一桌，而那些她不抱希望的失敗者則坐在第三桌吃飯。她根據家庭背景、學童的穿著、以及他們和老師關係的好壞，而挑選出誰該坐那張桌子。儘管事實是，智力測驗顯示坐這三張桌子的小孩在能力上，並沒有真正的差異，但是這個分法在未來兩年裡上並不會有所變動。老師看不出有任何理由去提昇任何一個坐在「失敗」桌的小孩，或是把任何一個坐在「成功」桌的小孩降級。

　　然而，隨著時間的過去，這三個團體的學童在能力上的變化變得日漸明顯。兒童坐在「成功」桌吃飯的小朋友學業表現良好，而坐在「失敗」桌吃飯的小朋友學業表現得很不好。她是位具有敏銳判斷力的老師？還是早期的評斷為兒童未來在學校學業表現上的進步鋪下軌道？根據其它的證據，最可能的解釋是，幼稚園老師透過學童報告把他們對學生的態度傳遞給小學老師，然後小學老師的態度又再傳給了中學老師，建立了一個事先判斷的模式，這些評斷對老師會如何知覺該名學童，扮演極為重要的角色。於是瑞斯特博士評論說，班導師原始的預測「結果言之成理，不是因為老師的期望，而是根據明顯的在校表現的『客觀』記錄，這包括了二年級的學業分數以及閱讀測驗的分數」。

　　一項探討老師相信學生智商高低會影響學生學業表現的研究，喬治亞州愛晴市的喬治亞大學的帕拉地博士（Dr. J. Michael Palardy）發現，愈是被老師認為聰明的學生，在課堂上愈會從老

師那裡得到較高的分數。把年齡在六歲與七歲之間的男生，根據智力測驗而加以配對。然後讓他們在不同的班級裡跟著相同資歷、使用相同教學方法的老師學習閱讀。唯一的差別是，告訴某些老師他們的特殊團體是由高於平均能力的男生組成的，應該會證明閱讀速度快，而且閱讀能力強。當然，這項陳述毫無事實根據。但是在訓練行將結束這些男生接受測驗時，老師錯誤的信念竟然轉變成教室的事實。那些被誤認為具有比較好閱讀能力的男生現在讀起書來，能夠比其它團體的男生來得快、來得流暢…

這類研究所透露的訊息再清楚也不過了。老師相信什麼，他們的學生就成就什麼。教室裡的能力反映出那些上這些課、管理這些學校的人的態度〔大衛·路易士（David Lewis）《你可以教會你的小孩智力（*You Can Teach Your Child Intelligence*）》London: Sourvenir Press, 1981〕。

8.3 家庭與階級的影響

伯恩斯坦指出，解釋中產階級兒童學業上優異表現的一項主要的因素是，他使用和他老師一樣的語言，不是指腔調，而是指他能能掌握老師刻意雕琢的言語中，所傳達的複雜含意的能力。

新語言：這是活生生的實況

到了1984年開春之際，電視以及其它電子媒體的發展，意味著大眾傳播工具——影像與平面媒體——都比以前更為普遍、更具有說服力。

這項技術進行控制的潛力，必須擺在語言如何運作的系絡下加以探討，特別是提出勞工階級與中產階級使用英語

時，存在著語言習慣差異的學者，他們曾經強調語言是如何能夠界定並且增強社會上下層級結構。學界常認為伯恩斯坦講的是腔調，特別是具有經濟優勢的東南部，那兒的人講話之所以會有一種腔調大部份都是在某種教育機構讀過書，因此說話時都帶有國家力量、聲望、與權威的腔調。這種腔調也變成了廣播時所用的腔調。事實上，伯恩斯坦理論的核心在於他區別了某些人說話時用的是「有限符碼」，而另一些用的是「詳盡符碼」的差別。「有限符碼」即是指使用簡單句，論及事物的工具有限而且不曖昧不明，缺乏抽象化與自我經驗的佐證。伯恩斯坦認為，勞工階級的小孩在期望使用「詳盡符碼」的學校裡頭使用有限符碼，因此表現不好；他也提出「有限符碼」造成有限概念能力的結論。

歐威爾的新語言，看起來非常近似伯恩斯坦的「有限符碼」。減低了複雜性、使用極少的抽象概念。但是新語言也是特屬於統治階級的有限符碼。目的是作為傳達統治菁英意識型態的工具，同時也是所有其它思想模式成為不可能。〔奧柏瑞與奇爾頓主編（C. Aubrey & P. Chilton eds., 1984），《自主性、控制、與溝通（*Autonomy, Control & Communication*）》，London：Comedia, 1983〕。

勞工階級的小孩在學習讀寫能力上比中產階級的小孩來得遲緩，這是因為語言的障礙以及智力測驗經常是以文字為基礎。這也使中產階級小孩比較佔優勢，不過當智力測驗是根據算數時，中產階級小孩能夠佔到的優勢就減少了。

許多其它的研究也彰顯了家庭與階級在決定兒童在校學業表現好壞的重要性。

1962年傑克森與馬斯丹（B. Jackson & D. Marsden）發表他們針對賀德斯斐爾德市（Huddersfield）的八十八位勞工階級兒童所做的研究《教育與勞工階級（*Education and the Working Class*）》，

這些小孩曾經在文法學校接受教育，結果發現學童在學校裡最終的表現深受家庭背景的影響。

傑克森與馬斯丹顯示，勞工階級的小孩一開始進入學校就處於劣勢地位，這種劣勢通常會一直持續下去。中產階級的優勢經常包括有：

1. 父母對於教育較為關心。
2. 家中講話的方式與圖書的取得，有助於小孩字彙能力的增進。
3. 學校所採用的、期望的行為與講話模式本身就是中產階級的模式。
4. 父母對小孩有較高的期望。
5. 有比較多的機會出外旅遊與參觀學校。
6. 「延遲滿足」──現在努力工作日後帶來較好收穫的期望。
7. 有從事個人獨自研究的設備，甚至個別的進修課程。
8. 更多的經濟資源，因而更可能追求進一步的和／或高等教育。

弗列奇（R. Fletcher, 1962）在《英國的家庭與婚姻（*The Family and Marriage in Britain*）》一書中，強調家庭「教育」功能的重要性，並且指出現在養育子女的模式是比以前更加體貼與謹慎──小孩不但享有較高的地位，而且小孩子本身日漸受到父母的重視。「在教育小孩子的整個經驗過程中，家庭的態度以及家庭提供的設備，具有極為關鍵的重要性。」

1964年道格拉斯（J. Douglas）在《家庭與學校（*The Home and The School*）》──1946年開始對五千餘名學童進行的貫時性研究──一書中，調查了各式各樣的「變數」，並且發現：

1. 就所有的指標而言，中上階級的「照顧」標準最高，低階手工勞工階級的「照顧」標準最低。〔不過必須注意的是，中產階級研究者的「月暈（halo）」效果〕。例如，「關係的溫馨度」並未列入調查）。不過這些發現在紐森（J. & E. Newson）《都市社區的嬰兒照顧模式（*Patterns of Infant Care in an Urban Community*）》中亦得到證實。

2. 中產階級的父母一般對於他們小孩在學校的進步情形，較為關切；而且隨著孩子的長大，對他們學業表現也更加關心。這項關心與鼓勵促使學童在學業測驗成績與心智能力的發展上，大有進步。（這類測驗第一次測驗是在八歲的時候，第二次測驗是在十一歲的時候舉行）。這些測驗評估的項目主要是口頭表達的技巧與能力——不是天生的能力。這些發現在楊格與麥吉尼（M. Young & P. McGeeney）所著的《學習從家中開始（*Learning Begins at Home*）》一書中亦獲得證實。該書強調父母與老師合作的重要性，如果想要兒童學到教育精華的話。

3. 兒童的態度與行為會受到他們環境的影響。要求老師根據從「非常努力用功」到「偷懶怠惰」的量度，把十歲的兒童做個分類。這項評斷與階級位置之間存在直接的關聯。「努力用功的同學——有百分之二十六來自中上階級；有百分之十七來自中下階級；有百分之十一來自上層手工階級，以及百分之七來自下層手工階級。」

   這是項主觀的測驗，所以老師本身的中產階級規範、價值、與態度可能會影響評斷的結果，但是學童也有可能受到來自於他們家庭、左鄰右舍、朋友、以及他們就讀學校的影響，而對高等教育心生渴慕。學業表現不好的，大多是在教室裡比較不守秩序、毛毛躁躁的那些學童。

4. 在家庭裡的位置會影響到學童們最終的教育成就。長子雖然

平時在學業上沒有卓越的表現，但是最後總是比年幼的弟妹們，以及比是家中唯一的小孩，表現得好。（但是在女孩子身上，並沒有發現類似的現象）。

5. 語言的發展也受到家庭背景的影響。當小孩學習說話時，家中若有比較多的小孩，他在八歲兒童字彙測驗上所得到的分數通常比較低。這項缺憾不是後來能夠彌補回來的。

6. 中產階級的老師和中產階級的學童有比較好的關係，因為相似的禮儀、講話的方式與口氣、相同的價值——「勤奮工作」、「追求成就」、以及「延遲滿足」——在他們之間形成了共同的基礎與相互的尊重。

7. 曾經就讀的初級學校也會影響到學童的發展。或許「左鄰右舍」以及日後來自父母支持、鼓勵、以及合作的程度，都共同促成這項結果。

道格拉斯於是提出「知覺取向」與「同情取向」的父母類型，並且說明這兩種類型的父母在兒童幼年的生命中，對他該學些什麼提供了「背景」與「意義」。

夏普（S. Sharpe, 1976）在《就像個小女孩（*Just Like a Girl*）》一書中，強調特別是對男孩子，家庭在建立性別角色上的重要性。

寇特葛羅夫（S. Cotgrove, 1958）在《技術教育與社會變遷（*Technical Education and Social Change*）》一書中顯示，來自中產階級家庭的學童從數方面獲得父母的鼓勵，例如從父母那裡獲得關於兼職生涯、有趣的科目課程、或是不同教育出路的指導。然而，許多學童的文化背景，剝奪了他們在這方面獲得任何指導的機會，由於他們的父母沒有受過高等教育的經驗，或是沒有有這種經驗的朋友，而且還經常懷疑接受高等教育對他們沒有什麼用處。

有兩份政府的報告強調家庭背景的重要性,以及父母對於兒童教育發展的影響力:

《我們的半個未來(*Half Our Future*)》,發表於1963年,顯示劣質的環境與學校表現不佳之間的關聯性。

普勞頓報告《學童與他們就讀的初級學校(*Children and Their Primary School*),1967,》追溯父母的態度與學校學業表現之間的關係:

1. 手工工人較少幫助他們的小孩做家庭作業,可能是出於缺乏能力、過於疲憊、或是沒有興趣。
2. 手工工人較不可能為小孩多買幾本課本,好讓他們在家裡閱讀。
3. 三分之二的無技術工人在家裡有的書不到五本(除了雜誌與童話書之外);相較之下,在專業工人中每二十人中才會有一人擁有這麼少的書。

這項報告也指出生長在過分擁擠、或與人分租房子的家庭中的小孩,所受的失能之苦,並且強調需要盡早幫助殘障的小孩以及有殘障父母親的小孩。同時也鼓勵採行「正向歧視(positive discrimination)」的作法,以使社會剝奪地區的學校比其它地區的學校有比較好的表現。

1968年當引進「社會優先地區」學校政策之後,出現了朝這個方向發展的動作,給予這些學校的老師一筆特殊的津貼,並且給予這些學校一些額外的經費。用來決定哪些學校是「社會優先」的標準,各不相同,地方教育主管機構各自可以根據學校學生中來自人口眾多的家庭、單親家庭、移民家庭、或是接受學校免費午餐的人數,訂出剝奪的程度。而最後一項因素得到雙重加權計分。然而,對於這個方案能夠吸引資質比較好的學童,到最剝奪

的學校就讀的效力，引起普遍的懷疑，結果導致這個方案的停擺。

1972年戴維、巴特勒、與金斯坦出版《從出生到七歲》一書，該書是國家兒童局針對一萬三千名於1958年某個星期中誕生的嬰兒所執行的一項調查的成果。這份報告一致顯示來自勞工階級家庭的小孩，學業表現比較差（發現口語能力與社會階級有直接相關，除了較之於第三類社會階級，第二類社會階級有比較多的學童在口語能力的表現上低於平均水準；最大的差距出現在手工與非手工工人家庭之間）。

來自第五類社會階級的七歲學童，閱讀能力不好的可能性是來自第一類社會階級的七歲學童的六倍；而毫無閱讀能力的可能性則高出十五倍。

科林・雷西（Colin Lacey, 1970）在《名鎮中學（*Hightown Grammar*）》一書中，發現學童有兩種類型——一種為接受學校文化，另一類則為開發「替代文化（alternative culture）」的學童（從私立學校流行音樂的支持者，到都市綜合中學不守校規的「次文化」，都包括在內）。

最先助長這些團體發展的是，根據學業取向價值體系的一組標準把學生排出名次的老師，然後根據這個標準打壓那個達不到，或是無法達到這些規範的「反抗團體」。

卡特（N. Carter）在《準備入行（*In to Work*）》一書中描述這個分隔過程：

> 準備考普通考試或類似考試的應試團體有清楚明確目標可供追求，而他們做的作業，即使有時候看起來似乎負擔過重，但是多能夠被當作目的看待。然而，其它的團體，發生的問題傾向於來自無所事事、挫折，偶而還加上一點愛攻擊別人。在這種情況下最難做生涯引導。於是，許多年輕人，從

父母那得不到建議，很容易就隨波逐流進入那些他們所知無幾的工作，對未來的展望所知甚少。

中產階級的父母親能夠讓他們的小孩瞭解各種生涯路徑，而且研究顯示他們經常給予他們小孩各種建議，直接與他們的子女討論生涯展望，或是請家人朋友或是專業同事來為小孩講解。同樣的，這些年輕人所發展的語言技巧也使他們能夠與他人討論不同生涯結構的優劣，而且也使他們在與生涯教師、顧問、與潛在的雇主面談時，有比較好的表現。

其它的一些研究也強調家庭、社會化、與學業成就之間的密切關聯。

1. 中產階級的兒童上大學的可能性是勞工階級小孩的六倍。1984年的官方數字顯示，許可進入大學的學生中，有百分之八十是來自中產階級，只有百分之二十來自勞工階級。〔盧德（M. Rudd），在1984年《高等教育評論（*Higher Education Review*）》上，駁斥這些數字的精確性，指出這些階級資料是根據申請者自己填報他們父親的職業；他的看法是，勞工階級的大學生真正的比例接近三分之一〕。

2. 我們現在所學到的所有東西中，大約有一半可能是在四歲以前學到的。

3. 較不正式的「發現」教學法，也就是今天在初級學校相當流行的一種教學法，可能對勞工階級的小孩不利，因為他們的家庭背景常常不講求自我激勵。

4. 「在七歲與十六歲之間，男孩子漸漸知道他們在學校學到的東西會影響到他們未來的生涯，以及他們離開學校後開放給他們的就業種類。相對的，女孩子認為自己會進入那些不需要訓練的工作，而且在那個工作上他們或許只會工作個幾

年，直到結婚。」〔道格拉斯，《我們的未來（*All Our Future*）》，（Ross & Simpson）〕。

5. 羅彬斯報告（Robbins Report，高等教育委員會1963年度報告）「那些父親十八歲以後才脫離教育的小孩接受全職高等教育的比例，是那些父親在十六歲以前就離開教育的小孩的八倍。」

6. 「好班中較不聰明的學生常是進步最多的學生，壞班中最聰明的學生將會是退步最多的學生。根據「能力」分班，以及能力的判斷可能受到學童來自家庭類型的影響」〔道格拉斯，《不自覺的篩選偏誤（*The Unconscious Biases of Selection*）》〕。

7. 索非爾德（M. Schofield, 1964）在《年輕人的性行為（*The Sexual Behaviour of Young People*）》一書中討論性教育的缺乏效力，他評論道：「事實上，證據指出，各種教育都不具有我們認為的，能夠造成社會或個人變遷的力量。」

8. 皮克（G. Peaker）研究布勞丹報告《四年後的布勞丹學童（*Plowden Children Four Years Later*），1971，》中的某些學童進而推測教學的影響大約是家庭環境影響的三分之一。

9. 黎寶（A. Little）〈社會學的畫像：教育〉刊於《新社會》1971年的評論說，好的家庭與壞的家庭之間的差異，遠大於好的教學與不好的教學間的差距。

由是觀之，存在於家庭環境影響之下的問題，竟然能夠使任何改變學校組織以增加劣勢群體上升流動機會的作法，徒勞無功。

雖然上述引證多是三十多年前的研究，但是教育成就與階級之間的關聯在1990年代正如（表8.1）所示，依然相當強烈——年齡介於二十五到五十九歲的樣本人口中，父親無專門技術的人士

表8.1　獲得到的最高資歷：就父親的社會經濟團體而論，1990-1（英國：百分比與人數）

	專業人士	雇主與管理者	中階與低階非手工工人	專門技術手工與自用會計的非專業人士人服務業	半技術的手工工人與個	無技術的手工工人	總計
學位	32	17	17	6	4	3	10
高等教育	19	15	18	10	7	5	11
進階	15	13	12	8	6	4	9
普級	19	24	24	21	19	15	21
CSE	4	9	7	12	12	10	10
外國學位	4	4	4	3	5	2	3
沒有學位	7	19	18	40	50	60	35
樣本數	961	3,963	2,028	8,618	2,931	1,168	19,669

年齡介於25-29歲之間的人沒有接受全職教育。見附錄，第三單元：教育。
來源：《社會趨勢》，第23期（London: HMSO, 1993）。

中，只有百分之三擁有學位，而且這個類別中的人士有百分之六十連一張資格證明書都沒有。

8.4 性別、種族、與同輩團體

　　就像父母的期望與態度一樣，然後是老師的期望與態度，對來自不同階級團體的學生在教育成就上的表現，會有關鍵性的影響力。因此這些期望與態度會影響到男孩與女孩之間，以及不同族群團體的年輕人之間，在學業成就上的差異。

　　女生在學業上的表現，以公開考試成績為測量值，自1972年以來已有持續的改善。該年把離開學校的年齡提高到十六歲，當

表8.2 中學畢業生所得到的最高資歷：以性別分（大英國協：百分比與千人）

	男生		女生	
	1970-1	1989-90	1970-1	1989-90
百分比				
通過兩科或兩科以上進階考試／				
通過三科或三科以上的第八級測驗	15	20	13	22
通過一科進階考試／兩科第八級測驗	4	4	4	5
通過五科或五科以上的普通考試	7	11	9	15
通過一到四科普通考試甲等	17	26	18	28
通過一科或一科以上普通考試乙等	57	29	56	23
沒有通過任何一科普通考試		10		7
總畢業生人數	368	362	349	344

來源：《社會趨勢》，第23期（London：HMSO, 1993）

年離開學校時至少完成一門高等科目的男生人數增加了百分之五十，到達二十萬一千人，而有相似資格的女生人數增加了百分之六十，達到二十一萬兩千人。

有證據顯示，老師期望女同學表現出比較被動、比較順從的行為，而女生也傾向於接受這個標籤，並且認為由男生來發問、挑戰老師、要求解釋是很自然的事。〔史單渥斯（Michelle Stanworth, 1983）《性別與學校教育（*Gender and Schooling*）》〕。

許多英國本土勞工階級的失能也與本身多為少數民族（特別是西印度群島島民）有關，但是他們的劣勢受到膚色歧視以及──對某些亞裔社區來說──語言問題，而更加複雜，不過大多數亞裔青年現在多已經是在英國出生，並沒有這類問題。

某些黑人青少年與教育體制的疏離可能有日益成長的趨勢，這不僅僅是因為許多人無法在這個體制內有所成就，更是因為他們已經親眼目睹他們之中學業表現不錯的人，無法憑著他們努力

得到的資格而找到工作。1981年政府贊助的「萊普頓報告（*Rampton Report*）」顯示，黑人小孩在學校裡深受種族歧視、不當教材、語言困難、與教師關係不良之苦。

然而，到了1992年，成就上的差距在縮小之中。一項學校測驗與評鑑委員會（SEAC）委託的研究，發現七歲黑人學童中有百分之十在接受新教材測驗時，在數學上獲得最高分，有百分之十九在科學上獲得最高分；相對地，同年齡的白人學童在這兩科上的表現，分別是百分之六與十八。

同時，在同樣的測驗中，女生的表現也比男生好。總共有百分之八十四的女生在筆試時達到預期的標準、甚至比預期的還要好，相較之下男生只有百分之七十三達到這個標準，雖然他們在數學上只比男生好百分之三，在科學上只好過百分之一。整體來說，女生今日在普通考試與進階考試的測驗中都表現的比男生來得好（表8.2）。

同輩團體的影響力隨著兒童長大成人、尋找家庭之外的認同與地位而與日俱增，而且許多年紀相仿對年輕人產生影響的人，很自然地都聚集在學校裡。如果左鄰右舍的價值與態度是仇視教育，那麼就有可能變成同輩團體的價值與態度，單獨的年輕人將會發現很難抗拒不去接受相同的態度。

複習摘要

中產階級的小孩在教育上所具有的優勢

◆父母對於教育較為關心。

◆家庭中講話的方式與圖書的取得上，有助於小孩字彙能力的增
　進。
◆學校所採用的、期望的行為與講話模式本身就是中產階級的模式。
◆父母對小孩有較高的期望。
◆有比較多機會出外旅遊與參觀學校。
◆「延遲滿足」──現在努力工作會為日後帶來較好收穫的期望。
◆有從事安安靜靜個人研究的設備，甚至個別進修的課程。

學校在教育上的影響力

　　雖然學校的影響力比起家庭，是更加有限，但是學校組織與
運作的方式，對與教育成就確實有相當大的衝擊。

◆老師的語言與期望及其與家庭的關聯性。教師可能會期望學生
　講話時有某種腔調，或是穿著的服裝有某種風格，以便表現出
　某種特殊的行為舉止，好讓老師能夠以恰當的方式對待他們。
◆貼上標籤可能會對行為產生決定性的影響力。羅森豪與傑克布
　森（Rosenthal & Jacobson, 1968）在《教室裡的人物傳奇
　（Pygmalion in the Classroom）》描述對加州一所學校的學生所做
　的測驗。研究者告訴老師已經確認出某些學生在學業表現上會
　有驚人的進步；事實上，這些學生都是隨機選出來的，與其它
　的學生並沒有差別。在不知道實際情況之下，老師開始以不同
　的態度來對待那些確認出來的學生，而那些學生也以老師期待
　的方式來回報老師對他們的期望。在數個月內，這些被確認出
　來的學生確實比其它學生有驚人的進步（一個自我實現的預
　言）。
◆分班與定位。理論上，學童很快就會察覺老師期望他們表現的
　水準，然後順從這個模式。期望分到好班的同學聰明伶俐，而
　被分到好班的同學也因此變得聰明伶俐起來，而預期分到壞班

的同學是呆呆笨笨的，而壞班的同學結果也變得呆呆笨笨。而這個過程可能又會受到把老師也給劃分等級的影響──把最好的老師與最好的設備分給最好的班級，而愈演愈烈。

正式教育的功能

◆文化傳遞把社會的規範與價值交付給下一代，但是這些價值與規範將會是優勢團體的價值。文化衝撞可能會發生在家庭與學校，或是同輩團體與學校之間出現不同規範與價值之時──這時常導致拒絕學校、採取其它的手段來獲取地位，有時也促使違法活動。

◆就業訓練為年輕人進入複雜先進的社會工作預做準備，但是有人曾經指出，這可能是在預備某些團體去接受沒人喜歡做的、地位低下的工作。

◆社會篩選把有能力執行某些社會功能的人選出來，以確保這些人才能夠獲得最妥當的運用。然而，這可能只是合法化現狀，也就是說，為最好的工作總是落入那些位高權重人士的子女手中，提供合理的解釋；簡化篩選程序的一種方式，也就是說，得到某項工作需要通過與該工作毫無關聯的五科普通考試，以減少合格的申請人數。

◆社會控制教導社會大眾接受的行為，以便確保社會得以順暢運作，人人過得愉快，但是學校教育的一項明顯功能是監護性的──也就是說，把年輕人帶開，因為一個複雜的先進工業社會，沒有他們可以工作的地方。有人指出，另外一項功能是透過隱藏課程，使他們學習去接受他們在社會中的位置──這才是學校教的、卻不公開承認的科目。

自我測驗題3.1

1. 用來描述取得我們社會的規範與價值的過程是什麼名詞？（一分）

2. 用來描述預期它會成真，結果真的成真的一個社會學名詞是什麼？（一分）

3. 何謂三元制度？（兩分）

4. 用來描述根據學生的能力將他們分到不同班級的名詞是什麼？（兩分）

5. 哪些重要的因素可能會影響到兒童的智力發展？（兩分）

6. 說出三項可以構成「文化」的特徵。（三分）

7. 什麼理由可以解釋青年文化的重要性在我們的社會裡日益增長的情形。（三分）

8. 正式教育亦即中學與大學教育，執行什麼功能？（三分）

9. 綜合中學制度是國立次級教育組織中最有效的方法嗎？（四分）

10. 在教育體制中家庭透過什麼管道來影響兒童在學業上的表現？（四分）

總計二十五分

自我測驗題3.1

就讀於單一性別學校中的女生，有最高水準的職業生涯取向。通常這被解釋為作為干擾因素的男生沒有出現的結果。我們已經看到階級的影響力也很重要。中產階級的女生比較可能是職業生涯取向，而勞工階級的女生更可能捲入家務瑣事，而犧牲掉學校與家庭作業。女學生們對於腔調與生活型態所反映出的階級背景相當敏感。一位中產階級的女生說道：「階級的成分太多了。他們總是把我們看成勢利鬼，大半是因為說話腔調的緣故。」在行為與休閒活動上的階級分化在學校裡再度被複製：

> 當我們進入這所學校就學，中產階級的學童正與其它中產階級的學童做著同樣的事，而下層階級的學童與其它下層階級的學童做著同樣的事。中產階級學童與他們的父母去聽古典音樂會。你必須到你自己興趣所在的地方去交朋友，當你還小的時候，你的興趣就是你父母親的興趣，所以他們多少由階級決定，因為你多少是跟著你父母親的模式。

1970年代雷諾·金恩（Ronald King）研究階級與性別對國立學校學童學業成績的影響，並且報告指出中產階級的男孩最具優勢，勞工階級的女孩最具劣勢。前者追求全職學位課程的機會比後者多出二十一倍。他發現，階級的鴻溝（中產階級對勞工階級的比例）隨著教育水準的上升而加大。各教育層級中性別的差距也隨之增加（金恩，1981）。

但是除了階級以外，加諸在所有的女孩子身上，是令他們喘不過氣來的性別刻板印象的壓力。

曼迪・勒威林（Mandy Llewellyn）研究中某些女孩說到那些想要一分職業生涯的女孩子時的口氣，就和我們在整個研究中目睹女孩子們談論彼此是個爛貨時沒多大差別：

　　同樣的，不參加考試的女孩子覺得好班的女孩子「聰明」、「自大」、「機靈」、「神氣活現的」。但是也這麼認為：「考試不會讓他們好到哪裡去，明年他們會推著嬰兒車——如果有人要他們的話。」「你看他們穿的衣服？——」「真丟臉，從來沒有看到他們和男孩子在一起」（勒威林，1980）。

　　就某層面來說，這些關於青少年的假設並沒錯——不良行為、吸毒、暴力在那個時候是比以後的人生更多。然而刻畫大多數青少年的行為特性遠非他們的桀驁不馴，而是他們的順從，對一個兩性都輸得一敗塗地、充滿性別歧視的父權社會的順從。男孩子們，準備像個拳擊手一樣為謀生打拼，找個太太給他個家庭，然後繼續保有他們的性生活與社交的自由；女孩子們，甚至到了今天，準備把他們的一生擺在家庭、做個母親，任何生涯渴望或是個人野心甚至自由，都擺在找到她們夢中男人之後的第二位。

　　我對青春期的興趣不在於那是個桀驁不馴的時期——我訪問過的女孩子，描述和他們父母之間、或是與他們特別親近的母親之間很少有不一致的意見——而是個順從的過程以及一個過渡到成人生活的過程。我對女孩如何變成妻子與母親的過程特別感興趣。〔摘自《輸掉一生》，蘇・里茲（Huntchinson），1986〕。

1.根據上文，哪個團體在教育上的處境是最為劣勢的？
 （一分）

2.根據上述資訊，為何階級在教育制度下是頗為重要的因素？（兩分）

3.社會階級是校園中同輩團體的基礎。舉出其它三項形成校園同輩團體的基礎。（三分）

4.除了同輩團體的影響力之外，舉出三個勞工階級小孩在適應學校生活時，會比中產階級小孩遭遇更多困難的理由，並提出解釋。（六分）

5.英國有「青年文化」存在嗎？（八分）

參閱「中學畢業生所獲得的最高資歷；以性別分」，第157
頁。

1. 根據上述資訊，1989/90年普通考試得到五科以上中等成
   績的女生百分比？

2. 根據上述資料，女生還是男生比較成功？

   （ⅰ）在1989/90年度，通過五科以上普通考試，得到
         中等以上成績的人數？（一分）

   （ⅱ）在1970/71年度，通過一科以上進階考試的人
         數？（一分）

3. 上述資料顯示，中學畢業生通過普通考試與進階考試的百
   分比在增加中。指出三個足以解釋這個現象的因素。
   （三分）

4. 指出並且解釋老師可能影響學生學業成就的三種方式？
   （六分）

5. 解釋在工業社會爲什麼每個人都必須要上學的理由。
   （八分）

─────解答─────

1.15。

2.（ⅰ）女生最成功。

（ⅱ）男生最成功。

3.可以解釋愈來愈多的中學畢業生通過普通與進階考試的三項因素是：第一，就業機會競爭日益激烈，使得資格比過去更加必要；第二，綜合教育的引進給予更多的學童研讀合於考試水準科目的機會；第三，更多的父母可能鼓勵年輕人好好讀書通過考試，繼續留在學校或進入大學就讀。這對女孩子來說，愈來愈是如此，新一代的父母親瞭解到女孩子為事業與家庭、家人做準備的必要性）。

〔注意〕：這些只是許多可能性中的數項——你還可以提到更好的師資。該題要你指出三個因素，你可以多答一個因素做為其它因素的引申——如果你回答的主要因素中有任何一個不對，你可能因此而得到些分數。例如，加上女性需要取得文憑資格正日益被承認的這項事實，做為父母期望與態度變遷的一項衍生。

4.老師影響學生的教育成就，有數種方式：他們可能因為學生的膚色，或是因為他們說話時帶有勞工階級的腔調，或是不服從學校制服的規定而預期學生不會有好的行為表現。一旦老師對某個學生貼上失敗者或成功者的標籤之後（即使是潛意識地），老師對待學生的方式，都會導致學生正確的回應，而使該「標籤」成為正確無誤。

　　老師是中產階級，說話的方式會是中產階級的方式——即伯恩斯坦所謂的「詳盡」符碼。勞工階級的小孩在家中可能用的是「有限」符碼，因而並不如中產階級的學生一般熟悉

老師使用的正式語言。勞工階級的學童瞭解的程度將不如中產階級一樣充分，表現也將不如中產階級的學童。

學童也可能因能力分班而被老師貼上「標籤」。一旦學童被分到好班或壞班，他們可能就因此而接受這項對其學業能力的評斷，據此表現：一項「自我實現的預言」便發生作用了。

〔注意〕：和第三題一樣，還有許多其它的可能性，包括有老師與學生建立起來的關係類型，或是老師的專業能力。確定你的答案僅遵題目的要求，談的是老師。記住要指出老師如何影響學生，並且解釋爲何會影響學生。

5. 在工業社會，每個人都必須上學，這是因爲日益複雜的科技與溝通體系要求每位民眾必須具備閱讀與寫字的能力，最好還要能夠發展其它的技能，或許是在電腦科技方面，那將有助於社會經濟體系的發展。

事實上，在英國並沒有要每個人都必須上學，但是法律要求民眾獲得某種起碼的教育水準：實際上，這常意味著每個人（除了有錢人以外，他們可能負擔得起聘請私人教師）確實得去上學。像在現代國家之類的大型科層體制，任由民眾不按正規方式做事是相當不方便的，因而就得嚴格執行就學法（選擇不入學的決定牽涉到一大堆法律問題與爭議，通常會由法院來解決）。

學校把一部份的人口從就業市場中帶開，有助於工作數量的分配；同時也提供了一個安全與保護的環境，使置身其中的年輕人遠離危險，也不會爲社會增添麻煩。這稱爲教育的監護功能。

除了工作訓練以及協助透過考試制度篩選雇用的人才之外 ，馬克斯主義與其他學者主張，學校藉助「隱藏課程」為個人接受他們在社會上的地位預做準備；這是學生在學校中沒有經過明顯的教授而學到的東西──尊重權威、只管服從不問理由、忍受繁瑣、以及接受上下層級結構中低微的位置。

〔**注意**〕：你只可能得到八分，時間相當有限。不必過度闡釋每個論點，而應該盡量涵蓋整個問題──確定你明白地處理了數個「明顯的」論點，例如，關於必須接受教育的法律立場。提到這點你會得到一些分數──但是也要想一想在這個主題上你已經學到的一些比較複雜的重點，例如，馬克斯主義有關教育的「衝突」理論：這些可能是會使你得到最多分數的論點。正好有一位社會學家，辛克列爾（Syncler），曾經指出「隱藏課程」是如何以最少的努力獲得最高分數的方法！

社會階層化與不平等

1.下圖提到私立教育。舉例解釋何謂寄宿學校？（四分）

2.一個人就讀的學校可能透過什麼管道影響他往後人生中的一些機會？（七分）

3.階級是造成現在英國社會不平等的一項基礎。選出另外一項社會不平等的基礎，並且解釋這項不平等如何發生，以及如何對個人產生影響。（九分）

中區試務委員會
普通考試，《社會學》，論文2，1993（夏）

普通考試試題二

1.舉例顯示正式課程與「隱藏」課程的差異。（四分）

2.描述過去十年來正式課程上所發生的若干變化。（九分）

3.何謂「貼標籤」？（兩分）

4.解釋在中學與大學裡，貼標籤如何影響到學生的進步。

（十分）

總計二十五分

北部試務委員會

普通考試，《社會學》，論文二，1993，夏

第四單元
社會分化

第9章

階層化

地位可能會參照性別

「我心情好的時候，我會稱她們為女士，然後把她們當成女人看待。」

9.1 年齡階層化／地位

　　不論是對整個社會、還是在某個特殊情況之下，幾乎所有的社會，都有把某些人，看做比其他的人來得重要、來得更值得尊敬、或是更有用處的情況。在團體中，每個人擁有的這個相對於其他人的位置，稱為「地位（status）」。地位可以是根據許多諸如：財富、遺產、財產、性別、教育、膚色、工作、「社會價值」、或年齡等因素而有高低不等的排列。「聲望（prestige）」則可能取決於是否擁有被某個團體高度重視的特殊能力。所以有些年輕人刻意花下好幾個鐘頭試圖變成熱門音樂的專家，以便能從

其同輩團體中贏得高的地位。

　　地位不見得都是一致的。例如，某人可能因為他的職業而有高的地位，但是由於他的膚色而有低的地位。同時，並不是社會上所有的人都對地位排名有相同的看法。例如，某項研究（楊格與威爾蒙特），1957，《倫敦東區的家庭與親族》發現，大約有四分之一的受訪者評價有專門技術的手工工作者，比例行的非手工工作者，有較高的社會地位。

　　地位可能是「歸屬的（ascribed）」，也就是說，我們不需要努力就能得到的社會位置；我們可能有貴族或為人父母的歸屬地位。此外，我們也可經由爭取到某個排名高的工作、或是贏得熱心助人的好名聲，而賺得我們的地位。不論哪種情形，我們的地位都是「成就來的（achieved）」。

　　根據人們的價值，把他們擺進不同層級〔「階層化（stratification）」〕的最基本方法，是按照年齡的大小。大多數的社會不認為年輕人會和年紀大的人具有同樣的價值、值得同樣的尊重，因為年輕人擁有的知識與才能都比較少。年輕人承擔的責任較少，因此擁有的權力也比較少；有些社會，最老的人擁有最多的權力，稱為「老人專制（gerontocracies）」。

　　在我們的社會裡，老年人由於不事生產、而且經常沒有什麼錢，所以缺少權力，因此也喪失了地位。這項地位的喪失，近年來隨著擴大家庭許多功能的流失，而遽然增加，老年人也因而日益孤立。

　　另一方面，年輕人和他們的父母比較起來，經常在支付生活必需品後，還有一大筆剩餘的金錢（參閱6.4）；再加上工作所需的技能已經不再能夠在家中學到；父母親對學校教的科目經常一無所知；結果傳統以來老一輩責備年輕一輩無知的情況，經常顛倒了過來。

9.2 封建制度

除了年齡之外，大多數的社會都有某種一般性的階層化形式，把某類團體的人擺進優越的或低下的位置，也就是一種由聲望與權力所構成的「上下層級結構（hierarchy）」。大多數的社會都可以被歸類到三種主要的階層化類型中的一種：

1. 封建〔或「階級身份（estate）」〕。
2. 種姓制度。
3. 社會階級。

三大「階級身分」是貴族、僧侶、與平民。其中每一個都有它自己的地位體系；農民有時被視爲第四種階級身份。

封建體系最著名的例子是中世紀的歐洲，那時在「領主（lord）」與「封臣（vassal）」之間，主要是根據「采邑（fief）」—通常是領地，不過也有可能是個官位、或是徵收國家稅收的工具，諸如徵收「通行稅」之類的權利——的授與，而形成環環相扣的義務所築成的金字塔。做爲收受采邑的回報以及爲了保衛領土，封臣通常會接受某種義務：諸如爲他的領主出兵打仗，接受領主法院的判決；以及在某些特殊場合，支付他的領主一些錢財。

本質上，封建制度的想法是一種「租佃制度（tenancy）」。每個人對於在他之上的領主，是個佃戶，直到在國王的跟前，而國王則是上帝的佃戶。由於上帝是國王的主人，所以只有上帝有權推翻他，據此我們得到了「君權神授」這個概念。

雖然封建制度並沒有完全遵照金字塔的結構（圖9.1）例如，武士可以直接從國王那裡，而不是從男爵那裡得來領地，但是封建制度給每一個人在上下層級結構中一個固定的位置，這個位置

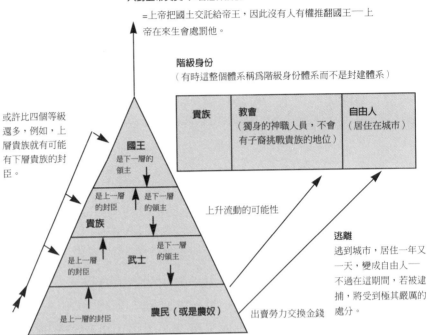

只對上帝負責（「君權神授」）

=上帝把國土交託給帝王，因此沒有人有權推翻國王——上帝在來生會處罰他。

階級身份

（有時這整個體系稱爲階級身份體系而不是封建體系）

貴族	教會（獨身的神職人員，不會有子裔挑戰貴族的地位）	自由人（居住在城市）

或許比四個等級還多，例如，上層貴族就有可能有下層貴族的封臣。

國王
是下一層的領主

是上一層的封臣　是下一層的領主

貴族

是上一層的封臣　武士　是下一層的領主

是上一層的封臣　農民（或是農奴）

上升流動的可能性

逃離

逃到城市，居住一年又一天，變成自由人——不過在這期間，若被逮捕，將受到極其嚴厲的處分。

出賣勞力交換金錢

圖9.1 封建金字塔

只有藉著提供在其之上的人出眾的服務才能改變。通常婚姻是與在社會層級結構中和自己位置相同的人結合。只有把自己從權利與義務組成的服務契約中除名，方有可能逃離自己所處的社會結構。不過，社會流動也有可能經由加入教會而產生。那是個開放給所有社會層級人士的流動場域。神職人員同時可以在教會本身的系統之內，或是透過成爲公務員的方式，爬上較高的社會地位。不過，在西歐，神職人員是獨身的，所以神職人員的社會流動也只限於一代而已，因而不會挑戰既有的秩序。

逃脫封建處境的少數幾個方法之一，是到城市裡去討生活，

在那裡出賣勞力可以換得金錢。事實上，正是城市的成長、貨幣的循環日增、政治中央集權、以及專業的法庭制度，導致歐洲封建制度的結束。

9.3 種姓制度

　　階層化的種姓制度並不像封建制度一樣，建立在人定的律法之上，那是可以被修正的；而是建立在無法更動的宗教信仰體系之上，因此比封建體系更為嚴謹僵化。

　　種姓制度的最佳例子是印度社會中根源於印度教的種姓制度（圖9.2），這個制度存在了大約三千年，到了1947年也只見到官方宣告廢除。該制度對於社會流動所加諸的限制，在印度社會仍然可以清楚的看到。印度教徒分屬於四大主要的團體中：剎帝利（戰士）、波羅門（僧侶）、吠舍（貿易商與製造商）、以及首陀羅（僕從），或者他們是「被逐出門牆的人」從事著與聖牛有關的、或與皮革有關的最低賤工作。每個團體的地位都不可逾越，而且在這些主要的團體之內，還有許多的種姓階級或次種姓階級，每一個在社會結構下都佔有一個固定的位置。1901年的戶口調查就辨識出2,378個主要的種姓階級；而且在這些主要種姓階級之中的任何一個，就可辨識出1,700個次種姓階級。

　　地位主要並不是取決於財富。僧侶的種姓地位高，但是一生貧困，製皮革工人可能非常富有，但種姓地位卻相當低下。種姓制度是立基於印度教輪迴轉世的教義──善行會獲得轉世投胎到較高層級的種姓階級──這套想法給予在這個體系中工作的人，未來會比現在好的希望。

　　還有嚴格的飲食律法，破壞這些或其他的種姓階級規則，被

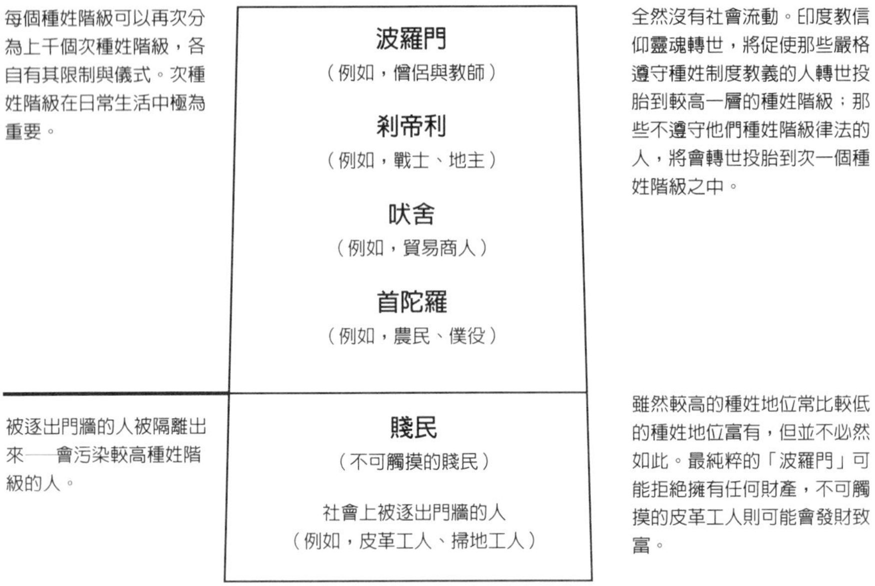

每個種姓階級可以再次分為上千個次種姓階級，各自有其限制與儀式。次種姓階級在日常生活中極為重要。

波羅門
（例如，僧侶與教師）

剎帝利
（例如，戰士、地主）

吠舍
（例如，貿易商人）

首陀羅
（例如，農民、僕役）

全然沒有社會流動。印度教信仰靈魂轉世，將促使那些嚴格遵守種姓制度教義的人轉世投胎到較高一層的種姓階級；那些不遵守他們種姓階級律法的人，將會轉世投胎到次一個種姓階級之中。

被逐出門牆的人被隔離出來──會污染較高種姓階級的人。

賤民
（不可觸摸的賤民）

社會上被逐出門牆的人
（例如，皮革工人、掃地工人）

雖然較高的種姓地位常比較低的種姓地位富有，但並不必然如此。最純粹的「波羅門」可能拒絕擁有任何財產，不可觸摸的皮革工人則可能會發財致富。

（種姓制度的面向可能存在於其他的社會之中，例如在早先南非種族隔離體系下的黑人與白人。）

圖9.2　印度的種姓制度

視為對崇拜儀式的褻瀆，會造成地位的下降。婚姻主要是「內婚制（endogamous）」，也就是說必須要發生在一個種姓階級之內。雖然在某些限制內，女人可以因結婚而移到他先生的種姓階級，而這卻是唯一允許的社會流動形式。

9.4 社會階級

　　在種姓與封建這兩個制度下，要想上升到較高的社會階層，

不是完全沒有可能，就是非常困難。地位是「歸屬的」。如果「功勞（merits）」要獲得獎賞，那麼那兩個制度都很難存活下來。

　　「資本主義（capitalism）」經濟體系使「封建制度」成為歷史遺跡，在這個制度下某些人可以自由地出售生產的貨物換得屬於他們自己的利潤，而其他的人則有想要把他們的勞動力出售給誰就給誰的合法自由。「社會階級」浮現，其間沒有立法或宗教的障礙可以阻止個人在社會階梯上下移動〔「垂直社會流動（vertical social mobility）」〕，雖然要實現這個結果以前常有、現在仍有巨大的困難。

　　隨著封建制度的逝去，社會「階級」成為建制，那些在舊秩序下佔有高聲望地位的家族常能繼續維持住高的地位，那是因為他們為了產生剩餘的收入攫獲「利潤」，而將有現成的財富或者「資本」投資發展他們的土地、工業、或商業。

　　由於工業革命發生在十九世紀，卡爾‧馬克斯（Karl Marx）——一位住在英國的德國猶太難民——也發展出一套社會階級理論。他預見生產工具的不同將促使社會分裂成兩個團體——即擁有足以投資的資本、或以此去取得生產、分配、以及交換工具所有權的人，以及沒有擁有半點這些資本與能力的人。

　　馬克斯並沒有把社會看成只是由窮人、富人、或介於兩者之間的人所組成的群體。老師、店主、小型服飾工廠的老闆、以及有特殊技術的機械師可能賺取相同數額的金錢，但是他們並不屬於同一個階級。

　　馬克斯相信，隨著工業的發展，以及大量工人的群聚在一堂，將會實現他們所具有的共同階級利益。這群「無產階級（proletariat）」將會起來對抗他們的剝削者，並以一個由平等者所構成的社會取而代之。階級衝突與階級意識是馬克斯階級理論中的基本部份。

資本與階級

　　每個商品的價值是由生產該商品所需要的勞動力來加以測量。勞動力存在的形式,在勞工方面需要一定數量的維生工具來維繫他的生存,以及他家人的生存;而他家人的生存,則確保在勞工死後,勞動力的持續供給。因此生產這些維生工具所必須的時間代表了勞動力的價值。資本家每週支付這個價值,以購買勞工一週勞動力的使用權。

　　好了,資本家現在要他的工人去工作了。在一段時期之內,工人將付出和他一週工資所能代表的一樣多的勞動力。假定工人一週的工資是三個工作日,那麼如果工人星期一就開始工作,到了星期三晚上工人就已經償還了資本家付出的全部工資。但是他可以這樣就停止工作了嗎?絕不可以。資本家已經購買了他一週的勞動力,在後面三天的工作日,工人仍必須繼續工作。這項勞工的剩餘勞動力,超過以及多餘他必須償還其工資的時間,就是剩餘價值的來源、也是利潤、資本得以穩定增長的來源…如果資本家抽取工人工作的天數,到頭來只是和他付出的工資一樣多的勞動力,那麼那天一到他的工廠就會關門,因為他全部的利潤,實際上將等於零。

　　就是這裡我們看到了有這些所有矛盾的出口。剩餘價值(資本家的利潤構成其中重要的一部份)的起源現在是清楚明白而且是赤裸裸的。勞動力的價值是支付了,但是支付的價值遠少於資本家從中抽於的勞動力,而且正是這個差距——未支付的勞動力—構成了資本家的,或者更精確的說,資本階級的份兒。

　　不過,認定未支付的勞動力只出現在當下,生產一方面是由資本家、另一方面是由工資勞工完成的情況之下,那就太荒唐了。相反的,所有時期下被壓迫階級都必須執行未支付的勞動力。在這整段漫長的、以奴隸為最主要的勞動力組織形式的時期

裡，奴隸必須付出遠超過以維生工具形式歸還的勞動力。在農奴制度時期的情況也是一樣的：事實上可以很明顯地看出農民花在他自己維生的工作時間與花在為莊園領主的剩餘勞動力上的差別，這正是因為後者完全是與前者分開來完成的。現在的形式雖然已經有了改變，但是本質仍然維持不變。而且只要「社會上有部份人壟斷生產工具，勞動者，不論自由與否，都必須在維持他自己生存的工作時間上，增加額外的工作時數，來為生產工具的擁有者生產維生工具」。〔摘自（卡爾・馬克斯），1958，《資本論（ *Capital* ）》，第一卷，譯自第三版，莫斯科〕。

馬克斯於1883年過世，而另一位德國人麥克斯・韋伯（Max Weber）在二十世紀初期發展了一套相當不同的階級理論。到了這個時候，很清楚地，介於資本家與無產階級之間的那個階級並沒有如馬克斯所預期地消失不見，反而在數量上與重要性上有長足的成長，而工會與國會也已經阻止了工業上某些最惡劣的剝削。

韋伯認為，最重要的階級面向是一個人取得「生活機會（life chances）」──即貨品與勞務──的能力。雖然他指出四個主要的階級──手工工人、小資產階級、專業人士、財產持有人──韋伯思想的不是和馬克斯一樣的兩極化社會，而是一個充滿了許許多多的地位高低不等與權力大小不一的團體所組成的社會。通常有權力的人也有地位，但是並不總是如此。

今天仍然有人支持馬克斯的理論，但是更普遍的情況是，「階級」這個詞更多人以韋伯使用的方式來使用它。主要取得生活機會的管道是透過職業，而這也已經變成切割人群成為階級（或稱「社會─經濟」）團體的主要方式。

政府在戶口調查時所用的量表，常被稱為主計處量表（圖9.3）。

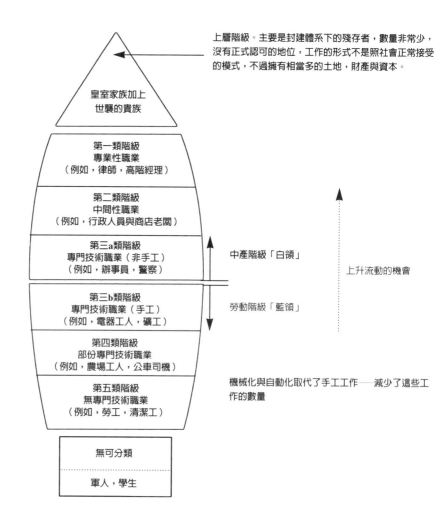

上層階級。主要是封建體系下的殘存者，數量非常少，沒有正式認可的地位，工作的形式不是照社會正常接受的模式，不過擁有相當多的土地，財產與資本。

皇室家族加上世襲的貴族

第一類階級
專業性職業
（例如，律師，高階經理）

第二類階級
中間性職業
（例如，行政人員與商店老闆）

第三a類階級
專門技術職業（非手工）
（例如，辦事員，警察）

中產階級「白領」

上升流動的機會

第三b類階級
專門技術職業（手工）
（例如，電器工人，礦工）

勞動階級「藍領」

第四類階級
部份專門技術職業
（例如，農場工人，公車司機）

第五類階級
無專門技術職業
（例如，勞工，清潔工）

機械化與自動化取代了手工工作——減少了這些工作的數量

無可分類

軍人，學生

圖9.3 主計處的階層表

第一類	專業性職業
第二類	中間性職業（包括：大多數的管理與高級行政主管的職業）
第三非手工類（第三a類）	專門技術類職業（非手工）
第三手工類（第三b類）	專門技術類職業（手工）

第四類	部份專門技術類職業
第五類	無專門技術類職業 (軍人、學生、以及那些無法適當描述的職業將分別列述)

學界已經出現過許多嘗試，爲產生一個更加複雜的量表而付出心力。其中一個是賀爾—瓊斯量表（Hall-Jones scale），該量表將第三類社會階級分成三個獨立的階級類屬。這是因爲超過半數的人口是落入第三類社會階級之中，而且「勞工階級」（第三b類及其以下）與「中產階級」（第三a類及其以上）的劃分正好同時落在那個團體當中。

社會階級1與2	（同主計處量表）
社會階級3	監督、督導、與其他非手工的、較高職等的
社會階級4	監督、督導、與其他非手工的、較低職等的
社會階級5	專門技術的手工職業與例行的非手工職等
社會階級6	（同主計處第四類）
社會階級7	（同主計處第五類）

對賀爾—瓊斯量表的一項批評是，該表給予白領職業太高的社會地位。

在英國，擁有土地的仕紳所構成的上層階級，是人數非常少的一個團體。而不被大多數的人視爲一個獨特的階級。事實上也沒有由規模非常小的農戶——「小農民（peasants）」——像在歐洲大陸的那種——所構成的特殊階級。

官方評定的階級位置，並不一定會爲當事人所接受。許多人把自己擺進一個比主計處分類還要高的階級位置之內；這種階級分類方式通稱爲「自我認定的階級位置（self-assigned class）」。

複習摘要

地位

地位是一個人的社會位置，是由他人所界定者——擁有高地位的人被認為更值得尊敬；而得到更多的自尊，在團體內也擁有較多的聲望。

◆正式地位：因擁有社會上的某個位置而得到的聲望。內閣部長或律師有高的地位；窗戶清潔工或巴士駕駛，地位低。

◆非正式地位：由於個人特殊的天賦或才能而得到的地位。某位礦工可能在其同事之間，因值得信賴、討人喜歡而有較高的地位。或是剃了個怪頭，看起來「很酷」而得到高地位。

◆歸屬地位：你一生下來就俱有的社會位置或角色——你可能因生在第一類社會階級之家而有高的地位，或是你生來是黑人，所以地位低。

◆成就地位：是靠你自己的努力或行動而得到的地位。你可能生來是某個女僕（地位低）的私生子，然後成為首相（地位高），就像雷姆西‧麥當勞（Ramsay McDonald）一樣；或者生長在貴族之家，結果落得以身無分文的罪犯結束（通常地位上升比地位下降來的容易——因為居於高地位者擁有某些保護他們位置的機制）。

各個社會階級人口的百分比

社會階級	1931年	1971年	1991年
第一類	1.8	5.0	6.0
第二類	12.0	18.2	19.5
第三類	47.8	50.5	51.3
第四類	25.5	18.0	16.9
第五類	12.9	8.4	5.7

第*10*章
財富與收入

10.1 財富與權力

通常一個較高的階級位置意味著當事人不是因為所得，就是因為投資而比較富有——這項「財富」是金錢或各種形式的財產累積而來。財富購買取得「生活機會（life chances）」——衛生保健、教育、居住環境、假日——的管道。這些生活機會可能影響到像是生命期望、嬰兒死亡率、小孩的身高與體重、患病或學校成就等等因素。

財富也可以購買取得權力的管道，也就是能夠直接影響決策制訂過程的權威位置，不論占據這個位置的人是公司的董事、還是國會的議員。不過，權力在今日是比以前更加分散了。

賺來的收入可以反映這項事實，即某人已經達到某個掌有權力的位置，但是把他們放進那個位置的是教育而不是私人財富。不過，父母是中產階級的小孩比父母是勞動階級的小孩，更能夠在教育上有所成就（參閱8.3）。

探究英國財富分配的狀況時，應該注意的是，在社會梯階上越是下層的人，所擁有的財富越多是指包括像是：洗衣機、或汽車、房子、保單之類的「消費耐久財」。這些東西通常沒有一樣可以賣掉而不需要替代品，因此不能用來購買取得權力的管道。隨著個人往社會梯階的上層移動，所擁有的財富越多是股票、銀行存款、手頭上馬上可用的現金。這類所有權對擁有者可能還有心理上的效益，正因為他們不用害怕失去工作，所以也就有更多的自由空間來表達他們自己。

雖然財富的確能夠增加個人取得權力的機會，但是不要忘了，英國的工會通常掌握在沒有多少個人財富的人士手裡，而工會運動仍然有它的力量，儘管在1980年代與1990年代工會是有點式微了。

表10.1 各職業階級死亡率

階級	1951年	1971年
第一類	103	79
第二類	108	83
第三類	116	103
第四類	119	113
第五類	137	123

屬於第一類社會階級的人可以期望比屬於第五類社會階級的人多活七年之久。

表10.2 嬰兒死亡率與職業階級

階級	1930-2年	1949-53年	1984年
第一類	32	19	6
第二類	46	22	7
第三類	59	28	8
第四類	63	35	10
第五類	80	42	13

父母是無專門技術手工工人所生的嬰兒，在一出生與出生後第一個月內死亡的人數，是父母是從事專業職業的兩倍。

生活機會受到我們所做工作的性質、我們的生活型態（例如，抽煙或飲酒），以及我們擁有的財富的影響（例如，購買好的居住環境或私人健康保險）。

「生活機會」有時就字面上來說就是指生活。這項事實可以從1980年由道格拉斯·布列克爵士（Sir Douglas Black）主持，「健康與社會安全部（Department of Health and Social Security）」贊助的一份《健康的不平等》的報告中彰顯出來（也就是說，通常所用的標題——《布列克報告（*The Black Report*）》——不是用作內容的指標，就如討論教育問題的叫做《布列克論文（*The Black Papers*）》（是一樣的道理）。布列克發現在階級與生命期望之間存在著直接關係（見**表10.1**與**表10.2**）。

這份報告評論說：「從大多數的死因，都可以觀察到階級傾斜程度。在呼吸系統上以及傳染性與寄生蟲類的疾病上，階級傾斜程度都特別陡峭，並且不會因性別而有所差異。」

該報告提出下面的結論：「相對於第一類階級，於1960年代整段時期以及1970年代早期，沒有專門技術與半技術的手工勞動階級（第四類與第五類）在健康經驗上的缺乏改善，有些方面甚至有更加惡化的情況，是相當令人震驚的。」（見**表10.3**）

表10.3　男性因支氣管炎而死亡的比率

社會階級	第一類	第二類	第三類	第四類	第五類
	34	53	98	101	171

注意：社會階級愈低，愈有可能長年受到病痛之苦。

《北部地區的健康不平等》〔北部地區健康主管機關／比斯多大學（Bristol University），1986〕這份報告也發現該地區的高死亡率與患病率與貧窮之間有直接的關聯。

1986年位於提司河上的斯多克頓鎮，鎮上的地方健康中心進行一項主要的調查指出，遭受社會剝奪的團體罹患精神疾病的人數比控制組的正常人多出三倍，住院率多出百分之六十，遭受意外傷害的人數多出百分之七十五。

1986年的證據指出，第五類社會階級的每個年齡層中的死亡機率是第一類社會階級的百分之一百五十（與布列克報告的數字比較，1930年為百分之二十三：1970年為百分之六十一）。

一份健康教育委員會名為《健康分水嶺（*The Heath Divide*），1987》的報告，以及理查·威爾金森（Richard Wilkinson, 1986）在其所著的《階級與健康（*Class and Heath*）》一書中皆指出，健康狀況的階級差異自布列克報告提出以來，一直在持續擴大之中。

不過，這些數字也遭到駁斥，他們主張愈來愈大的差距乃出於人為操弄的結果，主要是因為社會階級的變動而不是階級內人們健康發生變化所致。例如，在1971年屬於第五類社會階級（從事無專門技術的手工工作）的人數遠少於1931年同一階級的人數。經過這段期間，第一類階級的人數已經成長了百分之一百七十八，而第五類階級的人數則減少了百分之三十五。所以第一類階級的低死亡率現在是就一個較大的部門而得出的數字，而第五類階級的高死亡率則是就一個較小的部門所得出的數字。

10.2 英國財富分配概況

在《相對剝奪與社會正義（*Relative Deprivation and Social Justice*），1962》一書中，盧斯曼（Runciman）指出，「我們可以很確定的說，只有在非手工階級之間才會出現任何顯著的財富累積」，他並且引述一個1954年的估計值：最頂端百分之一的英國成年人擁有資本總淨值的百分之四十三，而最上層百分之十的人口便擁有百分之七十九的全國資本淨額（見**表**10.4）。「階級的意義（The Meaning of Class）」（《新社會》，1964）一文，對於財富擁有的不平等狀況，甚至提出一個更高的估計值：「百分之五的全國總人口擁有了全國個人部門財富的百分之七十五」。

表10.4　個人部門財富淨值的組成概況

	1971	1981	1986	1989
財富淨值				
房子（房貸淨值）	23.0	31.9	31.3	35.8
其他固定資產	9.3	9.8	6.5	5.9
不具市場交易性質的租用權	10.3	11.4	7.9	7.1
消費耐久品	9.2	9.6	7.7	6.8
建築融資合作社的股票	6.3	7.0	7.8	5.9
儲蓄、銀行存款、紙幣與硬幣	11.9	9.3	7.8	8.3
股票與股份	19.9	5.5	9.2	8.2
其他金融資產	10.1	15.5	21.8	22.0

表10.5 英國財富分配的概況（百分比）

	擁有可進行市場交易的財富的百分比		
	1971	1976	1990
總人口最富有的百分之一	31	21	18
總人口最富有的百分之五	52	38	37
總人口最富有的百分之十	65	50	51
總人口最富有的百分之二十五	86	71	72
總人口最富有的百分之五十	97	92	93

來源：《社會趨勢》，第18期（London: HMSO, 1988）；第23期（1993）。

　　估計英國財富分配狀況時之所以會得到不同的結果，主要的理由是，不同的調查列入考慮的因素並不相同，有些包括保單、房子與消費財，有的則不將這些納入考慮。另一個問題是，有人刻意隱藏財富不報，以規避稅務的課徵。

　　政府出版品《社會趨勢》列出「可進行市場交易之財富」，也就是那些緊急時可以立即變成現鈔的東西（表10.5）。這類財富中的百分之十八是由在1990年總人口中最富有的百分之一所擁有（比1971年下降了百分之十三）。在這段期間中，最富有的人在財富擁有上的減少幾乎被人口底層毫無變化的百分之五十所得的增長所抵銷，這些人在1990年只分享了全國財富的百分之七，就算在這段期間內這些人的財富略有增加，也只增加了四個百分點。如果我們把那種類型的財富列入考慮，那麼在社會內部顯然存有更懸殊的差異。你擁有的財富愈少，愈有可能你擁有的是房子、消費耐久財、保單等形式的財富。你擁有的財富愈多，愈有可能你擁有的是股票與銀行存款之類的財富（換句話說，可以用

來得到財富的金錢）。

收入的分享較不會和財富一樣的不平均。除了收入最差的以及不必繳納所得稅的人之外，最底層百分之十的納稅人，根據1979-80會計年度資料，他們的收入不過是全國收入的百分之二點九（稅後為百分之三點四），而最高百分之十的納稅人的收入則是全國收入的百分之二十四點八（稅後為百分之二十二點八）。

10.3 貧窮

在1870年，一位利物浦的富商，查理・布斯（Charles Booth），反對社會民主聯合會提出的一項聲明——全國人口中有四分之一是生活在貧窮之中。於是他親自進行調查去證實這個觀點，結果令他震驚地發現，他估計的人數比那項聲明還要高。

之後，布斯表達了他自己對於貧窮問題缺乏任何有系統研究的關切：「投入在蚯蚓上的觀察，都比投入在被埋沒在我們社會底層同胞的生活演進、或是生活退化所做的觀察，還來得更加精細、充滿耐心與智慧。一望無際的大地上到處可見工人正賣力地賺錢，並不時地發出絕望的嘆息聲。」

布斯為貧窮下了一個統計學的定義，並且以此做為界定「貧窮線（poverty line）」的基礎，落在此線之下的民眾，是不可能過著健康的生活。這個貧窮的概念通稱為絕對（或維生）貧窮。布斯將他的研究發現發表於《人民的生活與勞動（*Life and Labour of the People*:1889-91）》以及《倫敦人的生活與勞動（*Life and Labor of the People in London*:1891-1903）》兩本書中。然後他進一步協助1908年老人年金法案的通過（Old Age Pensions Act）。

1899年榮特利（Rowntree）將布斯的研究發揚光大，並據此

在現代英國社會，老人通常都很窮

進行約克郡的貧窮調查。在這項調查中榮特利顯示，例如「嬰兒死亡率（infant mortality）」——每年每一千名初生的嬰兒當中第一年死亡的人數——在貧窮線以下的家庭是兩百四十七名，在貧窮線以上的是一百七十三位。榮特利發現在他的「貧窮」家庭中有四分之一，主要養家活口的人不是死了、就是病了、殘了、或者失業了。大約半數的貧窮家庭有一位有工作做的家長，但是他們賺到的錢並不足以使這個家庭跨過貧窮線。

　　在現代，許多津貼與實物贈與都被用來減少貧窮的嚴重度，但是活在貧窮之中的民眾，通常仍然屬於榮特利所列出的那些類別中的人士：老人、精神與生理上失能的人、以及失業的人。不過，政府提供的給付，保證的只是相當低水準的維生所需，而且正因為那些人一貧如洗所以也是最沒有能力照顧自己、最不會理

財的人，因此他們的狀況也就每況愈下。同時，很多人並不知道哪些給付是他們有資格領取的，有的則是自尊心太強而不願意請領（舉例來說，只有半數有申請資格的人申請養家貸款）。

「貧窮文化（culture of poverty）」時常存在於窮困的人之間，這使得他們被動地接受他們在社會上的位置，並且對權威充滿了敵意。在以這種態度為常態的左鄰右舍之中長大的小孩，可能很早就離開學校、進入不需要專門技術、工資低、不確定性高的就業環境；早早結婚，而且可能比英國社會其他地方的人有較多的小孩。於是，他們的小孩可能也在同樣剝奪的環境下長大，於是貧窮成為「週而復始」──像一個圈圈，可能圈住一個又一個世代，結果就成世世代代牢不可破。

社會剝奪的循環（「貧窮的惡性循環」）

「貧窮生貧窮這個惡性循環是經過長時間醞釀出來的，而其效果是代代相傳的。這個循環沒有起點，也沒有終點」（「美國經濟顧問團」，1964）。

1970年寇提斯與席朋（Coates & Silburn）在其《貧窮：那群被遺忘的英國人（*Poverty: The Forgotten Englishmen*）》一書中，描述一系列窮人深受其苦的一些問題，這些問題彼此之間相互增強，並且可能從上一代延續到下一代。

路特與梅奇（Rutter & Madge, 1976）在其《劣勢的輪迴（*Cycle of Disadvantage*）》一書中，發現，當三個因素（包括：家庭人數過多、居住環境過差、沒有接受多少教育、家庭狀況不穩定、教育程度過低）同時出現時，經常會出現輪迴的現象。

貧窮的循環這個概念，在科斯・喬瑟夫爵士（Sir Keith Joseph）於1970年代出任社會服務部長時，獲得大量的宣傳（而他有時也因創造了這個名詞而名噪一時）。

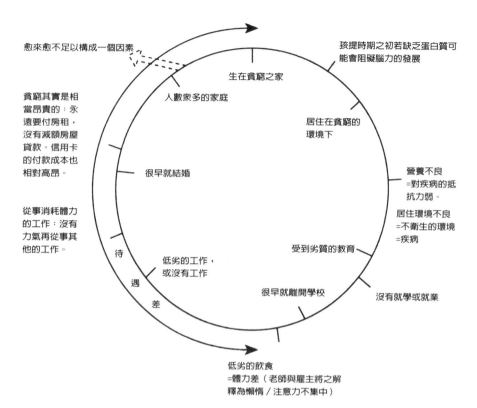

愈來愈不足以構成一個因素

孩提時期之初若缺乏蛋白質可能會阻礙腦力的發展

貧窮其實是相當昂貴的：永遠要付房租，沒有減額房屋貸款。信用卡的付款成本也相對高昂。

生在貧窮之家

人數眾多的家庭

居住在貧窮的環境下

很早就結婚

營養不良＝對疾病的抵抗力弱。

居住環境不良＝不衛生的環境＝疾病

從事消耗體力的工作：沒有力氣再從事其他的工作。

待遇差

低劣的工作，或沒有工作

受到劣質的教育

很早就離開學校

沒有就學或就業

低劣的飲食＝體力差（老師與雇主將之解釋為懶惰／注意力不集中）

圖10.1　社會剝奪的循環（貧窮的循環）

　　1980年的布列克報告要求針對「有些兒童是如何逃過對大多數出生在相同情況下的小孩來說，是無可逃避的命運的那些途徑」，進行探究。對於這樣一種循環的存在，已經有不少學者以引述的因素多為貧窮的徵候，而不是貧窮的原因為由，而加以駁斥。

貧窮文化

奧斯卡・路易士（Oscar Lewis, 1962）在《桑契斯之子（*The Children of Sanchez*）》一書中，指出他所研究的貧窮的墨西哥人發展出一種文化，使他們能夠面對貧窮，但是也因此而使貧窮永遠跟著他們。這個次文化是：

1. 宿命主義：將來是怎樣就會怎樣；我們根本無法改變它。
2. 反對權威：權威人物不會做什麼事來幫助我們（因此不信任所有的政府官員，也包括：老師、社會服務人員等等）。
3. 現在導向：即時行樂，以後你可能就沒有這個機會了。（這正好與延遲滿足相反，該特質通常被視為中產階級的一項特徵）。這項邏輯在英國社會安全體系下益發明顯：如果你有超過三千英鎊的儲蓄，就領不到增額給付；如果你未來有可能申請增額給付，為什麼現在要儲蓄呢？

「貧窮文化」的存在已遭到數位學者的駁斥，他們發現證據指出，窮人之中有冷漠退避，也有主動參與政治、積極推動社區行動來改善他們處境的人。

結構性貧窮

社會的結構使人留在貧窮當中。衛斯特格與雷斯里（J. Westergaard & H. Resley, 1976）在《資本主義社會中的階級（*Class in a Capitalist Society*）》一書中，主張政府處理貧窮的措施無法奏效，是因為「這些措施不是設計來全盤改造不平等的整體結構」——有財富者的特權地位必須加以保護，而這個目標的達成則有賴於勞工階級留在貧窮之中。從窮人的功能來討論貧窮成因

「這是我們的問題，查理——我們得到的越多，想要的越多。」

的這項觀點，甘斯（H. Gans, 1973）在其《更多的平等（*More Equality*）》一書中亦有所描述：貧窮保證骯髒、危險、低賤的工作會有人去做，並且為那些「服務窮人、保衛社會其餘人士不受他們騷擾」的人，創造了工作與機會。

貧窮的陷阱

總收入的增加並不總是會帶來淨收入（扣除了稅金與福利）的改善。這是因為收入的任何增加會造成某些所得檢定福利的損失（例如，住家補助、免費學校伙食、社會福利供應的免費牛奶、或是養家補助）。

10.4 相對貧窮

福利國家通常對於最貧窮的人來說，會是張安全的網。所以如果社會福利主管單位獲知他們的狀況的話，人們是不可能會死於營養不良或缺乏暖氣。

不過，社會日益上升的生活水準已經帶動了民眾的上升期望，以至於在現代的英國社會，當人們把自己和別人相比時，他們會覺得他們的狀況實在很差，即使他們的生活水準就查理・布斯那個時代的標準來說是大可以接受的。這種「因比較而產生的貧窮」已被稱為「相對剝奪（relative deprivation）」——墨頓（Merton）在《社會理論與社會結構》一書中有詳加闡述的一個理論。本質上，人們有把自己和他們視為「參考團體（reference group）」的他人做比較的傾向。人們之所以和參考團體比較，則是因他們認為彼此有廣泛相似的特徵。

在《貧窮、不平等、與階級結構（*Poverty, Inequality and Class Structure*）》一書中，彼得・唐森德（Peter Townsend）把處在相對貧窮之中的那些人，描述為擁有的「遠少於一般個人或家庭所擁有的資源，以至於他們被遺棄在正常生活模式、風俗、以及活動之外」。1960年代在英國第一次的相對貧窮研究〔《窮與最窮的人（*The Poor and the Poorest*）》〕是由唐森德與阿貝爾—史密斯（Abel-Smith）所從事的，他們指出有七百五十萬人（大約百分之十四點二）生活在相對貧窮之中。

過去，相互比較的機會多侷促在左右鄰居之間——這項限制現在已經完全被媒體打破。父親從事正常專門技術工作的小家庭的生活水準近年來增加極為快速的這項事實可能也因而增加了「相對貧窮」的嚴重性。這也許是個事實，雖然需要救助的人數正在減少之中，但是欲望無法滿足的人數卻不可避免地在增加當中。

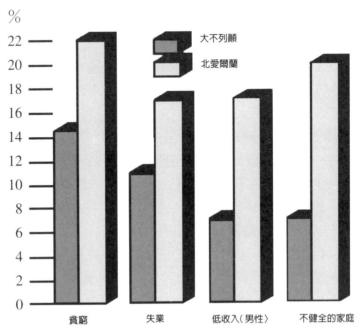

%

22 —
20 —
18 —
16 —
14 —
12 —
10 —
8 —
6 —
4 —
2 —
0

大不列顛

北愛爾蘭

貧窮　　　　　　失業　　　　低收入（男性）　　不健全的家庭

來源：《新社會》，1982。

圖10.2 北愛爾蘭的多重劣勢

　　英國有些地區窮困的程度與其他不利之處比其餘地區嚴重很多。圖10.2顯示英國境內最居劣勢的地區與其餘地區的比較。想想看圖中顯示的那些因素，如何影響到北愛爾蘭社會內部的紛亂。

複習摘要

貧窮的成因

下面提供你一些估計值。

◆阿貝爾—史密斯與唐森德（Abel-Smith & Townsend），
1965：

失業者	7%
低收入者	40%
老人	33%
單親家庭	10%
疾病與殘障	10%

◆貧窮的成因（「皇家收入與財富分配委員會」，HMSO，
1978）：

根據增額給付水準＋40%

沒有職業年金的老人，有79%陷入貧窮

先生失能的夫妻中有50%陷入貧窮

有三個以上的子女，但是妻子沒有工作做的夫妻中有48%陷入貧窮

單親家庭有58%陷入貧窮

父母失業的單親家庭有87%陷入貧窮

過去二十年之中：

失業增加了百分之六百。生活在單親家庭中的人口增加了百分之一百（1971年爲百分之八：1991年爲百分之十八），有依賴子女的家庭都是單親的。超過六十五歲的人數增加了百分之二十。

第11章

社會流動

11.1 英國社會流動的程度

　　掌握在總人口中最上層百分之一手中的私人財富已經有了顯著的變化，但隨著愈是往財富所有權所築成的梯階下層移動，改變的百分比也隨之減少（參閱10.2）（表11.1）。

表11.1　可以進行市場交易的財富在比例上的減少：1971年—1991年

總人口最富有的百分之五擁有的財富減少了百分之十五。
總人口最富有的百分之十擁有的財富減少了百分之十四。
總人口最富有的百分之二十五擁有的財富減少了百分之十四。
總人口最富有的百分之五十擁有的財富減少了百分之四。

　　重新使財富分配更加平均的行動只達到了一部份，因為富有者能夠雇用有能力的會計師與律師來保護他們的位置。例如，家族利益包括有督賀斯特（Dewhurst）屠宰場的費斯帝（Vestey）家族就把他們的財富轉變成家庭信託的形式供應其家庭成員的收入與購屋的花費。1980年在眾家報業揭發之下，爆發了一項政治風暴，督賀斯特連鎖企業就其1978年兩百三十萬英鎊的獲利中只繳納了十英鎊的稅的這項事實也隨之曝光。

　　英國的貴族繼續擁有百分之四十的英國土地，大約三萬人左右擁有全部私有股份的百分之八十。

　　但是社會階級並不是只關乎財富而已。雖然這是個關鍵因素，不過也和有無管道進入高地位的職業、受教育的機會；以及一般所謂的被社會接受的程度，特別是關於「生活型態」的社會接受度，有著極為密切的關係。另一方面在衣著服飾、到國外去

仍然還有一群顯赫的教育菁英存在

度假、有部車等等方面的日益相近，促使有些人提出階級差異日益減少的論調。

在住家環境方面仍有相當大的差異——取決於收入與財富的多寡；是否有進入水準不同學校的管道；衣著上各種能夠決定個人階級地位的些微差異；以及被他人接受的程度等等。中產階級的人努力「加入」一個屬於出賣勞力的人的俱樂部會遭遇困難；這和一心想要進入倫敦某家像愛斯納文藝協會（Athenaeum）之流的「俱樂部」的手工工人所面臨的問題，並無二致。

1960年代的年輕人似乎出現一陣短暫的嚮往「無階級」生活型態的激情。現今的青年文化之中似乎又回到了以階級為分界的原狀。

麥克雷(MacRae)教授在《新社會》期刊中發表的一篇《無階

級（*Classlessness*）》的論文中，提出英國的階級體系算不算個體系的質疑。他主張平等的教育機會以及後來「因才取士制度的抬頭（rise of the meritocracy）」已經使民眾不再使用階級標籤。換句話說，他是在說英國正在變成一個無階級的社會。

雖然很少有人會接受英國是個無階級社會的說法，但是某些趨勢確實顯示正緩慢朝著那個方向移動：

1. 由於暴露於大眾媒體、更多的社會流動、以及許多工人收入增加的結果，行為模式確實顯得愈趨一致。
2. 手工工人與白領工人之間的工資額度比率出現某種有限度的趨同現象。
3. 手工工人的小孩進入非手工的職業顯然沒有任何障礙，而且英國經濟本質的改變已經促使可以找到中產階級工作的比例大為增加。
4. 手工工人與例行的庶務勞工擁有自用住宅的比例，也比以前增加許多。

不過，腔調與不同的行為模式依然存在，因居住地區的不同，教育機會也不同，地位的判斷仍然根據明顯流露階級差異的表徵。例如，一項1973年的研究顯示，學童列出BBC英語以及「特意修飾過的英語（affected English）」代表高社會地位，而倫敦腔與伯明罕腔代表低社會地位。同學你可能希望進行一個簡單的調查，看看這個態度是否仍然存在。

有證據顯示，取得高社會地位的管道對於父母本身就處於相類似地位的人來說，仍然容易得多。這項判斷通常是根據是否小孩受過「寄宿」學校（參閱術語辭典）的教育來斷定。1980年全國人口中只有不到百分之七的人接受過寄宿學校的教育。

高比例的頂尖工作由牛津與劍橋的畢業生獲得，1990年有接

近百分之五十牛津與劍橋的大學生是畢業於寄宿學校。這顯示接受國家教育的學生比例比以前還高，或許這也大半解釋了「牛津劍橋」學院之所以打開接受女性入學之大門，是因為女孩比男孩更不可能受過寄宿大學的教育。

任何現代國家的最終權力是掌握在軍隊手裡，這是因為萬一警力無法發揮功效時，是他們必須確保法令的執行。沒有人知道統治菁英的利益如果受到民選政府的嚴重威脅時，英國會發生什麼狀況。但是在許多國家，這類狀況已經證明會挑起軍事「政變(coup)」（英國在進入現代前夕就發生了的已經接近這個狀況的事件，亦即所謂的「骷雷鎮叛變（Mutiny at the Curragh）」。該事件發生在第一次世界大戰之前，當時軍事將領以他們將退出委員會做為要脅(見第二十五章第四節)。英國軍官通常是山德賀斯特（Sandhurst）皇家軍事學院訓練出來的，而且「將官階級」的社會起源，或許可從他們就讀的學校類型顯示出來（見**表**11.2）。

表11.2　進入皇家軍校男性新生的教育背景

	寄宿學校*	國立學校
1993-4		
大學畢業生	181	130
非大學畢業生	63	126
	244 = 48.8%	256 = 51.2%
招收新生的比較		
1961-3	58.9%	41.1%
1971-3	48.6%	51.4%
1983-4	58.6%	41.4%

*參閱術語辭典中「寄宿學校」的定義。
注意：1993年進入軍校的九十七名女子中有八十一名大學畢業生。
來源：皇家軍事學校。

巴特勒與卡文納（Butler & Kavanagh）發現有百分之六十八的保守黨國會議員與百分之十四的工黨國會議員曾經就讀過寄宿學校（表11.3）（《論1987年英國大選》）；與1983年的比例幾乎完全相同。

表11.3　1983年與1992年大選選出來的國會議員的教育背景

	保守黨		工黨		自由黨／社會民主黨	自由民主黨
	1983	1992	1983	1992	1983	1882
次級／基本教育	29	19	61	43	4	2
次級教育以上	19	28	42	61	1	2
次級與大學教育	71	81	76	127	6	6
只上過寄宿學校	67	28		-	3	-
寄宿學校及大學	211	180	30	40	9	10
總計	397	336	209	271	23	20
牛津	103	83	20	28	3	4
劍橋	87	68	11	16	4	2
其他大學	92	94	80	122	8	9
所有的大學	282（71%）	245（73%）	111（53%）	166（61%）	15（65%）	15（75%）
伊頓	49	34	2	2	-	-
哈洛	11	7	-	-	-	-
溫徹斯特	5	3	1	1	-	-
其他	213	164	27	37	12	10
所有的寄宿學校	278（70%）	208（62%）	30（14%）	40（14%）	12（52%）	10（50%）

來源：D. Butler and D. Kavanagh, *The British General Election of 1983* (adapted) *and also The British General Election of 1992*(adapted) .

統治族類

出了國會大門之外，貴族的影響力在現在是比較小了；英格蘭銀行總裁與副總裁都是來自於「令人羨慕的圈子」之外。幾乎所有大企業的董事長、科學家、以及副校長都來自於文法學校；第一流的企業家沒有一個上過大學。

然而，與這個新興的因才取士制度形影相隨的，仍然有一群顯赫的教育菁英持續存在著，並在所有政治動亂時刻發揮穩定局勢的影響力。在威爾遜早年，很少有人會預測1982年英國廣播公司的董事長，時代雜誌的編輯、外交部長、外交與民政事務首長，以及四大銀行的總裁，竟然都是老伊頓學院的畢業生（Old Etonian），而內政部長、大法官、英國廣播公司的總裁、一票法官以及另外兩家銀行的總裁會來自於對手學校——溫徹斯特學院（Winchester）。這類雙元體系的持續必然會對英國社會的體質構造產生某種程度的影響。

當然，絕無可能這兩個中世紀的機構，活過了亨利八世、克倫威爾、維多利亞改革主義時代、以及兩次世界大戰，會輕易地把他們的影響力讓渡給哈羅德‧威爾遜（Harold Wilson）、或是安東尼‧克羅斯蘭（Anthony Crosland）。相對於退出，他們把影響力帶進新的領域；他們的成就比在麥克米倫（Macmillan）時期（是我最遠所能追溯的時期）或是其他比此更早的任何一個時期，更加顯著。這個維多利亞時代的專業，佈滿著憑著自己的實力、努力奮鬥、一路邁向高峰的人，而幾所學校正為這條邁向權力之路預做準備。麥克米倫的英國還包括了主編時代雜誌的威廉‧哈雷（William Haley）、或是諾曼‧布魯克爵士（Sir Norman Brook）等幾位不是這個系統出身的局外人。

但是從那個時候起，這兩所傳統學校製造出來的人物都再三肯定他們一貫擁有的攀爬權力階梯的能力，而其韌性是其他工業

國家所望塵莫及的…。傳統的菁英也保留了他們自己的溝通系統，而這套系統在當代英國依舊給與他們一個特有的部落角色。〔安東尼‧山普森（Anthony Sampson），《英國社會體質結構的轉變（*The Changing Anatomy of Britain*）》，Sevenoaks, Hodder & Stoughton, 1982〕。

11.2 阻礙流動的障礙

　　社會流動最明顯的障礙是「缺乏機會」，例如，區域間就業機會的差異以及「動機」；例如，缺乏想要得到更高的資格而努力讀書的欲望；不過這些可能都不是最重要的因素。

　　許多職業要求具有某個特定的教育水準做為錄用的基礎，而這無異於把社會流動限定在世代之間。也意味著教育是主要的一項流動途徑；於是，對沒有辦法進入適當教育管道的人來說，或者對那些受到社會化的誤導而使他們無法從教育過程中蒙利的人來說，教育便構成了一項主要的障礙（參閱8.3）。即使把所有手工工人的子女合併起來討論——也就是說，那些來自於有專門技術家庭的小孩，以及那些來自較貧困家庭的小孩——在1990年代的早期，他們仍然比「專業人士」家庭的小孩比較不可能進入大學唸書。

　　繼承得來的財富在社會分配上所造成的重大不平等，是第一項阻礙流動的障礙，因為這引起直接繼承特殊社會地位的問題，例如，公司董事的職位。對於那些生在知道整個體系是如何運作的家庭的小孩，或是出生在那些負擔得起提供小孩適當教育的家庭的小孩，也提供了特殊的優勢——例如，許多醫生本身也是醫生的小孩。親戚的庇蔭即為大家熟知的「裙帶關係（nepotism）」：

這個名詞源自於一位十五世紀的教皇把他的私生子，當時稱為「庶出（nephews）」——安插在某個有權勢位置的典故。

膚色或是族群起源也可能成為阻礙社會流動的一項主要障礙，就那些當事人來說——「黑人代表了大約百分之四的總人口數。但是任何一門專業能夠誇口他們同事中有這樣一個比例是黑人嗎？〔大衛·藍恩（David Lane），「種族平等委員會主委，1982」〕。

不論是在英格蘭、威爾斯、還是蘇格蘭，並沒有證據顯示宗教會是個阻礙流動的障礙。但是某些證據指出在北愛爾蘭，天主教社會流動的可能性低於新教徒。

或許社會流動最大的障礙是態度，然後再影響到裝備子女進入成人生活的社會化過程。

大學入學統計顯示，在1970年與1977年之間，進入大學就讀的新生人數成長了將近十萬人次，但是來自第一類社會階級背景的同學從百分之三十上升到百分之三十六，而來自第四類社會階級（全部是手工職業）的學生比例從百分之二十八減少到百分之二十四。

寄宿學校的學生也持續其對於頂尖工作的實質壟斷。他們囊括了百分之八十高等法院與上訴法官的職位，百分之八十三主要保險公司的董事；百分之八十清算銀行的董事，百分六十九主要企業公司的董事，以及百分之六十七保守黨的國會議員〔依凡·雷德（Ivan Reid），1981，《英國的社會階級差異（*Social Class Differences in Britain*）》〕。

11.3 流動的路徑

英國社會流動的主要管道，是接受能夠幫助個人進入社會階梯上，高於他父親職業的教育「代間流動（inter-generational mobility）」。

假設非手工工作對手工工作的比保持不變，那麼上升流動則是不可避免的，因為至少在這最後一百年間，手工工人的家庭人數多過於非手工工人。事實上，非手工工作的比例已經大有增加。因此為勞工階級有特殊天賦的小孩開啟了更多的機會，通常是經由教育過程的篩選。例如，在1911年與1966年之間，雇主與地主佔總人口的比例減少了一半。白領工人的比例成長了兩倍（從百分之十八點七上升到百分之三十八點三）。銷售員的人數稍有增加，但是庶務人員成長了三倍（最大的一個群類），工頭與督導則成長了四倍。

「代內（intra-generational）」流動──職業生活開始於某個社會階級，然後移向另一個階級，是比較少見。在工作情境之內的流動機會已經減少，因為高等教育的擴大業已促使許多組織招募大學畢業生出任實習經理，而不再仰賴從較早加入公司的人員中，根據他們的考績晉升錄用。

自從上世紀結束了靠裙帶關係的用人制度以來，在公務員與軍隊各種不同等級之內，就存在有相對嚴謹的試用條件。對於正式錄用資格的重視，現在也進入了任用大學畢業生的警察服務界以及產業與商業界。

一般說來，人們會和他們同一個社會階級的人結婚，但是也有一些透過婚姻而來的上升流動的例子，特別是女人。大體上，這通常僅限於往社會階梯上移動一個層級，但很顯然地是有不少著名的例外。

意外之財，像是遺產、賭博之類的財富，可能會帶來上升流動。不過這類流動很罕見，特別值得留意的是，大部份的遺產是發生在相同的社會團體之內。突如其來的財富可能在名義上將某人轉變到另一個社會階級，但是態度與生活型態可能造成他們文化孤立的處境。「階級」確實帶有一個隱藏的假定，那就是被指派到這個階級的人，要被該社會團體的人所接受的那個前提。

人口趨勢與社會流動

判斷小孩是會繼續求學，還是追求更高教育的可能性時，社會階級普遍被認定是一個具有影響力的因素。社會階級的界定是參考家長的職業。若想估算未來合格畢業生的人數，要考慮的因素不僅包括總出生人數，還要包括不同社會階級的人數，以及父母在他們小孩出生時到他們年滿十八歲這段時間內的社會流動。

出生時的社會階級：從1960年代中期開始，英格蘭與威爾斯的出生人數已經減少了大約三分之一，但是第一類社會階級（專業人士）與第二類社會階級（中間性職業──行政主管、經理人員）家庭的出生人數增加了大約五分之一。就佔總出生數的比例而言，在1951年與1963年之間，第一類與第二類社會階級家庭的出生數一直維持相當固定（大約百分之十七）。從那個時候起，這個比例就增加了，於1981年達到了百分之三十。

每個社會階級出生人數比例的變動，反映了源自於製造業部門就業機會的減少以及服務業就業機會的成長，所產生的職業結構移動。由於家長從事的工作已經改變（從手工轉變成非手工），而使這些家庭被貼上不同的社會階級標籤。在1960年與1980年之間，英國受雇人數的比例在三個類屬之間移動的模式如下：

農業	下降兩個百分點
生產與營建業	下降時一個百分點
服務業	上升十三個百分點

　　從出生到年滿十八歲這段期間的社會流動：十八歲人口的社會階級組成將不同於出生時的社會階級。死亡與遷移只產生邊際效果，但是在孩子出生後家長職業改變所產生的社會流動，是最為重要的因素。1981年的勞動力調查再加上每個階級出生人口的相關資料，已被用來做為提供當時出生與現年十八歲1963年出生的那群人的社會流動估計值。據推算，接近有半數（47％）現年十八歲在1981年時屬於第二類社會階級的人，在出生時就已經誕生在那個階級。同一個世代屬於第一類社會階級的比例只有稍微的增加。脫離手工階級的淨移出率相當可觀——約佔同一個世代的百分之九點五。（教育與科學部教育報告，1984年7月，教育與科學部）。

11.4 社會變遷

　　英國社會結構變遷的程度，是一個充滿爭議的問題。1961年茲維格（Zweig）在《富裕社會下的勞工（*The Worker in an Affluent Society*）》一書中，發現待遇比較好的手工工人正在吸收中產階級的價值與行為。這個過程被稱為「資產階級化（embourgeoisement）」。高德史洛普、洛克伍德、貝奇何佛、與波列特（Goldthorpe, Lockwood, Bechhofer & Platt, 1969-71）在《富裕工人（*The Affluent Worker*）》一書中，對這個觀點提出批判並且發現，雖然有某些吸收中產階級生活模式的跡象存在，但是態度

與價值基本上並沒有多大改變。

　　主張在各階級之間，愈來愈接近的觀點——「趨同說（convergence）」——指出由於白領工作的成長以及工資額度的相近，而不是某個階級被另一個階級吃掉，也是個開放大家質疑的論點。盧斯曼（W. Runciman, 1966）在其《相對剝奪與社會正義（ *Relative Deprivation and Social Justice* ）》一書中，指出白領工作的勞工比藍領職業的勞工，享受較高的工作保障以及較好的工作環境；而且手工工人必須要工作比較長的時間才能獲得相同的工資。雖然整體工資差距減少，給白領勞工的「附加福利」——其中有私人年金計畫、享有較多的假期、私人健保計畫、以及公司車等，則已經顯著增加。

　　在財富擁有方面，即使是較低層的非手工工人都可能在資金擁有上，也比有專門技術的手工工人來得寬裕。不過，白領工作正變得愈來愈工會化，這類工人可能開始朝手工工人，而不是朝經營管理者，尋求認同。究其原因，有一部份可能是他們升遷管道被堵住之故（參閱11.3），因此而來的是對管理職位渴望之心的減弱，於是對經營管理者的認同逐漸流失。

　　另一方面也可以說，勞工階級繼續求學讀書的子女人數的成長正代表著接受中產階級「延遲滿足」價值觀（參閱8.2）。同樣的，在中產階級內貸款——特別是信用卡——的成長，可能顯示這種中產階級價值觀的式微。衛斯特格與雷斯勒（《一個資本主義社會下的階級》，1976）就曾經指出，有些白領勞工正漸漸變得更像「無產階級」（勞工階級），而使「無產階級化」正處於醞釀當中。另外一些學者則觀察到某種程度的「趨同」現象——社會階級變得彼此之間愈來愈加相似。

複習摘要

顯示階級重要性下降的因素

◆由於暴露於大眾媒體、更多的社會流動、以及許多工人收入的增加之故,社會各階層人士的行為模式確實顯得愈趨一致。

◆手工工人與白領工人之間的工資額度比率,出現某種有限度的趨同現象。(男性非手工工人的工資在1973與1979年之間上升了百分之兩百三十三,男性手工工人的工資則上漲了百分之兩百四十四;對女性來說,相對應的數字是百分之兩百六十與百分之兩百八十。)

◆手工工人的小孩進入非手工的職業顯然沒有任何障礙,而且英國經濟體質的改變業以促使可以找到中產階級工作的比例顯著增加。凡斯・派卡德(Vance Packard, 1959)在《地位追逐者(*The Status Seekers*)》一書中報導說,手工工人的兒子有三分之一進入非手工的工作,不過通常都是例行性的非手工工作。

◆手工工人與例行的庶務勞工擁有自用住宅的比例,也比以前增加許多。

◆超過一半的勞動人口現在是從事白領的職業(在1945年時只有三分之一),這是由於英國工作性質產生結構變遷所致。

顯示階級重要性持續存在的因素

就讀於寄宿學校常被視為社會階級的一項重要的指標(大約有百分之五的次級學校學生進入寄宿學校就讀)。

◆1993年牛津與劍橋（被視爲最據聲望的英國大學）錄取的學生人數中大約有半數仍然來自寄宿學校。

◆大約百分之六十的高級行政主管上的是寄宿學校。

◆大約百分之六十第一流企業的總裁上的是寄宿學校。

◆伊頓中學已經產生了大約百分之三十的保守黨內閣首長。

◆大約百分之六十的軍隊將領上的是寄宿學校。

◆大約百分之八十的高等法院的法官上的是寄宿學校。

◆大約百分之七十的保守黨國會議員上的是寄宿學校。

◆大約百分之八十主要銀行的董事上的是寄宿學校。

阻礙流動的障礙

◆缺乏機會（例如，不同地區就業機會的差異）。

◆動機（例如，階級態度）。

◆教育的因素。

◆財富的承繼。

◆菁英團體的自我選擇（例如，裙帶關係──親戚的庇蔭）。

◆膚色或族群起源（見第349至355頁）「黑人代表了大約百分之四的總人口數。但是任何一門專業能夠誇口他們同事中有這樣一個比例是黑人嗎？（大衛‧藍恩，種族平等委員會主委，1982）。

◆結構因素──在工作情境之內的流動機會已經減少，因爲高等教育的擴大業已使得許多組織招募大學畢業生做爲實習經理，而不再仰賴從較早加入公司的人員中，根據他們的考績晉升錄用。

◆宗教可能是影響北愛爾蘭天主教徒的一項因素。

流動的路徑

◆教育——是主要的因素。據推算，接近有半數（47%）現年十八歲於1981年時位在第二類社會階級的人，在出生時就已經生進那個階級。同一個世代屬於第一類社會階級的比例，只有稍微的增加。脫離手工階級的淨移出率，相當可觀——約佔同一個世代的百分之九點五。（1984年7月教育與科學部教育報告）。*

◆升遷。

◆婚姻——人們通常會和他們同一個社會階級的人結婚，但是也有透過婚姻而來的上升流動的例子，特別是女人。大體上，這通常僅限於往社會階梯上移動一個層級，但顯然有不少著名的例外。

◆意外之財——例如，遺產、賭博贏錢。這類流動很少見，特別值得記住的是大多數的遺產繼承，是發生在相同的社會團體之內。突如其來的財富可能在名義上將某人轉變到另一個社會階級，但是態度與生活型態可能造成他們文化孤立的處境。

◆結構變遷，例如，在1911年1981年非手工工人佔全部勞動力的比例為百分之十九到百分之四十。一個日益建立在科技基礎之上的社會增加了對於專業人員與其他白領勞工的需要量，減少了對沒有技術手工工人的需要量（但是例行性庶務員工的地位可能已經降低）。

*注意

　　　　代間流動＝兩代之間由某個階級移動到另一個階級（例如，你職業的階級在你父親職業階級之上或之下）。

　　　　代內流動＝一代之內由某個階級移動到另一個階級（例如，開始工作時是某個階級，然後移往另一個階級）。有可能這類流動的重要性在縮減之中（參閱上面的第一項）。

自我測驗4.1

1.個人藉以改變他社會地位的過程，稱為什麼？（一分）

2.一種你擁有的、會指示出你在社會上重要性的財物是什麼？（一分）

3.「藍領」這個詞是用來指那個社會階級？（一分）

4.總人口最底層的百分之五十，大約擁有的財富比例是多少？（一分）

5.主計處用的那個社會階級類屬包括「中產階級」嗎？（兩分）

6.舉出貧窮通常被區分成那兩種類型？（兩分）

7.英國境內還持續存在哪些阻礙社會流動的障礙？（四分）

8.主張階級在英國社會變得愈來愈不重要的理由為何？（四分）

9.描述存在於封建制度與階級之間的兩項差異。（四分）

10.界定並且解釋資產階級化的意義。（五分）

總計二十五分

自我測驗4.2

統治族類

　　經歷了過去十年所有的動盪與轉變之後，在這個古老的國教觀念上頭，有留下任何意義來嗎？特別是它在麥克米倫的年代裡，展現了如此強大的魅力。的確，現在的政治領導核心顯示和多分郡（Devonshires）與撒斯柏里郡（Salisburys）分支眾多的家族鮮有關聯，不過在六○年代早期這些家族的成員分佔了許多掌有關鍵權力的位置。確實在這種情況下，學校與大學背景在某種程度上，已經喪失了他們在國會中的顯著地位。

　　然而，與這個新興的因才取士制度形影相隨的，仍然有一群顯赫的教育菁英持續存在著，並在所有政治動亂時刻發揮影響力。在威爾遜早年，很少有人會預測1982年英國廣播公司的董事長、時代雜誌的編輯、外交部長、外交與民政事務首長，以及四大銀行的總裁，竟然都是老伊頓學院的畢業生，而內政部長、大法官、英國廣播公司的總裁、一票法官以及另外兩家銀行的總裁會來自於對手學校──溫徹斯特。這類雙元體系的持續必然會對英國的社會體質構造有某種程度的影響…這兩所傳統學校製造出來的人物都再三肯定他們一貫擁有的爬上權力階梯的能力，而其韌性是其他工業國家所望塵莫及的…。

　　傳統的菁英也保留了他們自己的溝通系統，而這套系統在當代英國依舊給與他們一個特有的部落角色。〔安東尼‧山普森，1982，《英國社會體質結構的轉變》〕。

續自我測驗4.2

1. 根據這段論文，什麼東西已經失去了他們在國會中的重要地位？（一分）

2. 在這段文章中，那兩所學校被描述為「雙元體系」？（一分）

3. 界定並且解釋何謂「因才取士制度」。（四分）

4. 傳統菁英可能以那兩種方式維持住他們在英國社會中的位置？（四分）

5. 英國社會是個無階級的社會嗎？（十分）

參閱第196頁的英國財富分配概況圖

1. 根據該圖提供的資訊，1971年總人口中最富有的百分之五，擁有的財富比例為何？（一分）

2. 根據該圖提供的資訊，在1976年與1990年之間在總人口中最富有的百分之十所擁有的財富比例發生了什麼變化？（一分）

3. 重新分配最富有與較不富有的人所擁有的財富的這項努力，相對來說，只得到一些微小的改變。檢視足以說明這類行動缺乏成就的兩個理由。（四分）

4. 界定並討論下列概念：

   （i）貧窮的循環。

   （ii）文化剝奪。　　（六分）

5. 財富與社會階級之間的關係為何？（八分）

1.1971年全國財富中有百分之五十二爲最富有的百分之五的人所擁有。（注意：不要漏掉「百分比」）。

2.總人口中最富有的百分之十所擁有的財富在1976年與1990年之間，增加了一個百分點。

3.財富重新分配的努力一直缺乏效力，因爲在社會頂層的人有辦法雇用高明的會計師與律師來調整他們的財務狀況——例如，利用家庭信託、規避相關課稅之類的機制，進而使他們的利益獲得保障。第二個因素是，如衛斯特格與雷斯里在《資本主義社會下的階級》一書中所提示的，社會結構是建立在不平等之上，爲減少不平等而創造出來的機制不可能會不摧毀這個制度。

4.(ⅰ)「貧窮的循環」是用來描述窮人所遭受的一系列問題的名詞，所以像是劣質的居住環境及其產生的缺乏衛生的環境造成不想去上學，結果這又造成找到的都是不好的工作（甚至根本找不到工作），而這又造成很低的工資，結果這又造成沒有能力貸款買房子，這又意味著一直要支付很高的租金（而不是支付實質上逐年減輕的貸款）等等；等到小孩出生，這個循環則又繼續進入新的一代。

　　喬登（Jordan）在《貧窮的父母（*Poor Parents*）》一書中指出，一般提到的那些因素都是與貧窮一併發生的問題，而不是造成貧窮的原因。有論調說，所有的問題都是和低收入而不是與某個不同的文化有關，事實上，確實有人打破這個循環，破繭而出。不過，脫離這個循環的只是少數人，其間所涉及的文化因素可能把許多人困在貧窮之中。

（ii）「文化剝奪」是用來描述個人或團體因爲不具有或沒有發展某些文化屬性，就像服裝、談吐、或思維模式，而被認爲蒙受某些不利的條件。那些文化屬性可以使他們比較能夠得到社會上較高的地位。在英國社會，勞工階級，特別是第五類階級以及少數族群，可能都被認爲深受文化剝奪之苦。

文化剝奪的測量值可以是社會內某個次文化偏離主導文化模式的程度；次文化本身也可能是個豐富、多樣的文化。

衝突論者把現代大眾社會看成一個充滿各種衝突文化的結集，由灌輸菁英文化、貶抑其他團體文化的大眾媒體與教育體系這類機構給湊在一起，就在這其間彰顯出「文化剝奪」。這個情況的極端便是，藉著彰顯受過高等教育菁英的優越感，「高級文化」成了把社會底層的人留在他們位置上的一種機制了。

〔注意〕：這個試題要求你同時去界定與討論——你很容易犯下只去描述這些名詞的錯誤。在有限的時間裡，就每小題分配到的分數而言，很難進行適當的討論。討論隱含著從各種不同觀點來探討一個問題，所以試著從不同的層面去探討這個主題。例如，是否所有的社會學家對於這些概念都持相同的看法。

5.馬克斯主義的階級概念是個因生產工具的關係——所有權與不具所有權——而產生共同認同的概念。所有權隱含著資本、而資本就是財富。因此馬克斯主義者相信財富與社會階級之間存有直接關係，於是如果要建立一個更加平等的社會，廢除所有權制是必要的。

　　韋伯學派的階級概念是個取得「生活機會」管道、取得比較好的生活條件與權利能力的概念。所以在現代英國社會，這主要是透過職業來完成，也是主計處社會階級分類及其修正的基礎，如賀爾─瓊斯社會量表。

　　不過，階級確實涉及到一種歸屬於某個特殊社會團體以及被它所接受的感覺。財富單獨並不能給與進入社會上某些高地位團體的權利；說話的腔調、行為舉止、以及服裝都可以辨識一個人是否屬於某個特殊團體，無關乎他所賺到的工資額度或累積的財富。

　　不過，大體而言，社會階級愈高，愈有可能擁有財富。總人口底層百分之五十的人現在只享有了全國個人財富的百分之七，而總人口中最富有的百分之一，則擁有了幾乎全國私人財富的五分之一。最上層的財富擁有者主要是世襲的，有的是與統治菁英相雷同的屬性，能夠透過操弄經濟與稅務的結構來保護他們的位置。在這個團體之中，財富與社會階級之間存在著非常清楚的連結。

　　雖然這項連結隨著愈往社會階梯下層移動，也就變得愈加鬆散（例如，上升流動已經發生在許多專業人士身上，但是他們除了薪水與儲蓄之外，沒有擁有什麼財富），毫無疑問地，擁有財富與階級之間的關係仍然存在。

研究項目A與項目B。然後回答下面的問題。

項目A

英國的貧窮問題

「告訴我，多尼森（Donnison）教授」，BBC的訪問人說，「簡單地告訴我，英國社會今天有真正的貧窮存在嗎？或是所存在的只不過是相對的──要和瓊斯家人過得一樣好？」我思索剩下的二十秒鐘可以容許我說幾個字，洪水般的身影湧向我的腦海。身為增額給付委員會的主委，我每個月都會到申請社會安全津貼者的家中去拜訪他們，或是在社會安全辦公室的櫃檯前見到他們。用粗略的統計術語來說，他們代表了總人口中最貧窮的十分之一。

如果「真正的貧窮」意味著困苦與悲慘，那麼這些請領者當中有許多人確實不是。勇氣與運氣、家人與朋友，補助的居所以及增額給付，使他們的日子剛好過得去。

項目**B**

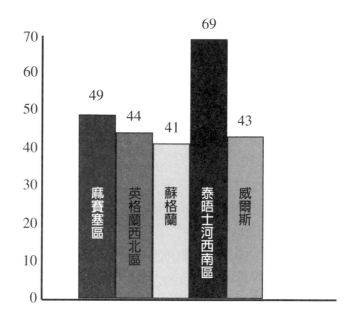

數大區域五歲兒童的蛀牙概況

（a）研讀項目A，然後說明

  （i）作者對「眞正」貧窮所下的定義；

  （ii）總人口中請領社會安全給付的部份。（兩分）

（b）研讀項目B，然後說明

  （i）泰晤士河西南區五歲小孩中沒有補牙或蛀牙的百
    分比；

  （ii）那個地區的五歲小孩補牙或蛀牙的比例最高。
    （兩分）

（c）指出並且解釋生在貧困家庭的小孩，會比其他小孩比較可能有牙齒問題的兩個理由。（四分）

（d）貧窮的人比較可能會在不同的方面，受到剝奪。其中之一就是他們的健康。指出並且解釋另外兩個窮人可能會受到剝奪的層面。（四分）

（e）關於英國有多少人活在貧窮之中這個問題，常有不同的看法。試解釋何以然。（八分）

南區聯招委員會
普通考試，《社會學》，1992（冬）

試題選文

　　年齡在每個社會，都被用做以不同方式對待他人的基礎。在西方文化下，我們設下標準，規定超過某個年齡才可以從事某些活動，例如，飲酒。成為法定的成年人則端視是否達到了某個歲數。

　　在大多數的傳統社會裡，從一個年齡地位移到另一個年齡地位會以不同的慶祝活動來加以標示，這通稱為成年禮〔「成長儀式（rites of passage）」〕。從小孩的地位轉變為成人的地位是非常重要的階段必須要有傳統的儀式加以標示。這些作法清楚地宣告這個些人在社會上的新地位。當然在現代工業社會中，也有許多成年禮的例子。我們經過各種不同年齡相關的社會地位，就像是青年、中年、與老年。在每一個階段，我們與其他相同年齡的人結成朋友。例如，青少年與其他青少年結交，有些青年人加入青年文化。

　　在傳統社會，年齡的重要性更大。在東非的奴爾族（Neur），男性的地位完全取決於他所屬的年齡組。每位奴爾族的男人，終其一生都屬於與他一同進入成年的那個團體的人。他總是在他之前成為成年人的那些人的後輩，而且是在他之後進入成年的人的前輩。

　　這個年齡制度非常重要。提供了共同分享權威與工作的方式。同時按照他們的年齡，給與年輕人與年老者定義明確的角色。年輕人以團結一致的行動來保衛他們的部落。政治決策則留給他們年老的長者，因為他們的體力不再允許他們從事這麼動態的社會參與。這個系統也是一種提供地位的方式，因為年齡增長是取得地位的主要方式。傳統社會的老年人通常有比現代工業社會的老年人，更高的社會地位。

改寫自：摩里斯與馬許(D. Morris & P. Marsh,1988)《部落(*Tribe*)》。

（a）文化這個詞所指為何？（四分）

（b）就任何一個現代工業國家，舉一個成長儀式（成年禮）的例子。（一分）

（c）根據你自己的經驗，以及你閱讀過的研究，解釋現代工業社會是否有一個青年文化？（七分）

（d）從兩方面指出傳統社會年齡組的重要性。（兩分）

（e）解釋為何傳統社會的老人常常比現代工業社會的老人有比較高的社會地位。（六分）

（f）選文顯示由於年齡不同，人們受到不同的待遇。也可能因為社會階級與族群背景的不同而受到不同的待遇。就社會階級或族群背景擇一解釋它如何影響一個人的生活機會。（十分）

總計三十分

北區聯招委員會
普通考試，《社會學》，試卷一，1993

第五單元

工作與休閒

第*12*章

工作的意義

12.1 工作對行為的影響

工作不只是項職業而已。它是我們結識其他人、結交朋友、甚至結婚的地方。對許多人來說，工作還是人們得到地位的地方，他們將之帶進大社會的識別標誌——開的是BMW，而不是福特的車。另一些人則會建立一個被他們同事承認的地位，例如，高手、或是一個不怕老闆的人物。

我們做的工作有可能會影響我們的政治觀點。據說，女性比男性較不可能投工黨的票，至少有部份是因為他們的工作環境比較可能是在中產階級的辦公室，而與經營管理者有更為直接的接觸。1992年一項蓋洛普選後民意調查發現，比起男性有百分之三十八，女性有百分之四十四投票給保守黨。

當人們接受一份工作時，他們也選定了一個角色：對於他們的行為應該如何有了社會共享的期望。「法官應該是慎重嚴肅的，飛行員應該是沈穩冷靜的，會計師應該是精明幹練的」〔高夫曼（E. Goffman），1972，《遇合（*Encounters*）》〕。人們選定他們的工作角色，做為他們自我認同的一部份，並且將之帶進工作以外的生活之中。工作是社會化過程的一部份。

我們從事的工作類型也可能會影響我們的家庭關係：或許是長期的不在家使我們的家人比同事更像陌生人，或許是因為工作的性質使我們對它完全喪失了興趣，以至於我們把注意力轉移到其它的地方。

在《工作的社會心理學（*The Social Psychology of Work*）》一書中，阿蓋爾（Argyle, 1974）條列出工作的主要動機：

1. 經濟的：獲得金錢與附加福利。
2. 滿足感：獲得成就感的管道與個人驕傲與興趣的來源。

3.社會的：得到地位、同伴、與安全感。

此外，也可以說工作的功能在於提供地位、認同、與收入。在這三項之中，收入或許不是最重要的，雖然大部份的人都說這是最重要的。一項於1984年針對3,259位年齡介於十五歲到十九歲住在易普士威治（Ipswich）的青年人所做的調查——《青少年的態度（*Teenage Attitude*）》——顯示，有百分之六十的人寧願接受和領救濟金一樣多工資的工作，而不要連份工作都沒有。幫助你記憶，或做為輔助記憶，你可以說人們是為了CISSES而工作：

◆貢獻社會（contribution）
◆融入社會（integration）
◆地位（status）
◆滿足感（satisfaction）
◆經濟報酬（economic reward）
◆社會接觸（social contact）

大部份的人都不喜歡被當作「救濟（charity）」——他們需要感覺到他們對他們的社區有所貢獻。工作把年輕人整合到成人的社區裡，並且幫助他們脫離孩提時的依賴。工作給予我們地位，而且是許多人獲得滿足感與自我實現的主要來源。經濟動機是工作最不驗自明的理由，而且沒有了工作，大部份人的社會接觸——他們結識家人與鄰居以外人士的機會——將會十分有限。如果工作的機會消失了，那不是金錢給付單獨足以取代的。

史丹利‧派克（S. Parker, 1967）的《工業社會學》把工作分成三種模式：「延展性（extension）」、「中立性（neutrality）」、與「對立性（opposition）」。從事有趣工作的人會被工作所吸收，而且難以區分「是在工作」還是「不在工作」。醫師可能在正常門

診之外的時間爲病人看診，而且由另一半從旁協助；兒童照顧員可能把大部份的空閒時間花在與工作有關的事務上——他們的工作都被延伸到其它的活動上。

有些人——諸如銀行員——按時上下班，而且工作、家庭、與休閒之間除了收入之外，別無關聯——所以立場屬於「中性的」。還有一些——像是礦工——他們的工作不是在體力上就是在心理上承受過大的壓力，所以盡可能在工作以外的活動上尋求解脫——他們的性質是對立的。

工作的理由

工作倫理

這是一個文化落差（culture lag）的例子——人們是被一個已經不再存在的世界給社會化了。這是科技與社會變遷快速時代的一項危機。清教徒式的工作倫理在一個需要大量手工工人的社會裡是相當有功能的，但是在一個工作已經被自動化與電腦控制的社會裡，這種態度則是會產生反功能的。

未來，甚至可能變成工作機會必須靠「配給」才能取得，然而在過去，假日或自由時間是配給的。主要的難題將會是去說服人們重新適應一個新穎、而且是非常不同的情況。這不僅將會需要失業者改變他們的態度，而且也需要那些一直認爲失業者是想要行乞與沒有道德觀念的政治家，改變他們的看法。

同時，把「失業」等同於「休閒」看待，也是大錯特錯的看法。休閒不僅需要時間，還需要足夠的金錢與機會來享受。大多數長期失業者不但貧窮，而且心情惡劣（《新社會》，1982年2月11日）。

12.2 疏離與工作滿足

　　馬克斯認為，日益機械化最後將有助於階級差異的消弭，因為工人將會「與生產工具疏離」，瞭解到他與其他人的處境相同，並且「充公原徵收者的財產」：

　　　　勞工的疏離存在於何處？首先，工作是外在於工人，而不是他本質的一部份，於是他不但無法在工作中實現自我，反倒在工作中否定了自己，充滿著痛苦的感受，而不是過好日子的感覺，無法自由發展身體與心智潛能，反而是體力耗盡、智能減弱。因而使工人感覺到只有在休閒的時候，舒適自在，然而工作時，深深感覺到無棲身之地〔卡爾·馬克斯（Karl Marx），1844，《經濟學（*Economics*）》〕。

　　雖然疏離這個概念已經受到不少挑戰，大多數的社會學家仍視之為解釋工業裡許多問題，以及其它非工作處境下出現的偏差行為的肇因。

　　通常工人並未擁有他用以工作的工具，或是雇用他從事生產過程的資本。他也與他工作的產品分開…一種缺乏完整的感覺、一種挫折感、甚或是一種人性喪失的感覺。人們的生命與工作似乎都受制於物——受制於金錢；受制於「市場力量」；受制於科技。「疏離」，因此，不僅僅只是對工作產生厭煩的感覺，也指工人缺乏權力的感受〔彼得·渥斯里（Perter Worsley），1970；1992，《社會學導論》最新版〕。

　　或許不僅是對工作厭煩，而且是不受重視、沒有權力的感受，刺激了工人涉足罷工、並且動輒以曠職、意外、遲到、以及經常變換工作來回應不滿的感受。

雖然說活在過去黃金時代裡的每一個人都很享受他們的生活，是荒誕不經的說法，但是或許當機器取代從前靠手工完成的工作，降低了對個人技術的需求之後，有可能促使工作不滿隨著大規模機械化而日益增加。同樣重要的是，源自於這個過程的「分工」效果。分工的基本理想是，如果他們只有一項工作在做，那麼他們會做的更好。生產過程被打散成一系列的工作，個人的活動集中於這些領域中的某些部份。這項原則已經促成了裝配線的工作，除了達到了更為快速、更加經濟這個主要目的之外，還有若干個好處。訓練變得較為簡單、快速，可以選擇工人去做他做得最好的一項工作；智力上或體力上有缺陷的人即使不能夠操作自如地做些較為複雜的工作，他們也能夠有份工作可做；生產力的增加促使產品的價格變得比較便宜，生活水準也獲得改善。不利之處主要多屬於社會層面的：工作滿足感的喪失、令人厭煩的工作或許會削弱個人個性、並且可能會被帶進非工作的活動中；單調可能會造成疲乏，增加意外事故的發生；減少經營管理者與工人的直接接觸，以至於造成缺乏溝通、以及工業摩擦的增多。

分工本身也要接受測量，並且在1920年代「速度追求者」泰勒（Taylor）引進了工作研究，或稱「時間與工作效率（time and motion）」，為他自己贏得了「全美最令人討厭的人」的頭銜，儘管事實是——找到最適當做這份工作的人，然後教育他以最大的效率完成這項工作——他的用意只是在以高工資率做為提高生產力的誘因。

然而，在1920年代梅歐（Mayo）的芝加哥汽車工人研究就已經顯示了，當員工被當作個人來看待時，比較有好的工作表現。

工人參與

工業病

今天任何一個工業化的國家，大多數的勞動人口仍然工作於人數少於五十人的公司。但是有些大型組織愈變愈大——大到令員工感覺到工作起來不舒服、不順心。在大型現代公司工作的人太常感覺到迷失在整體的計畫當中，只不過是整個工業體系中一個可取代的小齒輪，到退休之前對他們的生活毫無控制能力…我不能替富豪（Volvo）公司的員工說話。我只能觀察他們如何在不同情況下表現出不同的行為。自從1971年以來，我已經親眼看到工會的領導者進入公司董事會成為其中的委員。我也注意到他們瞭解到董事會的運作方式，及其處理的是何種事務。他們現在知道董事會並沒有涉足不利於工人的陰謀活動。這些員工代表因此能夠駁斥許多關於董事會的謬思，或許其中最好與最有利的結果是擴大了董事會的代表制度。

在另一個時代，領導是透過獎懲規則與處分的執行來維持的。公司的經營管理者可以處分甚至開除員工，憑著命令與通知來管理員工。經營管理者可以說「嚴禁吐痰」的那個時代早已過去，對於這個進步我們應該心懷感謝。今天我們必須與勞工更加親近，不論經營管理者有多麼忙…有時頗令我感到吃驚，我們在富豪的所做所為對他人來說竟然是一大創新，因為這畢竟顯示在工作組織上所做的研究有多麼地少。公司幾乎花上無數個小時嘗試著提供高階行政人員變化、誘因、興趣、投入、乃至於激勵，但是幾乎沒有花任何時間去關心其餘的勞動力。直到現在，經營管理者還沒發現這項關心的必要性。我們仍然生活在亞當‧斯密多年以前所描述的一個「工人進入工業之時，就得放棄他的安逸、他的自由、以及他的快樂」的社會。

如果我們還給工人他的安逸、他的自由、以及他的快樂，或

礦工社區，像所有其他社區一樣，男人與女人現在花更多的時間共同度過他們的
休閒生活。

是至少提供他一些環境，他可以從中找到這些美好的事物，我相
信我們將會更加接近一個健康的、更有人味的「後工業」社會。
〔格林蘭漢默（P. Gyllenhammar），《工作中的人(*People at Work*)》
Reading, Mass. : Addison-Wesley, 1977〕。

12.3 煤礦工人與漁民

《煤礦是我們的生活（ *Coal is Our Life* ）》，出版於1956年，是
丹尼斯、韓里克斯、與斯洛特（Dennis, Henriques & Slaughter）
在約克夏的一個煤礦社區所做的研究。半世紀之後，這項研究顯

然已經過期了。但是就瞭解工作對工作以外活動的影響——特別是對家庭與休閒生活而言，這個研究仍然提供我們相當有效的見解。

雖然煤礦不再像以前一度是個主要的產業，它仍是個單一性別的、危險的、不討人喜歡的產業。要求相當可觀的團隊工作，而從中產生的團體凝聚力也被帶進政治事務的領域。一般的礦工都期望他有個完全與礦坑相反的家——充滿著溫暖、舒適、與整齊。工作上所建立起的特殊情誼也被帶進休閒活動。男人們常一塊飲酒、賭錢，女人們則被丟在一旁。丈夫與妻子的關係經常並不好，家庭的功能主要被限制在傳宗接代、與小孩的社會化上。開礦工作的缺乏安全感，是減少而不是增加礦工儲蓄的誘因。儲蓄將會減少礦工發生意外時所得到的福利，所以礦工盡量在有機會享受時，盡情地享受花錢的樂趣〔「短期的享樂主義（short-term hedonism）」〕。

另外一項危險而且消耗體力的職業是深海捕魚者的工作。杜斯多（J. Tunstall）對赫爾區（Hull）拖網漁民的研究〔《漁民（*The Fishermen*）》，1962〕，彰顯經年不在家的工作情況如何促使大部份的漁民與同船人發展出共患難的情誼，而減低了家庭的重要性。簡短的上岸活動時間，經常被花在與同事飲酒與賭錢之上，而不是回家陪伴老婆與家人。

和「艾胥頓（Ashton）」礦工的太太們一樣，拖網漁民的太太們也和能夠在她們需要時來幫助她們的女性朋友與親戚，建立起屬於她們自己的社會關係網絡。這兩個團體的生活水準都很低，是根據早先成年時低收入所定出來的標準。任何金錢收入的增加只意味著享樂的增加而已。

赫爾漁民社區緊密的人際關係網，就像許許多多的礦區一樣，現在已不復見了，但是這些社區裡男人與女人的若干態度，即使已被沖淡了不少，仍會透過社會化的過程而延續下來。今

天，男孩子從他們的父親與男性親戚那裡學習男子氣概的角色模範，和他們的父親以前所做的並無二致——媒體可能鼓勵變遷，但是家庭經常成為有力的制衡。

12.4 卡車司機與裝配線工人

主計處職業分類把司機分配在第三類社會階級手工類（技術工人）之內。

彼得・郝洛威（Peter Hollowell）的《卡車司機（*The Lorry Driver*）》把卡車司機分為三種類型，並且顯示這三類卡車司機的工作情境，如何影響到他們的工作態度與活動。

隨著煤礦與漁業的發展有明顯的衰退，開卡車這門職業在過去三十年間卻有顯著的增長。不像煤礦與漁業，這個國家四處各地都有卡車司機在討生活，所以讀者可能有機會把今日卡車司機的實際生活和郝洛威描述的做個比較。

卡車司機的種類

當地載（Shunter）　　當地載司機，常常接開長程載的卡車，可能必須上下貨（地位低）。

長程載（Trunker）　　固定路線長距離的載貨，經常每天晚上或每隔一天晚上才回到家。通常不需上貨或卸貨（地位高）。

流浪載（Tramper, rover, roamer）　　沒有固定的路線。從事更多的上下貨。更費體力，但是變化多而且較不規律（中等地位）。

職業與家庭生活

　　卡車司機的職業意味著他在家庭中出現的時間，比起許多其他的職業來說，更加有限而且更沒有規律。這個問題在小孩正在長大的時候最為嚴重，因為也就是這個時候卡車司機常迫於經濟所需，而轉做流浪載或是長程載；另外渴望獲得更高的地位也促使了這項轉變。因此，特別是身為流浪載的太太可能必須承擔起照料家庭的責任，這包括修理房子。

　　許多司機在家時，試圖以密集的家庭活動來稍做彌補，而且休息時可能都在家中度過。性關係因不在家而受到扭曲。司機本身採取的看法是，流浪載應該維持單身。不過，太太們發現要他們適應先生不在的情形比司機自己還要困難，因配偶不在身邊而發生的婚外情促使婚姻更容易破裂。這類婚姻破裂在大多數「流動性職業」中較可能發生（例如，杜斯丹研究的赫爾漁民的離婚數就佔了赫爾離婚數的百分之五，但只佔總人口的百分之二又二分之一）。

休閒

　　漫長的工作與不在家的時數，意味著卡車司機能夠在他們自己社區從事休閒活動的能力受到相當嚴重的限制。有不在少數的司機連週末都不在家。不像漁民與礦工，卡車司機的工作規範沒有一條能夠主導與影響他們工作以外活動的地理活動空間。因此接近有百分之五十的休閒活動是集中在家裡完成，稍微少一點的比例是花在「以家庭為中心」的活動上（例如，開車去兜風）。參與組織性休閒活動——例如，加入某個「俱樂部」，不過即使有也多為飲酒俱樂部——的機會不多。「我會睡覺，我沒有什麼嗜好」是一位卡車司機總括描述他休閒生活的一句話。「是的，它是個

寂寞的工作，但是你可以做你自己」，另一個人這麼說。長程載的卡車司機有比較穩定的朋友，比較個人化的談話，因爲他們碰面的機會比較多。

政治

「車前燈（Headlight）」，卡車司機的報紙，言論尺度有些偏差，政治立場稍微中間偏右——或許正反映他們一般的心情，強調個人主義，而不像礦工重視團結一氣。

私人公司的經營管理比國營企業較受歡迎，儘管國營企業中同事間的關係比較好、變化比較多、待遇比較優厚、工會代表制度也比較健全。（「英國皇家卡車是不會讓你發揮你的創造力的」）。擔任流浪載的卡車司機不論在民營還是國營，對於經營管理者都有最好的評價，或許那是因爲他們接觸上司的機會最少，使他們感覺到他們是自己的「老闆」。

卡車司機與紡織廠工人比較

哈洛威也將卡車司機的態度與一群紡織工人做了比較。卡車司機表達了比紡織工人更多的對工作的滿足感。另外，與其它同事的關係，以及對工作與工資的熟悉度，對紡織工人來說，都比對卡車司機來得重要。最令卡車司機不喜歡的是其它的道路使用者。對紡織工人來說，最不喜歡的是單調與無聊，受人監督與遭人管理。卡車司機主要的人際關係來源是他們在國內各地遇到的人，而不是他們的司機同事。有三分之二的卡車司機說他們不會考慮到工廠裡去工作，即使給他們更多的工資（特別是「沒有固定路線的大卡車司機」尤其如此）。有些卡車司機的確認爲工廠工人比較舒適、作息正常、對內例行業務很是吸引人，但是大多數

的卡車司機不喜歡工廠工作的理由和一般紡織工人並無多大差異。卡車司機特別提到的他們經驗到的滿足感，是得自於責任感。

哈洛威表達他的看法，認為卡車司機是「疏離的」，儘管我們覺得卡車司機並沒有疏離，因為他本身感覺到工作的價值、地位、以及責任，就像一般所認識到的那樣。

未來

一週工作兩天；充滿挑戰性的工作，從事講求專業技術與社會價值的決策制訂；一份足以滿足你娛樂與教育興趣的收入；聽起來夠過癮吧！但是剩下來的所有自由時間你要做些什麼呢？

在一個失業節節上升的時代這似乎是個遙不可及的夢想，但是隨著微晶片（一個控制電算機或是手錶的微小電子線圈）時代的到來，大部份煩人的、重複性的工作都會因此而消失，而我們做的全都是有趣的工作，並且有更多的休閒。這個晶片，有些人認為，會帶來一種完全不同類型的工作，而不只是更少的工作。

如果工作變得愈來愈不重要，就可以推知休閒會變得愈來愈重要。但是我們真的已經準備好面對可以說是人類環境最基本的變化了嗎？許多作家並不這麼認為，預見未來休閒會成為人類一大問題的看法，最近已經被一位最著名的科幻作家描繪出一個輪廓。亞瑟・克拉克（Arthur C. Clarke），《2001年》的作者，寫到：

「這類曾經佔了人類百分之九十九免用頭腦的勞動力，雖然超過百分之九十九的人類存在是靠它完成，但是在未來的世界裡，工作將會大半被機器所取代。然而大多數沒有工作做——即使連他們不喜歡做的工作都沒有——的人，會感到無聊死了。因此，在一個沒有工作可做的世界裡，只有受過高等教育的人才能飛黃騰

達，甚或才能夠生存。其餘的單單是挫折就可能會走上毀滅他們自己以及他們的環境之途。這是對遙遠的未來沒有夢想的苦悶；這已經發生了，而且大部份是出現在那些衰敗中的城市。因此，或許我們不該看不起電視肥皂劇，如果他們——在我們的文化與現實文明之間的這個混亂的過渡時期——正在對社會大眾，發揮著另一種鴉片的功用。」

影響個人選擇休閒活動的一項重要因素是他的職業。一份1963年史丹利・派克從事的研究，訪問了受雇於十大職業的兩百位民眾，從中發現了若干個不同的模式。銀行員被發現對他們的工作最不投入，比較傾向於把他們的工作當作謀生的工具。他們對於工作並沒有熱心到想要把工作帶進空閒的生活之中，但是工作也未曾傷害他們到痛恨工作生活的地步。兒童保護員通常非常喜愛他們的工作，而且常把工作與休閒連在一塊。對他們來說，工作與休閒在內容上相當接近，而且可以相當舒適地共存。

另一方面，礦工與深海漁民，有的是對立的工作與休閒的模式。休閒對他們來說，是完全不同的、互不相干的作用——作為從事危險、困難工作的一種補償。一種或可被描述為工作與休閒的勢不兩立…。

已經完成許多關於休閒的現代研究的史丹利・派克，曾經說過，「今天清教徒遺留下的工作倫理依然還在，不過已經受到一個更以休閒為基礎的倫理所取代：工作在新倫理下是達成在休閒中享受自我這個目的的工具。以前，工作給人以身份。今天，有人主張，一個人從事的休閒活動更是提供身份的來源。」今天我們置身的英國會是這樣一個以休閒為中心的文化嗎？其程度則頗值得爭議（改寫自《新社會》，1979年11月28日）。

複習摘要

工作對行為的影響

史丹利・派克（1967）在《工業社會學（*Sociology of Industry*）》一書中，把工作分成三種模式：

1. 延展性：從事一份有趣工作的人會被工作所吸收，並且不會去區分「他是在工作」還是「他不是在工作」（例如，商人在高爾夫球場上討論公事；老師在家準備功課；醫生在下班時間應診；警察在不值勤時逮捕嫌疑犯）。

2. 中立性：適用於那些不需要整個人格投入的工作，工作時間正常，一般還算不錯的工作環境。在工作、家庭、與休閒之間，除了收入之外，沒有多大的關係（例如，銀行員工；政府機構的庶務官員）。

3. 對立性：那些從事骯髒、危險、消耗體力、甚或心理壓力相當大的工作的人，可能嘗試在他們工作以外的活動中，尋求完全擺脫與他們工作的關係。

假定每個類屬中的每一個人都以相同的態度看待他的工作，是不正確的──這是通則化。

一項英國調查指出，英國的經營管理者不像派克研究的美國經營管理者那樣，他們並沒有把休閒看做他們工作的延伸。帶有相同工作「標籤」的人，並不是每一位做的都是相同的業務，對於工作也並不具有相同的態度。

疏離感與工作滿足

彼得・渥斯里（Peter Worsley）（參閱第244頁）描述疏離感這個概念，認為是「一種缺乏完整的感受、挫折感、或是人性失落的現象」。似乎是指人的生活與工作受制於物——受制於金錢；受制於市場力量；受制於科技，「疏離感」不僅只是對工作感到厭煩的感受；也包括工人缺乏權力的感受。

面向	對工人的衝擊	代表因素	例子
工人擁有控制他們工作的程度	無力感	被機器綁住/受到嚴密的監督	紡織工廠看顧機器的工人
工人從工作中得到的意義程度與目的感受	無意義感	分工的結果把工人分配到從事沒有關聯、不斷重複的工作上	汽車工廠裝配線的工人
工人在工作中經驗到的社會整合程度	孤立	由於噪音、無法自由走動，而阻斷了與其他工人的互動	
工人投入他們工作的程度	自我疏離	要求不高的工作使工人的智慧或人格無法發揮	

疏離對雇主與員工都可能產生負面的影響，因為有證據指出日增的疏離感導致更多的罷工、遲到、經常更換工作、曠職、與工業事故，以及增加對機器設備的破壞，與較不令人滿意的產品。

第13章

報酬與待遇

工作的動機之一是在追求地位

「抱歉，J.B.，公司覺得你的表現不夠資格坐這張桌子（不配坐這張桌子）。」

13.1 地位

　　人爲了「CISSES」而工作（見12.1）。但是對每一個單獨項目所賦予的相對重要性，有一部份是出於個人的判斷，有部份是出於必要性的考量。如果覺得不可能得到高社會地位，人們可能就會放棄這個目標，而表示他只對賺錢或工作滿足感興趣。

　　工作目標顯然是混雜交錯的概念。雖然金錢的考量好像是最爲主要的，但是這個目標可能是想用錢去買某個「地位表徵」──某些看得見的項目例如，一輛大轎車──這些東西在他們鄰居的眼中是屬於某個較高地位社會團體的所有物。

　　在工作場所，不和別人共同使用的盥洗室、餐廳、以及儲物

櫃等，都被用來強化地位階級的差異。在大型的科層體系中，可能尚藉著地位標誌——例如，坪數較大的辦公室、甚至不同大小的地毯——正式將地位標示出來。

有些地位與社會階級位置無關。就以不怕站出來和經營管理者說話而言，廠場工會幹部可能在同事之間有高的地位；就以能夠成功地經營一間艱難的學校而言，可能在其他的校長眼中，某位校長具有較高的社會地位。

13.2 工作時數與待遇

1938年和1918年一樣，從事手工勞動職業的男性勞工每週工作時數爲四十七小時；在1986年是三十九點一小時（女性則是三十八點一小時），但是這些基本時數的減少大半則由加班時數來補足，以至於使1986年「實際上」，而不是「名目上」的工作時數增加到四十四點五個小時。到了1990年所有男性就業者（不論哪個行業）的平均工作時數爲四十四個小時。

英國男人比歐洲經濟共同體內任何一個其他國家的男人工作的時數來得長；次長的是葡萄牙（四十三個小時）。女人的情況就相當不同，因爲英國女人大部份從事部份工時的工作——是全歐洲最低的，平均爲三十點五個小時。

因爲人們現在通常會到離家比較遠的地方工作，所以花費在工作與交通加在一起的時間，1992年和1918年比較起來並沒有多大差別，男性全職員工每週花四十九個小時（女性全職員工爲四十四個小時）（圖13.1）。

白領工人比起藍領工人來說，工作時數仍然比較短，大部份是因爲沒有加班所致。所以，展現在中產階級與勞動階級之間收

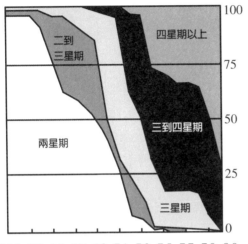

有權支領帶薪假期的全職手工工人的百分比

二到
三星期

四星期以上

兩星期

三到四星期

三星期

1961 63 65 67 69 71 73 75 77 79 80

來源：《社會趨勢》，第12期（London Hmso, 1982）

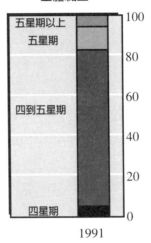

全體職工

五星期以上
五星期

四到五星期

四星期

1991

來源：《社會趨勢》，
第23期（London Hmso,
1982）

圖13.1 給薪假期：手工工人，1961-1980年；全部受雇者

入的「趨同結果（convergence）」，就必須從不同工作時數的角度
來加以解釋（見11.4）。

　　傳統上，手工工人比起非手工工人較缺乏工作保障，在經濟
不景氣之際或受雇於季節性工作時，比較容易遭到裁員。這意味
著，對他們來說，更難申請到長期貸款——例如，購買房子。對他
們來說，也沒有理由儲蓄，因為早在他們達到領福利給付資格之
前，儲蓄就已經花光了。近年來的就業變遷使這個情況有了些改
變；但是立即消費的模式已經建立起來，所以非手工工人從事儲
蓄的機會仍然多於手工工人。這類差異則由手工工人領取的是每
週的「工資」，而非手工工人領取的是每月的「薪資」中突顯出來
（雖然電腦化的薪資帳冊上收到月薪的手工工人人數，一直在增加
之中）。

辦公室或店面比廠房的環境，較可能鼓勵員工認同經營管理者，即使這些員工賺到的是相同數目的薪水。工作情境的改變對很多白領勞工來說，可能會使這種情況成為過去。

已經出現有數項改善工作情境的動作：

1. 工作輪調計畫努力訓練員工從事多種類型，而不是單一類型的工作，以增加其工作滿足感。富豪汽車——瑞典的汽車製造公司——以共同負責所有職務的工作小組取代了原來的裝配線作業模式。這種組織「細胞體系（cell system）」的形式，也被飛利浦（Philips）電器用品公司所採納。
2. 一週工作四天以及由員工自行安排上班時間的「彈性上班時段（flextime）」都已經試行成功；不過兩者皆只適用於某些情況。

受到高度激勵的工人並不必然會更賣力地工作；但是的確有證據顯示曠職率、請病假、以及出事故的情形有減少的趨勢。

13.3 工資與附加福利

從就業所賺得的收入是大多數人主要的所得來源；雖然「附加福利」可能包括了公司提供的午餐、公司車、入股、免費的交通車、房貸津貼、雇主獨自負擔的年金計畫與私人的醫療保健費用。近年來政府為了避免附加福利被用作提高不課稅的工資成分，已經嘗試對附加福利課稅，而且收到部份成效。**表13.1**顯示全職員工一週的平均薪資。

用來決定工資率的標準有一部份是市場的獲利狀況、有一部

諸如公司提供的汽車或房子，加上房貸津貼之類的地位表徵，或許就是「附加福利」──這對於愈是階級梯階上層的人士，愈是如此。

表13.1 全職員工一週平均薪資（單位：英鎊£）

	男性			女性		
	1970	1980	1993	1970	1980	1993
手工工人	26.20	111.70	256.4	13.4	68.00	162.2
非手工工人	34.70	141.30	365.9	17.8	82.70	238.4

份是在酬謝具有專業資格與稀有技術的勞工；有部份純粹是出於機運，還有部份是出於勞資較勁（industrial muscle）的結果。

13.4 工會

在英國，現在有不到半數的工人是工會的會員。在1980年，幾乎有一千三百萬的民眾屬於四百三十八個工會。在過去二十五年來，手工與非手工工會的會員都有快速的成長，但是在1980年與1985年間，工會會員人數減少了百分之二十，以製造業縮減的情況特別嚴重。由於就業結構的變遷，造成高度工會化的重工業出現縮減的情況；自雇、失業；以及法令結束了如「封閉工會工廠」之類的措施，在1985年時都已經將工會會員人數減少至一千零七十萬，而且到了1990年工會人數甚至更跌至不到一千萬；所有受雇者中現在大概只有百分之三十八是工會會員。

工會起初成立於十九世紀中葉，主要是為了改善工作環境與工資；到了現在工會仍然以此為他們的主要目標。許多雇主也不再仇視工會，承認工會阻止了比他們發動的「正式」罷工更不正式的罷工。

工會最先將有特殊技術的工匠師傅組織起來，限制進入這一行的資格，以便他們可以站在稀少性上進行議價。組織沒有特殊技術的工人比較困難，雖然許多沒有特殊技術的工人，特別是在公共部門（例如，受雇於地方政府的工人）現在已經是工會的會員，但是有許多像是旅館業與餐飲業的員工，仍然尚未籌組工會。

在過去二十五年間，白領工會運動有顯著的成長，這包括了那些受雇於公務部門、衛生部門、以及教學部門的人員。據說，由於對於手工工人的認同日益成長；近似工廠的開放式辦公室設計；雇用大學畢業生而限制了內部升遷的管道；機械化與電腦化把某些庶務性的工作減低到操作層級；大型的組織減少了與上層經營管理者面對面接觸的機會；都是使白領工會成長的原因。產

業單位或辦公室單位愈大、愈非私人性，工會化的可能性就愈高。

　　工會通常會落入五種主要的團體之中：代表某個單一產業；與數個產業都有關聯的一般職業工會；專門技術工人工會；前職業工會現在允許半技術工人的入會；以及白領工會。

　　工會的數目以及工作場所中工會會員身份的重疊，常常使協商難以進行，不過已經出現不少成功地協商出「單一工會」協約的動作，雖然這些行動相當受到被工廠排斥的工會的憎惡。1978年布拉克報告主張，應該像許多包括德國在內的國家所採行的制度一樣，使工人代表成為公司董事會的一份子。這類工人參與或許會為通常是建立在衝突基礎上的產業協商帶進一個新的面向。不過，值得記住的是，即使在工業爭議最惡劣的年代理，因罷工行動而損失的工作日，不過是那些因生病而喪失的工作日的十分之一而已。

工會與政治權力

　　工會與工黨之間有密切的聯繫，並且基於工具性的目的而建立了工黨。大部份的工會份子，即使有很多並不支持工黨，但是並未選擇不繳「政治捐」，而此乃是工黨主要的經費來源。

　　工黨來自全國與額外捐款總計一千五百萬英鎊的年度預算中，1993年運輸與一般工人工會（TGWU, Transport and General Workers Union）獨自就貢獻了一百六十萬英鎊。

　　不過，大眾日益關切，與某個政黨維持如此密切的關係可能從長期來看對工會運動會有不利的影響，尤其是在工黨不執政的時候。同樣的，有人相信，工黨失去部份大眾的支持，是因為其與工會有過於緊密的牽連。1993年工黨採取行動削弱工會在該黨中的影響力特別是取消工會在選擇國會議員時所享有的集團票。

複習摘要

手工員工與非手工員工的差異

非手工（「白領」／「中產階級」）

◆上班較不可能需要「打卡」。
◆遲到較不可能被扣薪水。
◆比較可能基於私人的理由，而獲得給薪休假。
◆比較可能有就業年金計畫。
◆比較可能有較長的假期。

非手工工人較可能有：

◆公司車。
◆房貸津貼。
◆雇主負擔的年金計畫。
◆公司付錢的私人醫療保健。

手工工人比較可能有：

◆補貼的午餐。
◆交通車。

工會

在某些白領部門的工會人數有明顯增加的趨勢，可能是由
於：

◆ 日漸認同手工工人。
◆ 辦公室像工廠一樣採開放式的設計。
◆ 因雇用大學畢業生，而使升遷受到限制。
◆ 機械化與電腦化把庶務性工作所需的技能減化到操作層
    次。
◆ 大型組織減低了與上層經營管理者面對面接觸的機會。

不過，工會人數整體來說，有實質的縮減，這可以解釋爲：

◆ 受雇於重工業（例如，煉鋼業）的人數在縮減之中，在這
    些產業中「勞工階級團結一體」是主要的行爲規範。製造
    業的員工人數在1971年與1992年之間下跌了超過百分之四
    十。
◆ 在就業上出現全面性從初級部門（例如，農業）與次級部
    門（例如，製造業），轉移到第三部門（或服務業）的現
    象。
◆ 公共服務部門（例如，公務員與老師，在過去這是數個最
    先工會化的「白領」就業部門）的員工在數量上也有所縮
    減。
◆ 科技的變遷，特別是對「工藝技術」領域產生劇烈影響，
    傳統以來這些都是工會勢力最爲強大的領域（例如，印刷
    業）。
◆ 新興的「旭日」產業（新興的電腦科技）經常是規模小的

單位,而小型的工作單位比較不可能工會化。

◆自雇人數的成長。這有一部份是出於1980年代政府鼓勵民眾建立自己事業的政策結果,在英國1981年到1990年之間,自雇人數增加了百分之五十七(到了1992年有超過三百二十萬人是自雇業者)。

◆失業人數的增加。

第**14**章
就業狀況的變遷

14.1 工業化、自動化、與機械化

一百多年前，馬克斯親眼目睹用於生產的方法影響到社會的其他過程：社會、政治、以及智能。

馬克斯著書立說的是一個產業生產方法正發生革命性變遷的時代。人們湧進城市進入工廠與礦坑裡去工作；機器開始取代許多手工藝，而分工也使得傳送帶的生產過程成為可能的事（參閱12.2）。

工業化，夾帶著人力集中在大城市中心的現象，鼓勵勞工組織工會（參閱13.4）；而機械化，由於其對事務重要性的強調高於對人，導致許多人對工作產生了疏離。生產的方法已經創造一個都市文化，以及隨之而來的許多額外的貧窮、髒亂、與犯罪的問題。

不只取代體力勞動還包括思考過程自動化的，一如機械化的作用，有能力取代許多工業與商業的業務。電腦有賴人來設計程式，但是一旦程式設計完成，運作上了軌道，便能夠指導機器、改變流程、並且自行矯正。自動化的機器已經取代了許多重複的、要求不高的作業過程，但是隨著電腦變得日益的複雜，就能夠用來取代技術更高的人員。最後工人只有控制與監督的工作可做。自動化減少了對分工的需求，因為已經不再需要一大群勞動力，而每個人只做數量有限的一點點工作。

我們已經不可能避免自動化，就如我們無法避免機械化一樣。國際競爭將促使以最廉價的方式進行產品的生產，成為無法避免的趨勢。

自動化與機械化已經減少了男性與女性在工業上的就業人數——例行性手工工作減少最多。

14.2 職業與職業結構的變遷

自動化本身既不是件好事，也不是件壞事。自動化工廠生產的財富有可能集中在少數人之手。如果財富未加以分配，消費者將無法購買生產的貨品，而自動化工廠的生產營運也不能繼續。

相反地，這個已經開始的過程能夠不受製造業工作數量減少、「第三」部門——諸如：行銷、健康、資訊、與休閒——工作數量的增加，而繼續運作。

傳統白領工作不必然會與過去半個世紀以來所成長的一樣多，因為許多例行性的庶務功能很容易就被自動化。理論上，文字處理機的使用就有可能會大量減少僱用打字員的人數。

基本上，未來需要量最大的勞動力可能會出現在各種類型的私人服務部門。就國庫收入應該用在社會服務、家庭看護、警

自動化同時取代了體力勞動與思想過程。

力、教育、以及休閒活動的這項決心而言，這些領域擴張的可能
性將是無可限量的。

　　電腦革命所帶來的主要好處可能是接手了最爲繁瑣、重複性
最高、以及最沒有靈魂的勞動過程，而減少工作的疏離。不過這
整段過程中，最主要的危機是，社會反應變遷的速度將可能不再
夠快，因而無法達到工作與休閒的平衡，使民衆過個有目的、能
夠自我實現的生活。

　　在粗略的官方數字之後，平躺著的是一張複雜的網，顯現著
就業模式與機會的變遷。

　　隨著舊式產業──例如，煤礦、金屬製造、主要街道上的銀行
業務──工作機會的流失，就業機會在諸如保險、電腦軟體產業等
新興的、發展快速的工業上被創造出來。舊工業中工作機會的流
失常受到大篇幅的報導，刊登在令人洩氣的頭版頭條之下，然而

趕走舊模式，運用新模式—工作重組

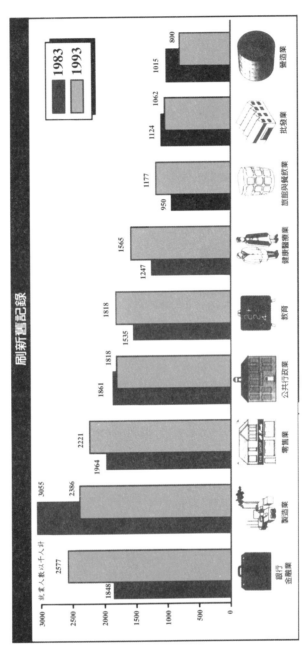

刷新舊記錄

1983
1993

需要人數以千人計

銀行
金融業

製造業

零售業

公共行政業

教育

健康醫療業

旅館與餐飲業

批發業

營造業

2577
1848

3055
2386

2221
1964

1861
1818

1535
1818

1247
1565

950
1177

1124
1062

1015
800

服務業的新工作機會則以單獨方塊的方式報導，大多不爲人所察覺。

教師度過了經濟不景氣，而沒有一絲陣痛。他們的人數在過去三年間增加了十萬人，而以過去十年來看，則增加了二十萬人，總計達到一百八十萬人。

就工作數目來說，保健工會也沒有多少可以抱怨的——儘管隨著內部市場的引入與改制成信託醫院機構，勢將帶來大量的裁員，這並未阻止他們發佈緊急通告。

就業部提供的數字顯示，受雇於醫療與相關服務部門的人數，從1990年算起已經躍升了十三萬四千人，從1983年算起的話，已經躍升了三十一萬八千人，達到一百六十五萬人的記錄。

「社會福利」是另一個成長部門。現在有七十八萬六千五百人的工作是在看顧他人。

「社會福利」部門雇用的人數是銀行業的兩倍，是電訊業，因此也是郵政業務的四倍。

過去一年裡，又額外雇用了一萬人。

因此也難怪社會學成爲最受大學學生歡迎的科目之一。

現在有四百三十萬人受雇於製造業——遠低於保健教育與「福利」部門。

服務業已經接手了過去十多年來製造業創造出來許多人力。

受雇於服務業的人數在那段時間裡，已經從兩百萬上升到一千五百七十五萬人。

婦女已經成爲經濟體系由工業轉變服務業的過程中，最主要的受益人。

當前有一千一百萬婦女在工作，比十年前多了兩百四十萬人。在同一時期內，男性工作的人數爲一千三百六十萬人，總共減少了四十萬人。

女性比較會攬括某些經濟部門的就業機會，旅館業、零售

業、美髮業、教師、護士、以及社會服務業就是其中幾種。

　　婦女幾乎也包攬了將近一半「商業服務」部門的工作，一個包括了會計、律師、電腦專家，總數約一百五十萬人的類屬。

　　婦女轉換到部份工時工作的趨勢相當強勁，以至於現今當某些雇主發現有困難找到合適的工人時，便希望男性能夠進入那些過去曾經被視為只適合女人的工作領域。

　　這將需要文化的改變；但是對男性來說，如果他們不想在經濟復甦時，仍被拋在主流之外的話，這是一項必須要做的調適〔安‧席格（Anne Segall），《每日電訊報》，1994年1月15日〕。

14.3 失業

　　1970年代後期與1980年代，失業在英國開始急速增加，特別是青年人失業的情況嚴重。這有一部份是受到新科技影響的結果，但是還有其他因素牽連在內。

◆家庭人口數的減少，受教育的年限增加、以及生涯機會的改善，造成已婚婦女出外工作人數的實質增加，在1980年就超過了百分之五十的關卡。這些已婚重回到工作崗位上的婦女取走了許多以前是屬於剛從學校畢業者的工作機會〔例如，馬賽企業（Marks & Spencer）〕。

◆1960年代中期的嬰兒潮也陸陸續續完成了教育。換句話說，即使市場上工作機會的數量不多不少與過去一樣，也不夠雇用這群暴增的就業人口。

◆繼1970年代早期石油輸出國家的油價上升，而帶動了世界性貿易緊縮，使整個國際經濟仍然處於失控狀態。大多數

國家對通貨膨脹的恐懼可能會阻止他們採行刺激貿易膨脹的經濟措施。

◆ 有些企業以不景氣為藉口，試圖擺脫經濟繁榮時工會利用實力阻止勞力釋放而累積下來的過剩人力。

◆ 英國中學畢業之後接受全職教育與全職學徒訓練的年輕人，在人數上，比其他歐洲共同體的國家來說少很多；整體來說，年齡在十六歲到十八歲之間的年輕人有百分之四十四不是在求職中，就是在失業當中。

到1986年英國有超過三百萬的人口處於失業狀態，從東南部占總勞動人口的百分之十到北愛爾蘭區的百分之二十。舊工業化地區受到的影響最大、最重。

不過，在1986年與1990年之間，失業幾乎減少了一半，大概剛剛超過一百五十萬人左右，這是因為十六歲到十八歲人口數的快速減少、繼續接受全職教育人數的增加、以及經濟的改善所致。

1990年之後，經濟受到近年來高利率與世界不景氣的重挫，到了1993年，失業再度逼近三百萬的關卡；不過這時受創最重的是興隆昌盛的服務業，特別是以前較不受影響的東南部。

不過，失業在年輕人之間仍然最為嚴重。1992年，年齡在十九歲以下的人口中，五名男子中就有一名男子找不到工作做，七名女子之中就有一名失業——情況比1991年來得糟，但是比1986年來得好。所有十八歲以下的年輕人不是接受全時的教育，就是在合適的、保證就業的地方接受青年職業訓練。

失業的效應

社會凝聚的價值已經受到各種勢力的動搖。雖說沒有一個萬

「想想看——二十年前我們兩個還被困在廚房裡呢！」

靈丹能夠解救英國，脫離這個愈來愈嚴重的惡劣處境。但是如果真的想要關閉一條通往犯罪的主要大道、並且消滅被動接受犯罪態度的話，有一項議題仍必須要加以處理。

　　大量失業的角色，及其與犯罪的關聯，勢必得加以正視。在三大政黨領袖都承諾致力於落實充分就業的目標之時，是比較容易做到的…次等階級——本身就是長期失業的直接產物——在英國的出現，同時是造成犯罪的蔓延以及對社會福利的依賴。即使政府沒有放任公共財政節節升高到無法控制的地步，也需要對這個問題展開一場辯論。當前每一位有工作者平均每天支付十三英鎊的金額，來支援國家福利的財政支出。

　　英國正受到長期大量失業的咒詛。有些人自從離開學校之後，連份工作都沒有做過。兒童成長的環境，竟然是受薪工作從來沒有成為每日生活一部份的正常家庭。

對其他人來說，失業給付之外，還可靠犯案與毒品走私來補貼。這類次等階級現在享受的是遠超過靠工作可以賺得到的生活水準，即使有的是半技術的工作。可想而知，這個團體不會願意選擇減損其生活水準，而再度成爲大英帝國有限公司主流的一份子。

任何在位的政府可採行的一項最重要的行動，是截斷通往這個由愈來愈多沒有一技之長的年輕男性所構成的次等階級的道路。至今還沒有人知道如何使英國與歐洲共同體回歸充分就業的全部答案。但是沒有藉口不趕緊開始制訂減少失業總數的措施。

充分就業必須以薪水袋的價值，而不是工作時數的價值來加以界定。到了本世紀，一週工作時數已經減半了，不過還會繼續減少。人們需要有能力賺得一份夠多的薪水袋來養家──不論這需要工作多少小時才能賺到，而我們需要爲達到這個目的而努力不懈。〔法蘭克‧費爾德(Frank Field)，《每日電訊報》，1993年9月28日〕〕

可以透過改變我們社會的職業結構來降低失業（參閱14.2）；工作分享；廢止或減少加班的時數；以及連想都沒想過的新就業機會，將會被微晶片革命的產業所創造出來──就像汽車，在工業革命以前是想都沒想到的產品。

所有的這些解決之道，都得面對成本或政治意願的問題。然而，有些對未來的看法頗爲悲觀──其中一個論調就是，只有一點點的經濟成長或是根本不會有經濟成長，而且英國人民會被分割爲家裡至少有一個受薪工人的家庭以及因爲家裡沒有受薪工人而大半依賴他們應該收到的不論哪一種失業津貼──這就是現在已經被稱爲「次等階級」──的家庭。

工作的眾多功能中，其中有一項就是地位的提供（參閱12.1）。對於一個由永久失業者所構成的社會，地位有可能是從其他方式中尋求得來──而那些方式中有些可能會傷害到社會中的其

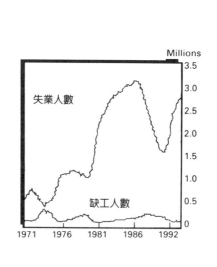

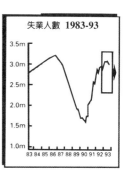

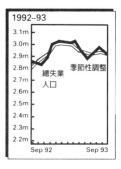

來源：社會趨勢，第23期，（London: HMSO, 1993）

圖14.1　失業人數與空缺職位

他成員。

　　失業的一項主要的效應是易於產生社會孤立。在心理學的層次，那包括了震驚、羞愧、喪失信心、以及失去職業身份。這會導致退縮、避免與人發生接觸的心態。也直接造成失去提供談天與社會接觸來源的工作場所。整個效果會因失業的經濟效應強迫縮減休閒與社交生活而加重惡化。可能也會被迫放棄擁有自用的汽車，以至於更少會去拜訪親友等等。

　　對於養家活口的男人來說，這不僅意味著家庭本身變成主要的社會接觸來源，也意味著家庭成了經驗與處理失業壓力的主要社會情境。不過，當父親不再是從事全職工作，家庭的平衡狀態

產生了變化。他感覺到他失去的不只是他的職業，而且是他的性別身份，感受到愈來愈多的壓力要他接受更多「女性」的角色：料理家務、帶小孩上學等等。

有時候，失業的壓力還會威脅到婚姻本身。一位二十八歲的男子，結了婚生育了兩個小孩，失業十八個月之後，當被問及他如何打發他的時間，得到的回答是「什麼也沒做」。他說，他只是坐在家裡，一天到晚和他老婆吵架。他的老婆實際上已經找了律師兩次討論離婚的事。他說，「一日復一日，在家裡除了看電視之外，沒有其他的事可做」。〔約翰・希爾（John Hill）〈失業的心理衝擊〉，《新社會》，1978年3月17日）〕。

「沒有希望的九〇年代的悲劇」

英國改變了，但是直至今日都還沒有人注意到──安東尼・貝文斯（Anthony Bevins）寫道：

法蘭克・費爾德稱它為「社會失血症（social anthrax）」，一種極度貧窮與傳統家庭崩潰而產生足以致命的混合藥劑。眾議院社會安全委員會告訴《觀察人報》說，「這將會對即將來臨的十年產生致命的衝擊」。

費爾德先先，工黨柏肯黑（Birkenhead）市的國會議員，正在談的是大量失業、不斷攀升的單親家庭戶數、以及迅速擴散的吸毒文化。

他在自己的家鄉已經親眼目睹這些事情的發生，但是在這個國家其他地區出現的新數字顯示，社會沙漠在英國大部份被剝奪的地區已經被創造出來了。

例如，1991年的戶口調查顯示，在某些地區，超過一半的兒童是來自於單親家庭。在利物浦甘碧區(Granby)，托克特斯特區(Toxteth)的部份地區，大約有兩千兩百五十名兒童是來自單親家庭

——幾乎佔該區所有兒童人數的三分之二。

「有些地區，早已是社會荒蕪之地了」，費爾德先生說道。

統計數字所透露出來的圖像也受到利物浦英國國教主教，大衛·薛柏博士（Dr. David Shepherd）的譴責。他描述日益惡化的貧窮問題，是「這個國家最可惡的社會毒瘤，並且是整個國家的醜聞」。

他說，「令人震驚的是，全國竟然有這麼多人活生生地被摒棄於正常生活的大門之外。這應該是我們的第一要務」。

甘碧區的失業狀況，在1991年是超過百分之四十，該市鄰近地區年齡在十六歲以上的民眾中，每八個人中就有一位將自己歸類為罹患終身疾病的人——另一個彰顯九○年代社會剝奪的指標。

這些失業數字將不能反映出被就業部排除的人口，該部只計算請領失業給付的人數。

但是人口調查的數字對於最受剝奪地區正在發生的狀況，提供了一個極為獨特的洞察機會——使政策制訂者集中注意社會崩潰的重要地點。

「你已經看到曾經是傳統家庭的崩潰；你已經見到了傳統工作支持體系的崩潰：…唐納德·杜渥（Donald Dewar），工黨的社會安全發言人說，…「我想這個國家此時此刻，已經創造了一個被人遺忘的階級。而危機是我們將會把他們逼到所謂的次等階級，人們將會變得如此疏遠、疏離，以至於留給我們的將會一道永恆的裂縫，一道橫跨整個社會、永遠無法密合的主要傷疤。」（改寫自《觀察人報》，1993年10月3日。）

14.4 婦女與工作

在工業革命以前，鄉村家庭是一個工作單位，雖然工作角色與婦女少有瓜葛，婦女多從事重要性較低的工作——特別是那些在家中或在家附近完成的事，（例如，擠牛奶P. Branca，1978，《1750年以來的歐洲婦女》）。由於婦女可能會一直在懷孕或照顧小孩當中，所以這項安排或許相當合理。孩子是必要的勞動力，也是父母老年後的保障。高嬰兒死亡率要求生養眾多，以便至少有一些小孩可以存活下來。

圈地運動與人口成長把人們趕到城市去。男人進入工廠、造船廠、或是礦坑，把他們的老婆留在家裡，於是工作從家庭生活分離出來。婦女仍然被小孩與傳統綁在家務之中，不期待已婚婦女到家以外的地方去工作——到第一次世界大戰之時，只有不到百分之十的婦女外出工作。即使在1956年，《煤礦是我們的生活》一書中描述的煤礦工人都還認為有個外出工作的老婆是喪失地位的標誌，意味著她的男人養不起她。許多婦女在家中做些兼差性的工作換得低廉的工資，而「外出工作者」的待遇仍舊很差。

單身婦女不是在諸如紡紗廠之類的工廠上班，就進入服務業。工作環境與工資都很差，一結婚就結束了他們的就業身份。通常是在平均死亡年齡前沒幾年才不再生育小孩，所以沒有必要為某個生涯預做準備。因為婦女早就做好了賺取低工資的準備，男性工會執行管制不准婦女受雇於像是工程師之類的需要專門技術的產業部門。

速記出現於1870年，打字機發明於1873年，英國第一通電話交易於1876年開放。這些發明提供了中產階級婦女被社會所接受的就業型態，並且提供了勞動階級社會流動的管道；但是像是護理工作——已經確立為一項女人的工作——待遇可能會很差。教書

與公共服務也爲婦女開啓了生涯展望，但是必須維持未婚身份。

第一次世界大戰，戲劇性地改變了狀況。婦女必須代替離家赴前線作戰的男人，並且證明她們能夠在製造彈藥的工廠工作，還能駕駛大汽車。戰爭結束後，工會堅持恢復禁止婦女從事某些工作的舊協約，但是給予婦女投票權。

第二次世界大戰重振社會對女性勞工的需求，像是托兒所、學校伙食服務等設施也陸續開辦了。戰後的繁榮促使婦女繼續就業，並且到1981年，年齡介於十六歲與六十歲之間的婦女有百分之五十六點二有在工作。已婚婦女工作的人數從1971年的百分之四十八點八，上升到1981年的百分之五十六點八。

節育設備與教育的改善給予許多婦女計畫生涯發展的機會。然而，婦女就業仍然有內在的障礙；特別是不願意訓練女性員工的心結，因爲她們結婚後可能會離開公司。更爲重要的是，婦女仍然接受只認爲某種工作才適合女性來做的社會化（參閱8.4）。

就業的母親常常經驗到角色衝突，深受忽略小孩的罪惡感所苦，但是並沒有證據顯示母親外出工作確實會使三歲以上的小孩受苦。

儘管過去有一些母親外出工作的小孩可能會變成不良少年、或者有精神異常的症狀，許許多多研究所提供的豐富證據顯示，事實並非如此。受多個母親人物照顧的小孩並不一定會受苦，只要每個人給予小孩的是份穩定的關係與妥善的照料。實際上，有些研究已經顯示，母親外出工作的小孩比母親待在家裡的小孩，更不可能成爲不良少年。在這些狀況下，母親外出工作正反映了對家庭責任與照顧抱持高於一般水準的心態。關於這些研究有兩個但書必須先加以說明。第一，這些研究沒有調查當小孩還是個嬰兒時，母親便開始出外工作的影響，雖然可得到的資料並沒有指出任何負面效果。第二，母親人物老是換來換去的情況，以至於小孩沒有機會和其中任何一個發展出穩定的關係，是有可能產

生不利的影響。這類不穩定的安排通常與為人母者照顧不週一併出現，以至於無法獨立檢視各自的效果。

關於日間托兒所與幼稚園（是出外工作的母親經常利用的一種特別的看護形式）的影響，也是一樣。至於官方報告（「世界衛生組織心理衛生專家委員會」，1951）斷言，這類組織會對兒童產生永久不良影響的說法，其實並沒有道理。日間托兒所不必然會干擾到母親與小孩正常的親密關係（Caldwell, Wright, Hoig & Tannenbaun, 1970），而且現有的資料尚提不出具體的理由，斷定使用日間托兒所會在兒童心理上或生理上造成長期的不良影響。〔麥克‧路特，《再論缺乏母愛》，Harmondsworth: Penguin, 1972）〕。

同工同酬照理說應該在1975年（由於1970年的平等工資法）便受到保障了，但是不遵守法令的情況時有所聞。根據1975年性別歧視法第53條，平等機會委員會於1975年12月29日成立。該委員會的職能包括有：

（i）致力消除該法所界定之歧視。

（ii）促進兩性平等。

（iii）監督該法以及1970年平等工資法的執行。

（iv）成立委員會或是支持關於兩性平等機會的研究與教育活動。

1993年一份經濟與社會研究針對一萬一千名於1958年5月3日與9日出生的民眾進行調查，結果發現「充分的證據顯示，女性主義的革命讓絕大多數的婦女失望。這個社會仍然讓她們照顧小孩、承擔大部份的家務、賺取比男性還少的工資。」這項貫時性的調查——相信是世界上同類研究中，規模最大的一次——也提出下列數項結論：與她們的另一半分手的女人也比較可能有個晦澀

的未來：「成為高度仰賴國家給付或是賺取微薄工資的族群」，沒有退休金也使得她們年老後更可能陷入貧困的生活之中。

密特爾（Mintel）於1993年也發表了一項針對一千五百名成人，以《女人200》為主題的調查。結果發現，只有百分之一的受訪夫妻平均分擔家事。大部份的男人很少做家事，甚至根本不做家事。

婦女每小時的平均工資，不包括加班，是男性工資的百分之七十九，是自1970年以來收集到的統計數字中最高的一次。

1993年平等機會委員會主張，英國婦女的平均工資仍然是從事相同工作的男性工資的百分之二十。不過，就業部官員指出，這些差異有部份是因為婦女每週大多比男性少工作四個小時之故，而且大部份是因為婦女加班的情況不多所致。

婦女的角色

1857年一年一千英鎊的收入，可以養活一個家以及至少五名僕人：五百英鎊的收入，可以養活一家人以及三名僕人。那個時候，一名「女管家」一年的工資大約在六英鎊十分與十英鎊之間，外加「茶、糖、以及啤酒等津貼」。從中世紀起，大部份增加的女性人口被吸納受雇於家務料理的工作，於1881年這個數字總計是全部勞動人口的七分之一。

然而，從1870年起，家用僕人變得更加難找，不僅是因為要用傭人的中產階級家庭主婦在人數上成長很多，而且是因為原本可能做幫傭的女孩開始進入日益擴大的銷售工作、庶務工作、以及教學工作等女性職業之中。到1990年，出現了「傭人問題」，中產階級婦女面臨家庭主婦與母親角色衝突的可能性普遍受到注意。有此一說：「必須盡量給予中產階級母親家務上的協助，不是因為她可以藉此偷懶怠惰，而是因為這樣方能使她全心全意將

所有的精力投入切適地養育她的子女。」

　　佣人短缺使得中產階級與勞工階級的母親越來越像，母親與家庭主婦／家庭勞工角色的組合，在這以前還都是勞工階級生活的一項特色，到這個時候卻變成了常態。中產階級曾經閒置在家的妻子，現在的她卻外出工作。在這個過渡期間，或許存在著一個家務工作的現代地位不算是個工作的解釋。十九世紀中葉，家庭主婦——管家的角色變成二十世紀家庭主婦——工人的角色。勞工階級的女人長期來一直處於這種狀況，但是這個事實被隱藏在她做為生產工人這個角色之後。當愈來愈多的勞工階級女人開始回到全職家庭主婦這個職業之後，中產階級開始參與家庭主婦的實際勞務。

　　在這個時期的後半段，其它方面婦女家庭角色的變遷遵循相同的趨勢，將中產階級與勞工階級的已婚婦女模塑進家庭主婦現代角色的框架之中。最重要的是，孩童在社會上的地位與角色發生了革命性的變化。從十九世紀中期開始，一般死亡率開始下降，而且嬰兒死亡率——出生後第一年的死亡嬰兒數——於本世紀轉換之交顯著的下降。小孩能夠活到成年的可能性的增加大為改變了社會對小孩的態度：每個小孩被當成不可取代的個體。而且在十七世紀，童年在七或八歲就結束了，現代學校制度的演進把兒童進入成年世界的時間更加往後挪，因此也增加了他們對成年人的依賴時期。1833年第一次分配落實教育目的的經費，是由中央政府所安排的：到了1856年，國家花費在教育上的經費變得太大，以至於設立了教育部；1870年一項教育法案規定所有的兒童接受義務教育。三十二年後又出現了成立國立次級教育體制的法案。

　　國立教育體制的成長直接源自於工業化社會的需要。工作角色的專門化需要更多能讀能寫、有知識的人口（安‧奧克里，《家庭主婦》，Harmondsworth: Penguin, 1974）。

許多女孩子的生活遵循相類似的模式——對學校生活感到不耐煩，很早就離開校園，進入當地一份沒有多少報酬的工作，找一個穩定的男朋友，存錢結婚，安定下來成家。對於那些做著無聊的工作的人來說，或是無意把工作當成生活核心的人來說，結婚與理家似乎成為相當有意義的旁鶩，甚或是令人歡迎的釋放。女孩們對於這方面的需要與感情，形成一個不斷演進的自我認同的一部份。當然並沒有就此便成了定局，改變的情況仍多，但是在這個階段所做的選擇常常是無法回頭的。一旦放棄了走技術或學術的道路之後，要重新將之拾回，是非常困難的事。為了追求家庭角色而已經把教育丟在後頭好遠好遠的婦女，當她們的小孩長大之後，才瞭解到這個真空。但是她們的缺乏資格與訓練，使得她們只能做世俗的工作。提供給婦女的再訓練課程，由於內容過於貧乏與狹窄，仍然把大多數的婦女留在低階就業的領域之內（摘錄自夏普《就像個小女孩》，Harmondsworth: Penguin, 1976）。

複習摘要

自動化

　　自動化的有利之處：

◆工人可能不再被機器綁住。
◆簡單的重複性工作將會減少。
◆需要藉助團隊工作來解決問題。
◆危險與不討人喜歡的工作將會減少。

◆更多的自主性──工人不再需要「跟上」機器的速度。

不利之處：

◆手工藝技術的減低──喪失引以為傲的憑藉（喪失尊榮）。
◆工人的需要量減少。
◆工人不可能充分瞭解科技──將會增加疏離？
◆增加輪班數量，因為昂貴的機器需要持續運作才能獲利。

失業

英國失業問題的加劇（數以千計）

	男性	女性	總計	比率＊
1961	231	61	292	1.3
1971	647	104	751	3.3
1981	1,843	677	2,520	10.4
1985	2,268	1,003	3,271	13.5
1991	1,494	891	2,385	8.7

＊％想要工作而無工作可做者。

計算的方法稍有不同，表內各欄的數字並非完全可以相互比較的。例如，1983年六十歲以上的人不再列入計算 = 減少了十六萬兩千人。

失業數字有多精確？

失業數字要加上季節性矯正，才能解釋一年內失業的正常變化（例如，冬季裡建築／旅館，以及餐飲業的就業量較少）。這屬正常狀況，但是有其他的因素會造成失業數字被高估或低估的可能性。

低估的原因：

◆接受失業方案（青年訓練與就業訓練）的成年人與青年人並未包括在內。

◆年齡在六十歲與六十五歲之間的男性不包括在內。

◆想要開始工作的已婚婦女，通常都沒有資格領取給付，如果知道職業介紹中心沒有工作可介紹，也不會去登記失業。

高估的原因（該數字大約在一百萬左右）：

◆並不是眞正的想要找工作的人，爲了得到增補給付，會去登記失業。

◆有些在「黑市經濟」中工作的人，卻自稱失業。

1986年一項由波勞頓爵士（Lord Plowdon）主持的「失業者與黑市經濟」大眾態度調查指出，高達三十五萬人，佔無工作總人數的百分之九，涉足黑市經濟。據說，僅有一百萬英國人是「眞正的」失業者。

失業增加的理由

◆新科技需要雇用的人數較少。

◆勞動人口的增加（在1961年與1985年之間大約增加了兩百五十萬）

◆有更多的已婚婦女出外工作。

◆繼1960年早期石油輸出國家組織油價增加之後，世界物價之暴跌。

◆趁著不景氣，裁減了既有的過剩冗員。

◆有更多的人「兼差」（例如，人們有一份以上的給薪工作）

失業的效應

◆**打擊士氣**：震驚、羞於見人、失去信心、失去職業地位。

◆**家庭壓力，包括：家庭破裂**：角色的混淆（例如，失去了性別地位），生活費用的壓力，過分的「要求禍福與共的感受」──在家庭之外沒有情緒宣洩的管道。

◆**依賴**：降格到要依賴別人（例如，社會服務、免費供應的學童午餐）。

◆**社會孤立**：沒有錢花費在休閒活動之上（例如，上啤酒屋）失去了工作場所中的同事夥伴。

有些人可能拒絕接受顯然排斥他們的社會規範，而涉足反社會行為（如犯罪）。不過，應該強調的是，這些人只是廣大失業群眾的一小部份。

婦女與工作

與1981年每兩位婦女中就有一位不是外出工作，就是在尋找工作的情形比較起來，1921年則是十位已婚婦女中只有不到一位在外工作或試圖找工作做。

在工業革命之前，鄉村的家庭是一個「生產單位」。小孩是必要的勞動力，並且是父母年老時的保障。嬰兒死亡率高，所以必須要生養很多小孩，以確保某些小孩能夠活下來──妻子因此可能一直在懷孕待產之中。由於養育小孩的重要性，婦女從事的主要是家務相關、或是住家附近的工作（例如，紡紗、擠牛奶）。

切斷女人與有給職之間關係的理由

工業化與隨之而來的都市化將工作從家庭生活中分隔開來，大部份的婦女因此而變成「家務纏身」。

◆已婚婦女仍然受到小孩與傳統的羈絆。生育小孩經常是相當持續的。

◆平均的死亡年齡提早,並且對於許多婦女來說結束生育與死亡之間沒有實質的重疊。

◆可以在家中完成的工作報酬是非常低的(現在仍然如此)。

◆單親的勞動階級婦女不是在工廠(例如,紡紗廠)中做工,就是進入「服務業」(例如,女傭、煮飯等等)。結婚之後,就業狀況就終止了。

◆不用工作的中產階級婦女變成一種地位的表徵,而且勞動階級的男性努力拷貝階級階梯上層人士的行事作為〔「階層傳散的原則」,楊格與威爾蒙特,《對稱家庭(*The Symmetrical Family*)》〕。

◆由於婦女勞動被視為低社會地位,因此工資極低,而且男性工會也貫徹執行阻止技術勞動部門雇用女性的政策。

◆以保護婦女與兒童為終旨的法律,排除某些職業領域雇用婦女與兒童的權利(例如,礦坑)。

受薪職業上婦女地位獲得改善的理由

◆出現了被社會接受,認為可以讓中產階級婦女工作的創造發明(速記,1870年;打字機,1873年)。

◆中產階級的規範,變成了勞工階級的目標。

◆服務部門的發展(護士、教師、公共服務)打開了所謂的「適合女人做的工作機會(因此,他們的工資都很低)」。

◆第一次世界大戰與男性勞動力的缺乏,為婦女開啟了更為廣大範圍的工作機會(不過這些工作機會大多也隨著戰爭的結束而結束了)。

◆教育機會的擴大。

◆1970年的平等工資法給予同工同酬的保證（不過常不被遵守）。

◆同等工作機會委員會成立於1975年。在1975年的性別歧視法下，擔負有下列職責：

（i）致力消除該法所界定之歧視。

（ii）促進兩性平等。

（iii）監督該法以及1970年的平等工資法的執行。

（iv）成立委員會或者支持關於兩性平等機會的研究與教育活動。

◆1975年的就業保護法賦予婦女支薪產假（服務滿兩年之後有權利享有六個星期的給薪假）；也給予婦女於生完小孩後二十九個星期內回到原工作地點上班的權利。

◆每個家庭平均小孩人數的減少。

◆全職母親似乎喪失了社會地位（或許是因爲養育小孩的時間縮短所致）──敦促婦女回去工作、充分參與社會。

婦女在高社會地位上的代表性仍然不足的理由：

◆想要透過初級社會化來進行改變向來是非常緩慢的，而且無力透過立法實現之。

◆教育體制的問題。

◆全職母親有效地：

（i）提供了另外一種形式的自我實踐／地位的來源，分散了工作的動機。

（ii）打消了雇主投資在訓練／升遷機會的意願，因爲他們認定了婦女到適當的時候就會離開。

（iii）在關鍵時期排除婦女加入升遷的競賽──雖然現在這段時間並不長，但是大多數的升遷機會是發生在這個

時期。

（ⅳ）使婦女更難再度進入升遷競爭，因爲她們的競爭者已
經遙遙領先，在一個資訊爆炸的時代，她們落伍了。

◆有些致力於爲婦女爭取更大機會的運動產生了反效果。例
如基於正文中所提到的理由，從男女分校到合校的中學與
大專教育制度，造成更高比例的男性在這些學校裡佔有資
深的位置（因此，成爲角色典範）。

◆男性受到男性偏誤（有意識的或無意識的）以及男性社會
化的制約，而將女性刻板印象化。大部份資深的經營管理
者多爲男性，因此在是否指派／升遷女性時，掌有較大的
權限。

◆有些婦女因爲對家庭與家人的重視，不願意接受非社會正
規的工作時數，或是在外出差過夜，而這些可能是出任高
社會地位職位的必然結果。

自我測驗5.1

1. 用來描述一種工作情境，在這種工作情境之中，工人感覺到他的工作毫無意義，並且經驗到沒有權力的感覺的是哪一個名詞？（一分）

2. 舉一個可能會出現上述第一題解答的那種工作情境的例子。（一分）

3. 舉兩個例子，說明工會會員人數正在增加的職業領域。（兩分）

4. 說出兩項經濟以外的工作動機。（兩分）

5. 1978年布拉克報告提出了什麼建議？（兩分）

6. 舉出非手工工人比手工工人多享有的三項工資以外的優勢。（三分）

7. 「工作」可能分成哪三種模式？（三分）

8. 指出三個理由說明爲何已婚婦女在過去五十年，來持續就業或再就業的人數愈來愈多？（三分）

9. 在哪些方面婦女在工作情境中仍處於劣勢地位？（四分）

10. 失業對個人會產生何種影響？（四分）

總計二十五分

自我測驗5.2

　　這篇1933年《灌頂雜誌（*Punch*）》的卡通畫，點出了問題所在。事實上，《灌頂雜誌》所擔心的大量失業並未具體化。但是未來有可能出現圖中的情景嗎？

節省勞力

機器人：「主人，我可以作五十個人的工作。」
老闆：「是的，我知道，但是誰來養活那五十個人的家呢？」

自我測驗5.2

1. 下圖中，1991年有多少婦女有第二份工作（例如，不只做一份工作*）？（一分）

2. 在下圖中，那個團體在1981年與1991年之間有顯著的增加？（兩分）

3. 卡通畫中所呈現的對大量失業的恐懼，為何沒有出現？（四分）

4. 關於失業數字的精確性，你可提出什麼批判？（四分）

5. 自動化對英國的勞動力會產生什麼影響？（九分）

*這是指受薪工作，家務不包括在內。

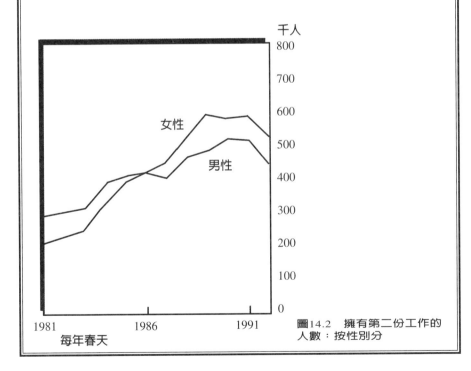

圖14.2　擁有第二份工作的人數：按性別分

女人！「當男人在做真正的工作時，妳是被期待去泡茶的」

根據「布魯克街就業局（Brook Street Employment Bureau）」與今日出版的《艾爾雜誌（*Elle Magazine*）》，許多職業婦女指出，當資格比他們較差的男性同事在做「真正的」工作時，她們常被期望去泡杯茶。

參與一份調查的半數以上婦女以及接近四分之三的庶務職員發現人們期望他們工作時還要打打雜，但並不會以同樣的態度期望男同事。

「儘管策動反根深蒂固的歧視態度已有多年，性別歧視在婦女工作生活的許多領域中仍相當猖獗」，這份詢問了一千名年紀大約在二十歲出頭到二十幾歲婦女的報導指出──《工作是四個字母拼成的字嗎？（*Is Work a Four-Letter Word?*）》。

「明顯的，在許多工作領域，當男同事開始辦正事時，婦女仍被期望去做些打字、泡茶的工作，儘管這些男人在經驗上與資格上都不如女同事來得好。」

來源：《每日電訊報》，1988年10月13日

1. 敘述並且解釋本世紀發生了哪些變遷，使婦女更容易接受家庭之外的有給職務？（八分）
2. 儘管有平等機會立法，仍然只有非常少數的婦女進入高薪與高社會地位的職業。社會學家如何解釋在這些「頂尖」職業中，婦女百分比過低的現象？（十二分）

1.已婚婦女爲何比較容易接受家庭之外有給職業的一項主要的理由是，家庭人數的減少。到了1930年已經減少到每對已婚夫妻大約只有兩個小孩，這個數字大概和今日差不多。因此在生養小孩之後，甚至之間，都有較多的時間出外工作。

第一次世界大戰造成了人力短缺，婦女受到鼓勵去從事以前不開放給她們做的工作，女性證明了她們能夠做以前認爲只適合男性做的工作；而且雖然戰後有來自工會的反對，但是女性工作機會一直在增加之中。婦女就業再度受到第二次世界大戰所帶動的就業需求，以及其後經濟繁榮而產生的勞力短缺所推動。

女性教育機會也有相當的擴大，配合著婦女一般地位的增進，因此已婚婦女更有可能取得適當的資格，使她們在成家之後，再回去工作。

日益上升的期望也成爲鼓勵先生希望看到自己的太太外出工作的一項因素——例如，愈來愈多人購屋，以及隨之而來支付貸款的壓力。愈來愈多婦女外出工作，這也就愈來愈可能成爲一種「常態」，現在有超過百分之五十的已婚婦女出外工作——沒有小孩而不外出工作的妻子也快變成了例外。

產業界服務部門的成長增加了婦女在更爲寬廣的、適合所有社會階層人士的工作領域內就業的機會，而且諸如1975年的就業保護法之類的就業立法也使得婦女在小孩出生之後，更容易回到工作崗位。

〔注意〕：只可能得到八分，你不可能花太多的時間去解釋每一項變遷——例如，家庭人口數的減少。由於沒有要求你回答出具體的變遷數目，所以集中注意力將你所想到的相關「變遷」項目，都盡量寫上，並簡短地說明一下該變遷如何使已婚婦女，變得比較容易得到工作。在作答時，記清楚題目所使用的文字。

2.除了平等機會立法，仍然少有婦女進入高薪資、高社會地位的職業之中。這有部份是時間因素所造成的結果，由於這類立法大部份是在1970年以後才開始生效，希望見到期望與態度的變遷，這段時間相對來說還算是短的。然而，不論立法如何，女性想要得到高薪、高地位的工作有數項主要的困難。初級社會化為女孩們準備了一個家內的超級管家的角色，將就業期望固定在某些傳統的模式上頭——洋娃娃、熨斗板凳、護士制服、玩具打字機在在都增強了她們父母親的角色典範。這項初級社會化延續到學校、在學校裡，早期的學習與同輩團體的壓力鼓勵女孩們進入傳統女人學習的科目，即使老師熱切地鼓勵平等機會，但事實總不是如此。有證據〔例如，蘇·里茲所著的《輸掉一生》〕顯示教師期望仍然鼓勵女孩們在課堂上表現出一個不獨斷的角色。在婦女一生中主要機會可能出現的關鍵時期，做個全職母親使她們被排除在升遷的競爭之外，而且把五年或六年的時間花在養育小孩上面，意味著她們回去工作時已遙遙落在她們的男性競爭者之後，有時連她們的技術都有可能落伍過時了。婦女自己經常把她們的家庭視為她們主要的責任所在，而不去申請或接受將會過度干擾到她們「家庭」角色的職位，例如，非社會常態的工作時數、商業會議等等。

雇主經常也不願意訓練女性，也不願在她們可能會生養小孩的歲月裡，指派她們重要的職務，因為雇主也擔心女性可能會離開公司去生養小孩；事實上，另有高就比生小孩更可能是造成不願接受新指派的原因。男性的期望仍然是阻礙指派女性出任高薪、高地位職業的重要因素：有史以來，是由居於關鍵地位的男性負責職務的指派，而他們的偏見，經常是出於潛意識的，可能阻礙了女性的派任與升遷。

工作與不工作

護士否決工資罷工
救護車人員籌畫出走

〔1970年代報紙頭條〕

最底層百分之十的工資賺取者
最高不超過 £ 7,238

美髮師／美容師	£ 6,594
牙醫診所護士	£ 6,734
廚房伙夫	£ 7,207

最頂層百分之十的工資賺取者
最低不少於 £ 23,743

廣告與公關經理	£ 25,100
銀行經理	£ 27,560
保險員	£ 27,628
律師	£ 28,319
醫師	£ 32,120

1.為什麼有些工作的報酬比其他工作來得高？（四分）

2.工作者可以用什麼方式來表達他們對工作的不滿？
（七分）

3.工作的理由為何？(九分）

中區聯招小組
普通考試，《社會學》，試卷二，1993（夏）。

普通考試試題二

寫一篇有關現代工業社會的工作與失業的論文。

你可以選擇在你的論文中提到下列任何一項主題

> 工作與非工作的差異
> 新科技的效應
> 長期失業的影響

評分標準將根據你提出的適當證據而斟酌給分。（二十五分）

北區聯招協會

普通考試，《社會學》，試卷二，1992（夏）。

第六單元
人口社會與人口的面向

第15章

英國的人口變遷

15.1 歷史觀點

　　人口學是研究人類住民，特別是住民的數量、結構、與發展的學問。以科學的方法研究人口學大概是起源於1662年，約翰·岡特（John Gaunt）出版《死亡法案的全國政治觀察（*National Political Observation on the Bills of Mortality*）》一書，書中顯示倫敦各種不同死亡原因的比例模式。他亦嘗試描繪同一時期誕生的一群兒童到其步入死亡之間所發生的經過。十七與十八世紀人壽保險的發展激起了對於健康、疾病、與死亡的研究。第一部有系統的人口研究是馬爾薩斯（Malthus, 1798）的《人口論（*Essay on Population*）》，文中他提出一條「人口法則」──「人類物種，若不受節制，每二十五年會成長一倍…然而維生的工具，在人類工業最有利的環境下，增加的速度都無法快過於一個數學公式…人口將像數字1,2,3,8,16,32,64,128,256般的增加，而維生物資則呈1,2,3,4,5,6,7,8,9般地增加。」經濟的改善只可能是暫時性的，而人口成長一旦到達最適點之後，就會受到戰爭、饑荒、與疾病的節制而減少。有些人利用馬爾薩斯的理論，提出反對改善窮人生活環境的主張，認為這些措施只會使更多的人口會存活下來，而提早人口大滅絕的到來。

　　十九世紀實施定期的人口調查激起社會各界研究人口移動、死亡、與生育的興趣。第一次人口調查於1801年舉行，此後一直維持每隔十年做一次相近似的調查，全國上下每一個人都逃不掉（除了1941爆發戰爭的那年之外）。

　　人口調查時所問的問題並不是每一次都完全一樣。從1851年到1911年的調查問到身體機能的殘障，包括：失聰與失明；1951年與1961年的成年人則被問到他們停止接受全職教育的年齡；1971年問到他們的學歷與文憑。儘管如此，每年的人口調查都建

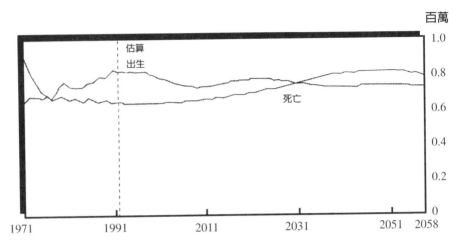

以1989年為基期估算

來源：《社會趨勢》，第23期（London: HMSO, 1993）。

圖15.1　出生與死亡

立起人口總數，而且自1821年以來（除了1831年以外）都包括有民眾年齡的詳細資料。

　　從1837年開始，強制規定出生、結婚、與死亡都要登記。顯然，如果這些資料對預測像是未來將有多少老人需要照顧、十二年內會需要多少校地之類的事務絲毫沒有一點用處的話，政府不會花下高額的經費收集這類資料。

　　人口學是一門不精確的科學。1972年預測聯合王國2001年的人口是六千兩百四十萬人，然而1979年的預測則是五千七百九十萬人；四百五十萬人的這點差距對於服務的提供上，顯然會產生相當不同的含義。不過一點人口學的知識都沒有，更會造成一團混亂！

　　在十一世紀，或許英格蘭與威爾斯的人口不會比一百萬多多

少。這個數字到了1600年緩慢上升到五百萬，到了1700年大約是六百萬，到了1801年是八百八十九萬三千人。然後出現「人口爆炸」，1871年人口增到兩千兩百七十一萬兩千人，這是由於出生率大抵維持不變，而死亡率普遍下降所造成的結果（雖然有些工業中心的情況並未如此），而這又是因為衛生與醫藥知識改善的結果。更多的小孩存活下來，並且生育他們自己的小孩，另外一個因素是來自愛爾蘭的移民。圖15.1顯示人口的變遷與預測。

15.2 生命期望

生命期望是指某個年齡的人可以期望活下去的平均年數。如果1901年的死亡率在1901年與1949年之間維持不變，一名生於1901年的男子那時可以期望活到1949年。如果他活過了「出生時的生命期望」如果死亡率繼續下降的話，在那個階段他可以期望活超過四十八年那個平均期望值，一直活到1976年，甚或更長。1991年一名剛出生的男嬰可以期望活到七十三歲，女嬰則可以期望活到七十九歲。

由於健康水準的改善主要是改善了年輕人存活到老年的機會，所以對於那些已經活到老年的人，他們的生命期望是不會有多少的改變。1901年，如果一名男子有幸活到了八十歲的高齡，他可以期望再多活四點九年；到了1991年他存活的機會只增加了一年兩個月（女性生命期望增加了兩年八個月）。

15.3 1870年以後的出生率

「出生率」是指某年中每一千人中的活嬰數。有時這個數字被稱爲「粗出生率」，因爲如果介於生育年齡的婦女人數在比較的那年中多過於另一年，那麼這個數字會給人錯誤的生育率印象。「生育率」是任一年中總人口中每千名年齡在十五歲與四十五歲的生育婦女所生產的活嬰人數。雖然較不常使用，這是個比「出生率」更爲精確的反映生育水準的數字。

出生率大約於1871年開始平穩下降。或許這涉及數項理由：

◆健康水準的改善意味著民眾漸漸瞭解到他們並不需要生很多的小孩，才能保有一些他們老時，還能夠活著照顧他們的小孩。

◆全時教育的引進使小孩成爲一項經濟的負債，而不是一項能夠要他們去工作賺錢的經濟資產。

◆1870年代經濟的不景氣，生活成本上升，但收入仍維持不變，使中產階級開始節制他們生養的小孩人數。勞工階級爲了維持或改善他們的生活水準，漸漸也遵循這個模式〔班克斯（J. A. Banks），1954，《生活富裕與爲人父母（*Prosperity and Parenthood*）》〕。

◆繼1875年爆發查理士·布列德勞與安妮·畢山特（Charles Bradlaugh & Annie Besant）因發行由一位美國醫師所著的生育控制手冊，而被控「淫蕩」的案子進入訴訟之後，生育控制變得更爲普遍。該訴訟案的宣傳刺激了銷售量。剛開始這兩人雖然被判拘禁，但是後來卻因涉及專門技術而獲得開釋。

1871年每千名生育期的婦女產下的活嬰數（生育率）是151（出生率是37）；到了1881年已降至146，到了1891年降到129（出生率爲32）。1891年之後出生率持續下降，直到1931年才維持平穩。四○年代後期與六○年代早期稍微出現高峰，接著又是一波些微的下降。1891年以後持續的趨勢可以由下述因素解釋：

◆老年年金以及其它福利給付的實施，使得民衆較不需要小孩來保障年老後的生活。
◆生育控制法的改進，特別是避孕藥的引進。
◆態度的變遷──包括：宗教對於生育控制的制裁效力減低、以及家庭人數多寡的社會潮流──隨著小家庭成爲正規模式。
◆1967年墮胎合法化。
◆女性受教育的機會與生涯展望的改善，促使其延後組成家庭；甚至決定完全不要家庭、集中事業的發展，或是盡早完成家庭的建立，以便早日回去工作。
◆對於生活水準的期望上升：寬敞的居住環境、出國度假、以及其他層面物質生活的改善；或許也希望少生幾個小孩好使每個小孩可以享受到較多的生活機會。
◆高流動性核心家庭的成長。沒有了擴大家庭的支持，核心家庭成爲主要的運作單位。

1940年代後期人口的稍微增加可以解釋爲大量的男子從戰爭中歸來，被延後的家庭生活再度開始；1960年代戰後嬰兒潮的長大成人，開始組織他們自己的家庭。結婚年齡稍微出現暫時性的下降，此外對某些人來說，可能是上升流動鼓勵他們選擇中上階級比較大型的家庭模式。另外，在這個時期，來自生育率比英國高的地區的移民人數，出現了實質性的增長──或許增加的嬰兒人

表15.1 出生數與出生率

	1951	**1961**	**1971**	**1981**	**1991**	**2011**
出生數 （千計）	678	811	783	634	793	728
出生率 （粗估）*	15.5	17.6	15.9	12.8	13.8	12.1

＊總人口中每一千人中的總出生數。

數中有三分之一是這個因素的結果。

　　1970年代後期及其以後的出生率，出現自1970年代中期的低點稍微上揚的趨勢。表15.1顯示1951年與2011年之間出生率的狀況。

　　整體而言，英國的人口現在是靜態的——1971年與1991年之間的人口調查，英格蘭與威爾斯的人口出現了百分之零點五的增加。

出生預測

　　出生人數是由生育年齡婦女人數與每名婦女產下的活嬰人數（生育率）所決定的。對於這兩個因素中的前一個，我們大可以針對多年以後的未來，提出相當可靠的估計：生育年齡的婦女人數可能會一直增加到1990年代早期，然後才會慢慢減少。如果生育率穩定，出生人數同樣會持續成長直到1990年代早期，然後才會縮減。然而，不幸地第二個因素比生育率——就我們的目的來說，是比較無法預測的，也是造成本世紀出生人數波動的主要根源。

　　先把戰爭時期的動亂擱在一邊，生育率——以平均完成家庭人數來表示——在1900年代，每名婦女生育的小孩數大略是比三個稍

微多一點，到1930年代降至大約爲一點八個。後來又開始上升，到了1964年幾乎到了三個，然後於1977年降到最低點。如果這個趨勢繼續下去，會造成完成家庭的平均大小爲一點七個小孩。到了1980年這個比率上升到一點九，年出生總人數相當於上升了百分之十五。然而，出生登記人數到了1980年末，又再度下降。儘管1981後半年稍微有點增加（因季節性因素之故），但1981年的總數是稍微下降的。

假定生育率將傾向於增加，從1980年代末期起達到一個水準，這將意味著一個完成家庭的平均大小是每個女人二點一個小孩，那麼長期之後會導致一個穩定的人口。實際上1980年的出生數是高於這項主要的推測，而1981年則低於這項預測。1981年出生數的微幅下跌，加上觀察到近幾年來生育水準一直低於二點一──這項主要推測所認定的長期水準──使我們在做預測時非得謹愼小心不可，在未考慮其他可行之道之前，不得貿然以這項預測直接進行規劃。（「教育與科學部」，《教育報告》第九十七期，1982年5月）。

15.4 死亡率與嬰兒死亡率

「死亡」率是某年當中總人口中每一千人中的死亡人數。十九世紀人口急遽上升是因爲死亡率的下降（儘管數字仍然偏高），但是出生率維持不變所致。死亡率持續下降而人口並沒有繼續暴增，則是因爲出生率減少更多之故。在1970年代中期，英國的出生率已經降低到「替代水準」之下，也就是說，如果略去移民不計的話，死亡率（1975年爲十一點八）高過出生率（1975年爲十一點六），因而總人口數變小了。從那次之後，趨勢已經稍微有點

十九世紀結束之前生命期望增加的主要原因，是青年人死亡率的下降——那些活到老年的人常和今日的老年人活得一樣久。

回轉，死亡率為十一點三。

　　死亡率開始下降是因為意外、醫藥發明、立法與發明等多種因素共同促成的結果。其中以棕色老鼠消滅身上的跳蚤會造成黑死病的黑色老鼠最為成功（大約在1750年）；十八世紀開始農業技術的改進改善了許多人的飲食；珍納(Jenner)發現對抗天花的疫苗（1796年）；1846年引進麻醉的手術；以及工廠法定下了管制兒童工作條件的規定（1802、1819、1833、1844年等等）。公共健康法案（1872年與1875年）成立了負責污水、供水、以及廢物處理的衛生機構，有助於霍亂與傷寒等流行病的撲滅，同時食品與藥品銷售法（1975年）與其它改善住宅與醫療保健的法案，也對死亡率的減少貢獻良多，像是減少因生育過多小孩而死亡的母親

人數。1861年與1870年之間的死亡率是二十二點五；但是在1961年與1970年之間已經降低到十一點七。

　　嬰兒死亡率是總人口中每千名活嬰中在一歲前死亡的嬰孩人數，已被視爲顯示一國健康與健康服務狀態的一項優良指標。1990年，英國的嬰兒死亡率比瑞典、日本與法國都高，但是比義大利、希臘或紐西蘭來得低。

　　1841年英格蘭與威爾斯第一次開始收集死亡率的資料，一名十五歲的男孩可以期望再多活四十三點六年，女孩四十四點一年；到了1960年，他可期望多活五十五點三年，而女孩六十點九年。今日男性的生命期望是呈停滯狀態，但是女性的生命期望仍繼續有所長進。

　　一般說來，本世紀嬰兒死亡率的減少以及死亡率持續的緩慢下降，一直是長期立法改善健康與衛生的結果，特別是1948年全民健康服務制度的引進，以及產前與產後對母親與小孩照顧的改善。過去嬰兒的殺手：白喉、百日咳、以及麻疹不是被消滅了，就是殺傷力減弱，不會致命。自從1890年白喉抗毒素第一次被生產出來之後，藥效已大獲改善，所以死亡人數從1940年兩千四百人到1973年減低到零。第二次世界大戰期間，自盤尼西林第一次被引進之後，更使因傷口感染致死的人數大爲減少。

　　嬰兒死亡率在十九世紀後半整段時期中大約是一百五十；到1939年下降到五十三，到1940年代末期降到三十二，到了1965年降到十九。然而，在嬰兒死亡率上總是有相當可觀的社會階級變異。1972年第一類社會階級（專業）嬰兒死亡率的數字是十一點六，而第五類社會階級（無技術）爲三十點七；到了1980年這些數字分別減少到八點九與十六。

複習摘要

人口成長

英格蘭與威爾斯	
1001	1,000,000（估計）
1601	5,000,000（估計）
1801	8,893,000（估計）
1821	12,000,000（調查）
1841	15,914,000（調查）
1861	20,066,000（調查）
1881	25,974,000（調查）
1901	32,528,000（調查）
1921	37,887,000（調查）
1941	沒有調查（戰爭）
1961	46,196,000（調查）
1981	49,634,000（調查）
1991	49,193,915（調查）
2001	51,065,000（調查）
2011	51,488,000（調查）

> **聯合王國**
> **1991**
> 女性28,776,671
> 男性26,967,232

	蘇格蘭	北愛爾蘭
1801	1,608,420	*
1901	4,472,000	1,237,000
1921	4,882,000	1,258,000
1961	5,184,000	1,427,000
1981	5,180,000	1,564,000
1991	4,962,152	1,577,836
2001	4,985,000（估計）	1,694,000（估計）
2011	4,834,000（估計）	1,724,000（估計）

*沒有分裂成兩國。現在愛爾蘭總人口數為4,500,000；1871年時為5,398,179.

出生率

自1871年以來出生率降低的原因

◆健康水準的改善意味著，人們日漸瞭解到他們並不需要生許多小孩，才會有幾個小孩能夠存活下來，在他們年老時照顧他們。

◆全時教育的引進使小孩成為一項經濟負債，而不是經濟資產，因為不再能要小孩外出工作賺錢。

◆在1870年代經濟蕭條時期，生活成本上漲而薪資維持不變的情形下，中產階級開始節制生育小孩的個數。勞工階級為了維持或改善他們的生活水準，也漸漸遵循這個模式。

◆在1875年查理士‧布列德勞與安妮‧畢山特因發行生育控制手冊而被控「淫蕩」（以及隨之而來的宣傳）之後，採行生育控制者日增。

出生率持續下降的原因

◆1908年引進老人年金制度，使得民眾較不需要小孩來保障年老後的生活。

◆生育控制法的改進，包括1960年代避孕藥的引進。

◆態度的變遷，包括：宗教對生育控制的制裁效力減弱，以及家庭人數的潮流偏好，使小家庭成為正規模式。

◆1967年墮胎合法化。

◆女性的教育機會與生涯展望的改善促使延後組成家庭；甚至決定完全不要家庭、集中事業的發展，或是儘早成家，以便早日回去工作。

◆對於生活水準的期望上升：寬敞的住家、出國度假、以及

其他的物質改善；或許也希望少生幾個小孩，好使每個小孩可以得到比較多的機會。

◆流動的沒有擴大家庭支持的核心家庭在數量上的成長，使他們成爲現代社會主要的運作單位。

出生率的波動

1940年代後期出生率的增加是由於第二次世界大戰的結束，以及人們因戰爭所造成的不確定性（例如，被炸死或配偶可能死亡）而將生小孩的事延後。

◆戰後嬰兒「潮」長大成人，生育他們自己的小孩。
◆由於充分就業與生活水準提高，而出現普遍樂觀的心理。
◆結婚年齡出現稍微的、暫時性的下降。
◆來自生育率較高國家的移民在人數上出現實質的增加。
◆（或許）上升社會流動鼓勵某些人採納一般盛行於中上階級的大家庭制。

死亡率

死亡率下降的原因

◆清潔衛生的改善——例如，廁所、主要的下水道、清潔管線的供水、官方的廢物處理系統。1872年與1875年的公共衛生法案（這些特別有助於消滅兩大疾病殺手：霍亂與傷寒）。
◆醫藥的進步——例如，預防天花疫苗（1796年）；麻醉手術（1846年）；白喉抗毒素（1890年）；抗生素，特別是盤尼西林（1929年）。這些發明可能要花些時間才能廣爲社會

大眾所使用；盤尼西林直到1940年代才發揮功效。全民保健的改進（「全民醫療服務」，1946年）。

◆生活水準的提高——飲食的改善（自十八世紀起農業技術的改進促使生產更多的糧食）；較好的居住環境（例如，1890年起的「市民」住宅）

◆生活型態的改變——「妊娠死亡率」的減低：隨著家庭人口數的減少，比較少的婦女因生產而死亡；兒童停止外出工作（自1802年起實施工廠法）；工業意外與疾病亦因這方面的立法而明顯減少。

◆由於上述的結果，導致嬰兒死亡率的降低。

第16章

人口變遷的效應

16.1 老化的人口

　　出生率下降、卻有更多的人活得更久的這項事實，意味著有更多的老人必須靠勞動年齡的人口來養活。這有時被稱爲「扶養債（burden of dependency）」。

　　1991年英國總共有一千零六十萬的人口靠領年金過活——就1971年來說，上升了百分之十六。到了2031年，預期這個數字會再增加百分之三十八，乃至到了一千四百六十萬人。

　　當貝弗里奇爵士（Lord Beveridge）完成他的報告（《社會保險及相關服務》，1942）時，他建議老年年金的金額應該訂在維生水準，以避免供養老人對勞動者來說變得難以承受的負擔。老人人口的日益增加所帶來的壓力、以及老人本該分享他們當初合力創造的物質富裕，已經使年金比剛開始設想的額度實質上高出許多，但是許多人仍認爲年金額度應該比現在更加多些。

　　傳統以來，扶養人口的成長將會加重勞動者的納稅額度，因此會帶動提高工資的壓力、而這又會導致通貨膨脹，缺乏競爭力、失業、支付這些必要稅務項目人口的縮減，因此更加重勞動者的賦稅，於是造成了整個惡性循環。然而，電腦革命現在可以動用較少的人力來生產較多的產品，因此供應老人生活所需這個問題變成了重新分配資源財富，而不是扣繳所得的問題。工作過程的改變可能會隨後就到。（參閱14.1）

　　然而，儘管金錢給付現在已經不是主要的問題，可是與老化人口有關的社會問題依然很多。做爲運作單位的擴大家庭它的沒落，已經導致許多老人過著孤立的生活：不是完全獨居，就是和他們的同輩一起生活在老人之家。孤單寂寞的問題以及沒有價值的感受，加上相對貧窮，降低了許多老年人的生活品質。社會上已經出現了利用老人的知識與技術來照顧社區集體利益的各種嘗

勞動人口必須要養活更多的老年人口

試——例如，對全職在家照顧小孩的年輕媽媽們提供代理奶奶的服務——但是一般說來，在這個日漸由年輕人主宰的社會，老人已經不再被認為有多大用處。

　　不過，隨著中年人的經濟力量變得分外明顯，1980年代似乎可以嗅出一絲改變的跡象。這個團體不僅構成了全國人口的主體，而且隨著房貸的付清、房子賣掉所得到的是比當初的買價高出好幾倍的金錢，我們可以預期是他們，而不是年輕人，成了廣告商的新寵。1990年代《老小子（*The Oldie*）》雜誌的出現，可能就是第一個證據。

16.2 人口移動

　　十九世紀開始之初，只有百分之二十五的英國人口居住在鎮上。現在整個局勢逆轉，有百分之七十五的人住在鎮上，其餘的是到鎮上去工作。幾乎所有民眾的購物、教育、或是娛樂活動，都依賴鎮上供應。這個居住與依賴鎮上的過程，被稱為「都市化（urbanisation）」。

　　雖然人口流往鎮上開始於中世紀，但是在英國吸引大量來自鄉村居民進入市鎮與城市的是十九世紀的工業化。現在全國總人口中有三分之一的人，居住在七大由鄰近市鎮成長合併而成的「都會區」——倫敦大都會區、西米德蘭區（West Midlands，環繞著伯明罕的都會區）、麻塞賽區（Merseyside，環繞利物浦之都會區）、西約克區（West Yorkshire，環繞里茲之都會區）、史翠斯克來德區（Strathclyde，環繞格拉斯哥之都會區）、曼徹斯特大都會區、泰恩與維爾區（Tyne and Wear，環繞新堡之都會區）。英國有歐洲第四高的「人口密度」（每平方公里的人數）。1981年人口密度的數字是229，幾乎有一半的人口居住在全國百分之五的土地上。

　　都會區的成長帶來了與污染有關的健康問題、道路擁擠、以及水準以下的住宅品質。同時，與都市生活的匿名特性有關、卻不易數量化的問題，重則就其極端形式而言，會導致自殺〔桑斯柏里（P. Sainsbury），1955，《倫敦市自殺行為的社會面向》〕；輕則增加對地位表徵的重視（參閱13.1），而那些地位表徵都不是居住在鄉村社區所需要的。在鄉村裡，一個人的價值比較可能是建立在熟識的關係之上。

　　若就此認定都市中心總是缺乏「社交（sociability）」，那會是個錯誤，因為有證據顯示大多數的大都市裡都有「都市村落」的

存在，那裡有定居的社區，相互熟識的人形成一張熱絡的關係網。貝斯納格林（Bethnal Green）就是「倫敦中部的一個村落」，居住「其中的人大多都與其它的家庭網絡有著親戚關係，於是透過這個網絡，大家不是朋友，就是熟人。」（威爾蒙特與楊格，1960《倫敦郊區的家庭與階級》）。雖然貝斯納格林在過去三十年來變化很多，但是這類都市村落依然存在。

犯罪在都市地區相當猖獗。這有一部份是因為有比較多的東西可偷、也因為都市的環境使偷竊或破壞陌生人的財物變得更加容易下手。已有研究顯示，和街角的商店比較起來，超級市場的非私人性助長了較高比例順手牽羊的偷竊行為。市鎮的匿名特性也使人較不容易被辨識出來。

在兩次大戰之間，當圍繞在市鎮周邊的住宅區發達起來，「郊區化」的現象於焉產生。人們搬到有清新空氣與自家花園的地方居住，但也常因缺少社區的感覺，而對撤退到「私人化的核心家庭」感到若有所失（參閱4.4）。

為了對抗都會區的發展，「綠色地帶」被開闢出來。禁止對這些地帶做進一步的開發。在第二次世界大戰之後，發動了一項有意識的把舊都市中心的人口向「新市鎮」驅散的行動。這些新市鎮有高水準的生活環境，但是住在那裡的人在心理上卻飽嚐缺乏私人關係的苦楚——特別是那些被綁在家帶小孩的母親。

國內的遷移主要是出於經濟壓力的結果。許多舊工業中心的人口一直在減少之中，特別是英格蘭北部地區，像是造船之類的傳統工業已經沒落、以及蘇格蘭與威爾斯的鄉村地區，那兒誘人的都會區已經鼓勵許多年輕人外流。直到1980年代，人口增加的主要地區向來是東南部與諾佛克（Norfolk），因為他們在地理上接近倫敦與歐陸市場之故，以及西南部，有部份是因為這個地區是非常受歡迎的退休養老之地。

不過，東南部在1991年出現了最大的人口淨流失量，大約有

「垂暮地帶（twilight zone）」──這個名詞最先是被用來描述被規劃為再開發地區的貧民窟；由於這些建築物房地產被劃歸為勒令拆除的項目，於是被閒置在那裡沒有人會去整修，以至於環境品質更加惡化。只有那些沒有能力搬出去的人留下來，低廉的房價吸引那些最為貧困的人來此居住，於是帶來了社會問題，同時棄置的建築物與拆除的大樓也招來了破壞公物的舉動。現在這個名詞有時候被擴大用來涵蓋那些，即使沒有更新發展計畫、但是面臨相同問題的地區。

九十萬人搬到完全不同的英國地區去住；約有淨一萬六千人次從東南部搬到西南部。或許出人意料之外的是，北愛爾蘭似乎也從英國本島吸收了不少人口。

16.3 性別均衡

　　女人活得比男人久，而且男人與女人之間「長壽」的差距持續擴大。生命期望上的這項差距，可能有生物學上的原因，但是更明顯可見的是社會因素，而社會因素事實上可能構成看似明顯的生物學因素。舉例來說，當今有比較多的女性死於心臟疾病，而這個現象可能是因為她們承擔了男性在工作場所內挑起責任的角色，以至於生活緊張加重所致。

　　男人比較可能死於意外事故，這不但是因為他們從事比較危險的工作，也是因為他們比較可能騎機車或摩托車。男人比女人更常吸煙，因此比較可能死於與吸煙有關的疾病，像是癌症與心臟病。到目前為止，男人仍比女人更有可能從事會觸發高度緊張疾病的工作。過去男人比較可能死於戰爭，但是第一世界大戰因男人遭殺害而造成過剩的那些女人，現在已經漸漸脫離總人口數。

　　過去男人與女人生命期望的平衡，就某種程度來說，是因女人多次懷孕生產，方才得以維持。不過一般婦女經歷了懷孕次數的大幅下降，業已造成高齡婦女人數的比例比以前多出許多，而與此相關的是婦女死於生育——「妊娠死亡率（maternal mortality）」——人數的減少。1840年男性出生時的生命期望是四十歲、女人是四十二歲，到了1901年男女分別是四十六歲與四十九歲，到2001年期望各自是七十五歲與八十歲。

　　大多數的社會裡，女人多於男人，因為雖然出生的男嬰多過於女嬰（在英國，每一百名女嬰大約對一百零六名男嬰）。而這項失衡，過去都是因男嬰體質較為脆弱而有較高比例的男嬰死於嬰兒期，而得到反向矯正（見**表16.1**）。不過，現在有更多的男嬰一直活到成年期。而這個現象帶來了兩項結果：第一，女人結婚的

表16.1 英國的人口（單位：千人）

	1951年	1961年	1971年	1981年	1991年
男性	24,118	25,481	26,952	27,050	26,967
女性	26,107	27,228	28,562	28,626	28,767
總計	50,225	52,709	55,515	55,676	55,734

機會現在是比以前任何一個時期都高，而這又增加了生育率；第二，眾多男人想要找個伴侶，卻找不到的景況，卻是英國社會前所未有的現象。一妻多夫將會是解決之道嗎？父母有能力決定他們子女性別的期望將指日可待，這會是未來的另一大問題。

16.4 都市內環

一般說來，一個城市的中央是從這個地方向外擴張的核心。因此經常包含最古老的住宅區，故而也比其它地區更可能陷入衰敗之境。由於這個環境以及其它的不利條件諸如：噪音、污染、以及老式的學校建築物，使得沒有人想要住在這裡，那些負擔得起的人都已經搬到別處去住了。

近年來，最大的數個城市已經出現人口外流的現象。倫敦在1971年與1981年兩次戶口調查之間流失了百分之十七點五的人口；大都會地區在1981年與1991年之間總共失去了三十六萬人，而隨著人們繼續搬到郊區去住，英國非都會地區的人口則增長了一百六十萬。這些外移人口已經建立了二十八個新市鎮，但是這

個發展目前已經停止了，因為若任其持續發展，顯然會產生危險：人口持續的外流將會毀掉城市的基礎建設，並且留下一個比例難以預料、受盡剝奪、需要幫助的住戶，因為最有精力與能力的人都搬到別的地方去了。許多城市的中心——「都市內環地區」——居住品質皆已劣質化，有的是比例非比尋常的社會剝奪與犯罪的問題。

最有可能居住在都市內環地區的是：負擔不起搬出去的老年人；那些因失業、遭人遺棄、或是失能而陷入貧困的窮人，有時這些人的家庭人口數還蠻多的；移民，經常是沒有技術與資本，以至於那裡房價最便宜、那裡他們能被接受，就住在那裡；以及那些有工作做，但是沒有一技之長、工資微薄的人。

由於物價過高及其他因素，商業紛紛遷出都市中心，這又更進一步減少了必須住在這裡的居民的就業機會。內環都市環境品質的惡質化、以及日益上升的犯罪率，使這些地區愈來愈沒有人想要住進去，因此愈來愈多能夠搬出去的人就搬離開這裡。於是使內環都市陷入一個每下愈況的惡性循環。（要進一步瞭解內環都市的問題，參閱這個單元所列的讀本，以及本書後面所附的「進階」社會學試題的範本題解）。

近年來，某些地區——特別是倫敦伊斯林頓區（Islington）——已經出現「都市升級再開發」的運動。愈來愈高的生活成本，以及到都市中心上班、回到郊區睡覺——通勤——所引起的不便已經導致許多中產階級的人士嘗試在內環都市購置中古屋，然後將之重新翻建。這個運動有創造一個不再沈默的壓力團體、督促改善地方服務與重建環境的好處，但是也有不利的後果：加重買不起改善區房子的人所面對的住宅短缺的問題，而且對於中產階級住戶附近較為窮困的鄰居，或許會使他們產生更加強烈的相對剝奪感受（參閱10.4）。

都市內環

　　界定像是「都市」之類的名詞是有些困難。但是要為都市地區的「內環」與「外環」下個定義更加困難，而且有許多種可能的定義。

　　1977年地方政府與中央政府攜手合作，就問題規模與集中程度最嚴重的情況，全力選出幾個大都市內環的若干區域。被這兩個合作單位界定為內環的地區，提供了一個為這些都市共同接受的定義。當時的七個地區是由伯明罕、藍柏斯（Lambeth）、利物浦、曼徹斯特與沙爾佛德（Salford）、新堡與蓋次賀德（Gateshead）、倫敦的達克蘭（Docklands）、以及黑克尼（Hackney）與伊斯林頓（Islington）連在一塊的全部地區。

　　英國是世界上第一個經歷大量都市化的國家。到十九世紀末，大約有四分之三英格蘭與威爾斯的人口居住在都市地區，比其它任何一個國家的比例都高出許多。不僅都市化發生的時間比較早，而且速度極端之快，因而今天許多都市內環的問題都與當初十九世紀早期城市的發展有關…十九世紀早期這些城市用以發展的空間是極端有限的，因為幾乎每一個人都必須走路去上班。雖然城市提供工作的機會，但是卻無力提供從貧窮的鄉下地區湧進市鎮的全體民眾，足夠的住家或社會設施。十九世紀初大部份市鎮在供水、清除廢料污水、或是處理大眾流行疾病上，就算有，有的也只是相當基本的設施。這些城市完全被源源不絕湧入的人口所充塞，因而許多大城市的環境都相當的惡劣。利物浦與曼徹斯特的生命期望幾乎是雪瑞（Surrey）之類地區的一半，當然這有一部份是因為相當高的嬰兒死亡率所致。

　　1830年代與1840年代的一場霍亂，激起社會大眾對這些令人不寒而慄的居住環境憂心忡忡，進而促使皇家全國大型市鎮與人口稠密地區委員會於1844年成立。接著就引進第一梯次的住宅與

衛生改革法案。該世紀後半期，開辦低價位的大眾運輸系統，使民眾能夠居住在離工作地點較遠的地方，而城市的範圍也隨之快速擴大。不再需要居住的非常稠密，負擔得起的人家搬到都市的外圍——這是一個從那時開始就一直持續至今的趨勢。不過，許多勞動階級的居民由於臨時性的就業本質，需要他們的太太與子女外出賺錢，迫使他們留在都市的中心地區。

英國最大的幾個城市的心臟地帶現在不僅在絕對數字上，流失了許多人口與工作機會，再加上沒有提出具體的防治措施，可以預期這股趨勢將會持續發展下去。有些人口的下降是減少人口密度所必須的，但是大多數的地區已經過了這個階段。

都市內環住戶的平均居住年數比全國平均高出甚多。英格蘭大約有超過四分之一的住宅是1919年以前建造的；但是都市內環地區的這類住宅比例大約介於百分之四十到六十之間，儘管已經執行過大規模的貧民窟掃蕩計畫。

不僅屋齡老舊，許多甚至還缺乏基本的衛浴設施。利物浦與曼徹斯特／沙爾佛德等都市的內環地區，問題特別嚴重——超過百分之十六的住戶至少缺少一套基本的衛浴設備，最常見的是沒有自家的廁所。

誠如內環地區研究所顯示的，環境改善的步調也因為都市內環地區有相當比例的住民，負擔不起改善成本而延後。再者，有些老住戶覺得沒有改善的必要，而不住在這裡的房東可能也不想花錢改善環境。

建築物狀況的惡劣並不是內環都市住宅唯一的問題。不過，內環都市比其它地方有更多的家庭住在過分擁擠的環境之下，有更多人吃住在一塊。這有一部份事實上是為了達到必要的稠密度，大多數的老房子在當初建造時，就建有好幾層樓高。但是現在全都由不同的住戶所有，通常大多是私自向房東分租的，因而常顯得過分擁擠。

比較新近建造的房子也不是完全沒有問題。這些房子有許多是爲了重新容納那些從貧民窟掃蕩出來的住戶而建造的，所以許多是像塔般高、每層樓中有數個家戶的大樓、或是中等高度的一整列平房。這種建造模式主要是配合那個時期人口的稠密度。那些房子有很多已經變得相當不受歡迎，破壞公物常是主要的問題，附加在這些房子上的惡名聲，可能要很多年才能洗刷得掉。

　　雖然各都市的內環頗不相同。但一致的是，都市內環和全國比較起來，有高比例的房子是租來的，房子是住戶所有的情形較少…。因此內環地區的人口結構偏向以手工勞動階級爲主，雖然要取得已經搬出內環都市的那些人的詳細資料並不是件易事，但是所有跡象都顯示大量生活狀況比較富裕的、技術水準比較高的人陸陸續續有搬出內環都市的趨勢——開始於十九世紀末——還在持續當中。不僅是生活比較富裕的人能夠負擔得起到上班地點所需的交通費用，而且他們也能夠負擔得起購買他們自己的房子，因此不會受制於是否有房子出租、或者地方政府要求住在當地的規定。

　　都市內環住戶當中，每個社經團體的失業率都高於住在其它地區的居民。內環地區年輕人與非白人的失業率也都相當的高。

　　十年來內環地區居民能夠從中找到不會造成通勤成本增加的工作地區已經流失了許多工作機會，而且這些工作機會可能還會繼續減少。工作機會縮減最嚴重的是較老式的服務業、以及傳統的製造業。這些產業當初促使這些主要都市快速的發展，但是現在正面臨著科技進步以及對他們產品需要減少而一再式微。正如起初建造的住宅全部都在同一個時期需要重新整修，傳統的工業也是一樣都一起沒落。

　　有些服務業已然成長，但是並不足以補救其它部門就業的減縮。而且一般說來，他們並沒有提供許多的就業機會給低技術的手工工人，對於那些擁有傳統技能的人也沒能提供多少工作機

會。

顯然內環地區工作的流失，有大半是因為關廠或工廠減少所造成的，而不是淨遷出的結果。這個現象以不同的風貌出現在不同的地區；有些地區某個主要的工業像是造船業的快速沒落；有些地區是小型工廠出現大量的淨流失；有些則是受到大型多廠房公司理性化的影響。內環地區一般似乎也深受沒有新工廠設立之苦。

造成都市內環地區新工廠開設率低的因素很多，而且很難決定每個因素個別的重要性。政府的政策計畫很明顯地扮演一部份的角色，但是新興流動性高的產業中有許多工廠發現，低迷與惡化的環境、土地價值高漲、大型廠房的難尋、當地缺乏適當技能的勞動力、機會、壅塞、破壞公物、以及犯罪都是障礙。

都市內環地區相當需要社會與健康服務。在任何一個地區，技術水準最低、收入最低的人口最需要社會服務的協助，例如，兒童看顧可能是單親家庭，以及那些處於貧窮線上太太、必須賺錢維持家計的家庭，最基本的需要。低收入社會團體最容易有不健康的身體。低收入的老人住戶常常需要特殊的看護。高比例遷入者因為語言語文化的差異可能會創造不同的需要，例如，教育服務。

應該記得，大多數居住在都市內環的人並沒有失業，而且並不見得是住在非常擁擠的房子裡，或是缺乏基本的衛浴設備。不過，他們可能會感受到被社會拋棄、破壞公物、大小犯罪的影響；而且他們要抵押房子也不是件易事，或者發現他們的住址很難使他們得到新的工作。於是，劣質住宅的集中、沒有一技之長的人口、以及高失業狀況，可能間接會影響到那些即使沒有直接深受其苦的住戶。〔改寫自歐納特與吉藍德（D. Allnutt & A. Geland），發表於《社會趨勢》第十期的〈英格蘭的都市內環〉（Inner Cities in England）一文，London: HMSO, 1979〕。

本論文中提到的數篇報告包括：《變遷抑或衰敗》；〈利物浦內環都市研究的期末報告〉（HMSO, 1977）；《不平等的城市》；〈伯明罕內環都市研究的期末報告〉（HMSO, 1977）；《倫敦內環：分散與平衡政策》；〈藍柏斯內環都市研究期末報告〉（HMSO, 1977）。

都市內環「沒人要住」的大樓

由於房租的低廉，都市內環聚集了來自四面八方的劣勢人口。來自不同管道——掃蕩貧民窟、無處棲身、積分制度——的市民住宅同樣也吸引了大量的劣勢人群。因此房地產制度將都市內環的社會問題集中在一個更小、更私密的空間之中，在那裡他們以更具破壞性的方式互動。在市議會，這個配置遊戲不但創造了剝削問題，甚至製造更為嚴重的特殊地區——廢棄的房地產。

這些是最不具有吸引力、地點最差、公共設施最差的大樓。通常這些大樓會是大戰以前最不現代化的公寓，但是有時候也會是非常現代的房子，由於建築上的大敗筆而製造了比平常更嚴重的缺陷。他們構成了都市內環的內環都市。

劣勢人群比正常人更容易住進條件比較差的市民住宅：老舊的而不是新蓋的；公寓中的一戶而不是獨棟的房子；較高的而不是較低的樓層。某些社會群體生活狀況非常惡劣：無處棲身的人、失業、以及黑人最糟，緊追其後的是單親母親與無技術的工人。公共部門似乎不比私人部門更能夠把大家都想要的與大家都不想要的住宅，做出更公平的配置。主管配置的單位習慣藉著把最爛的房子提供給只得到一份通知、別無選擇的那些人——無處棲身者——來解決這一部份租不出去的難題。無處棲身者不可避免的是有相當高比例來自於劣勢的和不穩定的家庭，因為沒有繳房租或因家庭糾紛夫妻失和，而被趕了出來。即使是那些應該有自由

選擇權利的人，仍受制於一個非常複雜的自我選擇過程。房租水準就是其中之一⋯然後，有一個因素，你或許可以稱它為「等候權（staying power）」：決心留在等候名單上，拒絕接受早先輪到配給他的房子，執意等待配到更好房子的機會，以避免搬進沒人要住的大樓內。明顯地對於那些因為人口過於擁擠、修理不當、設備共用、以及家庭衝突，而最急於要逃離他們目前所居住的地方的人們來說，是沒有什麼等候權可言。再一次地，這些人比較會是來自於最貧窮、最不穩定的家庭，對他們來說，甚至一個難以租得出去的房子，看起來都比他們現在所處的狀況好。最後，在社會上這群最不幸的受害人身上，還有些沈默文化的因素在發揮作用：在他們之間似乎存在有一種不知道他們有什麼權利、對於自己控制命運的能力缺乏信心，而且最慘的是——變得喪失鬥志、或是對生活在殘破敗壞的環境之下早已習以為常，以至於對於周遭事物表現出漠不關心的傾向。

　　一旦某棟大樓住進了超過一定比例的社會劣勢住戶——或許，就說五分之一，或四分之一吧——將會發現這整棟大樓陷入一個每下愈況的惡性循環，直到全部被拆除或大部份被重新改建為止。由於整棟大樓內住進了過多的單親戶以及因低收入或是失業以至家庭關係充滿衝突的住戶，減少了父母對子女的管教，所以破壞公物與犯罪猖獗⋯「比較好」的住戶——擁有比較高的收入、儲蓄、或技能，或者一心一意要換環境的住戶——搬了出去，然後搬進來更加劣勢的住戶。結果這整棟大樓得到了一個比實際還惡劣的封號，使得那些對於他們未來還抱持一點希望的人，對這棟大樓內的房子連看都不想多看一眼。而這個相同的篩選過程正是創造與維繫都市內環生活的縮影。

複習摘要

老化的人口

英國在1991年時，六十五歲以上的人口有一千零六十萬（佔百分之十六）。在1901年時，六十五歲以上的人口只有一百八十萬（佔百分之四點七）。

老化人口的影響

成本 {
需要有更多年金與其它給付的支出。

需要有更多的房子給老年人住。

需要有更多的醫院照顧。

在家醫療照顧的增加。

拖累更多的家人（例如，可能因此而必須放棄一分有薪水的工作）。

更多家庭緊張的壓力（如果扶養的親人年邁體衰）。

更多的老人感受到孤立與寂寞。

老人會產生自己毫無價值的感受。

可能見到的好處 {
電腦科技產品提供一個不斷擴大的市場。

提供更多看護專業領域的就業機會。

人們有了幫助他人的時間與經驗（例如，代理奶奶）。

人口移動

住在市鎮與都市人口的百分比（都市地區：英格蘭與威爾斯）

1801	17
1851	50
1911	78
1951	81
1971	78
1981	76

大不列顛：住在都會地區人口的百分比

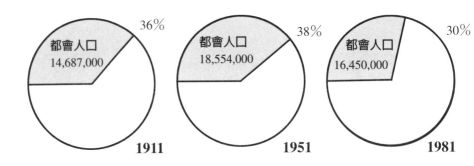

都會區（conurbation）是指人口稠密的都市地區，這個區域主要是由數個大小不同的市鎮以及／或是城市匯集而成的。

人口從以鄉下（鄉村）為主要的居住地區，遷移到定居於都市（市鎮）地區的這個過程，稱為都市化（urbanisation）。

都市化

英國變得都市化的理由有：

◆由於機械化的結果，農業需要的勞動人口數降低──到1984年，只有百分之一點六的勞動人口從事農、林、與漁業。

◆工業化──從十八世紀中葉開始，人們就搬到工廠、煤礦

坑、造船廠附近居住；像是商店之類的服務業就發展出來
爲這些新來的人口提供服務。

都市化的好處：

◆對更多人來說，這代表了接觸更多機會的管道──文化、教
　育、專業方面。
◆有了更加廣大的選擇機會──商店、俱樂部、戲院（日後成
　了電影院等等）。
◆減少了空間上的孤立感。
◆聯絡更加方便。
◆文化的融合（這點上利弊各半）。

都市化的缺點：

◆社會孤立：置身人群中的寂寞感（這個極端形式可能會導
　致自殺）。
◆犯罪與暴力增加，因爲少了一份共同的認同感、共享標
　準、更多的機會、更加不可能被認出來的保障。
◆對於地位表徵的競爭更加激烈；壓力也增加更多。
◆更多的污染、包括更多的噪音。
◆人際關係會變得比較膚淺表面──形成了一個「應酬網絡
　（network of association）」。人與人之間的關係也容易變得
　十分「片面性（segmented）」──也就是說，爲了特殊緣故
　而建立起來的關係，而不是漸漸發展出來的。
◆「世代間的」權威關係跟著減少。「在大城市人口流動性
　大的情況下，年輕人較不尊敬他們的長輩。「阿公」成了
　語帶輕蔑的用詞。」（郝斯，《英國社會的變遷》，1981）。
◆同質性減低──人們比較傾向於表現出彼此的差異性；潛在

的衝突性增高。（也有更多尋求變化與刺激的潛力——見前討論「好處」的段落）

杜尼斯（Tonnies），1887，使用社群（Gemeinschaft）——意指社區——來描述鄉村的生活型態，因為這種生活型態強調家庭與社區，以及兩者間更多的相互涉入與照應。社團（Gesellschaft）這個詞，意指結社，被杜尼斯用來描述都市生活，這是因為結社的形成是出於實用的目的，而且較少帶有村落中非正式的「東家長西家短」之類的接觸。

涂爾幹強調都市生活型態中缺乏規範的感覺，也就是脫序（anomie），並且指出都市居住的許多問題，追本溯源都可以在這類缺乏藉以評斷行為的固定標準中找到緣由。

法蘭肯柏格（R. Frankenberg, 1966）在《英國的社區：鄉鎮地區的社會生活（Communities in Britain: Social Life in Town and Country）》一書中指出：

◆鄉村地區親族之間發生摩擦，以及鄰近村落「少年小伙子」之間鬥毆的可能性（鄉村生活型態和都市生活比較起來，並不全都是平靜安詳）。

◆需要對完全相同的觀眾，扮演數個不同的「整合性」角色（例如，店主、教堂執事、先生、以及雇主）。

◆比較多的機會得到歸屬地位（你父母的地位影響到別人對待你的方式）。

郊區化／鄉村化

從1951以來，居住在都市地區的人口比例已經下降，特別是居住在大都會地區。

人口遷出都市地區的理由有：

◆交通日漸便利──特別是自用汽車的日益普遍。

◆房價過高（大多數都市中心的房價更是昂貴）。

◆大多數都市地區的市民稅比較高。

◆都市地區污染，包括噪音的問題。

◆工業搬離開大型的市鎮與城市（例如，要求清潔乾淨的電腦相關產業經常是小規模的）。

◆生活更加富裕──想要擁有自己的房子。

◆都市地區的犯罪問題。

◆都市地區房價的飆漲，鼓勵住民退休後搬遷到房價比較便宜、環境比較舒適的地區居住（才會有餘錢可用）。

變遷的衝擊

都市與鄉村地區在生活型態上日益相近，是由於：

◆人口將如上述出現匯集的現象。

◆電視同時向這兩類地區播放相同的訊息。

◆接受相近似的教育──例如，教學科目的相同與教課書的使用。而且鄉村地區的老師常常來自於都市，同樣的也常有都市地區的老師是來自於鄉村。

◆機械化與自動化同時在鄉村與都市地區展開──例如，工廠式農業（機械化養雞等等）。

◆假日的增加（都市居民下鄉，鄉村居民進城）。

性別均衡

大多數社會的女性人口數總是多於男性人口數，因為即使出生時，男嬰多過於女嬰，但是男性可能比女性早逝。

男性的生命期望比較短的原因：

◆出生時，男孩體質就「比較弱」（1984年英國嬰兒死亡率，
　男嬰是10.6；女嬰是8.3）
◆比女性有更高的死於意外事故的可能性：從事比較具有危
　險性的工作；較多機車騎士是男性。
◆男性抽煙的人數比較多──癌症／心臟疾病等等。
◆男性飲酒的人數比較多──心臟與腎臟的疾病。
◆承受更多的工作壓力──工作上承擔的責任較多。

但是這個情況可能有所改變。

◆女性漸漸進入了以前屬於男性的角色──例如，接受那些罹
　患與壓力有關疾病風險的工作。
◆死亡原因中嬰兒死亡率所佔的比例已經下降。
◆就比例上來說，現在比起以前有更多的女性飲酒、抽煙、
　以及開車。

　　過去男性有較多的可能死於戰爭、而女性死於生育──現在這
兩個因素都不具統計上的顯著性。

第17章

遷徙

17.1 外移

　　從不列顛島嶼向外移民始於殖民新世界，不過是在十九世紀時成才為主要的運動，特別是移民到美國以及到現在所熟知為「舊」國協中的那些國家：澳洲、加拿大、與紐西蘭、以及南非。移民到這些國家之所以受到鼓勵，是因為它建立起英國血統的白種人口，不但可以維持既有的白人定居者的優勢，同時也期望他們能夠支持他們的母國。移民者常常是窮苦人家，想要到勞力短缺的國家，或是到比較偏愛雇用白人的國家，去開創新生活。有些人也認為外移到較少階級流動障礙的國家，會帶給他們的小孩比較多的發展機會。移民到「新」國協——主要位於非洲與亞洲——的國家，比較多是中產階級，外移者的身份多為行政人員、貿易商、或者是大農場或礦場等企業的擁有者。

　　通常，移出的人數一直是超過於移入的人數（圖15.1），除了1931年到1951年的那段期間，約有五十萬人的淨移入量，而且大多是來自於歐洲的難民：從1950年代中期到1962年代，在第一個移民法生效之前，也就是在這段時期行將結束之際，出現尋求移入英國人數的高峰。在1972年與1973年之間，即當持有英國護照的亞洲人被逐出烏干達邊境時，移入人數稍微多過於移出人數。

　　向外移民的高峰期是介於1911年與1921年之間，幾乎有一百萬人離開英國，但是到了1970年代中期，隨著大多數外移目的國經驗到經濟蕭條與失業問題，於是外移人數開始減少，並且只限於擁有符合目的國需要的專門技術人士。然而，從1975年到1985年之間，幾乎有五萬多人離開英國前往他處定居，但是到了1985年之後，這個趨勢又開始逆轉，1985年與1991年之間大約有二萬五千人的淨移入量。

17.2 移入

　　英國的歷史有段漫長的移民吸納經驗：十七世紀的法國清教徒；十九世紀後半期以及本世紀前半期的愛爾蘭人；十九世紀末與1930年代，來自中歐的猶太人；以及1940年代與1950年代來自「鐵幕」的難民。

　　最近二十五年來，曾經有兩大主要的移民團體：來自西印度群島與亞洲的人民。西印度群島島民主要是受到倫敦運輸以及其它工程的鼓勵，在1950年代移入英國，以因應戰後經濟擴張所導致的勞力短缺。不過，在1970年代，離開英國的西印度島民，稍微比進入英國的人數還多一點。到了1976年，英國的總人口中，大約有五十萬名是屬於西印度群島裔的。時至今日來自西印度群島的移民，事實上已經停止了。

　　1950年代後期，許多亞洲人受到曾經駐紮在印度的英國軍官的鼓勵，而進入英國。這些軍官目睹印度與巴基斯坦（有一部份現在稱為孟加拉）的人口過剩，認為這些人力可以成為國內那些有困難找到人手的產業——像是紡織業與鑄造業——的勞動力來源。到1976年為止，英國有八十萬人口來自於印度，到1991年為止，在英國的亞洲人數幾乎是西印度群島人數的兩倍。然而，來自這個亞洲半個大陸的「基本」移民，現在實際上已經終止了——主要的移民來源是前來加入目前已經定居在這裡的那些人士的妻小。

　　以限制移民為目的的主要立法有：

1905年　外國人法
1962年　國協移民法
1968年　國協移民法

1971年　移民法
1981年　英國國籍法

這項立法業已有效地將移民英國的資格限制在那些擁有英國短缺的特殊技術人才；已經定居於英國人士的扶養家屬；以及那些已經取得英國公民身份、或是父母親、或是祖父母是英國公民的人士。

對於非英國公民入境限制的唯一例外，向來是針對愛爾蘭共和國的人民。他們有權不受出入境的限制，而且住在英國時尚享有充分的政治與經濟的權利。愛爾蘭人傳統以來是英國移民的主要來源。但是近年來，愛爾蘭籍的移民有淨流失的現象（在1961年與1971年之間每年大約有一萬人的淨移入，從此以後，每年有大約一千人的淨移出）。自從英國加入歐洲經濟共同體之後，共同體會員國人民有權不受出入境的限制，但是存在於英國與歐洲共同體其它國家之間的移出與移入，向來都大略維持平衡，不過在歐洲共同體與英國之間的移動，確實有日益增加的趨勢。

移民

如果在英國民眾的腦海裡，「人才外流」的景象近年來爲移出這個字眼添上相當負面的含義，那麼到1962年中旬爲止快速成長的移民同樣造成一個不討好的大眾印象。儘管事實上不論是在物質還是其他方面，至少那些在英國接受教育的民眾，都曾經被灌輸這個國家從早期的移民潮獲益良多的觀念，但是1950年代末期與1960年代早期的情況，在很多特徵上是和以前大不相同。其一，當時並沒有任何明顯程度的移民是來自受到政治、種族、宗教迫害的難民。其二，這個時期的移民沒有一位是來自歐洲鄰邦。他們來自與前期的移民完全不同的地區、基於完全不同的理

由，大量地湧進英國。雖然對於我們需之甚殷的勞動力以及過於緊繃的勞動市場提供了適時的紓解（特別是在護理人員方面，社會大眾對他們提供的援助是真心感謝的，也是全面性的）。但是他們的到來，在大眾的腦海裡也經常和諾丁罕與諾丁高地（Notting Hill）的種族暴動聯想在一起——當代英國生活的一項醜陋的新面貌——而且對於當就業機會不再充分，當過分擁擠與衛生問題，隨移民潮的持續而更加尖銳化時，那麼種族衝突可能就成了預示未來的不祥預兆。一般社會大眾都認為，在許多情況下，同化即使不是不可能，實際上也證明是相當困難的過程；而且移民所面對的經濟與其他的難處，也促使他們在移入都市中某些特定的角落定居下來，結果歷史上第一次出現了充滿社會毒瘤與危險的「有色區域（coloured quarters）」。

就像往外移民的情形一樣，迫切需要有憑有據的事實與數字資料，而在眾多從事特殊調查來填補這項需要的人士當中，露絲‧葛拉斯（Ruth Glass）女士就是其中之一。在她的研究《新來客（Newcomers）》中，她收集到從1954年起至1958年止的這段期間內，定居於倫敦的，由西印度島民所構成的大樣本。仔細地分析這筆資料，再加上廣泛收集已出版的統計數字，使她能夠排除不少似是而非的迷思。例如，她顯示大眾普遍相信幾乎所有新來的移民都是沒有專門技術的勞工的這項看法，其實並沒有事實根據。四位男性移民中，有一位事實上以前是從事非手工的工作，五位之中只有一位曾經是半技術或沒有一技之長的工人，或是農場勞工。移民者的工作渴望在到達移居地時，當然常常無法實踐。地位下降即使不是經濟上的，卻常是共同的經驗。這個認為幾乎所有來自國協的移民是完全沒有一技之長的錯誤信念，甚至從官方文告中都可窺見其蛛絲馬跡，不論其措辭是如何地小心翼翼。〔凱爾蒐（R. Kelsall），《1990年後的英國人口（*Population in Britain in the 1990s and Beyond*）》，London: Trentham books, 1989〕。

民族包括了像是宗教信仰、語言、服飾、與飲食等因素。
蘇活區（Soho）慶祝中國農曆新年

17.3 族群團體

　　民族團體是指擁有獨特「文化」的團體（參閱1.1）；其行為或思考的方式，使該團體顯得與眾不同，這也許包括了宗教信仰、語言、服飾與飲食習慣。

　　民族有時會與「種族」弄混。基本上，種族是根據身體特質所做的分類，通常把人類分成三個主要的團體：蒙古人、高加索人、與黑人。關於分類方法，在生物學界一直有著相當大的爭論，這個概念沒有多少實用價值。沒有獨立的猶太種族或是愛爾蘭種族。沒有明顯的證據顯示在智力上有種族差異。同樣的，智

力上的差異也不是環境因素可以全部解釋清楚的——對美國新兵所做的智力測驗，發現每一州中黑人智力測驗的分數都低於白人，但是來自北部各州黑人的智力分數平均高於來自南部各州白人的智力分數〔巴那特（A. Barnett），1957，《論人種（*The Human Species*）》〕。

移民，在一個全新的、常常充滿了敵意的環境下，傾向於聚集在可以找到房子住、合適工作做的地區；他們主要是和自己人相處在一起，相互通婚、並且嘗試維持他們所熟悉的傳統與風俗習慣。他們之間的團體凝聚力時常受到共同宗教信仰的增強。

任何團體的第一波移民總是年輕、無家眷男子的這項事實，時常造成一個刻板印象——亦即一種信念，認為該團體中所有的成員都帶有那些受到特別注意的少數所具有的特徵。就嗜酒、打鬥滋事、以及「追女孩子」而言，他們的行為可能與當地人口中的某個團體並無二致，但是卻可能因行為者的外貌或行為，而具有較高的能見度。

移民可能比較窮、常常是沒有專門技術的，而且可能會定居在內環都市地區（參閱16.4），那些地區對於社會服務的需求原來就已經偏高。移民將會被視為稀少資源的競爭者，雖然有研究已經顯示，就移民平均收到的社會服務給付而言，是比本土住民來少得多。

17.4 種族主義

由於民族團體的成員，與本國團體成員比較起來，能見度相當高，因此他們很容易就變成偏見——沒有合理理由的成見（通常是敵意）——的箭靶。偏見是直接針對某個特殊種族或民族團體的

成員。常源自於這些團體成員的偏見，被稱為「種族主義」。種族主義通常根源於恐懼——害怕工作與教育的機會、住宅或是婚姻對象受到他人的競爭。種族主義更可能出現在那些感受到最直接威脅的人士身上。而且許多移民通常是直接與社會階梯最底層的人發生競爭，因此通常在最沒有特殊技能的人群中間，可以見到最強烈的種族偏見。像是南非，當社會階梯上層人士的既得利益都岌岌可危時，那麼種族主義可能在中產階級成員中都成為非常普遍的現象。

「英國的無產階級與愛爾蘭的無產階級。一般的英國勞工仇視愛爾蘭人，把他們當成會降低他們生活水準的競爭者」（卡爾‧馬克斯）。

十九世紀時，愛爾蘭人是英國種族主義的主要箭靶，可以同時從愛爾蘭人說話的腔調與信仰的宗教辨識出他們來。當猶太人——從中歐屠殺猶太人的慘劇中逃離——在十九世紀末進入英國之後，他們又成為詛咒與歧視的箭靶。近些年來，甚至更明顯可辨識的西印度群島島民與亞洲人已經成為新的箭靶；但是吉普賽人、中國人、猶太人、以及其他很容易辨識出來的團體，也可能被當成替罪羔羊，責備他們是造成犯罪、失業、教育水準低落、以及其他一般性的社會失誤的禍害。

為了減低公開、「赤裸裸」的歧視，歷任的政府已經制訂立法：

1965年的種族關係法	禁止在公開場所，以膚色、種族、民族或國籍等理由進行歧視。同時也頒佈煽動種族仇恨為違法行為的規定。
1968年的種族關係法	擴大非法歧視的概念，使這個概念的範圍包括了：貨品、設備、與服務；就業、住宅、與廣告。

1976年種族關係法案 　　　　從嚴立法。

　　然而，種族主義是無法透過立法就能廢除的——需要使大眾明白其不合邏輯與不公平之處。幸好，英國社會還有相當程度的包容性；一次聽眾調查（1985）問道：「如果只有白人住在這裡，英國會是個比較好的居住地嗎？」有壓倒性的大多數——百分之八十一說「不會」；只有百分之十五說「會」。這個結果可以從那些想從偏見下手開發票源的政黨所得到的令人不覺莞爾的得票率中，獲得大力的支持。「就其努力爭取的選民中，國家陣線所得到的平均票數是百分之一點四（1979年），與此相較，1970年是百分之三點六，1974年是百分之三點三，以及1974年10月爲百分之三點一」〔巴特勒與卡方納（D. Butler & D. Kavanagh），1980，《英國1979年大選（ *The British General Election of 1979* ）》〕。

「狗兒黨的氣數已盡：新納粹爲何難以維繫」

　　極端右派的英國國民黨（British National Party）贏得了第一個議會的席位，這是因爲在狗兒島（Isle of Dogs）上獨特的情勢所造成的結果。而且這個情勢不可能在這個國家其它的地方重複出現。

　　分析這個英國極端右派政黨運勢的人士，排除各界的恐懼，認爲歐洲大陸新納粹團體的活動，以及國內種族觸動攻擊事件的顯著增加，不會導致極右派支持的死灰復燃。

　　他們指出1970年代中期，像是英國運動與國家陣線這類團體的總人數達到兩萬八千人，此爲極右派的全盛時期。時至今日這個數字只比四千稍微超過一點點。

　　英國國民黨的黨員人數大約在兩千人左右，通常佔一般地方政府選舉時百分之二或三的選票。去年補選時，在米爾渥

（Millwall）、漢利茲塔（Tower Hamlets）等地，該黨贏得了百分之二十的選票，是星期四以前該黨十一年來表現的最好的一次。

該黨的勝選可以歸因於英國最受剝奪的內環都市地區民眾對主流政黨幻想的破滅、以及狗兒島上既有的種族緊張、白人社區的偏狹心態、以及支持極端主義右翼政黨的長期傳統⋯倫敦東區屬漢利茲塔行政區管轄之地，向來是招來移民的第一港口，是極右派的沃土。

本世紀之初英國兄弟會在該地號召反對猶太移民的集會，吸引了一萬名民眾加入。1930年代，英國兄弟會成了奧斯華・莫斯里爵士（Sir Oswald Mosley）右翼黨員的班底。在1970年代，國家陣線國會議員候選人在倫敦東翼區（East End）獲得了多達百分之十的選票。

對移民的敵意在狗兒島特別明顯，1960年代那兒的碼頭工人走向街頭，抗議伊諾・鮑威爾（Enoch Powell）在其發表「血流成河」的演說之後，遭到反對黨內閣開除黨籍的待遇。

今天由以前碼頭工人家庭所組成關係緊密的白人社區，對外來人士所持的態度都大同小異。親眼目睹過去五、六年來亞洲人與黑人大量湧入英國，目前這些人口佔英國總人口的百分之二十。

這個地區因劣質的居住環境與人口過於稠密而衰敗，當地居民因都市更新而興建的房舍現在卻都成了昂貴的空屋，根本不能帶給當地的住戶多少好處，反而在經濟上更加深了他們的苦境。住宅問題是本週補選中唯一的議題，而英國國民黨能夠開發的，正是白人體驗到的那份對亞洲人特別優待的感覺。

湯尼・羅布森——一份反法西斯主義的雜誌《探照燈（Searchlight）》的研究員——就曾說過，英國國民黨對於來自暴力次文化的團體像是足球暴民，特別具有吸引力。

他相信極右派在英國勢必不可能得到任何實質的支持，因為

該派缺乏根深蒂固的反閃族主義傳統、以及源自於軍事失敗而甚囂塵上的民族主義情結。

「今天除了在一兩個像是狗兒島之類的地方外，要做個納粹成員並不容易」，他說。

凱西‧馬克斯（Kathy Marks），《每日電訊報》，1993年9月18日。

教學內容受到中產階級價值的主宰，學童的進步又是根據相同的標準加以判斷。這種作法不論對哪個種族的學童都造成不利的影響。但是這個嚴謹的層級結構，對黑人兒童最為不利，而且帶學業表現最差班級的老師，又經常更換，於是黑人兒童受到班上惡行劣跡的影響最為深重。

來自於西印度群島的學童在學校裡，早就流傳有他們聒噪鬧事、舉止惡劣、注意力不集中的風評。不過這都得將之擺進西印度群島相對嚴格的學校環境中、以及家中父母教導的行為模式中來評斷。教室中相對安逸的氣氛，成了發洩過剩精力、宣洩受壓迫的憤怒或挫折的一項催化劑。但是這些特徵也都植根於奴隸時代的社會模式，西印度群島島民歷史背景中缺乏落地生根的屬性，這與他們日後的缺乏認同，都有相當密切的關聯。瞭解這點並沒有使他們或是教育他們的老師，能夠更輕易地扭轉這個狀況。

許多黑人學童的父母，特別是他們的母親，得知小孩被分到最差的學校、程度最低的班級就讀之後，情緒相當不好。今天大多數的學校，就和宜陵（Ealing）學校的情況是一樣的，黑人學童的分佈狀況總是大部份集中在最差的班級，而各班中黑人的人數隨著班級學業表現優良的程度而遞減。與同一年級的白人學童比較，黑人學童能力較差的假定，在學校之間常是個公開的秘密。

在某些地區，黑人學童母親的激烈行動緩和了這個惡劣的情勢，例如，在伯明罕、諾丁罕、里茲、與倫敦的黑人社區成立補校、發動反對教育當局種族主義措施的運動（例如，1968年發生在哈林格雷（Haringey）的反對把所有黑人學童「集中」於幾所特殊學校就讀的行動），以及發動抵制特別差的學校的行動。〔夏普，《就像個小女孩》，Harmondsworth: Penguin, 1976〕。

1992年中等學校試務與評鑑委員會委託的研究發現，在新的全國測驗中，七歲的黑人學童中有百分之十在數學上得到最高分，有百分之十九在科學上得到最高分，相對的，白人學童在這兩科得到最高分的比例分別是百分之六與百分之十八。

複習摘要

外移的理由

大多數的外移者都很窮苦，而且外移是為了：

◆找工作做；
◆改善他們子女的前途
（例如，較少的階級障礙）

} 同時適用於
移出者與移入者

其它的理由有：

◆躲避迫害（例如本世紀開始之初，猶太人逃離中歐；1940年代與1950年代逃離鐵幕的難民；以及1972年與1973年的

亞洲烏干達人民）。

◆提昇生活型態與機會（例如，到非洲與亞洲去的中產階級
行政主管與貿易商）。

◆與親人團聚（1984年從新國協與巴基斯坦來的移民中，有
百分之六十六是那些已經在英國定居者的妻小）。

種族主義

「種族主義」是個用來描述某個「種族的」團體，感覺到並且
經驗到來自另一個團體的敵意，並且本身也對該團體表現出敵意
的行為。事實上，「種族」的分類是相當含混的，並不具有太大
的價值——通常當說「種族」的時候，他們實際上是指民族團體
（民族在希臘文中有「部落」的意思）。

種族主義（種族偏見）的成因

◆恐懼 ：把移民者看成是稀少資源，例如，住宅、教育、工
作機會的競爭者。（「一般的英國勞工仇視愛爾蘭人，認為
愛爾蘭人是降低他們生活水準的競爭者」，卡爾‧馬克
斯）。

◆刻板印象：任何一個移民團體第一波的移民大多為年輕、
沒有家眷的男子的這項事實，常造成一個刻板印象——團體
中所有的成員都帶有那些受到特別注意的少數人所具有的
特徵。

◆替罪羔羊：移民通常很容易就會因宗教、膚色、衣著之類
的特徵而被當地人辨識出來。他們很輕易就成為社會失誤
所指責的箭靶，即使那些失誤在沒有移民之前，早就已經
存在了（惡質的居住環境、犯罪、失業）。

自我測驗6.1

1.研究人類人口的科目名稱為何？（一分）

2.多久會進行一次人口調查？（一分）

3.舉出聯合王國中一個組合都市的例子。（一分）

4.大不列顛1991年的「出生率」為何？大不列顛1891年的「出生率」為何？（兩分）

5.舉出任何兩個你預期族群團體成員會共同擁有的因素？（兩分）

6.界定「出生率」這個名詞。（三分）

7.為何政府有必要掌握本國人口組成的所有細節？（三分）

8.什麼因素會造成種族偏見？（四分）

9.都市生活有何缺點？（四分）

10.為什麼都市與鄉村地區的生活型態可能會變得愈來愈接近？（四分）

總計二十五分

自我測驗6.2

表17.1 英國各地的人口

地區／縣市	面積（平方公里）	人口（千計）		%成長率
		1911	1981	
英格蘭				
北部	19,349	2,815	3,104	10
約克郡與韓布塞	14,196	3,877	4,860	25
米德蘭地區之東	12,179	2,263	3,819	69
安格里亞東部	12,565	1,192	1,872	57
東南部	27,408	11,744	16,796	43
西南部	23,660	2,687	4,349	62
中部地區之西	13,013	3,277	5,148	57
西北部	7,993	5,796	6,414	11
威爾斯	20,763	2,421	2,792	15
蘇格蘭	77,179	4,762	5,131	8
北愛爾蘭	13,570	1,252	1,562	25

（可以使用計算機）

1. 上表中哪個地區在表中所顯示的期間中，人口數量有最顯著的成長？（一分）

2. 上表中哪個地區在表中所顯示的期間中，人口成長的百分比最小？（一分）

3. 上表中哪個地區在1911年與1981年都有最高的人口密度？（兩分）

4. 為何人口在某些地區增加的數量，會比另一些地區為多？（六分）

5. 住在人口稠密的都市地區與居住在鄉村之間，你預期會有些什麼差別？（十分）

總計二十分

英國的嬰兒死亡率

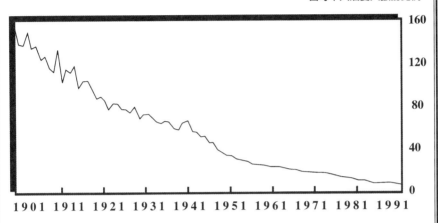

占每千人活嬰人數的比例

來源：《社會趨勢》，第23期（London: HMSO, 1993）。

　　明顯的，這份報告是關於嬰兒死亡率。1987年父親是從事無技術工作的嬰兒比父親是從事專業的嬰兒，死亡率高出百分之七十。（來源：《每日鏡報》，1990年12月5日）

1. 1941年聯合王國的嬰兒死亡率為何？（一分）
2. 哪個地區在1921年以前沒有，但之後就有被包括在該圖表之內？（一分）
3. 界定嬰兒死亡率這個名詞。（兩分）
4. 指出自本世紀以來，聯合王國的嬰兒死亡率已經減少的三項原因，並加以解釋。（六分）
5. 檢視兒童與青年人的地位，在過去一百年來，如何、因何發生變化。（十分）

總計二十分

解答

1.1941年聯合王國的嬰兒死亡率是百分之六十。

2.未包括在內的地區是北愛爾蘭。

3.嬰兒死亡率是指某一年中每千名活嬰中，不足一歲便告死亡的嬰兒人數。

4.由於醫療設備與知識的改善，嬰兒死亡率已經降低。例如，「掃瞄」器可以在生產前偵測出母親或是嬰兒的不正常狀態，如果可以治癒，就可增加嬰兒存活的機會；小兒麻痺、麻疹、以及百日咳等疫苗都已經減低這些疾病的感染率，而減少了嬰兒的死亡率。

飲食的改善以及認識到生育前母親改善飲食的重要性，已經促使生下更為健康、更為強壯、存活率更高的嬰兒。公共衛生設備與衛生學的改善也減少了感染的可能性，進而降低了嬰兒的死亡率。

〔注意〕：醫療設備與知識或許會被視為兩個獨立的論點，但是如果你能舉出比該題要求你回答的更多論點，是不會有什麼壞處的。雖然回答最好不要大剌剌地說了一大串（給人一種你沒有仔細閱讀那個問題的印象）。記住你不僅要舉出一個因素，而且還要解釋這個因素為何會引起一歲以下嬰兒死亡人數的減少。

5.在過去一百年來，兒童與青少年的地位在很多方面都已大獲改善。隨著家庭中兒童人數的減少（從1880年代每個家庭平均大約有四個小孩到今日每個家庭不到兩個小孩的狀況），家庭已經變成「以兒童為中心」。小孩人數減少意味著，父母可以花更多的時間在每個小孩身上，而且私人化核心家庭的顯著成長，已經加強核心家庭成員彼此之間的重要性。

立法也已經加強了兒童是一個值得尊重與保護的個體之法律地位。舉例來說，1933年兒童與青年人法案已經規定致使兒

童的健康受損、受傷將會受到罰金或拘禁的刑罰。根據1908年
亂倫處罰法案，亂倫也成了可以處罰的行為。1986年國會通過
一項禁止國立中學體罰學童的法案。義務與延長教育使青年人在
許多事物上比他們的長輩更有知識，因而大大地改善了他們的地
位。雖然如此，如果他們因此而「看不起」沒有受過良好教育的
父母，這也可能會造成家庭摩擦。媒體傾向於強調年輕人的重
要，就如「青年文化」工業的作法一樣——視年輕有朝氣的音
樂、流行與態度，比任何與老年人有關的事物，更為「先進」。

　　然而，雖然在生理上比較早熟，他們依賴父母或監護人的
時間卻比以前更長。由於教育機會擴大的結果，現代人到了十六
歲或者更大的歲數，都還無法養活自己（然而一百年前，兒童可
以工作的合法年齡是十三歲）。沒有了「成長儀式」，從兒童到
成年的過渡期已經變得愈來愈模糊。而且對許多人來說，甚至連
得到第一份工作的時間都因而延後，而在過去這曾經是把青年人
整合進入社會的一項機制。

〔注意〕：這題問你兒童與青年的地位如何變化——你必須同時
描述改善的地方以及他們的地位變差或是變得模糊的情況（這或
許比較難答）。這題是一個非常好的例題，你必須從不同的領域
中收集資料，來回答這個問題。以這題為例，需要整合家庭、教
育、青年文化、工作、以及「人口」方面的資料，方能提供完整
的答案。

研究項目A與項目B。然後回答下面的問題。

項目A

人口的年齡結構
數字是以百萬計
1991、2001、與2011年的數字是預估值

	16歲以下	16-39歲	40-64歲	65-79歲	80歲以上	所有年齡層
1981	12.5	19.7	15.7	6.9	1.6	56.4
1991	11.7	20.2	16.5	6.9	2.2	57.5
2001	12.8	19.2	18.0	6.7	2.5	59.2
2011	12.1	18.1	20.2	7.0	2.7	60.0

來源:《社會趨勢》,1991。

研究項目A與項目B。然後回答下面的問題。

項目B

社會已經採用一種與把你變成一位「大師」的相同方式，把你變成老人。然而，老人的地位是負面的。到2000年之時，被戴上這項頭銜的人總計達到英國人口的百分之十八。如果他們聚在一起，足夠人聲鼎沸、熱鬧喧騰。

年齡歧視（ageism）是一個概念，用來指人不再被當成人來看待，不再被看成是同樣的一類人了，而是變成獨特、次等的一類人了，只因為他們已經活超過了某個特定的年歲。

來源：摘自《上好的歲數（*A Good Age*）》，愛利克斯・康佛特博士（Dr. Alex Comfort）

1. 研究項目A，根據表中的資訊，到了2011年，八十歲以上的人數會產生何種變化？（一分）

2. 研究項目A，根據該表在1981年與2011年之間，哪個年齡層團體的人數會增加最多？（一分）

3. 閱讀項目B的短文。

   ◆ 根據該文資訊，在2000年時，英國有百分之幾的人口將會是「老人」？（一分）
   ◆ 根據該文，康佛特博士所指的「年齡歧視」的意義為何？（一分）

4. 指出英國老人在今日社會所面對的兩項問題。分別說明他們為何會面對這兩個問題。（四分）

5.指出本世紀英國老人人口增加的原因，並提出解釋。
（四分）

6.指出人口結構老化的社會，可能會面臨的一項結果，並對其成因提出充分的解釋。（四分）

7.指出持續的人口成長對於英國社會所可能產生的一項影響，並對其成因提出詳細的解釋。

南部聯招小組

普通考試，《社會學》，論文一，1992（冬）

第七單元
社會穩定與控制

第18章

社會秩序的本質

18.1 順從

　　爲了迎合他人的期望，個人身邊存在有許許多多的壓力，迫使他接受特殊的行爲與思想模式（參閱1.3）。

　　墨頓（《社會結構與脫序》，1938）根據人們適應他們社會規範的模式，將人們分做五類不同的團體。第一類團體，「順從者（Conformists）」，是指接受社會目標，並且根據爲大多數人接受的方式去追求這些目標的人。

　　「創新者（Innovators）」是指接受社會目標，卻不以社會接受的方法來取得這些目標的人。例如，財富與伴隨財富而來的地位象徵，都是社會上的人所想要的，所以這些欲望會被人們接受，但是得到這些可欲物的手法，可能是詐欺、搶劫、或是不見得是犯罪，但是充滿爭議的賭博。

　　「退縮者（Retreatists）」不是規避，就是拒絕社會的目標，或是盡可能以從社會生活中撤退的方式來追求社會的目標；例如，新時代的遊客、酒徒、以及一些隱士。

　　「儀式主義者（Ritualists）」對於社會的目標並不相信，但是擔心不被社會接受，所以遵照社會所稱許的規矩行事爲人。舉例來說，一對夫妻或許不接受我們社會關於婚姻的價值，但是仍然結婚，即使他們不認爲沒有結婚就住在一起會是件大罪過。

　　墨頓的第五個團體——「反叛者（Rebels）」明顯地拒絕社會的價值，這不但包括目標，而且包括追求目標的方法。例如，一個年輕人或許拒絕私有財產這個概念爲值得追求的目標，並且加入一個革命團體，想要打倒既有的社會秩序。他使用的方法將決定他是有罪還是無罪。

　　順從對大多數的人來說，沒有「偏差（deviance）」——違反社會的規則——來得有趣，但是順從比想像的要重要得多。因爲如

果大多數的人都不順從社會的規範與價值，社會將無法存在。據此，社會確保成員順從的方法，也就具有特殊的重要性了。

18.2　偏差

在《局外人（*Outsiders*）》一書中，貝克（Becker）指出，「我們必須承認，在他人的反應出現之前，我們永遠不知道某項行為是否會被歸為偏差。偏差不是一項存在於行為本身的屬性，而是存在於做出這個行為與回應這個行為的人之間的互動」。一位將嗎啡注射到病人血液中來解除其痛苦的護士，這項行為並不算偏差；一位吸毒者為了找「樂子」而將相同的藥物注射到其友人的血液中的行為，就是偏差了。

一旦一個人被「貼」上偏差者的「標籤」之後，他有可能被認為擁有數項與他同類型的人相同的特質。例如，所有的同性戀者可能都被認為對小男生來說是個危險人物，即使現有的資料顯示事實並非如此。

貝克也評論到，「貼上標籤把行為者擺進一種狀況，使他很難繼續走回每日生活中的常軌，因而挑起他做出「不正常」的行動（例如，犯罪記錄使人很難靠正常職業維生，所以使有犯罪記錄的人走入非法的職業）」。這個看法促使監獄與青年犯罪中心被視為犯罪完成學校。

某人被貼上標籤後，以至於起初的偏差行為使他們不能夠作為社會正常成員的過程，已經被稱之為「留下惡名（stigmatisation）」。「大多數的人是因為某些特定的行為，而不是選定了某些社會角色與地位，而陷入偏差」〔（雷蒙特），1967，《人為偏差（*Human Deviance*）》〕。

貼上標籤——道德恐慌與偏差

大多數的情況下，主人與奴隸共享一個理論。而那個共享理論的影響或許會持續一段相當長的時間，甚至長過與該理論相輔相成的日常生活制度的壽命。乃至於在該制度結束之後，仍然繼續發揮作用。關於這個現象的一個驚人例子，是許多美國黑人所背負的被動「失敗者」的社會形象。這個社會形象是黑人好鬥分子曾經不計一切想要改變的，如今已然稍有所成。這段經歷反映出黑人對他們自己的形象繼承了他們在奴隸社會的身分與地位，那是一個他們與奴隸主人共享的，並且從主人那裡學來的理論。

道德恐慌

要解釋加諸在叛逆的學童與喧鬧的足球迷身上的極端特性，我們將介紹史丹‧科恩（Stan Cohen）「道德恐慌（moral panic）」的概念。

社會每每會碰上道德恐慌時期。一個狀況、插曲、個人、或一群人，突然被界定為威脅到社會價值與利益的人或物：其本質被媒體以一種特殊形象或刻板印象的方式呈現出來。有時恐慌之物相當神奇，另外一些時候，是曾經存在過相當長一段期間的東西，但是突然出現在眾目睽睽之下。有時恐慌過去了、被遺忘了，除了留在民俗與集體記憶之中；在其他的時候，恐慌有較為重大、長久持續的影響，有可能會產生諸如立法與社會政策、甚至社會自我知覺的重大轉變〔（科恩），1972，《民俗惡魔與道德恐慌》〕。

自從戰爭，一連串的道德恐慌傳遍我們社會的每一個角落，每一個都有它自己特色的「對象」。這些對象從歷史上的泰迪男孩（Teddy Boys）、直排輪鞋族（Rockers）到怪頭族（Skinheads）。

最近的是足球暴民，這些暴民對許多人來說，起碼對於星期日報的特寫記者來說，已經變成代表最缺乏感覺、最具破壞力的人物。懷疑這個說法的人，應該去瞧一瞧自1968年以來較為通俗報紙的頭版頭條新聞，一如我們已經做的，注意躍上有關描述足球支持者的報導上，所用的諸如：「沒有頭腦」、「邪惡」、「兇殘」、「瘋狂」、「充滿暴力」、「胡亂破壞」等等的名詞。閱讀這類報導時，吾人可能已經忘卻了每星期六足球場上總是血跡斑斑。

從社會學的觀點，民俗惡魔的功能是相當明顯的。將某些被社會禁止的特性歸屬於某些人，把他們塑造成明顯的例子，使他們成為失序與邪惡的象徵。創造了這些形象之後，我們的社會更能夠把一個舒適有秩序的社會歸功於社會大多數的成員——思想正確的一群…粗魯暴力的野蠻行徑可能被看做一群需要處分的明確行為，只因為侵害到社會成員——不論是個人還是集體——的財產。但是將社會對足球迷呼嘯而過一個城鎮所造成的大肆破壞，與大學生在狂歡週所造成的相同肆虐做一比較。前者的破壞將被視為「具有毀滅性的野蠻行為」，並據此而加以處置。而後者則被視為出於高尚情操與過度狂熱的行為。雖然破壞行為極為相似，足球迷是偏差行為者，但是對於學生，則基於不便明說的理由，而被原諒。我們也可留意在法律上構成違法的行為，也會隨時間的變化而變化。那些牽涉同性戀或墮胎的行為，僅在數年之前，還被視為「不折不扣」偏差行為。然而至今，同樣是那些行為卻已經逃過了社會正式的制裁。〔改寫自馬許‧路賽與哈雷(P. Marsh, E. Russer & R. Harre)，1978，《失序的規則（*The Rules of Disorder*）》 *London: Routledge & Kegan Paul*〕。

18.3 社會控制

排除在某一方面有所偏差的人被社會接受在其他方面，他仍然是一個完完整整的人的做法，是行使社會控制的眾多運作方式中的一種。早期的同性戀例子或可用來彰顯他們擔心會被視爲變態狂的恐懼感——這類人不但被就業磁場、而且被其它的社會互動摒棄在外——如何刺激有同性戀傾向的人發展出猥褻兒童的癖好，或是找尋可被社會接受的異性戀出口，或是進入獨身乃是常態的職業。

諸如此類的非正式社會控制是社會穩定的主要基礎，而其主要的運作方式是透過讚許與不讚許。負責執行「規則、法庭與警官」的社會制度，只能用在少數的情況之下——英國監獄目前的擁擠程度使得判處非監禁刑期的案子數目與日遽增，很明顯地這正考驗著法院、警察、感化院教官與監獄能力的有限性。

18.4 制裁

制裁是促使服從的一種方法。雖然大多數人接受官方「制裁」或讚許的行爲乃是社會制約的結果，但是大多數的社會也需要設置處罰，至少對那些會被引誘而不顧社會接受的規範與價值的人，可以產生些遏阻作用。同樣的，像武士之類的獎賞，是用公開表揚那些明顯協助維護社會價值與規範的人——不論他們採取的方式是到醫院去做義工、或是在他們專業領域表現得出類拔萃、或是協助某個政黨——來強調規範與價值的重要性。獎賞也可能是以直接金錢給付的形式出現，這可鼓勵社會成員以社會讚許的方

正式的積極制裁鼓勵社會讚許的活動。

式努力工作，以獲得實際的好處與較高的地位。

　　處罰被稱爲「消極制裁」，而那些出於法律的結果，或是以規則的方式訂出的，則被稱爲「正式的」消極制裁。正式的消極制裁可以包括女學生因吸煙而被學校關禁閉，或是殺人犯被處終身監禁。非正式的消極制裁可以包括不贊成的表示，像是對冒犯我們的鄰居，見面時不向他們道聲早安、或是某人被同事列爲拒絕與之說話的對象，所以沒有人準備和他說話，以此做爲不加入其他同事都投票支持的罷工行動的一項處罰。

　　獎賞被稱爲「積極制裁」，這可能包括通過普通考試。非正式的積極制裁可以包括小孩子因爲幫媽媽做了一件事，而得到一顆糖果；或是受到一位值得信賴的朋友的追求。在確保社會控制上，積極制裁通常比消極制裁來得有效。

標籤理論

獲知被貼上標籤與貼上標籤

變成偏差過程的第二個階段，而且也是大多數標籤論者集中研究的一個階段，是獲知被貼上標籤（apprehension）的階段。貝克（1963）說道：

> 造成習慣性偏差行為模式的過程中，最重要的一個階段，可能是被逮到並且被當眾貼上偏差者標籤的經驗…被逮住並且被貼上標籤對個人未來的社會參與與自我形象會產生極為重大的影響。

然而，應該注意的是，標籤論者不認為被官方登記的這項事實，甚或當眾出醜的儀式性動作——這通常會與官方行動一併出現——就足以使正常人成為自我認定的偏差者。誠如雷蒙特（1967）所指：

> 當眾出醜的儀式就像是把懦夫趕出某個聯隊、受接濟者覆誦誓言、被診斷罹患有感染性的疾病、以及證實被指控的罪行，都可能會使偏差的事實更加戲劇化。但是判斷這些儀式的「成功之處」，不是從他們執行的方式，而是他們所造成的具有衝擊性的結果…古代的儀式…或許會令（被告）敬畏害怕，但是如果接著沒有什麼狀況發生，那麼記憶很快就會逝去、甚或事後會被合理化…要使留下臭名足夠促成一個完完整整的偏差認同，**必須要傳遍整個社會**。

引文中粗體字的部份是刻意安排的，因為他們可以避免對標籤理論做出笨拙的解釋。除了儀式動作之外，還必須發生其他的

事。被貼上偏差者的標籤不能保證些什麼。從知道被貼上標籤、以及被正式登記觸犯某個偏差行為這項事實為起點，大多數的標籤理論學者接著討論的另一項問題，可能是促使偏差者做出更進一步違反行為的嚴重結果——監禁（incarceration）。然而，馬特札（Matza）在達到監禁這個論點之前，他採取的是另一條不同的路線。大多數被逮到的人最後都被放了出來，並沒有被送進監獄。我們能夠就此假定這對大多數的人來說，一個建立偏差認同的過程已經完成了嗎？「沒有」，馬特札說道，知道被貼上標籤給了他們思考的材料。他們不僅經驗到被登記這項簡單的事實，在知道被貼標籤後，他們還經驗到名譽受損並且成了某類代表人物——也就是說，他們蒙受大眾濫把他們不道德的行為和他們個人的缺乏道德連成一體，並且他們也遭受到國家，透過其科層結構的例行程序所派給這個地位的處置——即一個罪犯。只有當國家停止繁瑣的登記活動，逕行貶抑他們的聲名，使他們變成某類人物的代表時，當事人原來的認同才會被撼動。誠如馬特扎所述（1969），

> 被指出是個賊並不保證這個人會繼續做去賊，但是指認本身確實在犯罪者的生命裡添加了某些意義。而且確實在別人的眼中增添了對那個人的某些意義…被指為賊等於失去了他碰巧犯下做賊的認同。那是一個朝著成為一個賊的方向移動，不論速度是多麼地緩慢…他都已經被鑄造成一個賊…一個轉化並且加快變成那樣東西的過程。

〔巴克斯（S. Box），1981，《偏差、真相與社會（*Deviance, Reality and Society*）》*New York: Holt, Rinehart & Winston*〕。

複習摘要

順從

　　大部份的人會做社會期望他們做的事：他們順從社會的規範，因爲他們已經被社會化成照著這種方式行事爲人。

　　墨頓（1938），在《社會結構與脫序》一書中，根據人們適應他人的期望，把人分爲五類：

我們社會的若干「目標」

有保障的工作
結婚生子
擁有自己的房子
獲得社會地位的標誌（例如，汽車）
避免訴訟（實際上的尺度隨「參考團體」的變化而變化）

對於某些人：
爬到階級梯階的上層

順從者接受社會設定的目標；嘗試用大部份被社會接受的方式得到這些目標（例如，勤奮工作、通過考試）。
創新者接受目標但不接受方法（「偏差」即意味著可能合法、也可能不合法——例如，賭博/詐欺/竊盜）。
退縮者避免（甚或拒絕）目標；退出社會（例如，嬉皮、酗酒、隱士）。
儀式主義者拒絕目標；因恐得不到他人的贊同而表現出接受社會認可方法的行爲（例如結婚，即使不認爲有必要結婚。）
反叛者同時拒絕目標與方法（例如，拒絕擁有財產是一項社會接受的目標；或者拒絕宗教制度；用來達到他們目標的方法可能是合法的，也可能是不合法的）

偏差

　　偏差者可以是：

◆拒絕社會的某些或所有規範與價值的人（例如，隱士、猥

藝幼童者）。

◆某個團體，其成員接受不同於社會共同的信仰、或操持不同於社會共同的行為——在這個情況下，他們是屬於一個偏差次文化的成員。他們或許是大城市裡某個永久社區的一部份，靠著犯罪謀生，或是某個「地獄天使」幫派的臨時成員。

貼標籤

貼標籤是指人被以某種特殊方式指認之後，因那個標籤之故，受到特別的注意。結果他們被其他人以標籤描述的方式對待，或照著標籤所描述的方式看待自己。

楊格（J. Young）在〈警察的角色：偏差的放大鏡（The Role of the Police as Amplifiers of Deviancy）〉〔收錄在科恩編著的《偏差的影象（Images of Deviance）》，1971〕一文中指出，把吸食嗎啡的人貼上偏差標籤的結果，是使他們的行為更加偏差。這個過程運作的方式如下：

◆警察搜捕吸毒者。
◆吸毒者把自己視為「局外人」。
◆吸毒者接受這個「標籤」而把自己孤立起來，因而減低了通風報信者誤認的風險。
◆他們較少與正常社會接觸（「局外人」）。
◆於是偏差行為增加。

制裁

　　制裁是強化順從的方法。雖然大多數的人由於社會制約的結果，會接受官方制裁或社會讚許的行為，大部份的社會也需要有處罰來嚇阻那些禁不起誘惑而置社會規範與價值於不顧的人。透過讚許那些支持社會規範的人，社會也使用獎勵來強化規範與價值的重要性。

	正式制裁	非正式制裁
消極制裁	留校察看 入獄 失業	不對鄰居說聲「早安」 拒絕與同事說話 進入夜總會被拒
積極制裁	通過普通考試 騎士身分 一份高於正常的薪水	一個微笑 輕輕地在背上拍一下 允許提早「回家」

第*19*章

社會控制的機構

19.1 家庭

最重要的社會控制機構是家庭（參閱1.2）。雖然小時候，在家庭裡學到的規範與價值，長大後可能會受到修正，但是後來的社會學習若要發揮效果，都需要穿透早期制約所編織起來的網。那些與我們既有的價值體系不合的觀念，都有可能不被接受。

許多社會學家都曾經提到過家庭做為一個社會控制機構的重要性。安・康貝爾（Anne Campbell）發現犯罪的小孩常「表示有被父親或母親或父母雙方拒絕的感受。父母親對於孩子活動不是疏於監督，就是管教過於無常，親子幾乎沒有同樂的時間（《犯罪少女》，1981）。

家庭可能因疏忽而無法以一種社會接受的方式使小孩社會化，或把小孩社會化成犯罪次文化的成員。不過，通常可接受的社會學習過程都是從家庭開始。

如果這些角色合乎文化要求的話，藉由提供適合於攻擊性陽剛角色或順從性溫柔角色的玩具與服裝，家庭將會是兒童習得性別角色的機構。父母將會提供角色模範，而男孩與女孩將會透過觀察學習到對他們來說，哪些是適當的男性或女性的行為。當然，這可能也包括了喝醉酒與暴力。

在家庭裡，小孩也會從父母分配給他們個人財物的經驗中，學到諸如關於財產所有權的基本規則。兒童也會學到他們的父母讚許社區裡的某些人物，與某些類型的行為，他們本身的行為也會受到父母的獎勵與處罰。

我們在家庭中學到我們未來的角色

19.2 教育

　　當小孩進入學校，他們必須學習與一個比家庭更為正式的、上下層級結構更為分明的機構建立關係（參閱6.3與8.2）。他們開始學習去順服一個與他們未來工作世界雷同的情境。沒有解釋的必要，必須服從規則，工作經常是不具特殊意義的、因此常令人感到疏離，而且必須給予每個人合乎其地位的適當尊重。獎懲顯得更為正式。透過教條、關禁閉、不給予享受某種特權等等方式，打消學童不守規矩或懶散懈怠的念頭。「規規矩矩的」行為與勤奮工作受到通過考試與出任模範班級幹部的獎勵。

　　雖然學校教育鼓勵大部份兒童遵守社會文化接受的──常常是中產階級的──規範與價值，但是有些孩子卻因為在學校體系下未能有所成就，而禁不起偏差行為的誘惑。

哈葛里維司（Hargreaves）指出——放牛班的男孩是「失敗者」，他們在學校裡與社會上的地位受到剝奪，他們的努力得不到成功。他們透過拒絕社會與老師的價值來解決適應的問題。」（《次級學校裡的社會關係》，1967）。東尼斯（D. Downes）提出學校表現不佳——接著是無聊的工作或是失業——與犯罪之間的關聯：「我們都市貧民區的大街上，逐漸充斥著無法在工作上展現男子氣概的年輕人」〔《從犯罪中尋求解決（The Delinquent Solution）》，1966〕。這項預測似乎從1990年代曾經被稱之為「次等階級（underclass）」的概念中得到支持。

　　學校在鄰近地區的社會脈絡中活動，兒童所結交的同輩朋友可能隨著他的成長，而對小孩發揮愈來愈大的影響力。

19.3　同輩團體

　　同輩團體主要是透過非正式的制裁——嘲笑與排斥——來控制他的成員。里斯（S. Lees）在《輸掉一生》一書中，強調同輩團體在決定青春期少女行為上——與男同學的關係、友誼、學校作業與社交生活等關係——所具有的力量。同輩團體不必然是誘導犯罪行為的機構。相反的，大部份的年輕人會反省成年人的價值與態度（參閱8.4），並且傾向於強化其他機構鼓勵服從社會的民德。

　　不過，大多數違法犯紀的行為是由年齡介於十四歲與二十歲之間的少男少女所犯下的；而這個時期，也是同輩團體影響力最大的時候。絕大多數年輕人在這些年紀所犯下的過失，待他們長大成人之後，是不會再犯的。

　　對於那些無法透過正式教育體系取得地位，也無法經由就業或父母親那裡得到社會地位的青少年，就會仰賴同輩團體以破壞

千人

*包括一小部份年齡未知的人口

來源：《社會趨勢》，第23期。

圖19.1 各年齡層判處徒刑的人數

公共秩序的方式來獲取地位與興奮。雖然學業上的失敗常可在追求興趣與地位，諸如：運動、組織、以及青年俱樂部中找到被社會接受的宣洩出口。他們是否將因此而犯過，尚涉及許多其他因素的共同作用。「總結犯罪與過失的『基本』原因總是在家庭的這項結論，是忽視家庭影響與社區價值、同輩團體、左鄰右舍的行為模式、社會經濟壓力、以及其他相關因素之間存在著會發生同步影響的複雜網絡。」〔蘇爾（E. Schur）， 1969，《我們的犯罪社會（*Our Criminal Society*）》〕。

如果大多數的違法行為是由年齡在二十歲以下的人所犯下的，那麼思考看看圖19.1中數字背後的理由。

19.4 宗教與媒體

　　兩個同時會影響兒童與成人社會化的相關因素是宗教與媒體。

　　對某些人來說，宗教可以是一項有效的社會控制工具。上天主宰的承諾或威脅對相信的人來說，是相當強而有力的正、負面制裁力量。它之所以能夠發揮這種效果，是因為過失會被無所不知、無所不曉的上帝知道，因此可以確定不是會得到報應，就是獎賞。套用教宗阻止天主教徒投票給共產黨員時所說的話──「上帝能夠看到在投票亭內的你，但是史達林不能。」

　　在一個世俗風氣日盛的時代裡，宗教信仰對道德行為的影響力確實有待爭議。例如，為數眾多的義大利天主教徒投票給共產黨員，但是宗教曾經是一個強而有力的社會控制機構。馬克斯總結他的看法，認為宗教是統治菁英用來維持既有社會秩序的工具：「抵押給農民的天上財產擔保了資產階級抵押給農民的財產」（《階級鬥爭在法國，從1848到1850》）。

　　媒體──電視、收音機、報紙、雜誌、以及公共集會──的運作方式並不像其他社會控制機構一樣，能夠使用制裁，但是仍然對行為發生影響，雖然這項影響的程度尚在爭議之中（參閱6.4）。1962年皮津頓委員會對廣播的效果提出報告：「希莫威（Hilde Himmelweit）博士告訴我們說，目前詳盡研究提供的所有證據都指出價值是爭取來的。對生命的看法是兒童看電視學來的。愛森克（Eysenck）教授告訴我們，關於道德標準會受到電視影響的假定是有理論基礎的，這些理由是有實驗與臨床證據的支持」（「廣播委員會報告」1960，1962）。不過，希莫威在《電視與兒童》一書中也強調，兒童只可能在電視誘導的行動符合兒童原有的價值時，或是觸及的是兒童情緒上已經準備接受的觀念之時，才會受

電視的影響（例如，曬焦了的景象不會影響一個非常小的小孩）：她指出，最可能受電視影響的小孩是那些最不具批判能力的小孩，特別是那些較不聰明的十三歲到十四歲的孩童。哈若藍（J. Halloran）在《電視與犯罪》一書中也強調，電視不可能刺激犯罪，除非有其他因素同時存在。然而在《大眾傳播的影響力》一書中，她顯示原來就有攻擊傾向的兒童，攻擊行為有可能受到電視暴力的增強，但是對於「正常」控制組的兒童來說，則不受影響——一個受到《電視暴力與青春期少年》作者貝爾森（W. Belson）支持的觀點，他得出攻擊人格可能受到電視暴力的鼓勵而發展出真正的暴力。

1994年回應一個被數位卓越的小兒科醫生與社會學家（包括伊莉莎白‧牛頓）接受的看法——年輕人的暴力行為與看充滿暴力的電視／錄影帶有關，政府同意制定立法加強管制向兒童販賣暴力錄影帶的行為。

媒體與家庭犯罪

媒體有兩項基本的功能。第一是賺錢，第二是提出一個特別的、連貫的世界觀或意識型態。誠如一句老話，性與暴力必定賣座。這兩個組合加上女人，會賣得更好。不僅這兩個組合會製造出意想不到的快感，而且用在女性之間會比用在男性之間顯得更不尋常——換句話說，較不符合女人的刻板印象。女殺人犯與女搶匪攫獲不成比例的注意力。另一方面，大多數的報紙對於促進女權運動毫無興趣，所以這類的報導通常都是鉅細靡遺，因此更引起了一種特殊的結合虛幻不實與道德暴力的效果。科恩在其《民俗惡魔與道德恐慌》一書中，注意到社會上某些被特別挑出來譴責與檢查的角落，諸如地獄天使或足球暴民。近年來，相同的過程已經開始針對犯罪的女人發飆。報紙對女性犯罪數字的上升比

對男性犯罪數字，給予更多篇幅的報導，也引起社會對女性犯罪表現出更爲極端的反應。如果以報紙標題做爲我們女性犯罪的標準，那麼我們將忽略更爲世俗常見的扒手、小偷的問題，相反的會把我們的注意力集中在性、賣淫、暴力、謀殺與打小孩上。雖然媒體在模塑大眾道德概念上的角色是一項有趣的議題，若以其爲標準，那麼你對女性犯罪將會得到一個相當不具代表性的概念〔摘自：（康貝爾，1981）《犯罪少女》Oxford：Basil Blackwell〕。

媒體與變遷

我們現在可以看一看其中一項，已經被各界研究的非常徹底的媒體特殊效應——那就是電視，並且我們將針對電視對小孩、年輕朋友、家庭與政治行爲的影響，提出若干結論。最早關於家庭與兒童行爲的實證研究，是由希莫威與她的研究小組所執行的。關於替代效果，亦即花在看電視上的時間對兒童行爲所產生的影響，主要的結論是——與一般想法相反——孩童並不是毫無選擇地觀看電視節目；決定孩童看電視時間最重要的一項因素是他的智力，家庭的社會水準對於這個層面的影響並不大。其二，此外，其他的影響因素還有孩童的人格（在有電視之前，他生活的充實與活躍程度）以及父母的榜樣。關於節目內容的效果，研究結果指出，大部份帶有暴力的節目所產生的衝擊，具有累積效果，對於年紀較小的孩童特別如此。不過，整體來說，希莫威主張，電視「並不像我們想像的那麼黑，而它也不是文化與啓蒙的偉大先鋒」，雖然孩童的確從電視節目的內容得到某些價值與對生命的看法。一項由馬克·阿布藍斯（Mark Abrams）主導的更爲全面性的調查則指出，看電視以及對文字媒體消費量的日增所產生的長期聯合效果之一，是擴大了年輕世代的眼界。使他們知道的是不僅限於家庭、左右鄰居、以及工作場所之內的小圈子，而且能夠知

道發生在更廣大的社區與其他社會上的事。

　　就家庭生活而言，貝爾森（W. A. Belson）發現，他並未得出任何可以顯示電視產生激烈變遷的證據。不過，電視稍微減少了家庭爲中心的聯合活動，但是電視也使家人更常聚在一塊。一份報告指出，某些觀點，特別是關於政治、宗教與社會階級的觀點，是相當抗拒社會變遷的；不過與許多新議題有關的觀點，由於社會大眾的態度尚未形成，或者現有的是相互對立的觀點，或者對某個議題的感覺不夠強烈，大眾媒體說服力就會發揮比較大的功效。

　　最後，社會學家也探討過受到大眾傳播影響之後而產生的態度形成與變遷的過程。布來恩・威爾森（Bryan Wilosn）雖然指出由於這些過程微妙複雜與緩慢漸進的本質，尚無法將之加以精確測量，但是他仍主張媒體正在改變我們關於犯罪的態度。媒體宣揚「與我們現有社會制度——家庭、工作場所、學校、法庭、教會—與社會關係截然不同的」價值。他指出新的價值對偏差行爲更加包容，這將導致大眾媒體「加速傳統社會價值的腐蝕…特別是在年輕人的行爲標準上，製造新的混亂」。哈若藍則指出，威爾森並未提出社會學的證據，來證明對於大眾媒體的這項指控〔改寫自克勞茲（E. Krausz），《社會學在英國：研究調查（Sociology in Britain: A Survey of Research）》，London：Batsford, 1969〕。

　　思考一下上述對1950年代與1960年代研究所做的回顧——你現在能夠找出一些證據，支持威爾森對大眾媒體所做的批評嗎？

19.5 法律

　　或許最明顯的社會控制機構是法律，而它也許是最不重要的機構。因為它只能夠在大多數的人接受到其他機構控制之時，希望能夠遏阻可能會破壞社會秩序的人，或是處罰實際觸犯法律的人。法律不僅處理「犯罪」的問題，也處理人與人之間、團體與團體之間牽扯任何犯罪行為的糾紛。「民法」包括諸如婚姻糾紛與財產權的爭議。

　　某項法律除非被社會上大多數的人所接受，或者至少他們沒有主動提出反對意見，否則是無法徹底生效的。在1920年代與1930年代，美國的禁酒法引發全國上下對這項法令的規避，以至在正常情況下，遵守社會秩序的人與幫派人物勾結供酒，而導致整個社會對禁酒法的輕視。

　　法律主要是立基於民德——建立在社會大眾普遍接受的道德之上的最重要規則。雖然通常法律回應態度變遷的速度比較慢，但是法律最終仍必須因應態度變遷，不然就會因無人遵守而威信掃地。從1961年以來，在許多重要領域的法律已有所改變。有些行為已經不再被視為非法的行為了：試圖結束自己的生命（儘管幫助他人自殺，仍然是觸法的行為）；在某些情況下進行墮胎；私底下的同性戀關係——如果雙方都超過十八歲以及私下賭博。一項因應家庭關係變遷的民法改變，是在家庭糾紛案件的處理中，給予父親子女監護權的次數已日漸增加。

　　不過，作為最後手段的社會控制機構，法律有最為殘酷的制裁方式：罰金、監禁、以及——在某些國家和某些情況下——處死。

複習摘要

社會控制的機構

家庭

這是第一個或基本的機構，也是最重要的機構；雖然孩提時建立起來的規範與價值日後會有所改變，但是所有後期的社會學習，都必須穿透早期制約所織出的「網」才有所得。

在家裡學到的規範與價值	學習機制
性別角色	角色典範（觀察爸爸媽媽） 玩具（給男孩士兵與足球；給女孩洋娃娃與打字機） 衣著（給女孩穿漂漂亮亮的衣服，必須不許弄髒衣襪、限制她們的活動；給男孩穿牛仔褲與T恤一隨社會當時的規範而做改變）
財產權	分給小孩子的個別財產（有時還包括房間）

教育

教育或許會增強在家庭中所學到的初級學習（特別是與學校價值體系近似的中產階級家庭）；或是製造脫序（一種價值混亂的感受），而迫使孩童在家庭價值或學校價值中做個抉擇。

從學校學到的規範與價值	學習機制
接受別人分派的社會位置	以校長為首的學校層級結構
被動服從/明顯無意義的工作	讚許/不讚許，加上正式的制裁

同輩團體

到了青春期，同輩團體（同樣年齡或相同地位的人）的讚許或反對變得日益重要，這是因為年輕人試圖脫離家庭、尋求獨

立、脫離家庭，但是對於自己是否準備好反對那些與他們關係最密切的人，卻還沒有足夠的信心之故。

同輩團體通常會鼓勵順從的行為（年輕人傾向於反映成年人的態度與價值；因此具有強化其他機構的效果；但是對於疏離於社會一般規範與價值的那些人，將會把他們推向犯罪的同輩團體，把他們的疏離導向犯罪。）

從同輩團體學到的規範與價值	學習機制
男生/女生可以做的性別行為 強化傳統的性別角色	拒絕/污辱 暴力/地位增進 同輩壓力——例如，「如果你不想結婚，想要過自由自在的生活…大家將會把你稱為妓女。好像你一定得和某個男生好好交往一段長時間，然後嫁給他才行。」

媒體

媒體不用制裁來影響個人的行為，但是他們必然會對個人行為有所影響，否則不會有人在廣告上投下數百萬的金錢。

從媒體學到的規範與價值	學習機制
性別角色 哪些犯罪行為是可接受/不可接受的 暴力（某些人表現的）	產生滴水穿石的效果——不斷重複使看到的行為顯得與正常行為無異 提供角色典範——由廣告與節目中

宗教

宗教對於某些人會是一項有效的社會控制工具。對於相信的人來說，遭受上天譴責或來自上天的承諾，是具有強大力量的正、負面制裁。

從宗教學到的規範與價值	學習機制
慈善行為	獎賞或處罰的內化
尊重父母與長者	宗教領袖以及
某種婚姻形式有存在的必要	其他有相同信仰者的讚許

法律

　　或許最明顯的社會控制機構是法律。而它也許是最不重要的機構，因為它只能夠在大多數的人接受其他機構控制之時，希望遏阻可能會破壞社會秩序的人，或是處罰實際觸犯法律的人。

從法律學到的規範與價值	學習機制
財產權	遭到處罰的威脅——
自衛等私人權利	監禁、罰款、勞役
犯罪行為是不會被社會接受的	

第20章

犯罪與偏差行為

20.1 犯罪與偏差行為的性質

刑法只處理被標示為背離正道的犯罪行為。「偏差行為（deviancy）」是指偏離社會規範（參閱18.2），並不必然就是犯罪。某人可能決定過著隱士的生活，或者他們可能在腐敗的社會裡過著聖人的生活、並且試圖要改革它。這類行為可能是偏差的，但並不是犯罪。

犯罪是被認為足以威脅到社會正常運作的挑戰，因此保證是會受到處罰的一項行為。這類行為可能是偏差，也可能沒有偏差。獨裁者可能把某些書籍列為禁書，但是大多數人民可能認為擁有那些書是很正常的事。在某個特殊的團體裡，像是從工作中偷些東西的行為雖然是犯罪，但是也是可接受的行為。

雖然有時用來描述芝麻綠豆大、算不上是犯罪的反社會或者是有失道德的犯罪行為，但是偏差行為這個名詞通常大多是用來描述違反成人期望的青少年行為。少男少女通常並不是有意識地拒絕成人價值，而偏差行為結束於開始追求對象之時。偏差行為經常是自我肯定的一種表現——「並不是個適應不良的徵狀，而是對次文化所做的調適」〔梅斯（J. Mays），1970，《犯罪及其治理（*Crime and its Treatment*）》〕。

偏差行為常具有犯罪性——破壞公物、偷竊、足球暴行——但並不必然如此。「製造麻煩的男孩是去犯罪，然而製造麻煩的女孩則是一天到晚和男孩混在一起」〔索非爾德（M. Schofield），1965，《年輕人的性行為（*The Sexual Behaviour of Young People*）》〕。有研究指出，女孩犯罪行為的日益增加有部份是出於社會漸漸接受性濫交的結果，因此談不上是強烈反叛行為的表現。隨著社會規範與價值的變遷，什麼行為算是偏差行為也隨著改變。同樣的，也可能是雙重標準在發揮作用，這可能會出現在

五月節大學生的酒醉撒潑可能被視為年輕人一時的興起亢奮。

兩性之間，例如，性濫交出現在女孩子身上比出現在男孩子身
上，較會被視為偏差行為；也可能會出現在階級之間。例如，出
現在牛津大學生身上的五月節（Mayday）醉酒與損壞財產的行
為，被視為年輕人一時的情緒亢奮；勞工階級支持者表現出同樣
的行為，卻被視為野蠻的暴民行徑。像這類偏差行為的階級差異
已被摩里斯（T. Morris）提出來。他指出「嚴重的偏差行為最常出
現在無技術工人的家中」〔《犯罪地區（*The Criminal Area*）》，
1957〕，儘管他認為偏差行為與不適當的居住環境、家庭人數過
多、以及其它現實的因素都有關係。

　　被某個社會視為犯罪行為的，另一個社會不必然會視為犯
罪。例如，喝酒在英國是容許的，但是在沙烏地阿拉伯則是違法
的。不過，仍然有一些固定的原則，像是尊重財產、生命、與性

的權利，是所有社會都遵守的。

　　什麼行為會被視為偏差行為，也會隨著社會規範與價值的改變而變動。看看對性活動的態度，在後愛滋時代是否會有所改變，這將會是個有趣的觀察。同樣的，雙重標準的情況，不是發生在兩性之間，就是出現在社會階級之間。

刻板印象與犯罪

　　在兩所警察局裡，她發現一些因小過失而遭逮捕入獄的犯人中，分別有百分之二十與百分之二十七是沒有固定住所的。她認為這是因為他們是全國人口中一小撮無處棲身、沒有勢力，因此才特別受到警察逮捕的關照。

　　由於警察常握有足夠的證據指出某人犯下某條罪行，同時也有足夠的轉圜餘地合法地迴避動用到那項指控，因此犯下某條罪行本身可能是相當不明確的——破壞安寧（誰的安寧？）、有目的的閒蕩、非法的目的（如何決定目的或是意圖？）、拿不出令人滿意的憑據證明擁有的是私人物品（有多少人會隨身攜帶收據，而且令人滿意的又所指為何呢？）、攜帶可以用來闖空門（這個界線該如何區分？）還是隨時可以用做武器的器具？甚至是空的牛奶瓶，都曾經被界定為具有危險性的武器。

　　所以，像是破壞安寧之類曖昧不明的例子，說有罪是因為警察說他們看到了某人「到處閒蕩、喝酒醉、大聲咆哮、吼叫、詛咒、與謾罵」——這是以地方法院每日例行公事上的話來說，或是更不尋常，但是可以觀察到的一個狀況是：「在人行道上跳上跳下，看不出有何章法的舉動」。

　　被認做小偷的是有不誠實前科的人：前科因此不僅成為縮小判斷可能犯下某項罪行的嫌犯的非正式線索，而且成為逮捕他們的合法理由。通常被認定是小偷的是與惡友為伍、以及被認為不

具有誠實謀生之道的人物。刻板印象與假定最壞的情況，就這樣被寫成法律。至於可疑情境則留給警方去界定。〔郝德威編（S. Holdaway），《英國警察（*The British Police*）》London: Arnold, 1979〕

20.2 犯罪的原因

關於影響智力的因素是遺傳還是環境的爭辯（第8.1節），同樣出現在犯罪的論述當中。

1876年一位義大利的犯罪學家羅布拉索（Lombroso）檢視一名惡名昭彰大盜的頭顱，然後說它具有人類演化早期的特徵。羅布拉索據此發展出一套犯罪者不同於其它人，代表一個層次較低的演化階段〔瓊斯（H. Jones），1965，《變遷社會中的犯罪行為（*Crime in a Changing Society*）》〕。雖然這類觀點今日已經得不到任何支持，但是主張犯罪與基因之間有某種關連的論調仍然存在。羅森賀爾（D. Rosenthal）發現，同卵雙胞胎共享的犯罪特質是異卵雙胞胎的兩倍多（「美國科學進步協會演講」，1972），而且對於犯罪與染色體之間是否有關聯存在的這類懷疑，一直持續不退。

雖然犯罪生物學上的關聯性尚未被證實，但是犯罪與其它因素間的相關已多被證實了：社會化（參閱19.1）、教育（參閱19.2）、以及環境（參閱16.4）。早在1886年，塔德（《比較犯罪》）指出犯罪行為是在家庭與社區中學來的。大衛·馬特札（David Matza），1964在《偏差行為與隨波逐流（*Delinquency and Drift*）》一書之中指出，有些青少年選擇犯罪的理由是在抗拒無助的感覺，藉此對抗他們無力控制的勢力，設法脫離它的擺弄。犯下某

種罪行可能是為了「想要製造某種狀況」。所以，或許可以將之視為某種意志力的表現，青少年的用意不過是想要恢復他們對於外界至少有某種程度控制能力的感覺。如此，在局外人眼中看來似乎是「不用大腦」的胡作非為，但是對做出這種行為的青少年來說，可能有更為深層的含意。

對於英國最近三十年來犯罪率出現實質增加的這項事實來說，有數個相當明顯的解釋。雖然在同一時期之內貧窮並未出現同樣的惡化，不過就這點而言，不要忘了相對貧窮的影響力（參閱10.4）。

現代社會有更多可以立即取走的財產——像是汽車——可供偷竊。廣告事業花了上百萬英鎊來說服我們，消費財是生活必須品、或是值得極力追求的，但是並未提供得到這些東西的方法。對於處在社會階梯底層的人們來說，可能體驗到機會與目的之間最大的差距。所有違法行為中數量最多的單一類別是與使用機車有關的犯罪——過去二十年來機車數量有相當顯著的成長。

暴力與人口過分稠密顯然有密切的關連。例如建造高層大樓的住宅政策，已經提高了都市中心的住宅密度。

偏差

儘管在這個領域內已經做過了很多的研究。但是和早期比較起來，對於現代社會發生的犯罪與偏差行為，仍有很多不確定的層面。

另一方面，社會學對我們社會中出現偏差行為的解釋卻有頗多會通之處。很多作者強調現代工業狀況所造成的社會結構變遷，或明或暗地指出這個因素是造成當前社會大部份犯罪行為增加的基本原因。下面摘要列出根據這個看法所引發的主要論點：第一，由於社會關係在現代高度工業化的都市是日趨非私人化，

缺乏凝聚力與適當的社會控制工具，反映在親戚連帶與社區聯繫的減弱上，因而導致文化與規範體系的瓦解，出現了一種脫序的狀態。第二，非私人的社會關係製造了許多沒名沒姓的犯罪受害人，生活的富裕也意味著犯罪機會的增加，這些都成了鼓勵犯罪行為的因素。第三，某部份人口經驗到期望受阻。儘管當代社會十分強調成就導向，但是這些人社會流動的管道一般都被阻塞，造成他們心中的不滿。勞工階級與中產階級的價值被他們拒絕，所以就塑造了他們的叛逆性，特別是在青少年群體中，最後總是以偏差收場〔法維爾（T. R. Fyvel），1961，《缺乏安全感的罪犯（*The Insecure Offenders*）》；克勞茲，《社會學在英國》London: Batsford, 1969〕。

提出今日犯罪比以前多的假設時，我們必須謹慎小心。在《童年世紀（*A Century of Childhood*）》一書中，韓福瑞斯、麥克、與波克斯（Humphries, Mack & Perks）描述兩次大戰之間不被警察注意的沙爾福德市勞工階級地區青年幫派的械鬥。作者訪談了南約克郡煤礦村裡的老年人，他們生動地描述了四十年前某個星期六啤酒屋演變出暴力事件的始末——警察連理都不理。在今天更少有人會接受家庭暴力，因此這類行為更有可能觸犯法律。在今天，一聽到保安團不僅令人皺起眉頭，但是以前的人則靠著這些自救團體奪回財產、執行報復，而不必動用到警察。

都市生活與犯罪的關連已經由美國「芝加哥學派（Chicago School）」的社會學家證實了（圖20.1）。

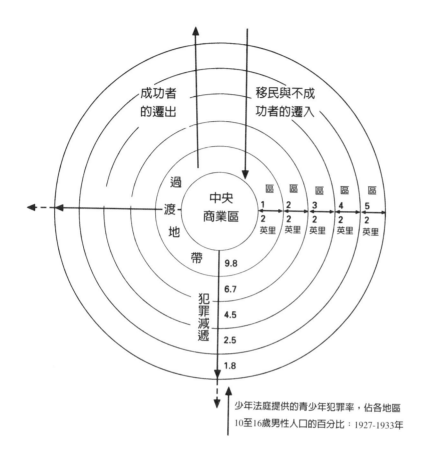

圖20.1 都市生活與犯罪

20.3 犯罪與統計數字

犯罪增加顯示的可能只是有更多的犯罪機會；還有其他的理由說明為什麼應該謹慎處理犯罪統計數字，特別是把某一段歷史時期或某一個國家和另一段歷史時期或另一個國家做比較時，尤

其應該如此。

◆由於民風民德之故，某些地區比較沒有向警方報案的習慣。

◆警方比較不可能接獲某些案件的報案。美國的調查顯示，只有百分之二十七的強暴案與百分之三十一的竊盜案，警方會接獲報案。所有的汽車竊盜都會向警方報案，毫無疑問的是與保險有關。倫敦的一份調查發現，只有三分之一的犯罪受害人（常就是所謂的「自保」招數）會通報警方。「從官方的比率數字我們無法分辨林肯郡高比例的性犯罪，是因為該郡是性偏差行為的溫床，還是因為性犯罪在組織緊密的鄉村與市鎮社區警方比較可能接獲報案。」〔戴維生（R. Davidson），1981，《犯罪與環境（*Crime and Environment*）》〕。

◆英國犯罪調查（BCS, British Crime Survey）顯示，最可能報案的犯罪是汽車竊盜（1991年這類犯罪中就有百分之九十三向警方報案），這或許是為了請領保險給付之故，而有報案的必要。最不可能報案的是搶劫與失竊（不包括闖空門），以及破壞公物（據1991年資料，分別是百分之十三與十五）。

◆警察活動的變化各地不同。現代警力是受過高度訓練，並且使用複雜精密的偵察方法——他們可能比以前更具有偵破犯罪的能力。特殊警力發動打擊各種類型犯罪的行動——在某個地區吸食嗎啡是被容忍的，在另一個地區可能遭到嚴格的取締。

◆有些犯罪可能比別的犯罪更容易破獲。破壞財產的犯罪，主要是較低社經階級的人常犯的罪行，非常容易被偵破。逃稅與詐欺或許是社會階梯上層的人比較容易犯的罪行，

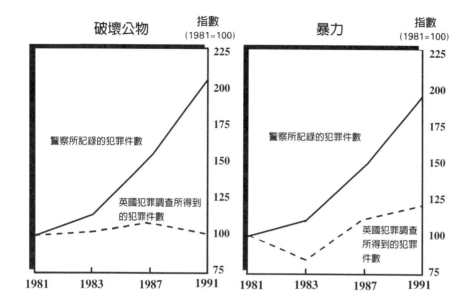

圖20.2　破壞公物與暴力

　　但是比較難以辨識。

　　英國犯罪調查依賴訪談民眾，以便對犯罪數字能夠得到比警方記錄下的數字更為充分的解釋。因此並不包括針對組織而非針對個人的犯罪（例如，詐欺公司或商店中順手牽羊的行為）；「無受害人的」犯罪也不列入考慮（例如，濫用藥物）。英國犯罪調查指出，警方的統計數字或許過分誇大了犯罪數量的增加。究其原因，或許是因為受害人報案的可能性增加；其中一項原因是社會大眾對於犯罪傷害補償局有了更進一步的認識，該局成立於1964年，對於那些暴力受害人提供補償金（圖20.2）。

犯罪統計數字為何不精確

　　其他的研究已經透露受害人不願意向警方報案的進一步理由。例如，有些受害人寧願採取庭外解決的行動，也不願意把自己與罪犯送交正式的司法程序處理，這個程序不但在經濟上花費昂貴，而且造成名譽上嚴重的傷害。據此，在馬丁（Martin）所做的英國雇主對受雇者違法行為的反應研究中，他指出有接近百分之七十的情況，雇主並沒有向警方報案，試圖把對公司與犯罪者的不愉快減到最低。同樣的，羅賓（Robin）指出美國的雇主不願意告發他公司裡犯罪的員工，是因為在雇主與員工之間存在一種心理上的親密性，因而不願意見到自己的員工公開受到羞辱，寧願私下和解。再者，這類庭外和解的程序也保護到雇主，使他評選錄用公司員工的能力，不致受到大眾公然的質疑。最後，卡莫龍（Cameron）發現遭到順手牽羊的商店常常不願意採取正式的司法步驟，一來因為無法肯定，再加上舉證的困難，以及讓其員工出庭指證順手牽羊嫌疑犯的代價過高。在這些情況下，百貨公司的經理人員傾向於採取警告該嫌犯、要求他不要再度光顧，然後將之釋放的做法。當然嫌犯支付物品的能力與意願，是與以庭外解決的模式對付罪犯密切相關的一個因素。

　　害怕受窘、或是不願意私事暴露在眾目睽睽之下，可能提供更進一步的理由，說明為何有些犯罪行為的受害人不向警方報案。據此，遭受恐嚇的受害人通常寧願把他們的秘密隱藏起來，也不願意他們的名譽受損。同樣的，強暴案與其他不名譽性犯罪的受害人常常寧願不去報案，而不願受到他們的名聲遭受到街坊鄰居、警方、醫生，甚至檢察官低賤下流的諷刺。實際上，說很多強暴受害人避免報案，是因為他們害怕會要「出庭應訊」，絕非誇大其詞。另外一個也是最後一個情況是，某些遭受金融詐欺的受害人，他們寧願保持沈默，而不願洩漏他們的無知、愚蠢、或

是本身對非法行徑有知情不報之過。

據此，甚至在重大犯罪——像是偷竊、闖空門、強暴、傷害、順手牽羊、以及侵佔公款與詐欺之類的案件中，那些完全清楚他們已經受到傷害的人，經常沒有向警方報案，因此他們受害的罪行也沒有被警方記錄。

除了自知受害的人之外，還可以概念化出三種其他類型的受害人：一直被蒙在鼓裡的受害人（除非有人告訴他）；抽象的受害人，授權的代理人代表授權人進行監護，但是對於他們監護的結果卻不必然會提醒授權人；以及拒絕承認這個標籤的受害人。在每一個情況下，受害人向警方報案的能力與意願都受到嚴重的損害，因此大大減低了警方知道的犯罪模式與犯罪數量的精確程度。

一個被蒙在鼓裡受害人的例子是，一個已經陷入信心詭計失敗一方的人，但是他對於處境卻毫無所知。這顯然是這類犯罪行為最常見的結果，因為信心騙子的手法要不就是讓受害人一無所知，不然就是讓他留在原地、一臉茫然不知道發生了什麼狀況。同樣的，公司老闆與經理常常對於侵佔公款，以及其他的商業詐欺一無所悉，而商店老闆對於順手牽羊或員工偷竊的行為也可能毫無知覺，特別是低劣的會計程序或不正確的記錄，很容易就會造成存貨的減少。明顯的，受害人若毫不知情，或是他從非犯罪的角度去解釋所發生的情況，那麼警方就不會接獲報案，官方統計數字也就不會有所記載。

另外一種受害類型是沒有哪一個特別是受害人，但是我們普遍都成了受害人。以逃稅的例子而言，可以說有某個抽象的受害人存在。據此，每一個納稅的人，或是政府直接或間接支出的受益人，在「每個人如果誠實支付所得稅，將使政府降低總稅務負擔百分之四十」的意義下，都成了受害人。〔巴克斯（S. Box），《偏差、實相、與社會（*Deviance, Reality and Society*）》New

York: Holt, Rinehart & Winston, 1981〕。

20.4 階級與性別和犯罪的關係

前面提過階級與性別是犯罪差異的因素。何以較低社會經濟收入的群體，在警方接獲的報案中，會比較突顯的理由包括：

◆法律是中產階級人士所建構的，反映的是中產階級的價值。例如，勞工階級可能因為相對比較小的債務而入獄，而公司破產倒閉卻可以安然逃過處分。詐領社會安全津貼比偽造所得稅收益，更可能招致法律的制裁。

◆沒有一技之長或半技術勞工的子女比較少有機會得到增進地位的工作。

◆地位較為低下的群體所生活的地區，比較可能是人口過於稠密、帶有犯罪次文化之地。這些都市中心地區提供了竊取車輛與容易得手的偷竊商店與住家財物類的犯罪機會，再加上匿名性使指認困難。

◆較為低下的階級團體沒有多少財產，但是我們社會的價值卻強調財富的重要性。促使以不合法的方式去得到想要的東西，注定是在擁有最少財物、最沒有合法取得這些東西管道的群體中，產生最大的力量。

◆有很多犯罪是機會主義的，而且是發生在犯法者居住地區的附近。

男生犯下某種罪行的機會是女性的六倍（1989）。或許兩性日漸平等將會縮短這個差距，而且有些證據已經顯示這個情形似乎

慢慢浮現，例如，在1961年男性犯下某種罪行的可能性是女性的七倍。有項生物學的主張指出，和男性比起來，女性較不具攻擊性、較不獨斷、而且較不具競爭心，不過這項說法已遭駁斥。環境因素可能包括：

◆社會化的過程，社會化鼓勵女孩子採取順從的角色。男人則需要表現出我們社會所界定的男子氣慨，那包括了魯莽衝動與冷酷無情。在某些環境下，當合法表現這個角色的管道受到限制時，就促使人尋求不合法的管道。受到社會讚許的女性角色，多與被動與顧家有關，並且多屬於合法的形式。

◆對於女性設下更多的限制，例如，晚上不可遲歸不在家，或是限制她們出入某些場所——像是俱樂部與啤酒屋——即那些可能會發生暴力情境的地方。

◆對於沒有一技之長的女性有的是更多現成的機會。她們可以用雖不盡然是社會不贊同的、也不是不合法的方法——例如，賣淫——去賺取金錢。

犯罪成因的理論

繼佛洛伊德之後，鮑比(Bowlby)，1953的著作是第一本與偏差行為有關的大作。他強調小孩子在出生後頭幾年與母親的關係，對健全的心理發展是極為關鍵的。被剝奪了母愛的小孩被認為會發展出各種心理失常的病症、從有點反常、到精神分裂與神經質，到做出偏差行為。由於鮑比把偏差行為者視為環境影響下的無助受害者，而不是個帶有「自由意志」的人，也不是天生帶有某種「劣根性」的人，所以鮑比的研究與女性的關聯性較強。

一份由寇勒（Koller）1971所從事的澳洲研究指出，與控制組百分之十三比較起來，有百分六十二技能訓練學校的女生有過失去父母的經驗。

顯然這類理論無法解釋青少年偏差行為的特殊本質。如果是源自於早期受到的干擾，為何要等到青春期才開始發作？如果對人格會造成永久的影響，那麼偏差行為為何通常在青少年時代接近尾聲之際，也隨之結束了呢？於是研究的注意力轉向行為不良的父母親當時養育小孩的實際經過。研究發現存在於不良少男家庭中，被視為重要的導致偏差行為成因的因素，同樣存在於不良少女的家庭。父母分居與離異的次數，會因偏差行為與沒有問題家庭的定義而有相當大的變異。一般說來，不良少年母群與非不良少年母群比較起來，不良少年母群出現婚姻破裂的次數較高，對於不良少女來說，尤其如此。在不良少男與少女的家庭中都發現有父母爭吵與失和的現象〔除了瑞奇（Riege）驚人的發現之外——他發現非不良少年的父母比不良少年的父母更常當著他們的面吵架〕。常常小孩子會表示遭到父親或母親，或是同時被父母親拒絕的感受。父母親對小孩的活動與管教漫不經心、毫無章法，而且親子之間很少花時間在一起從事娛樂活動。顯然，家庭中一些促發偏差行為的因素，對女孩子來說，並沒有與男孩子有太大的不同。隨著女孩們花更多的時間在家外頭、在街上，他們捲入不良少年次文化的機會自然就會增加，特別是在都市、勞工階級的區域。這似乎又把注意力轉到同輩團體，而不是擺在家庭。不過把注意力擺在這個因素之上的研究多以不良少男為研究對象，以這個因素來分析不良少女偏差行為的研究幾乎完全沒有。我們實際上對於他們家庭以外的生活一無所知，而這也正反映了普遍的信念，女性的行為完全可從他們的生理、心理、與家庭生活來加以解釋〔改自康貝爾，1981，《不良少女》，Oxford：Blackwell〕。

複習摘要

犯罪行為

犯罪行為是被視為足以挑戰社會運作、必須經過正式判罪與處分的行動。

某項罪行可能是偏差的行為，但也不必然如此。舉例來說，社會的某些部門可能把下列行為當成正常的行為（例如，沒有偏離規範），但是這些行為卻是違法的：

◆ 從事「黑市經濟」的工作（例如，油漆某人的房子），但是收到的錢不報稅，甚或持續領取增額給付。
◆ 在上班時間未得老闆許可擅打私人電話，或打私人電話卻不自行付費。
◆ 一位超過十八歲的人帶著一位年僅十七歲的人一塊進入啤酒屋，然後買杯酒請他喝。

歷史上隨著社會的變遷，對於構成犯罪的看法也隨之轉變；也隨著社會的不同而有所不同（例如，飲酒在沙烏地阿拉伯是違法的行為）。

偏差的行為

偏差的行為有時包括所有細微的犯罪行為，以及那些雖然算不上是犯罪，但是被認為是反社會的，或不道德的言行舉止。更常見的是，偏差行為這個名詞常被用來指涉那些違反成年人期望

的青少年行為。青少年通常不是刻意地拒絕成年人的價值，而且通常青少年求偶期一旦開始，就是其結束偏差行為之時。偏差行為經常是自我肯定的表現。（梅斯，1970，《犯罪及其處置》：「與其說是適應不良的徵狀，不如說是對某個次文化所做的調適」）。

犯罪與偏差行為之肇因

遺傳：自十九世紀末期以來，大多已不再視之為犯罪的肇因，當時演化論者主張，有某種低層次的「犯罪類型」存在。仍然有些揣測認為有些犯罪行為與基因有關（例如，某人是天生的壞胚子）。

環境：一般接受環境因素是犯罪的肇因。已經被確認的因素包括有：

◆社會學習：例如，在家庭裡學到犯罪的規範。
◆人口過於稠密：暴力與人口過密之間有所關聯。麥克林塔克與艾里蘇（F. McClintock & N. Arison），1968，《犯罪在英格蘭與威爾斯（*Crime in England and Wales*）》。
◆貧窮：為了填飽肚子而行竊的想法是很明顯的，但是必須要建立的是犯罪與相對貧窮間的關係──例如，媒體使參考團體擴大（廣告增加了想要得到的目標）；處於社會階梯最底層的人面臨機會與目標之間的最大落差。
◆都市風氣（都市社區所特有的精神）
　★匿名性──被認出來的風險較低。
　★脫序──較少的規範。
　★有機連帶關係較少涉及私人性並且較不密切。

犯罪率日益增加的解釋

◆都市風氣的盛行（即使有更多的人不是住在城市裡，但是都市生活方式的影響力卻在增加當中：見325頁。

◆有更多容易搬走的財物可偷（例如，汽車、錄影帶）。

◆更加商品化——例如，廣告說服我們說消費財是根本的是高度可欲的，但是得到這些東西的管道卻被某些人所把持。

◆新犯罪型態（例如，信用卡詐欺、違規駕駛）。

◆失業（但是值得注意的是，犯罪率開始快速上升始於1960年代，那時是個充分就業的時代。所以高犯罪率與失業之間沒有直接的相關）。

◆可能受到有更多犯罪被告發的影響。

◆組織化宗教影響力的減弱（就這點上目前所呈現的證據，似乎有點相互矛盾）。

◆日益增加的離婚率對兒童的影響〔韋斯特（D. West）在《青年罪犯》研究中，發現不確定的家庭背景是造成犯罪的主因〕。

◆可能是受到媒體，特別是電視的影響。

◆女性採取了男性的性別角色。

性別與犯罪

有個生物學的主張指出，女性和男性比起來較不具攻擊性、較不獨斷、而且較不具競爭心，不過這項說法已遭駁斥。環境因素可能包括了：

◆社會化的過程。社會化鼓勵女孩子採取順從的角色。男人則需要表現出我們社會所界定的男子氣概，那包括了魯莽衝動與冷酷無情。在某些環境下，當合法表現這個角色的管道受到限制，就促使人尋求不合法的管道。受到社會讚許的女性角色，多與被動與顧家有關，並且大多屬於合法的形式。

◆對於女性設下更多的限制。例如，晚上不可遲歸不在家，或是對她們可以出入的場所設下限制——像是俱樂部與啤酒屋——即那些可能會發生暴力情境的地方。

◆對於沒有一技之長的女性有更多現成的機會。她們可以用雖不盡然是社會不讚許，但也不是不合法的方法——例如，賣淫——去賺錢。

階級與犯罪

何以較低社會經濟收入群體，在警方接獲的報案中，會比較突顯的理由包括：

◆法律是由中產階級的人所建構的，因而反映的是中產階級的價值觀。例如，勞工階級可能會因為相對比較小的債務而入獄，而公司破產倒閉卻可以逃過處分。詐領社會安全津貼比偽造所得稅收益，更可能招致處罰。泰瑞斯‧摩里斯（Terence Morris），1957，《犯罪界（*The Criminal Area*）》一書中，寫道「偏差行為在勞工階級的街坊鄰居之間之所以興盛，是因為該行為能夠在勞工階級的文化中找到支持。」

◆中產階級犯罪是比較不可能被偵測出來的犯罪類型（公司

舞弊：未經授權而擅自使用雇主的資料/服務）。

◆沒有一技之長或半技術勞工的子女，比較少有機會得到增進地位的工作。

◆地位較為低下的群體所生活的地區，比較可能是人口過於稠密、帶有犯罪次文化之地。這些都市中心地區提供了竊取車輛與容易得手的商業與住家財物類的犯罪機會，再加上匿名性，使指認變得更為困難。

◆較為低下的階級團體沒有什麼財產，也沒有合法取得任何這類東西的機會，但是我們社會的價值卻一再強調財富的重要性。

自我測驗7.1

1. 什麼名詞是用來描述那些接受他們社會的目標，並且照著社會期望的方式來表現他們行為的人？（一分）
2. 哪個年齡團體最可能犯罪？（一分）
3. 那個社會階級就統計上來說，最可能做出違法犯紀的事？（一分）
4. 舉出兩個社會控制的機構。（兩分）
5. 哪個團體最可能受到電視的影響？（兩分）
6. 舉出媒體在哪三個方面對犯罪必須負起責任。（三分）
7. 舉出三個理由說明何以中產階級的人犯罪數量比較少。（三分）
8. 為何近年來犯罪率有明顯增加的趨勢？（四分）
9. 為何男人比女人更可能犯罪？（四分）
10. 在哪些方面，犯罪統計數字可能會是誤導人的？（四分）

自我測驗7.2

英國的犯罪地圖

「英國今天是個遭犯罪肆虐的國家。一份《週日鏡報》驚人的調查透露，犯罪與失業是如何聯手一併出擊——分裂這個國家。

在蕭條的北部，犯罪像傳染病般地流行肆虐。

生活富裕的南部並沒有免於犯罪的侵襲——但是你的家若是在失業的黑點上，像是利物浦與曼徹斯特，那麼遭竊的機會會是雪瑞與哈特佛郡的四倍」。

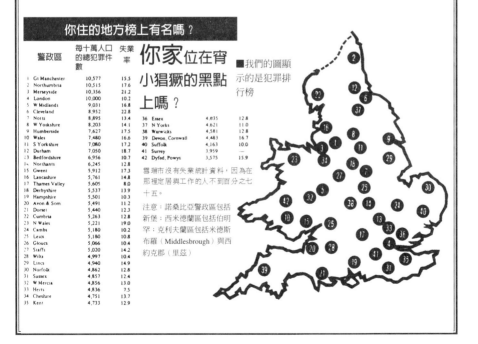

你住的地方榜上有名嗎？

	警政區	每十萬人口的總犯罪件數	失業率
1	Gt Manchester	10,577	15.5
2	Northumbria	10,515	17.6
3	Merseyside	10,356	21.2
4	London	10,000	16.8
5	W Midlands	9,031	16.8
6	Cleveland	8,952	22.8
7	Notts	8,895	13.4
8	W Yorkshire	8,203	14.1
9	Humberside	7,627	17.5
10	Wales	7,480	16.6
11	S Yorkshire	7,080	17.2
12	Durham	7,050	18.7
13	Bedfordshire	6,956	10.7
14	Northants	6,245	12.8
15	Gwent	5,912	17.3
16	Lancashire	5,761	14.8
17	Thames Valley	5,605	8.0
18	Derbyshire	5,537	13.9
19	Hampshire	5,501	10.3
20	Avon & Som	5,491	11.2
21	Dorset	5,440	12.3
22	Cumbria	5,263	12.8
23	N Wales	5,221	19.0
24	Cambs	5,180	10.2
25	Leics	5,180	10.8
26	Gloucs	5,066	10.4
27	Staffs	5,020	14.2
28	Wilts	4,997	10.4
29	Lincs	4,940	14.9
30	Norfolk	4,862	12.8
31	Sussex	4,857	12.4
32	W Mercia	4,856	13.0
33	Herts	4,836	7.5
34	Cheshire	4,751	13.7
35	Kent	4,733	12.9
36	Essex	4,635	12.8
37	N Yorks	4,621	11.0
38	Warwicks	4,581	12.8
39	Devon, Cornwall	4,483	16.7
40	Suffolk	4,163	10.0
41	Surrey	3,959	—
42	Dyfed, Powys	3,575	15.9

你家位在宵小猖獗的黑點上嗎？

■我們的圖顯示的是犯罪排行榜

雪瑞市沒有失業統計資料，因為在那裡定居與工作的人不到百分之七十五。

注意：諾桑比亞警政區包括新堡；西米德蘭區包括伯明罕；克利夫蘭區包括米德斯布羅（Middlesbrough）與西約克郡（里茲）

續自我測驗7.2

1. 1985年得汶（Devon）與康渥（Cornwall）兩地的失業率為何？（一分）

2. 為何雪瑞市沒有失業率的統計數字？（一分）

3. 犯罪表上接近頂端的地區與接近底層的地區之間，有何共同之處？（兩分）

4. 就你對犯罪地圖所做的檢視，你找到決定性的證據證明犯罪與失業總是「一併」出現嗎？使用圖表中的統計數字來說明你的理由。（三分）

5. 從上述你提供的答案中，就決定犯罪數量佔總人數比例而言，那一個因素你認為最為重要，而且是在任何一個地方都會出現的因素。就你的答案，提出詳細的解釋。

（八分）

冒著會被外國警察棒打頭部的風險
是證明他們男子氣概的一項挑戰

　　把焦點擺在把主腦人物關進監牢雖然直接了當，但也不得要領。問題比想像的更大：無止境的、攻擊性的愛國主義以及精力的發洩，有其在男性成年儀式中的古老根源。下了班的警察與軍人、大學裡的足球隊員都是以暴力的方式來測驗他們的男子氣概。實際上，造成警力受傷最大的原因是足球賽。但是仍維持在合法的範圍之內──大部份是這樣──因為他們總想要失去些什麼。大多數足球暴徒──不論是有工作的還是失業的──都跟著人群走，因為他們喜歡這種感覺。對許多住在蕭瑟破落屋子內的人來說，當地沒有什麼活動足以和到國外去，和與他們氣息相通的年輕人擠在人潮中的快感相比。

　　有些人有的是沒有前途的藍領工作，而其他的人根本沒有工作可做（在英國未滿二十一歲的年輕人，現在有一百萬人失業）。他們分享不了梅傑先生所呈現英國風格──「星期天下午打板球」或是哈維斯廣告所描述的甜蜜溫馨的家庭氣氛。對他們來說，以開快車與武打動作為訴求的廣告可能更具有吸引力。他們染上毒品──腎上腺素與酒精是使他們振奮的開胃菜。冒著會被外國警察棒打頭部的風險，是證明他們男子氣概的一項挑戰

　　就像同一個年齡團體所犯下的其他罪行一樣，能給予他們立即的滿足。坐牢沒有什麼可怕的──也成了一種挑戰。

　　但是像大多數犯法的年輕人一樣，足球暴徒會走過這段荒唐歲月。當他們得到了某些會失去的東西之後：他們的家、他的家人、一棟貸款的房子。這個過程隨著暴力成了大眾生活語言中

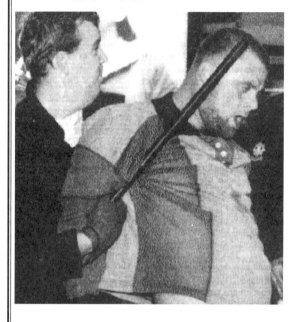

英國足球迷在鹿特丹被捕，1993年10月15日。

正常的一部份之後，變得更加糾結不清：錄影帶與電影螢幕上間或穿插的暴力鏡頭，政治人物與坊間小報在文字上玩弄著砲轟對手的把戲。

　　對尋找認同的年輕人來說，角色模範是極為重要的：在失去了傳統上對手工工作的尊重，在一整片產業都流失之後…我們還能期待什麼？〔改寫自《生活在危險之中：違法青年現身說法（*Living Dangerously: Young Offenders in Their Own Words*）》一書之羅傑・葛瑞夫（Roger Graef）的一篇論文；出自《每日電訊報》，1993年10月15日〕。

　　1.解釋社會得到社會順從的方式。（八分）
　　2.為何勞工階級的青年男子，比其他團體的青年男子更容易陷入惹上警察的麻煩之中？（十二分）

解答

1.大多數的人是照著人們期望他們的方式行動：他們接受社會所定下的社會目標，並且嘗試著以社會接受的方式去取得這些目標。這些人是墨頓描述的「順從者」，但是他們可能是任何社會中人數最多的人。如果他們不是，那麼社會控制的正式機構，像是警察，將難以應付這個局面。

確保社會順從最重要的機構是家庭，因為在我們接受早期社會化時，我們習得的規範與價值，可能跟著我們進入成年生活。兒童學習規則——要聽話，或是不要打破東西——主要是透過非正式的積極制裁，像是一個微笑，如果他們做到了吩咐他們的事；或是透過正式的消極制裁，像是一個巴掌，如果他們不聽話的話。

之後，更正式的社會控制機構——學校——將會教導外面更廣大社會所接受的行為——同時是使用「角色模範」，像是要兒童模仿老師或校長，以及對不適當行為加以處罰，對其鼓勵表現的行為加以獎勵。

人的一生面臨相當大的壓力去順從他人的期望：大多數的人都想要被別人接受。在青少年同輩團體當中，同輩們可能期望他做出反社會的行為，但是研究顯示，大多數的年輕人擁有與他們父母相近似的規範與價值。

〔注意〕：這個問題是關於社會順從是如何得到的？而不是偏差如何受到處分的。所以不要被拐騙而只討論正式社會控制（例如，警察、法律等等）。

2.大部份的犯罪是由年齡在十四歲到二十歲之間的人所犯下的：犯罪者主要是男性〔韋斯特（D. West）在《罪犯青年》一書中，指出就偷竊空車這類的犯罪，男女性的比例是80比1；就

傷害殺人類，比例是4：1；在酗酒與失常行為上，比例是14：1）；而且大多數的罪犯都出身於勞工階級。在上述三類中，勞工階級的年輕男子最有可能陷入招惹警察的麻煩中。

為何年輕人比年紀大的人更可能犯罪的理由是，在現代工業社會中他們並沒有確定的地位；他們有的責任很少，同輩的影響力可能最為強大。如果同輩團體是個不良少年團體，那麼所有的成員都將感受到順從這股犯罪次文化的壓力。除了教育機構所設定的之外，沒有其他的正式地位目標可供追尋，無法在學術上有所表現的年輕人，特別可能拒絕學校的價值體系，而加入不良活動，使他們可以在同輩團體中找尋地位。

男孩子比女孩子更可能涉入不良的活動，因為我們的社會化過程鼓勵女孩子採取被動顧家的角色，但是期望男孩子採取冷酷強悍的陽剛形象，這個比較可能會導致招惹警察，惹上麻煩。男孩子受到父母的限制也比較少，比較可能深夜不歸，並且涉足像是啤酒屋之類的場所，那些地方都是可能發展暴力之處。此外，說不良少女可能透過性濫交（不見得是不合法的）表達他們對成人社會的反叛，也有幾分真實性。因為就某種程度來說，雙重標準在這個問題上仍然發揮作用。

出身勞工階級的男孩就統計上來說，較不可能在學術上有成功的表現，因此也更可能透過其他，可能是違法的方法，追求地位。就和勞工階級一樣，出身勞工階級的男孩較不可能透過合法的管道，取得媒體所反覆鼓吹的值得追求的物質目標，因而更可能活在偏差行為被視為「常態」的地方。

東尼斯在《從犯罪中尋求解決》一書中，指出他所研究的倫敦東區的男孩，行為並沒有特別的偏差，反而是和其他社會階級當中想要追求某種刺激的年輕人相似；但是他們活動的地方是

在公共場所，而這使他們比較容易招惹到警察。標籤理論會說，被警察指認為不良少年的年輕人，會表現出符合這個期望的行為，並且警察本身也比較可能會懷疑並且逮捕刻板印象中認為可能會製造麻煩的人，在這個情況下，勞工階級青年男子就是最容易被誤認的一群。

〔**注意**〕：確定你答案處理的是問題中所要你回答的那個團體：年紀輕、勞工階級、 男生。

順從、偏差、與社會控制

泰晤士河南面殘破的街道上留存著一個古老、邪惡的犯罪之家。這裡，不像大多數英國的街坊鄰里，警察對於他們的行動給予強大的支持，很多人親眼目睹已逝的盜匪走的是一條與常人無異的事業之路。該河的南面，街道、社區、與更重要的是家庭，或多或少都保持不變，以及環繞著這一切使犯罪能夠蓬勃*發展的社會氣氛。船塢發展出家庭聯繫、工作機會以及某種程度來說，父子、叔姪相傳的犯罪專門技術。強大的擴大家族也因此而成為組織化犯罪的重心。祖傳的犯罪家庭之間的通婚，促成地下王朝的存在。

《每日鏡報》，1991年6月8日

從官方的比例，我們無法分辨林肯郡高比例的性犯罪是因為該郡是性偏差的溫床，還是因為這類罪行在組織緊密的鄉村與城市社區，警方更可能接獲報案。

戴維生，《犯罪與環境》（Croom Helm, 1981）

1.解釋何謂犯罪次文化。（四分）
2.為何犯罪在某些地區有蓬勃*的發展？（七分）
3.為何犯罪統計數字可能不可靠？（九分）

*蓬勃發展是指成長、發展的不錯

中區聯招小組
普通考試，《社會學》，試卷二，1992（夏）

1.舉例描述正式與非正式社會控制的差異。（五分）

2.討論爲何常常很難區別犯罪與偏差行爲。（十分）

（你可能想要討論規範與價值、跨文化差異、態度變遷、時間與地點，貼標籤、或是其他任何一個相關的議題。）

威爾斯聯招委員會
普通考試，《社會學》，1992（夏）

第八單元
社會變遷

第*21*章
社會變遷的原因

21.1 停滯與發展

　　有許多不同的理由促使社會發生變化。有可能是來自於自然環境，像是乾旱、洪水、或是農作欠收、或是遷徙，都必然會造成生產以及生活模式的改變。舉例來說，1846年馬鈴薯欠收導致愛爾蘭鄉村農民的大量外流，移入美國與英國的都市地區。這很明顯地會影響到他們離開的社會，以及收留他們的社會。由於人口大量的外移，那些離開家鄉的、常常是最活躍的、最有野心的人，因而造成許多愛爾蘭鄉村社區發展的停滯。美國在1865年與1875年之間白人墾荒者與軍隊對於水牛聚落的破壞，摧毀了本土的美國（印地安）文明。

　　鼓勵社會整合的因素同樣有可能會帶來社會停滯。社會化鼓勵順從（參閱18.1），但是如果家庭與教育制度在落實規範上，表現的太過嚴厲，那麼新的觀念勢將難以形成，因而造成發展上的困境。

　　與其他社會接觸的程度也將會影響到社會在觀念上與技術創新上變遷的程度。有些傳統社會數千年來都沒有多大變化。另外一些社會，像是我們自己的社會，繼工業革命開始快速變遷之後，便捲入一個加速度的變遷旋風。然後我們又透過殖民主義，把更快速的變遷帶進別的國家。不過，英國社會生活雖然有些層面曾經經歷快速的變遷，但是另一些層面則並沒有太大的變化。

布拉德佛市（Bradford）席克寺廟（Sikh）的午餐。移民常常為英國的街頭添上額外的趣味與顏色。

21.2 文化因素

　　信仰、語言、規則與民俗———個社會的「文化」（參閱1.1）是不可能和該社會的生產過程區隔開來（參閱第12章與22.4），但是和其它社會的文化傳播也脫不了關聯。

　　與其他文化發生最明顯的接觸是透過移民，過去屬於不同族群團體之間的民族同化，促成了我們現在所享有的文化（第17章）。很難確定最近幾波來自新大英國協的移民潮，對英國文化會產生什麼長期的影響。雖然中國菜與亞洲料理對整個國家飲食習慣所造成的衝擊十分明顯，正如西印度群島島民在娛樂方面所造

成的影響。

　　空中旅遊的舒適已經爲許多人的生活注入了新的面向，而他們的父母可能除了左鄰右舍的行爲外，對其它事物都一無所知。葡萄酒消費量的增加更是彰顯對事物看法改變的一種浮面反映。

　　或許最重要的是電視已經把生活水準的比較帶進每個家庭；對某些人來說，這加大了相對剝奪的感受（參閱10.4），對其他人來說，這擴大了他們的文化水平，有助於態度的變遷。

21.3 政治因素

　　在英國土地上發生過的最後一次戰爭是1746年的鼓樓頓（Culloden）之役，而且在近代史上英國並未經歷過遭遇外族侵略或佔領的事實，這對容忍與自由這類文化因素頗有影響。

　　對外安全的日漸穩定以及國內民主政府的發展，或許也衝擊到英國社會的其它層面。對許多人來說，這些層面就像是不平等的問題，不是那麼令人悅納的。

　　這層穩定狀態對某些人來說，就好比是「停滯」。1922年有一位德國人就評論道，「相對於歐洲大陸豐富的變化來說，英國的生活表現出來的是一幅單調畫一的圖畫，與沒有特色、毫無朝氣的都市人口完全相對應（W. Dibelius，《英格蘭（ *England* ）》，1930）。

　　如果說變遷是來自衝突，那麼英國社會相對缺少衝突的情況，便可以解釋展現在像是英國階級體系，或是所有主要政黨都是由清一色的中產階級專業人士所主宰的那份「穩定」，或稱之爲「停滯」之上──但憑你觀察的角度。馬克斯主張除非改變社會結構，否則社會變遷是不可能產生的。

在英國社會，最接近階級路線的政治衝突是發生在1926年的總罷工，不過該年之前，保守黨首相史丹利・鮑德溫（Stanley Baldwin）成功地否決了由他自己黨內一位下議院普通議員提出的阻止工會對工黨提供政治獻金的一條法案。

儘管事實上勞工階級佔選民中的大多數，但是工黨——自詡爲勞工階級的政黨——在1918年與1993年的七十五年間，在位執政的時間只有二十年。由此看來，英國的政治制度確實傾向於鼓勵穩定而不是變遷。

21.4 經濟因素

英國社會的主要變遷是出於經濟而非政治因素的結果；雖然婦女地位改變的理由之一——第一次世界大戰——可以視之爲政治因素而非經濟因素的作用。

這些經濟因素大多在上文中已經提到過，包括有：

◆由於工業革命的結果，生產方法的改變導致大型工廠林立、同時帶動起都市化的加速與工會組織化勞工的發展，而工會本身又構成了社會變遷的另一個原因。

◆對受過更多教育勞動力的需求，促使義務教育的發展。男性與女性有了更多受教育的機會；隨之而來家庭人數的減少，促使核心家庭成爲主要的運作單位，這又影響到丈夫與妻子角色的轉變。

◆生產方法的轉變近年來對某些人來說，造成休閒時間的增加，對另一些人來說，則造成了失業的增加。

複習摘要

社會為何會「停滯」、沒有變遷的原因

◆社會化的過程／家庭的影響力，以及家庭教育。

◆地理上的孤立。

◆經濟結構沒有發生任何改變。

◆缺少衝突／沒有外族的侵略。

◆宗教的影響力。

社會為何會「發展」、變遷的原因

◆與其它文化的接觸（例如，移出／移入／觀光旅遊）。

◆經濟變遷（例如，農作失敗／工業革命）。

◆家庭以外的教育。

◆媒體的影響。

◆政治因素（例如，外族入侵／內部革命）。

第22章
社會變遷的過程

22.1 鄉村生活型態

　　1801年的英國，大約有四分之三的人口住在鄉村地區，到了1901年，只有四分之一的人住在鄉村。這個「都市化」的過程到了本世紀依然持續進行，而且只有從1970年代開始這個過程才出現暫停，甚至有點倒退的記錄。這個逆轉是統計上的，就行為上來說，不具意義，因為新鄉村住民可能「通勤」到都市去工作，而鄉村住民一般說來，在購物、休閒設施與教育上，比以前更加依賴都市。

　　一般都同意，由於從市鎮回流鄉村的結果，在生活模式上出現了某些根本的變化（參閱16.2）。十九世紀的擴大鄉村家庭是個生產單位，需要親戚間的密切合作。也有人指出，鄉村工人比都市居民較不可能和他的工作疏離，因為他看得到勞動的最後成果。

　　鄉村社會「面對面」的關係意味著每個人都知道某個人的工作與社會位置，所以鄉村居民比較不可能關心地位表徵。

　　鄉村社會的行為可能多為自發性的，因為較少有選擇的空間。可能有更多團結的感覺；較少的犯罪，是因為人們較不可能偷竊或破壞他們認識的人的財產，而且被認出來的風險也比較高。

　　在面對面的社區中，每個人都以不同的方式，與他整個社會網絡中所有其他的人發生關聯。舉個極端的例子來說，某個人的父親也正好是他的老師，他的宗教領袖、以及他的老闆。村落中的某位店主也是他許多顧客的親戚、教會的執事等等。「如果這個店東必須就其身為店東／店東的外甥／教會的執事／會眾成員的情境，表現出切適的行為，我們可以說他的社會生活有都市店東所欠缺的複雜性。他有的角色選擇或許比在都市來得少，而且

他必須對相同的對象表現出全部的這些角色」〔法蘭肯柏格，《英國的社區》、《鄉鎮的社會生活》，1966〕。法蘭肯柏格也指出鄉村地區親族之間爆發衝突的可能性，以及鄰近村落年輕小伙子之間的械鬥。鄉村生活與都市生活比較起來，並不全然是那麼地充滿和平與寧靜。

　　杜尼斯用共同社會（Gemeinschaft）意指社區，來描述鄉村生活型態，這是因為這類生活模式特別強調家庭、社區、以及較多的相互涉入與照顧。結合社會（Gesellschaft）意指社團，他用這個名詞來描述都市生活，因為社團是基於實用的目的而成立的，較少有鄉村中非正式的「東家長西家短」之類的接觸。鄉村裡的社會關係傾向於整合式的——在都市中則比較可能是孤立的。

都市與鄉村社區中的角色

　　在真正的鄉村社會，人際關係網絡可能是相當緊密的；每個人不但彼此認識而且和所有其他的人互動。在都市社會，每個人可能有數個共同的朋友。在一份都市家庭的研究中，伊利莎白·巴特（Elizabeth Bott）提出一項假設說，家庭網絡的本質與家庭之內丈夫與太太之間的分工有關。她區別出三種類型的家庭組織。第一類她稱為互補型家庭，在這種家庭裡，先生和太太做不同的事，但是互相搭配以成一個整體，就像在農業社區的情形那樣。第二類她稱為獨立型家庭，這類家庭中，丈夫與妻子自行其事不必顧慮到對方。第三種她描述為聯合組織，先生與太太密切地一塊幹活，交替分擔彼此的活兒…理論上，至少，在這個連續體屬於鄉村的那個極端，社會上的每一個人都有相同的機會與所有其他的人互動。然而，即使在愛爾蘭鄉下，女性工作的性質就已經不允許他們進行充分的互動…我會期望，工人比較可能接納他們在鄉村社會的角色，而拒絕他們在都市社會中的角色。換句

話說，所有留在鄉村的勞工階級都是本地取向的。地位與階級在所有的社會都不會出現完全吻合的情況。當然他們也不是唯一的一個結合人群或分裂人群的類屬。在鄉村社會，因不同目的而做的區別，相互吻合的可能性更低。

地位團體之間相對容易的社會流動，乃都市社會的特徵，但並不必然會減弱階級的團結與衝突。馬歇爾（T. H. Marshall）已經指出一項變遷，他說在意識型態上，已經從「是你的地位使你獲得那個教育的資格」，轉變到「是你所受的教育使你獲得那個地位的資格」。然而，這是一班教育列車，你必須儘早搭上，否則你根本搭不上。因此他寫道：

> 「在離開學校或學院時得到的那張車票，是一張終身的車票。拿著一張三等票的人，日後若覺得他想要坐頭等艙的位置，即使他準備支付其間的差價，他也不可能得到許可。因為那對其它人並不公平」（馬歇爾，《公民權與社會階級》，1950）。

我的意思是，在鄉村社會，衝突更是無孔不入。而且如果爆發成公開的爭端，可能更具破壞性。同時，這類社會的屬性，會使衝突得以疏通與制度化，即使它並無意如此，也會促使從一種爭執的狀況轉變成一種凝聚的狀況。這類對照可以從用字上表現出來：在鄉村社區有的是分化，但不是基本的分裂；有的是反叛，而不是革命。這類反叛的終點是立即的重新肯定該團體的價值與團結（改寫自法蘭肯柏格，《英國的社區》，Harmondsworth; Penguin, 1966）。

22.2 都市生活型態

　　杜尼斯（Tonnies, 1858-1918）也強調過都市生活的非私人性與孤立感；涂爾幹則強調都市生活型態的無規範感（normlessness）——「脫序（anomie）」，並且指出都市居住的許多問題。這些論調都可以追溯到都市生活缺乏可以賴以判斷行為尺度的固定標準。

　　與都市生活型態（參閱16.2與16.4）有關的問題，可摘要如下：

◆社會孤立；置身人群中的寂寞感。極端形式會導致自殺。
◆由於共同認同感的減低、較少共享的標準；更稠密的人口集中；更多的機會；更不可能會被辨識出來，故而造成更多的犯罪與暴力。
◆對地位表徵的競爭更加激烈，壓力更大。
◆更多的污染、更多的噪音。
◆關係傾向於表面性的——出現一種「社團應酬網絡」。關係也傾向於「局部的」，也就是因某些特殊緣故而建立的，而不是自然發展出來的。
◆比較沒有「代間權威」的存在。「在大城市中人口遷徙快速，年輕人較沒有準備要去尊敬他們的長輩。「阿公」變成一個帶有輕視意味的名詞。」（郝斯，1981《英國社會的變遷》）。

　　在市鎮裡，人們的「同質性」也較低，他們傾向於各自保有不同的風格。因此，潛在衝突的機會也比較高，但是發生社會變遷的潛力、變化與刺激的可能性也更高。

　　都市地區「私人化」的家庭生活（參閱3.4），由於其缺乏親人

的支援也由於其將所有的精力都擺在家庭之內，以至於蘊含衝突的潛在可能性也比較高。同時因其成員彼此之間發展出較高度的相互依賴，而具有發展更為深厚關係的潛力。然而，必須記清楚的是，在現代的脈絡裡提到「都市」與「鄉村」生活方式時，採用的是廣義通則化的原則。

都市化與都市村落

農民集聚在西部非洲超過兩萬人的部落，或是被某個印地安城市區位擴張而環繞的村落，就社會學的意義來說，很難稱得上都市化。同樣的，「社會解組（social disorganization）」的某些層面，據說是起源於快速都市化的結果——亦即快速地移入某個都市地區——有可能也會因收成、伐木、短期的採礦等等活動，而出現人口快速移入某些鄉村地區的情形。顯然，在這些情況下，將會出現失衡的年齡與性別結構，因而有極高的可能性會產生傳統的「解組」徵候，像是賣淫與酗酒。另一方面，關於都市中心某些地區的專門研究——像是印度首都德里（Delhi）、埃及首都開羅（Cairo）、倫敦東區（East London）、奈及利亞首都拉哥斯（Lagos）、以及墨西哥市——都指出有都市村落的存在，即建立在縱橫交錯的親族網絡之上的高度社會凝聚力，以及熟人之間強大的深入接觸〔〈都市社會學觀點（A Perspective of Urban Sociology）〉，帕爾（R. Pahl）編，《都市社會學導讀（Readings in Urban Sociology）》，Harmondsworth: Penguin, 1968）。

有豐富的證據顯示，歷史悠久的市鎮社區享有許多上述提到的鄉村生活型態。都市文化優勢的日益明顯——經濟、教育、與娛樂；加上愈來愈多的都市人口流向鄉村地區，以及媒體的影響已經促使鄉村地區接受某些都市生活型態的特色。

鄉村與都市生活的對照同時展現在物理與心理兩方面

佛達島（Flodda）位於外海布里地群島之中。佛達島是個位於班碧修拉（Benbecula）海岸外的小島。

內環都市整片大樓與大樓之間的走道

22.3 媒體與變遷

媒體（參閱6.4），特別是電視，顯然有其不容忽視的影響力，否則不會有上百萬的英鎊花在媒體宣傳上。然而，媒體對改變我們的價值與行為上所產生的影響力則是值得爭議的。密爾斯（C. Wright Mills）在《權力菁英（*The Power Elite*）》一書中主張，媒體是「使美國轉變成一個大眾社會的主要原因」，但是麥達爾（D. McQuail）在《邁向大眾傳播社會學（*Towards a Sociology of Mass Communication*）》一書中則主張，「幾乎沒有證據顯示冷漠與被動是大眾媒體產生的。而且大眾媒體對於社交與家庭生活也沒有不利的影響，也不可能刺激更多的犯罪與暴力」。

看電視是英國各年齡層主要的休閒方式，其中五到十五歲這個年齡層——1991年每星期大約花上二十六小時。希莫威（《電視與兒童》，1958）發現，最可能受到電視影響的兒童是那些最不具批判能力的——特別是十三、十四歲，比較不聰明的小孩——不可諱言的，電視對於品味與意見確實有某些影響力。

不過，有證據顯示，人們傾向於觀看和閱讀符合他們觀點的特別報導，或是透過先前接受的觀念網來解釋新聞與各家之言。所以暴露於媒體的結果並不可能造成突然的態度轉變。然而，是有所謂的「滴水穿石效應（drip effect）」；不斷反覆會使我們熟悉某種觀念，而把某種類型——或許是暴力或色情——的行為視為正常。

也有人指出，媒體，就像英國的其他制度一樣，本質上是保守的，因而不可能會挑戰為社會大眾所接受的規範與價值到任何明顯的程度。

媒體與社會階級

　　幾乎從英國廣播電台開播以來（就其最好的用心），一直就以其高尚的腔調表現出鮮明的中產階級生活觀。但是民意調查已經顯示，勞工階級仍然認為英國廣播電台是代表「他們」（亦即既有的建制），儘管這種腔調並不普遍，而且雖然今日的英國在購物與消費上確實已經變得愈來愈中產階級化，但是與工作、機運、社會與文化價值有關的基本勞工階級態度仍然沒有太大的變化。另一方面，許多勞工階級的影響力已經開始貫穿文學、舞台劇、廣播、與電視，以及許多著名的小說家與劇作家都出身於無產階級，儘管事實上大眾媒體主要還是掌握在上層與中產階級的手中。

　　大眾所得到的不過是他們本身喧騰不休的需要與訴求。在意見與態度領域，菁英不是民眾的控制者，而是受害人。這就是意見調查、蓋洛普民意調查、動機研究、以及所有其它想要挖掘出大眾「真正」在想些什麼的方法的意義所在。這些方法是設計來獲知人們想要什麼，以便使菁英及其產品可以被塑造成他們想要的模式。這個圖畫所表現出的是一群曾經是堅毅自給自足的農民，住在一個擁有真正屬於他們自己民俗藝術的「有機」社會，或是一群工業勞工到了後期擁有了值得保存的溫暖與溫馨的勞工階級文化，現在都被一個陰險、搶錢、以及無知的菁英所顛覆、洗腦，進而使他們接受西方電影，而他們真正想要的是莎士比亞與班揚（John Bunyan）。這個圖畫轉化成現代語言，是何等的荒誕可笑。事實上，我們已經在各地所看到的，雖然理想化那些掌控著我們廣播與電視的人的動機，是和把過去的有機社會理想化成無知、偏見、迷信一樣的愚蠢，我們有每一個理由相信人們在文化的形式中所得到的，通常比他們所想要的，好得太多。

對於那些部份成員對他們的工作感到厭煩的團體來說，極為錯誤的看法是，認為他們完全把媒體當作麻醉藥來用。其實有這種心智狀態的人可以被貝多芬和新聞麻醉，也可以被「流行」音樂與驚悚小說所麻醉。同樣的，那些陷入犯罪的孩童不僅是由於缺少美滿家庭生活的結果，也是生活在一個受挫青年認為犯罪是個可行的、甚至是個社會接受的出路之環境下的結果。如果認定他們完全被大眾媒體弄得叛離正道，那麼這不過是對一個嚴肅與複雜問題，所採取的一個過分簡化的說法罷了。電視是有播過些，或曾經播過些不應該放給小孩子看的恐怖片，但是說兒童經由這種管道，就被變成不良少年，那就顛倒是非黑白，因為正是那些表現出潛在不良行為跡象的兒童，才會一再被那類書籍與電影吸引。恐怖故事實際上是每個人長大成人過程中自然的一部份，但是現代的童話已經很少有能夠與鄰邦德國的那些恐怖、充滿著攻擊性（例如，其中的反閃族主義）、內容甚為駭人聽聞的神話故事，可以相提並論。而且我們業已顯示，所有的兒童都接觸過相類似的、恐怖的虛構故事，不論其接觸的管道是讀過這類的故事，還是看過這類電影、或戲劇。此外，有人質疑討論品味時，並沒有完全排除階級偏見的問題。對中產階級或上層階級來說，涉足消磨時間（就像有些人會認為是愚蠢的）的活動，像是觀賞槌球與網球、打橋牌與下西洋棋、或是閱讀偵探小說與恐怖小說，都被視為是在做正經事，但是勞工階級的人在工作日觀賞足球，則是「遊手好閒」。而他的家人把時間花在玩賓果遊戲、射飛鏢、觀看電視猜謎遊戲，就被認定會被「枯燥、幼稚的活動」給帶壞。事實是，那些表達最關切、最羨慕普通人的人，在內心深處卻經常是最輕視他們的人〔改寫自布朗著（J. Brown），《說服術（*Techniques of Persuasion*）》，Harmondsworth: Penguin, 1963〕。

（作者註：請記住這段短文是三十年前寫的──該文中的論點

有多少依然適用於今日？）

22.4 國際影響

對英國社會變遷的國際影響很難加以量化。移民的衝擊是相當明顯的（參閱21.2），而且大眾媒體也使文化比較成為可能的事——比方說英國與美國之間。

多國籍公司的產品與廣告傾向於在不同的國家中投射相似的影象，這在經過一段長時間之後，可能有助於國與國之間變得愈來愈相近似。

出國旅遊的容易度，肯定助長了吸毒在英國的成長，而且也受到指責，認為是造成國內色情成長的因素。

交換學生與有獎學金補助的出國研究，也使得不同文化底下的未來領導者，有機會從事思想觀念的交換。

不同文化之間思想觀念的開放，不禁使人做出將增加國與國之間包容度的假定，但是都沒有跡象顯示確實如此。毫無疑問的，某種數量的恐怖主義也隨著這個過程，而被進口與出口了呢！

複習摘要

鄉村社會的屬性（社區）

◆更多面對面的關係。

◆更強調家庭與社區。

◆清楚的價值體系。

◆有的選擇較少。

◆感受到的疏離較少。

◆更少見到社會變遷。

都市社會的屬性（社會）

◆社會孤立。

◆較多的犯罪與暴力。

◆較多的壓力。

◆表面化的關係。

◆世代間的權威減弱。

◆有更多的選擇。

◆感受到更深的疏離感。

◆更多的脫序。

◆更講求地位表徵。

◆社會變遷更加普遍。

第23章

宗教

23.1 宗教與道德

　　道德會隨社會的不同而有所不同，源自於這個概念而被社會用做判斷行為模式是非對錯的標準，被社會學家稱為「民德」，對於社會秩序的維持有著極高的重要性。

　　傳統以來，宗教就為社會的特殊道德提出合理解釋，因此毫不意外地，宗教在協助社會成員確實遵守正確的行為上（參閱19.4），向來扮演主導的角色。就維持社會既有的道德而言——例如，反對墮胎、生育控制、或離婚，他們常被視為阻礙社會進步的保守制度。有些人認為宗教與道德是無法分割的，並且指責固有宗教的明顯式微，是造成道德價值淪喪的原因。

　　信教真正能夠影響道德行為的程度是值得爭議的。某研究發現酗酒與少年犯罪在猶太人中比起其他族群團體較不常見〔克勞茲（E. Krausz）， 1964，《里茲的猶太人（Leeds Jewry）》〕；但是這有可能是教堂會眾的身份造成違法犯紀的個人會被整個團體孤立的結果，而不是信守道德的表徵。

　　本世紀初期的那幾年，查爾斯・布斯（Charles Booth）進行一項倫敦犯罪調查。他發現，只有愛爾蘭移民深受組織化宗教的影響，而且他們不是「大乞丐、就是重度酗酒者」。

　　社會學家傾向於把宗教運動分為：

◆教會（churches）：通常支持維持現狀，有正式的神職人員層級體系，而且一般是認同國家的（例如，英國國教、羅馬天主教）。
◆教派（denominations）：少數團體，與國家無關，但是一般接受社會的規範與價值。
◆小宗派（sects）：相對小型的團體，常常拒絕社會，「與

大社會常處於緊張的關係當中，並且常出現自我封閉以對抗大社會」（彼得‧柏格）。這類的例子有耶和華見證會，黑派回教徒、摩門教徒。

23.2 現代英國的宗教信仰

雖然不應該就此假定參與正式宗教在英國確已式微，但是在過去大多數的民眾，都非常熱衷上教堂。

唯一於1851年做過的一次官方宗教調查，顯示大約有百分之四十的民眾每個星期會上教堂去做禮拜。榮特里與拉維（Rowntree & Laver）在約克所進行的貫時性宗教調查，顯示1901年正常的教堂出席率為百分之三十五點五，1935年為百分之十七點七，1948年是百分之十三；1974年全國的估計值是百分之十二。1861年每九百六十位民眾中有一位英國國教的牧師，1961年則每四千人有一位牧師。

1989年英國全國上下數萬間教會共襄盛舉，完成了英國教會調查。這次的調查發現有三百七十萬名成人（自1979年以來少了十分之一）與年齡在十五歲以下的兒童，上教堂做禮拜。上教堂的成年人當中，有三百六十萬是白人（不到白人總人口數的十分之一）以及七萬名非洲—加勒比海人（佔非洲加勒比海人總人口數的六分之一）。上教堂的人中年齡在十五歲以下的百分比與年齡在六十五歲以上的百分比近似，約為百分之十四。而且這兩個是最可能上教堂做禮拜的團體，上教堂人數縮減最嚴重的群體是年齡介於十五歲與三十歲之間的年輕人。

雖然羅馬天主教做禮拜的出席率是眾教會之冠，但是十年來

已經減少了十分之一，和英國國教與衛理公會並無二致。小宗派像是摩門教與耶和華見證會則出現明顯的教徒人數成長，回教徒與西克教徒（Sikh）則在人數上有明顯的增加（表23.1）。

1984年一次電視調查顯示，有百分之九十四的人表示屬於某個宗教。但是這些人當中只有百分之二十，在一個月內實際上到某個地方從事一次以上的崇拜儀式。所有的調查中，實際上表示

表23.1 英國教會的變遷

	成人會員		神職人員	
	1970年	1990年	1970年	1990年
主教派 （例如，英國國教）	2,550,000	1,840,00	17,500	14,100
羅馬天主教	2,680,000	1,950,000	8,200	7,600
長老會 （例如，聯合改革會與蘇格蘭教會）	1,810,000	1,290,000	5,700	3,100
浸信會與衛理公會	954,000	720,000	7,000	5,200
其他的「三一教會」 （例如，靈恩派、西印度、救世軍會）	530,000	700,000	9,000	9,000
回教	250,000	990,000	-	2,300
猶太教	113,000	110,000	400	400
西克教	75,000	390,000	-	-
正統派	104,000	270,000	80	200
摩門教	88,000	150,000	3,500	9,800
耶和華見證會	62,000	120,000	*	-
聖靈派	45,000	60,000	200	400

＊不同的分類架構。

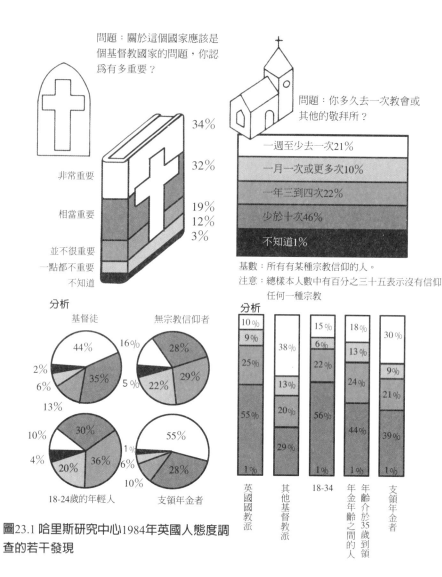

問題：關於這個國家應該是個基督教國家的問題，你認為有多重要？

34%
32%
19%
12%
3%

非常重要
相當重要
並不很重要
一點都不重要
不知道

問題：你多久去一次教會或其他的敬拜所？

一週至少去一次21%
一月一次或更多次10%
一年三到四次22%
少於十次46%
不知道1%

基數：所有有某種宗教信仰的人。
注意：總樣本人數中有百分之三十五表示沒有信仰任何一種宗教

分析

基督徒
44% 16%
2%
6% 35%
13%

無宗教信仰者
28%
5% 29%
22%

18-24歲的年輕人
30% 10%
4% 36%
20%

支領年金者
55% 1%
6% 28%
10%

分析

英國國教派
10%
9%
25%
55%
1%

其他基督教派
38%
13%
20%
29%

18-34
15%
6%
22%
56%
1%

年齡介於35歲到領年金年齡之間的人
18%
13%
24%
44%
1%

支領年金者
30%
9%
21%
39%
1%

圖23.1 哈里斯研究中心1984年英國人態度調查的若干發現

屬於某個宗教的人，與實際上到宗教會所進行崇拜儀式的人之間，有相當的差距。事實上，會做這種表態顯示人們覺得他們應該屬於某個宗教，因為那是個社會規範，要不就是他們確實有某個宗教信仰，但是不認為上教堂是履行這個宗教信仰的必要動作（圖23.1）。

表23.2 宗教的結婚儀式與公證結婚儀式（英國）

	1971年	1990年
宗教	267,000（60%）	193,000（53%）
公證（註冊）	180,000（40%）	171,000（47%）

　　雖然與成長有關的宗教儀式依然相當重要，但是有證據顯示這也在式微當中。

　　當然上教堂做禮拜只是教會活動的一項測量值而已，不過觀護員、社會工作人員、以及老師已經接管了某些以前是由神職人員所擔任的角色。

　　儘管如此，仍然有相當數目的人在教堂結婚，或死後葬在教堂裡；而且許多慈善活動還是教會發起的（表23.2）。這類宗教的「世俗功能」，可能隨著教會被認為是提供都市社區眾多高度流動性私人化家庭的活動核心，而有所增加。這些東飄西盪，四處搬遷的家庭，可以很快地就根據教派的基礎而發展出社會關係。這個現象在美國已經出現了──「不是個新教徒、天主教徒、或猶太教徒，就有點不是美國人的感覺，不論是自己不認為是，還是不被認為是。宗教是『社交或是歸屬的管道』…於是常常變成有宗教信仰，但是沒有嚴肅的承諾、沒有內心的信守」〔賀柏格（W. Herberg），《新教徒─天主教徒─猶太教徒（*Protestant-Catholic-Jew*）》〕。

宗教

　　查閱有關宗教社會學的研究結果，我們發現宗教的整合面向最受重視。例如，約翰・海特（John Highet）指出在本世紀很早

以前蘇格蘭的地方教會，甚至城市中的地方教會，除了純粹的宗教活動之外，就已經是許多活動的重心了〔約翰・海特，《今日蘇格蘭之教會（*The Churches in Scotland Today*）》〕。科納・華德（Conor Ward）利物浦的研究彰顯了教區在有限的地理區域內，提供許多人緊密的社會關係。

宗教在有點隔閡的團體中所發揮的整合功效，可從數個研究中窺知一二。當把社會當成整體來看時，表面上這類團體存在本身就擺明了分裂的事實，但實際上是，在這類團體之中，宗教通常是社會控制的因素，為這些團體的成員撫平了某些問題。於是我們可以看出在某些情況下，團體的內在整合確保了團體間在社會整體上的適應。根據布來恩・威爾森的說法，小宗派就像小的「偏差」參考團體，使個人得到比大社會所能給的更多的地位與聲望。這些小宗派「保證給予它的信眾一個穩定充滿感情的社會…它的意識型態取向與團體凝聚力撫慰了其信徒的情緒」〔威爾森編，1967，《宗派主義的模式（*Patterns of Sectarianism*）》〕。

就少數民族團體的情形來說，也是一樣，宗教已經發揮凝聚的力量。本書作者也已經指出在猶太人之中，參加聚會，即使是偶爾去崇拜一下，參與其中的活動，都構成了認同猶太教與猶太族群的主要管道。在基督教裡，屬於同一個教會，或是與某個少數民族特別有所聯繫的小宗派，構成了個人內團體認同的重要因素。在英國波蘭人屬於獨立的波蘭羅馬天主教會。另一方面，愛爾蘭人在英國重建了天主教，而「在移民過程中羅馬天主教會對愛爾蘭利益的保存，也扮演著極其重要的角色」。也有人指出西印度群島島民也把他們所屬的特殊靈恩宗派帶到英國，同時也為他們在此全然陌生的環境下，提供一個「面對大社會的緩衝器」。

大衛・馬丁（David Martin）指出，對英國的基督徒來說，有的是多種的選擇，各個教派代表著基督教自萌芽以來整段歷史時期中所產生的合併與發展。「社會學家已經發展出一套速記法，

將無數個選擇減化成三個基本類型，各類型之間所包括的可能性極爲廣闊」。這三個模型是「教會」、「教派」、與「宗派」。馬丁的分析指出這三類建構所展現的主要特性。「教會」強調社會包容性、認同國家、有神聖的層級結構、堅持完整的教義、並且重視過去發生的事件。「教派」通常不是社會上的多數，明顯地與國家分離，但是並沒有拋棄大社會…「宗派」通常是個小的、排他性強的、受盡剝奪的少數人團體，激進地拒絕社會及其制度〔克勞茲（E. Krausz），《社會學在英國：一項研究調查（*Sociology in Britian: A Survey of Research*）》，London: Batsford, 1969〕。

23.3 教會與國家

　　教會與國家同被視爲支持相同的一套規範與價值；而且經常也被認爲是維護既有的社會秩序，包括社會上特殊部門的權利與特權。

　　人們希望有理由相信他們有權得到他們所得到的事物，「希望好運是個『合情合理』的運氣（韋伯），這常意味著運氣不佳者是咎由自取。就像印度的種姓制度，他們必然在某一方面比較不如人。當然也給他們來生會有比較好境遇的保證，而這也有助於他們接受在世時所受的苦難。「宗教的苦難同時是實際苦難的表達，而且是對實際苦難的抗議。宗教是受壓迫者的表徵、沒有良心世界的良心，正如同它是個毫無生氣的心靈。它是人民的鴉片」〔馬克斯與恩格斯（K. Marx & F. Engles），《論宗教（*On Religion*）》〕。當然馬克斯認爲，一旦確認出實際的敵人，對上天的批評旋即轉化成對現世的批判。

由於教會的目標與國家的目標之間明顯吻合的利益——例如，維持社會秩序，所以教會通常會強化國家的目標。國王可能甚至會被當作神來看待，正如祕魯的印加、埃及的法老、以及1947年以前日本的天皇。

　　中世紀的歐洲，教會與國家合而爲一。天主教的主教——以及宗教改革後的英國國教主教——都是上議院的成員。紅衣主教常常還是名譽校長；教育掌握在神職人員的手中；神父是地方社區的領袖。甚至在十八世紀的英格蘭，地方上大地主的小兒子常是當地的牧師，他的「生活」由其家人供應。

　　現代英國社會的國教是英國國教，領袖是坎特伯里大主教，而他仍是社會的道德領袖。他對事物的看法仍然受到媒體的尊重，並加以報導。不過已經沒有什麼政治力量。主教仍然是上議院的成員，但是該院大部份的權力現已流失。世俗機構已經接管了教育以及教會大部份的社會功能。然而教會依然是這個國家建制的一部份。

　　然而如果就此假定，教會與國家不可避免會合而爲一，那就錯了。諾曼・科恩（Norman Cohen, 1957）在《追求千年福音（*The Pursuit of the Millennium*）》一書中，描述活在中世紀歐洲的貧窮人家，如何週期性地受到世界會奇蹟式地轉化的信仰洗禮，而發展出各種千奇百怪的小宗派。同樣的情況發生在現代的美拉尼西亞島上，那兒「船貨崇拜」允諾第二次世界大戰期間爲島民帶來意外財富的飛船，將會再度光臨。

　　更嚴肅的是，就十九世紀末興起的改革取向自由主義、工會與工黨的發展而言，衛理公會是個十分重要的因素。在南美洲的現代天主教神父——宣揚所謂的「解放神學」——已經率先肩負起譴責貧窮與集權主義政權的角色。

「看在老天的份上，把他記下來吧，你一定會忘掉的。」

23.4 世俗化

　　世俗化是宗教信仰與儀式在指導行為與決策上，變得愈來愈不重要的一個過程：「宗教思維、儀式崇拜、以及制度機構喪失社會意義的過程」（威爾森，《世俗社會的宗教》，1966）。以前神職人員所執行的功能，像是為家庭提供各方面的建議、照料疾病者、教育以及提供社區娛樂的服務，現在都已經由一大票政府機關與自願機構來執行了。

　　孔德（1798-1857）主張，一旦人類能夠分析與瞭解社會發展，他就不再需要仰賴超自然的解釋來說明人類的處境了。

　　有人已經指出，世俗化是兩大主要發展的結果：新教的成長

——誘導人不再接受傳統解釋——以及工業化／都市化——將人從傳統的社區帶走，同時使他們對所由生的社會問題尋求理性的解決之道。

關於現代英國社會世俗化的程度，眾說紛紜、莫衷一是。各方意見之差異大半是出於對何謂宗教的看法不同所致。如果以上教堂崇拜做爲宗教的一項基本特質，那麼在這些因素上所展現的式微，便可視爲世俗化的證據。如果宗教信仰被視爲主要的判準，那麼測量就變得非常困難。我們無法確定過去人們上教堂是出於社會壓力，還是因爲教堂所執行的社會功能，而不是出自於對教義的信仰；同樣的，人們今天可能有強烈的宗教信仰，但是喜歡私下表示，而不願表現在上教堂的次數上。

有些人把英國社會上出現的林林總總的小宗派，看做傳統宗教陷入崩潰狀況的一種表徵，甚至更進一步視之爲世俗化的普遍證據——由於不再有任何清楚的宗教價值可以被視爲社區價值，因而宗教也失去了增強社會團結的角色〔威爾森，1970，《宗教派系（Religious Sects）》〕。其他人士則認爲展現在耶和華見證會與摩門教等宗教組織人數上的增長，正反映出宗教興趣的成長，以及對世俗社會物質主義的唾棄。

複習摘要

宗教的功能

社會控制、權威的合法化、與社會變遷，是宗教的三大功能。但是除了這些之外，還有一些其他的功能：

◆社會凝聚，是把構成社會的個個磚塊黏在一起的水泥，使之成為一個有意義的整體。〔涂爾幹，《宗教生活的基本形式（ *Elementary Forms of Religious Life* ）》〕。

◆成長的儀式，舉辦慶典活動，象徵性地強調個人在他所屬的社會脈絡下生命中的重要階段（例如，受洗、結婚、割禮）。

◆整合，給予歸屬感（見下面討論世俗化的那一段）。

◆在危機時刻，提供支持——例如，我們所愛的人死亡，提供情緒上的支持。

◆道德方針，提供正當行為的明確指示。

◆解釋，提供生命的意義。

◆再整合，提供接受偏差行為者重新回到大社會的一種機制（例如，告解）。

教會與國家

在大多數的社會中，為大眾所接受的道德標準，以及隨之而來的行為，是建立在某種宗教教義之上。通常是靠教會與國家來維持相同的規範與價值。

由於「教會」傾向於維持既有的社會秩序，已經遭受到那些尋求變遷人士的批評。馬克斯與恩格斯，在《論宗教》中表達了這個看法：宗教是使人民臣服的機制，藉著：

◆教導是上帝決定誰該富有、誰該貧窮；以及這個區分是事物的「自然」秩序。

◆教導貧窮是種特殊的美德。

◆教導今生受苦，來生將會有精神富足的回報。

◆疏導可能投入改變社會的精力，將之轉化爲宗教表達或慈
　善工作。

　　合法化是用來描述對特殊行爲提出合理解釋的過程，所以馬
克斯與恩格斯說，宗教其中的一項功能，就是爲既有的權威提出
合理的解釋，或者說合法化既有權威也可以。
　　合法化的重要性同時在於其是一個過程，經由這個過程人們
接受他們的處境（例如，印度的種姓制度），也在於掌權者覺得對
他們所作所爲有提出合理解釋的需要。誠如韋伯所說：「好運還
不夠，還得『合情合理』」。
　　宗教並不總是支持現狀。即使是國教可能有時在反對國家
上，也會居於領導的地位；例如，羅馬天主教會是波蘭共產主義
政府最主要的反對者。南美的天主教神父——傳揚所謂的「解放神
學」——便獨領風騷率先譴責貧窮與集權主義政權。

世俗化

　　世俗化是一個名詞，不僅用來描述在宗教儀式活動以及宗教
思想的重要性上同時出現全面式微的現象；而且用來描述宗教團
體與制度變得愈來愈關心非宗教活動的過程——例如，做爲一個地
位增進的機構、或是成爲像是青年俱樂部，或是年輕媽媽聚會所
之類的社會活動中心。
　　我們不確定是否以前的人上教堂是出於社會壓力、或是因爲
教堂所具有的社會功能，而不是出於對宗教教義的信仰；同樣
的，人們今天可能寧願私底下有強烈的宗教信仰，而不願意表現
在上教堂的行動上。

千年福音運動

　　千年福音運動（Millenarian movements）是一種為缺乏特權人士所信仰的小宗派，信徒相信世界將會被奇蹟式地轉化，而且超自然界會與人間世界合而為一；貧窮、痛苦、以及死亡都將從世界上消失。這類的例子有：

◆中世紀的一些歐洲宗教崇拜〔（諾曼・科恩，1957），《追尋千年福音》〕。
◆美拉尼西亞群島的「船貨崇拜」，允諾第二次世界大戰時帶來突如其來財富的飛船，會再回來。
◆十九世紀末印地安人的「鬼舞」宗教，源自於戰敗與飢荒──「鬼衫」可以使他們抵抗白人的子彈（導致溫德奇之役印地安人慘遭屠殺）。
◆英國今日的拉斯塔法主義（Rastafarianism）：西印度群島的島民預見得以奇蹟式地返回非洲，並且能夠脫離貧困與爭戰的生活。

自我測驗8.1

1. 什麼是用以描述信仰、語言、規則、與風俗等等，這一切整體的名詞？（一分）

2. 發生在1936年的重大政治對立事件是那件事？（一分）

3. 在1918年與1993年之間工黨在位有幾年？（兩分）

4. 什麼名詞是用來描述市鎮成長快速、成為社會愈來愈重要特徵的過程？（兩分）

5. 杜尼斯用什麼名詞來描述鄉村生活型態？（兩分）

6. 說出三項可能與都市生活型態有關的問題。（三分）

7. 舉出三個近年來教徒人數有所增長的宗教、教派、小宗派。（三分）

8. 說出過去兩百年來生產方式改變的三項結果。（三分）

9. 宗教執行哪些社會功能？（四分）

10. 為什麼有些社會長期來幾乎沒有什麼改變？（四分）

自我測驗8.2

表23.3 結婚：宗教與市民儀式：1971年與1990年（千人／百分比）

	1971年		1990年	
	總結婚對數	屬第一次結婚對數[1]	屬第二次或以上結婚對數[2]	總結婚對數
神聖的模式：宗教婚禮				
英國教／威爾斯教會	160	107	3	116
蘇格蘭教會	20	10	3	13
羅馬天主教	48	24	1	26
其它基督教教派				
猶太教與其它	37	17	7	37
非基督教		2	1	1
公證結婚		180	72	53 171
總結婚對數		447	231	66 365
公證結婚佔總結婚對數的百分比				
英格蘭與威爾斯	41	31	82	47
蘇格蘭	31	30	68	43
聯合王國	40	31	79	47

[1] 夫妻雙方皆是第一次結婚。

[2] 夫妻雙方皆是再婚。

來源：《社會趨勢》，第23期，（London: HMSO, 1993）。

續自我測驗8.2

1.根據上述資料，1971年婚姻註冊處有多少對新人結婚？
（一分）

2.比較1971年與1990年的資料，哪種神聖的宗教婚禮形式受歡迎的程度已然下降？又哪一種形式的受歡迎程度增加最多？（兩分）

3.何謂世俗化？（三分）

4.上表的資料有時被用作彰顯宗教信仰式微的指標。解釋使用這個方法測量宗教信仰的缺點。（六分）

5.解釋在現代英國社會宗教影響力的程度。（八分）

　　過去二十年來，未婚同居已經被社會所接受。有百分之五十的全國人民未婚同居，相信試婚是避免離婚的一種方式。現在政府進行的一項新調查確實證明，如果你在結婚前有同居，那麼有百分之五十的機會，你的婚姻更可能在五年內結束。

來源：《每日郵報》，1992年6月19日。

也參閱第89頁之卡通畫

1. 為何「未婚同居」在過去二十年來似乎已經被社會大眾所接受？（四分）
2. 本世紀以來，男女性的角色有何變化？檢討這項改變發生的模式。（七分）
3. 為何有些社會變遷快速，而其它社會仍然維持不變？（九分）

1.未婚同居似乎在過去二十年來因為規範與價值的變遷,變得更被社會大眾所接受。隨著愈來愈多的人未婚同居,使得它也變成是一件正常可做的事,遭受到比較少的批評。宗教對大部份人影響力的下降,意味著道德價值的變遷與未婚同居不再被視為一項罪惡。

資料顯示,有些人可能相信未婚同居是一種避免離婚的方式而採行之;即使資料清楚顯示實際的情況正好相反。

2.本世紀中,男女平等已經有相當長足的進展。大多數的女性現在可以到家庭以外的地方工作,許多受雇於高社會地位的職業,而且在法律上幾乎達到完全平等的境界。

男性現在更可能幫忙料理家事、照顧小孩,但是通常這仍被視為一項幫忙,而不是一項應該分享的義務。變遷之所以發生主要是因為女性受教育機會的增加,以及立法的改變,像是平等工資法與平等機會委員會的成立。然而,態度的改變遠比法律的改變來得緩慢;有很多男人仍然很討厭接受女人的指揮,1992年歐洲委員會的一項調查顯示,有百分之七十四點二的英國男子表示他們沒有做任何家務事。這方面缺乏變遷的基本理由是,社會化的過程傾向於禁止變遷,因為小孩子受到前一代的影響。例如,小男孩會以他的父親做為角色模型,而傳統上英國男人很少有會做家事的──這就可能代代相傳。

態度還會受到媒體的強化──例如,電視廣告出現的是女人在做洗衣服與燙衣服的工作;書本上、報紙上、以及教育過程中──家務科學都不被視為男孩子該學的科目。同輩團體在增強這些態度上也產生重大的影響。

這些影響力全部相互關聯,使英國男人不做家事成為「正常的事」,而女人常都接受這個立場。

3.所有社會的幼童社會化過程都帶有禁止變遷的傾向。因為兒童自然而然會去模仿、並且社會也鼓勵他們模仿父母與其他親戚的行為。舉凡那些沒有足夠的外界刺激以抗衡家內影響力的社會，是最不可能發生變遷的社會，例如部落社會就是如此。

宗教通常傾向於鼓勵傳統規範與價值的延續，那些總人口中有高比例的人信仰某個既定宗教的社會，變遷通常都是非常緩慢。

媒體可能也鼓勵順從既有的價值，在許多社會裡媒體的影響力已經遽增——最早是由於識字率的成長，近些年來，是由於電視的出現。媒體使民眾知道有各式各樣規範與價值的存在，因此通常會鼓勵變遷。

人口數量上實質的增減也可能造成變遷：中世紀期間爆發於英國的黑死病，幾乎造成人口的滅絕，最後因勞動力變得物以稀為貴，而促使了封建制度的瓦解。十九世紀英國人口的爆炸助長了人口的外移與都市化，以及極端不同的生活型態。創新與隨之而來的工業變遷導致不同的就業模式與工作態度。

移民帶來了不同的行為模式，而且經常是仿製祖國的文化，而戰爭的蹂躪亦可能徹底改變傳統的價值，1946年以後的日本就是一個例子。

變遷與穩定

你住的地方的評價如何

你住在宵小橫行之區嗎？

犯案記錄表

警察行政區	每十萬人中總犯罪件數	人數失業率
曼徹斯特大都會區	10577	15.5
諾桑比亞	10515	17.6
馬塞賽德	10336	21.2
倫敦	10000	10.2
華威克	4581	12.8
得汶，康渥	4483	16.7
薩佛克	4163	10.0
戴費德，泡斯	3575	15.9

註：1.諾桑比亞警政區包括新堡。

2.在戴費德／泡斯區沒有大市鎮。

（摘自：《週日鏡報》，1985年3月24日）

都會區是以都市生活為主。所有都會區的人口在1981年與1989年之間都下降，但是倫敦大都會區、曼徹斯特大都會區、與西約克郡減少的比例都很小。

在同一時期，大多數非都會地區人口都有所成長。成長最快的地區是東安格利亞區（East Anglia，每年成長百分之一）以及西南部（South West，每年成長百分之零點七五）。

（《社會趨勢》第21期，HMSO, 1991）

1.舉例解釋都市化這個名詞的意義。（四分）

2.描述過去二十年來英格蘭與威爾斯的人口流動。並說明造成這股人口流動的理由。（七分）

3.你會預期在都市與鄉村居民的行為與生活型態上，發現什麼重大的差異？

中地試務小組

普通考試，《社會學》，論文二，1992，（夏）

普通考試試題二

1. 說明何謂大眾媒體。（五分）

2. 有此一說，大眾媒體對於現代社會青年文化的發展有強大的影響力。說明何以大眾媒體能夠產生這種功效。
（十分）

（你可能希望談一些規範、價值、消費習慣、流行、角色模型、廣告壓力、媒體的壓力以及其它相關的議題。）

威爾斯聯合教育委員會

普通考試，《社會學》，1992，（夏）

第九單元
政治體系

第24章

政府的形成

24.1 集權政府

　　集權主義政府是貫穿古今最常見的政府形式。基本上集權國家是指一個由一個人，即「獨裁政治（autocracy）」，或一個團體，即「寡頭政治（oligarchy）」——所控制的國家。由於任何一個國家的權力最後都是落在軍事部隊的手中，所以在集權國家佔有關鍵角色的那些人常常是軍人。

　　通常集權主義的領袖會以掌握有解救國家脫離險境的力量，來合法化他們的立場，而且他們經常做出承諾，保證危機一過，他們就會把權力還給人民，雖然他們很少真的會遵守承諾。

　　集權主義國家經常設有議會並且舉辦選舉，但是有的國家不是有選舉權的人民有限、以至於只有那些可能會支持現況的人才有投票權；更常見的是只有某個政黨的代表參與競選，或是只有代表某種政治光譜下的政黨代表出來競選。常有人主張，由於該國絕大多數的人民支持某個特殊的政治觀點，所以唯一保證的選擇機會就是讓人民從數位代表某個政治背景的候選人中做選擇。

　　集權主義體制下，那些握有影響或控制社會或社會上重要機構實權的人，以及那些因為擁有這些影響力，而被認為高人一等的人，可能相當容易辨識。這群「菁英」在那些號稱議會民主的國家中，可能就不是那麼容易便能清楚地知道誰是誰，因而也就限制了這些國家能夠被視為正牌民主制度的程度。（米爾斯，1956）《權力菁英》，強調構成美國統治菁英的那些人在態度、價值、與社會背景上的類似性，而且米契爾（Michels, 1959）在《政黨（*Political Parties*）》一書中，也指出，任何組織結構都避免不了出現「菁英」，「誰在講組織，誰就是在講寡頭政治」。

　　1950年（共產主義政權在蘇聯崩潰的四十年前）有位研究者主張，在經歷了三十年的共產主義政府之後，一個十個階級的社

會體系已經浮現，「從統治菁英（官員、科學家、頂尖藝術家與作家）往下經過管理者、科僚、以及三個工人階級與兩個農民階級，最後是奴隸勞工」〔巴卡德（V. Packard），1959，《地位追尋者（*The Status Seekers*）》〕。或許民主與集權國家之間的分野，主要是在前者的菁英能夠接受挑戰，而後者則不接受挑戰的說法，其實並沒有錯。

英國的「統治世系」

（注意這篇文章寫於二十五年前，讀過後，看看已經發生了什麼變化）

英國的「統治圈子」是非常明顯的。大多數西方國家，統治團體是個抽象的實體，像華爾街、或是躲藏在緊閉的大門背後的團體，像是傳說的法國兩百大家族。在英國，這個社會體系在教育體系的強化下，似乎以能夠在所有的人面前，亮出統治圈子內部成員的名字，以及他們之間關係運作的機制，是件很引以為傲的事。世界上沒有一個地方「有影響力的」家族會把大肆宣傳他們的存在與他們的人數當作一件賞心樂事，世界上也沒有一個地方會公開頌揚「血統」與「關係」所產生的聯合優勢。

少數主要家族的持續存在或許是件獨特的事，就像寄宿學校的存在一樣。對於一個幾近三百年來沒有發生過任何一次革命的國家來說，這或許是極為自然的事，即使為何沒有出現革命是另一件有待解釋的事。或許有必要解釋為何沒有出現軍事佔領以及隨之而來的政治崩潰；大規模的移民也可能會影響社會與政治的均衡，但是這類的移民也從來沒有發生過。貴族階級有接受新家族進入他的圈子的智慧：結果也成功地獲得不至於落得被降格成一個孤立的博物館那種情何以堪的回報。社會價值繼續承認貴族階級至高無上的地位。那個至高無上的地位或許會遭到挑戰；可能只是表面上的承認，並沒有深入的感情。然而，光是上層階級

享受到嘴皮子上社會優越感的這項事實，就已經使這個階級的成員享受到其他工業國家所沒有的好處。大多數的已開發國家，殘留下來的貴族如果想要有所成就的話，都必須要接受新出現的資產階級。英國的上層階級已經不再擁有構成一個階級所具有的權力；上層階級的成員如果有這個欲望的話，仍然有權宣稱他們屬於有影響力的圈子。除了他們的出身背景之外，他們不必像某些歐陸國家的上層階級，必須佔有特殊的位置；他們的背景就已經幫他們一把了。大多數上層階級的成員繼續使用這項特權，而且這個群體在社會上的地位似乎相當鞏固。由於這個群體有相當比例的成員擁有得到一個不錯的事業生涯的天賦才能，所以他們在社會上表現出盛勢凌人的姿態也還算合理。

　　這些都是眾所周知的幾點。至於成為民主國家之前的英國，吾人仍然能夠相當容易地在保守黨的上層階級、倫敦的金融界、甚至在外交部與軍隊中，追溯出有影響力家族的家系旁支。叔表親舅與家族通婚所張開的網絡顯示出關係可以擴展得相當遠。保守黨首相的「家族」中可能有上打的國會議員、為數眾多的貴族、以及數個金融機關的總裁。

　　家族關係是這類緊密關係結構的根本。寄宿學校所提供的教育網絡也極具重要性。在社會上的同一部門裡，保守黨、金融界、外交部、就某種程度來說軍隊中，那些畢業於寄宿學校的人就佔了相當大優勢，而那些讀過最好的寄宿學校的人，則有最好的機會。威爾森與盧普敦（C. S. Wilson & T. Lupton）於1950年代執行的分析顯示，伊頓中學產生了百分之三十的保守黨國會議員、大銀行的董事長、倫敦都市企業的董事長、保險公司的董事長。伊頓與其他五所學校（溫徹斯特、哈羅、路克比、柴特郝斯、與馬寶路）總共產生了五分之二到接近半數的坐上這些職位的人物。

　　以正式定義來說，統治圈子，如果不是專指統治階級的話，

一定存在於世界上的每一個角落；對英國社會進行更為明確的分析，「支配體制（establishment）」也是存在，因為家族與學校將傳統給具形化，並且使關係得以發展。

所以我們說，對「統治圈子」來說，如果想要掌握真正的政治權力，三項特徵是必要的。必須要有統一的目標，必須永久掌權，必須——就這個概念的強勢定義而言——要能夠統治。英國體制與其核心圈子似乎具有這三個特質中的第一項，雖然並不是因為它是英國帶著一個核心圈子的體制，而是因為它屬於較為廣大的中產階級。特別是我們把它界定成集中在保守黨、金融界、以及傳統的商業團體的領導之下，那麼這個內環圈子很清楚地有某個統一的教義：保守的心態、多多少少想要保留社會體系的現況，不想要有所改革，除了一些小規模的、零零星星的改變之外。〔布農岱（J. Blondel），《選票、政黨、與領袖（*Votes, Parties and Leaders*）》，Harmondsworth: Penguin, 1969〕。

〔**作者註**〕：應該把這個1969年版的節錄和1982年的《英國體制結構的變遷》做個比較，參閱該書第130-132頁。

24.2 民主政府

民主政治，就字面上來說是指「民治」。直接民主制度會是一種國家，其中每一個人對於每一項議題都透過公民大會或是舉辦「全民公投（referendums）」的方式，直接參與國家的經營管理。「全民公投」是指一場投票，其中每個人有機會表達他們的意見，就像發生在1975年英國決定應不應該加入歐洲共同體的投票案，以及發生在威爾斯與蘇格蘭（1979）決定這些國家大多數的民眾

希不希望開辦某種形式地方議會的選舉。在古時候的希臘城邦，決策都是由全體「市民」召開公民大會的方式來達成的，但是這並不包括女人或是奴隸。

事實上，從來沒有出現過一個十全十美的民主政治，雖然很多國家都自詡為民主政體；羅德西亞在1979年以前就宣稱是民主政體，但是只有白人才有投票權。東德在與西德統一之前，自稱為「德意志民主共和國」，但是只有在「全國陣線」這個大旗幟下的各類共產主義政黨，才能得到成立的許可；德國民主共和國試圖為他們的國號提出合理的解釋，遂聲稱1976年有百分之九十九點八六的選民投票支持全國陣線！（不要把這個以共產主義為基礎的全國陣線和英國帶有法西斯意味的「全國陣線」，給搞混了。）

直接民主是不可能實行在像英國這麼大的國家之下，因此在我國運作的是個代議制度──議會民主；在1800年，這意味著總人口中有百分之三的民眾有投票權。自從1969年以後，每一位超過十八歲的男性與女性，只要沒有因為精神錯亂、犯下重大罪行、或是身為上院議員，而喪失選舉資格的話，都有權投票。

然而「民主政治」牽涉的還不僅止於投票權而已。在民主的情境下，必須能夠說你想說的話（通常會有些限制以保護少數人與無辜者免於邪惡者的侵擾）；允許結社自由；以及免於沒有正當理由而被限制行動的自由。也就是說，對任何一項論點主張的宣傳都必須能夠接觸到相同的資源，這包括了金錢與媒體；而最後這一項常是特別難以達到的標準。

「民」治通常被解釋成大多數人民的意思，而少數人要有接受多數人的暴政為民主的心理準備。例如，在北愛爾蘭，長久以來，有百分之六十的大多數是贊成與英國統一，而且同樣長久以來也有百分之四十的人想要與其餘的愛爾蘭統一。許多年來這些少數人覺得大多數的人剝奪了他們在住宅與就業方面享有同等的

機會，而這項挫折是造成恐怖主義的一項主要促因。

英國渴望成為一個民主政體。但是有人主張新聞界是掌握在擁有相似政治觀點的人的手裡，他們一般都偏向某個政黨；而政府行政人員代表的只是他們選擇執行部會決策的這項事實；非民選的工會對政治決策有不當的影響力；最後政黨也沒有相等的資源來在呈現他們的觀點，而且政府也不是由大多數人民選出來的。

英國政治權力的分配

英國議會民主的穩定性已經排除了軍人直接涉入政治的需要。只有在極少數的情況下，軍人遵照文官的指示介入內政。這種穩定性允許軍人保有傳統備用的角色，準備驅逐外侮、協助警方維持國內的法律與秩序，例如，北愛爾蘭的狀況。

先進國家只有在戰爭與偶發的內亂時期，軍事力量才具有特殊的重要性，但是軍人維護社會秩序的可能性增加了政治體系的力量。

除了三大權力中心——政治、經濟、與軍事——之外，其它的制度也有其影響力並且擁有某種程度的權力。教育體系發揮傳播知識、訓練年輕人的心智，並且就某種程度來說，也具有保障人民順從的功能。透過大眾傳播媒體，教育制度控制我們思考的觀念與資訊。這使他們對於什麼觀念與資訊才是合法的，掌有極大的控制權。組織化的宗教仍然行使某些影響力，擁有某些權威，但是受其影響的人口比例在不斷下降之中。首席教會人物的言論仍然極受重視，並且廣為媒體所報導。

司法界的主要人物不但有權力也有權威，因為他們的言論也被留神聆聽，並且常以權威的方式被報導出來。由此可以再一次

明顯地看出來，已經不可能明確指出現代社會中的某個團體，然後說「只有他們有權力」。在英國，權力似乎分散在許多不同的人身上…這已促使某些人主張，英國仍然是個民主與穩定的社會，因為沒有任何一個團體或個人擁有壓倒性的權力——權力團體之間有的是經常性的競爭，以避免某個團體主宰一切，權力因此被分散到整個政治體系之中。另一個看法指出相互競爭的團體是站在不平等的立場上從事競爭——有些能夠主宰、把他們的意念加諸在其它團體之上。第三個論點是，大多數掌握權力的人享有共同的背景與信仰，因此形成一個——而不是數個——統治團體。這個分析取向意味著那些把我們的領導者繫在一起的信仰還強過於他們的差異。這些研究取向每一個都帶有強烈的政治意涵——第一個觀點比較受到保守人士的支持——就是那些不論他們所屬黨派都支持現有制度的人。最後一個觀點傾向於「極端」左派的觀點，其成員對於現狀持高度批判的立場。至於擁抱第二派觀點的可能是那些分別於不同時期支持這兩類政治觀點的人。〔任威克與史溫本（A. Renwick & I. Swinburn），《政治學基本概念（*Basic Political Concepts*）》，London: Hutchinson, 1980〕。

24.3 英國的政治體系

　　自從1945年起的每次大選中，英國不投票給執政黨的民眾多過於投票給執政黨的民眾。1951年實際上組成政府的是保守黨，然而得到比較多選票的卻是工黨，但是1974年（二月）的情況則正好相反（見**圖24.1**）。

　　1974年自由黨得到六百萬張的選票，把十四名議員送進國會；保守黨收到大約一千兩百萬張票，送回兩百九十六位國會議

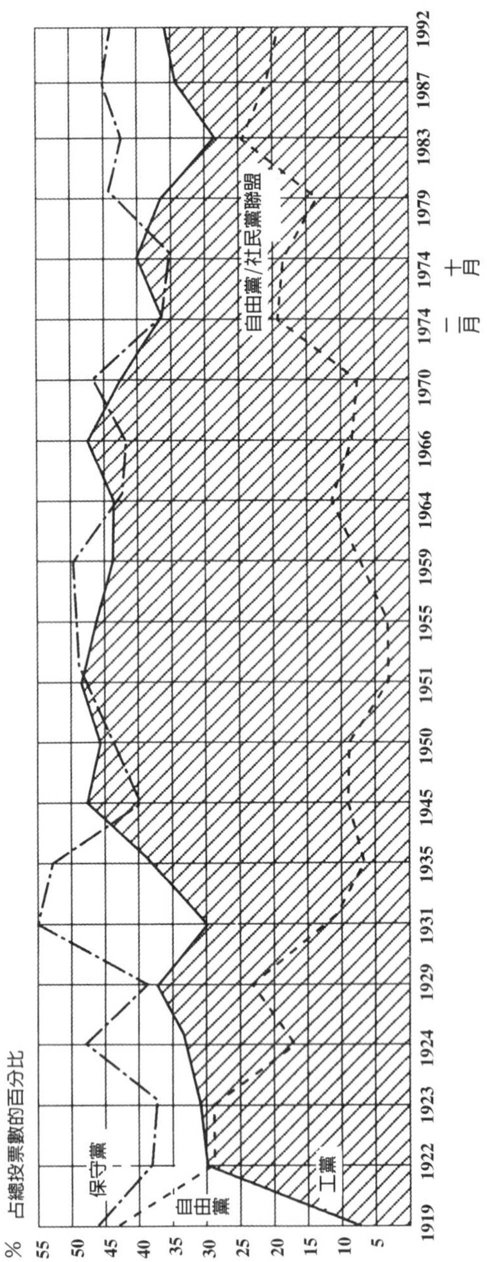

圖24.1 1918年起各大選舉的投票情況

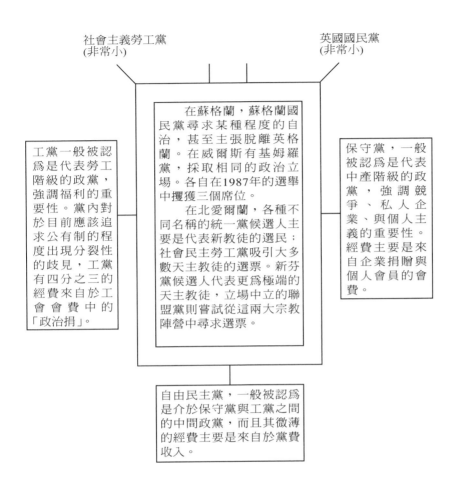

社會主義勞工黨
(非常小)

英國國民黨
(非常小)

工黨一般被認為是代表勞工階級的政黨，強調福利的重要性。黨內對於目前應該追求公有制的程度出現分裂性的歧見，工黨有四分之三的經費來自於工會會費中的「政治捐」。

在蘇格蘭，蘇格蘭國民黨尋求某種程度的自治，甚至主張脫離英格蘭。在威爾斯有基姆羅黨，採取相同的政治立場。各自在1987年的選舉中攫獲三個席位。

在北愛爾蘭，各種不同名稱的統一黨候選人主要是代表新教徒的選民；社會民主勞工黨吸引大多數天主教徒的選票。新芬黨候選人代表更為極端的天主教徒，立場中立的聯盟黨則嘗試從這兩大宗教陣營中尋求選票。

保守黨，一般被認為是代表中產階級的政黨，強調競爭、私人企業、與個人主義的重要性。經費主要是來自企業捐贈與個人會員的會費。

自由民主黨，一般被認為是介於保守黨與工黨之間的中間政黨，而且其微薄的經費主要是來自於黨費收入。

圖24.2 左派──右派：政黨間的相互關係

員：工黨只得到少於保守黨不到一百萬張選票的三分之一，但是卻多贏得五個席次──並且組成政府！近年來對於較能公正地反映對特殊政黨支持的比例代表制已經廣受民眾的支持（圖24.2）。在1983年的大選中，因出現了社會民主政黨與自由黨的聯盟，而使

表24.1 1983年與1992年大選的投票數

政黨	總投票數		總國會議員人數	
	1983年	1992年	1983年	1992年
保守黨	13,012,602	14,231,884	397	336
工黨	8,457,124	11,619,306	209	271
聯盟/自由民主黨	7,780,587	6,083,667	23	20
蘇格蘭國民黨與威爾斯基姆羅黨	457,284	784,409	4	77

情況更加複雜，也造成了更為怪異的結果（見表24.1）。

　　然而，英國選舉的方式是實踐民主政治的唯一限制。在選舉時，人民通常只能在三個或四個政黨提名人之間做出選擇：這些提名人本身是由一小撮政黨活躍分子從選區中有限的人選當中先挑選出來的。所以國會議員有一部份是民選的，也有一部份是遴選的。並不是所有的黨員都參與國會議員候選人的遴選，何況所有政黨的個人黨員人數也並不多。在有些選區，即使是兩大主要政黨也都只有一小撮黨員。

　　有一項批評指出，雖然有一半以上的選民是女性，但是1992年六百五十一位國會議員中只有五十九位是女性——而這個人數已經比以前任何一次都多。自從1918年起，只有一百六十三位婦女被選進下議院。

　　財務上，政黨之間的差距相當懸殊。舉例來說，於1992年大選期間，保守黨總共花了兩千萬英鎊；工黨花了一千萬英鎊，而自由黨只花了一百萬英鎊。

　　1974年羅斯（R. Rose）對英國民主政治的程度提出他的評論：「選舉制度的機制決定了選民選票的計算方式，社會特徵則

表24.2 北愛爾蘭1992年大選的結果

政黨	得票比例 （％）	與1987年 的差（％）	選上的國會 議員人數	與1987年 的差
聯合北愛爾蘭統一黨	34.5	-3.3	9	0
民主統一黨	13.1	+1.4	3	0
北愛爾蘭全民統一黨	2.5	0.0	1	0
聯盟黨	8.7	-1.3	0	0
社會民主勞工黨	23.5	+2.4	4	+1
新芬黨	10.0	-1.4	0	-1
其它政黨*	7.7	+2.3	0	0

*包括北愛爾蘭的保守黨，得到的票數占總票數的百分之五點七。工人黨（百分之零點六），自然法律黨（百分之零點三），以及其它政黨（百分之一點二）。

影響到他的投票方式，而主導政黨的決定又決定了他能夠投票的對象〔《今日英國政治（ *Politics in England Today* ）》〕。時至今日這些評論依然一針見血。

民主與兩黨政治

　　國會具有至高無上絕對權位的這項英國基本教義也受到挑戰。很明顯的，沒有任何一個國會可以通過限制其繼任者行動的法案，但是這個概念很難和共同市場規定、或是權利讓渡提案，不發生相互抵觸的情況。另一項對於國會至高無上權位的新挑戰，來自於1975年是否加入共同市場、與1979年蘇格蘭與威爾斯權利讓渡問題所舉行的全民公決。雖然全民公決的結果只做參考之用，他們確實構成了對國會決定乃最後決定這個概念的一項實質性的損害。很難令人相信，國會有任何可能性會推翻全民公決

時所顯示出的清楚決定。對於英國政府應有的確定性最明顯的一項威脅，是來自於兩黨政治體系的式微…北愛爾蘭保皇黨與蘇格蘭國民黨在攫括大多數第三政黨國會議員席位上的成長，而英格蘭自由黨員則包辦了第三黨選票的成長。

　　這項發展引起了對過去兩黨體系一致接受的最高票當選的選舉制度的不信任。投票制度的破洞（特別是對自由黨的不公平之處）常被認為是產生負責任的一黨政府所必須付出的一個小代價。贏家通吃的制度寧可保障主要政黨在某段時期內掌握有全部的權力，而在另一段時期內卻一點權力也沒有，也不願意忍受聯合政府所需忍受的妥協〔改寫自巴特勒與卡分納（D. Butler & D. Kavanagh），《1979年英國大選（*The British General Election of 1979*）》London:Macmillan, 1980〕。

　　姑且不論在一片混亂中誕生的新政黨以及工黨的強勢復興。很清楚的是，當選舉接近，舊聯盟選民的強大力量幾乎不曾改變。在民意調查中，舊聯盟平穩地攫獲了百分之十五的選票，並且期望在大選中一顯身手擴大勢力範圍。儘管早些時候拒絕談論國會可能出現沒有哪個政黨佔大多數的情況，在三月初艾緒堂先生（Mr. Ashdown）承諾組成選後聯盟——「比例代表制是最後的底線」。1983年與1987年聯盟黨的領導者沈醉於高談闊論打破政黨政治的模式，接收工黨選票的美夢。這次，他們的野心比以前謙遜多了——比原來的二十二席多增加一些，準備好好地打一場漂亮的選戰。

　　社會經濟變遷帶給中間偏左派政黨的問題，是大家耳熟能詳的。但是工黨仍然無法掌握住勞工階級一半的選票。選後該黨大部份的研究發現，工黨仍然對於一般選民想要有更多機會與更多財產的欲望毫無所覺；工黨已被視為一個過氣的、而不是有遠見的政黨，是阻撓一般老百姓渴望得以落實的障礙。

　　選舉的結果令自由民主黨大為失望。有些人士從派迪・艾緒

堂（Paddy Ashdown）成為黨魁之時民意調查百分之六的得票率，以及選舉開始時百分之十五的水準，上升到百分之十八的鮮明進步中，獲得鼓舞、士氣大振。但是從1987年的百分之二十二或是從1983年的百分之二十六來看，這依然是很明顯的衰退。和競選時期所成長的期望相比，仍令人洩氣不已。希望出現的策略性投票與席位的增加都未能實現。

　　一場關鍵性的選舉是指打破現有政黨政治框架的一場選舉。工黨1945年的勝選、或是保守黨1979年的勝選，都被某些人視為關鍵性的選局。這類選舉適切地改變了主要政黨間的勢力平衡。保守黨在超過四次的大選中，平均得票率只有百分之四十二。這種結果可以說是基礎票源，也可以是上限，但是在三黨政治下，就足以證明是具有決定性。該黨在四次大選中，大幅領先工黨：百分之七點六、十四點八、十一點五、以及七點六。1992回應了較早時期的選舉，肯定了保守黨超過工黨的優勢，以及英國政黨體系的失衡。〔改寫自巴特勒與卡分納，1992，《1992年英國大選》〕。

24.4 政黨

今日英國有三大主要政黨有民選的國會議員：

1. 保守黨，一般該黨被認為是代表中產階級，強調競爭、私人企業、與個人主義的重要性。政黨收益主要來自於企業捐款與私人黨員繳納的黨費。

2. 工黨，一般認為該黨是代表勞工階級，強調福利的重要性，不過黨內對當前應該追求公有制的程度出現了分裂性的歧見。工黨的收益超過四分之三是來自於工會會費中的「政

每個政黨都試圖說服選民投給他們一票

治捐」。

3.自由民主黨，一般被認爲該黨的立場介於保守黨與工黨之
 間，相較之下，其微薄的活動經費主要來自於黨員繳納的
 黨費。

不用說，這些摘述都非常粗略，而且受到某些黨員的激烈爭
辯。不過，他們相當中肯地代表了大多數選民所相信的情況。

除了三大主要政黨之外，還有一堆國會內連一名議員都沒有
的小政黨，通常多爲極端的政黨。這些政黨包括有全民陣線
（National Front）與社會主義勞工黨（Socialist Workers Party）。

在蘇格蘭，尋求某種形式的「自治」、甚至主張脫離英格蘭的
蘇格蘭國民黨（Scottish National Party），以及擁有相同政治立場

的威爾斯基姆羅黨（Plaid Cymru）在1987年大選中總共攫獲了六個席位。

在北愛爾蘭，各種不同名稱的統一黨（Unionist）候選人主要是代表新教徒的選民；社會民主勞工黨（Social Democratic and Labour Party）吸引了大多數天主教徒的選票。各種大小派系的愛爾蘭獨立黨（Irish Independence Party）候選人代表的是較為極端的天主教徒的意見，而中間立場的聯盟黨（Alliance Party）在1979年的大選中，只吸引到百分六點八的選票。

複習摘要

英國是個民主國家嗎？

民主的特徵

◆ 大多數十八歲以上的人民都可投票選出下議院的代表（除了上院議員、或是因觸犯重罪、精神失常而被褫奪公權者之外）

◆ 通常由民選議會中得到多數票的政黨來組成政府。

◆ 選舉是採無記名投票（從1872年起）

◆ 任何人只要繳交一筆小額保證金，而且找到一小撮選民的提名，就可競選國會議員。

◆ 有嚴格的法令來規範執行逮捕與居留的行動（例如，1984年的警察與犯罪蒐證法，將無指控拘役限制在二十四小時之內，或是嚴重罪行，得在法院同意下，居留九十六個小時）。

不民主的特徵

◆ 接觸資源管道的不平等（例如，財源、媒體）。舉例來說，以全民公投來決定是否英國應該加入歐洲經濟共同體的政治運動中，那些支持贊成加入的人士花了一百四十八萬一千五百八十三英鎊；而那些反對加入歐共體人士則花了十三萬三千六百三十英鎊。法蘭克（1972）在《階級不平等與政治秩序》一書中，指出真正的政治平等是不可能達到的，除非競爭者享有大略相似的經濟與社會地位。

◆ 選舉體制導致政府代表的只是少數的選民。

英國的政治體制

簡單多數決的選舉制度

優點

◆ 你可以想要說與寫些什麼，就說與寫些什麼，只要內容不涉及猥藝、誹謗、中傷、藝瀆，或是挑起種族仇恨。

◆ 你可以喜歡和誰「結盟」就和誰結盟──例如，加入任何一個團體（只要不是犯罪集團）。不過對於公務員的政治涉入是有某種限制。

◆ 可能促使某個政黨在下議院中擁有多數的席次；促成「強勢」政府。

◆ 任何一種其它的制度都會導致立法的「協商」──可能會導致小團體擁有和他們在全國所獲得的支持不成比例的影響力。

◆ 每個國會議員有的是相當小的選區，促成國會議員與選民之間的私人接觸。

◆ 快速、而且易於瞭解。

缺點

◆ 全國政黨未來國會議員的候選人是由一小群非民選的團體所選出來的（獨立人士很少有機會被選上）。

◆ 第二議會的議員不是民選出來的（上議院）。由世襲的貴族所組成的、終身職的上院議員（由繼任政府提名）以及某些英國國教的主教。雖然從長遠來看，他們現在是不能夠阻止立法過程，但是仍有相當的影響力。

◆ 王室是世襲的。

◆ 不具代表性：政府代表的只是少數人。

◆ 或許會導致執政期間出現首相的「民選獨裁」。

◆ 較小團體的代表能夠選上的機會太小：人們不可能投票給他們（「避免浪費選票」）。

◆ 鼓勵「對立政治」──而不是鼓勵政黨尋求一致點。

有別於簡單多數決的其它制度

◆ 替代票（alternative vote）選民就其偏好選出候選人；除去墊底的候選人，然後再要求選民就其偏好重新投票，直到某個候選人得到多數票為止（例如，澳洲）。保持單席次小選區制，而且擺脫「浪費選票」的爭論。並不完全是「按比例的」。

◆ 第二輪投票（second ballot）如果沒有候選人得到絕對多

數，那麼就針對得到百分之十選票的候選人，展開第二輪的投票，然後領先的候選人贏得選舉（例如，法國）。保持單席次小選區制，而且擺脫「浪費選票」的爭論。並不完全是「按比例的」。

◆政黨提名名單（party list）席次是按照每個政黨得到的票數呈比例分配（例如，義大利）。完全按照得票比例的結果；但是選民必須投票給某個政黨，而提名名單建構的方式將會影響選舉結果（例如，在名單前面的人有比較多的機會入選）。

◆單一可讓渡的選票（single transferable vote）多席次選區制。固定得票數（實際投票數除以席次加一）。選民把候選人按照優先順序排列。第一次達到得票數的候選人入選；剩下票數讓渡給選民的第二優先候選人等等，直到所有的席次都被選出為止（例如，愛爾蘭共和國）。完全按照得票比例的結果。選區比政黨提名名單的小。

第25章

壓力與利益團體

25.1 壓力團體的類型

壓力或「利益」團體是由於共同利益而結合、並且因利益的統一而使用任何可以得到的權力，向其它機構施壓，使他們的觀點被接受的人所組成的團體。

最可能有能力影響世局的機構是中央與地方政府，或者是和他們有關的機構——例如，政府機關或某個地方教育主管當局。然而，跨國企業、教會、或是任何一個政策制定或決策機關，都可能受制於壓力團體的活動，或者他們本身也可能變成壓力團體、嘗試影響其它的團體。

壓力團體常被分成兩大類型：嘗試以保護或促進團體成員的利益，或是其它特定團體的利益為主要功能的「部門（sectional）」團體，以及嘗試達成某種特殊改變或為某些議題而戰的「促進（promotional）」團體。

「部門」團體有時稱為「保護」團體，因為他們主要關心的是保護個人——經常是他們自己的成員——的部門利益。他們包括了像是工會；英國產業聯合會；像是英國醫藥協會之類的專業組織；以及各種為了幫助某些人而成立的團體，像是協助老人團體或是避免兒童遭虐的全國協會（NSPCC）。

長期來這些團體，有很多在說服政策制定者留意他們的觀點上，一直非常成功。以至於對政府來說，在訂定可能會影響到這些團體利益的新立法之前，先行諮詢他們的意見，已經成為一項憲政慣例。

「促進」團體嘗試推動某種訴求。提出的訴求目標可能相當的狹隘；例如，1936年成立的墮胎法改革協會，其目標是在促使墮胎的合法化，結果1967年成功地達成了這項目標。或是更一般性的訴求，例如，瑪麗‧懷特郝斯夫人（Mrs. Mary Whitehouse）成

立以減低媒體中性與暴力的成分為宗旨的閱聽人協會。社會上存在著許許多多像這類的促進團體。有時候他們的壽命很短——為了在校門口鋪設一條行人穿越的斑馬線；阻止機場的開闢；抗拒建造一棟會破壞周遭景觀的旅館；或是其它基於類似的地方性或是暫時性的目標而組織的團體。

「部門」與「促進」團體之間並沒有固定的界線。常常部門團體會推動某項特殊的訴求——健行者協會可能會為保護一條步道不被封閉而戰，或是皇家汽車協會可能會發動反對一定要繫安全帶的法令。

有時候還可以從另一個角度把壓力團體分類為經濟利益團體，以及像是牛津世界貧窮慈善救濟會，或是教會之類的非經濟利益團體。經濟利益團體常又被分成數個次類：第一，勞工遊說團體，包括隸屬於全國總工會的所有工會。第二，商業遊說團體，包括英國產業聯合會，以及第三，專業遊說團體，包括代表律師、教師、醫師等等的組織。

大企業這個壓力團體

大企業不僅規模大到可以親自進行遊說，而且其商業結構本身常是正式組織化利益團體的正當替代者。利益需要藉以去保護自己的，不是個完全為這個效果而設計的利益團體，而是註冊為一個利益團體。需要的是一些接觸，經過這些接觸某項共同的政策因而獲得界定。小企業經常停留在無組織的狀態，而且大多受制於個人資本主義的侷限。相反的，大企業已經變得愈來愈加整合，私人關係將許多公司連接起來。這些關係的基礎或形成，在於企業之間對於他人資產大量的資本投入。大型的工業與金融公司並不需要設立特別為追求這個目的的利益團體：他們為了達到工業效率或是取得財務支持，不是已經組成股份關係就是因參與

其事而連成一氣。他們能夠利用自身的網絡而對政界與行政界施加壓力。

　　這段評論的目的不在於過分強調企業的影響力。再者，企業獨自並沒有能力為了運使影響力而利用先行存在的組織。有些文化組織——縣市教會或大學，確實也以相類似的方式運使壓力。他們使用先行存在的管道，而不必在能夠遊說政府或其代表之前，先行成立一個利益團體。

　　正式組織化的團體與非正式建構的集團之間的區別，在實務運作上尤其重要：它畫出了代議原則運作的範圍，以及有壓力運作而無代議原則的範圍。

　　利益團體是個工具，藉此市民的觀點得以獲得代表。這就是為什麼我們能夠而且必須檢視在利益團體內，小老百姓的看法是否被正確傳達給上層的原因。但是在非正式組成的集團，像是企業、教會、大學而言，討論「代表」老百姓變得毫無意義。很清楚的，即使在像羅馬天主教會那樣科層化的組織，有的是管道讓小老百姓的意見反映給上層，尤其是當這些看法廣為大眾所支持之時。在企業界之間更是如此，儘管原則上那些掌握有、或是控制住大多數資本的企業，可以向整個集團指示他們的政策。然而，那不是代議制度。

　　如果我們想要看看，正如我們現在所在做的，是否代議原則在利益範圍內，運作良好，我們只能觀察正式建構的利益團體而已。我們不可忘掉，觀察代議制度之時，我們看的只是其中數個利益，而不是全部的利益。我們始終必須牢記，利益團體是，工資或薪資賺取者所擁有的唯一的壓力工具。然而另一方面，企業、教會、以及其它的一些文化團體，還擁有其它施展影響力的工具。我們對於工資與薪資賺取者組織所得到的結論，應該總是與我們檢視企業可以運使壓力的所有管道而得到的結論，一併討論。寫實主義的比較不是比較全國總工會與英國產業聯合會就足

夠了，而是比較全國總工會與英國產業聯合會、倫敦都會、以及其它主要企業組織所形成的集團。〔布農岱（J. Blondel），《選票、政黨、與領袖（*Votes, Parties and Leaders*）》，Harmondsworth: Penguin, 1969〕。

25.2 壓力團體的優點

有時候有人說壓力團體是民主過程的一個基本部份。他們給予民眾直接參與政府過程的機會，使他們能夠影響在產業界或其它地方掌有權力的「菁英」。

在英國的政府體系中，特別是當政府在下議院掌有絕對多數席次時，就像1945年以來的情形一樣，執政黨安安穩穩地掌握了數年的政權，而壓力團體則是兩次選舉之間辯論與反對過程中的重要部份。芬納（S. Finer, 1958）在《匿名帝國（*Anonymous Empire*）》一書中指出壓力團體提供一項有用的服務——他們讓部會首長與公務員瞭解到人民的感覺如何：「第一手表現出來的憤怒、輕視、或是喜悅，是對官方檔案中單調事實的珍貴矯正。」

25.3 壓力團體的缺點

然而，芬納教授對於壓力團體的角色，也持保留的態度。他所著的《匿名帝國》一書的書名就為他的憂慮提供了一條線索：「遊說——就一般社會大眾而言——看不見他們的面孔、聽不到他們的聲音、根本無法辨識；簡單說來，就是匿名的」。一般社會大

眾常被關在壓力團體與政策制定者之間相互討論的大門之外，因此不可能分辨什麼主張說服了當事的菁英做出了他們的決定。

雖然大多數的壓力團體，除了工會與合作社之外，皆號稱非政治的，這通常只意味著當事的組織與政黨無關。他們大可採取一個獨特的政治立場，而使他們得到某個特殊政黨的支持。某企業董事長說道，「任何自由企業生活方式的敵人，不論其觀點為何，都是我們的對手。」很清楚地，這樣一個非民選的團體可能暗地裡擁有相當大的權力，但是「一般社會大眾則被關在大門之外」。

芬納對壓力團體的第二項批評是，某些團體擁有比其它團體更多的份量與影響力，但這不保證他們具有任何內在的優越性。舉例來說，兩個主要的機車組織為機車騎士說話，但是對數量眾多的行人卻沒有一個實力相當的組織為其說話。

25.4 運作的方式

壓力團體的一些缺點，可從某些團體採用的方法中清楚顯示出來。1945-6年工黨政府想要成立一所按照醫院薪資制度來支付一般執業醫師薪水的公共衛生局。結果遭到英國醫藥協會的拒絕合作，以至於一般執業醫師仍然被當成獨立業者處理，根據掛號看診的病人人數來計算他們的薪資。

壓力團體抵制民選政府的意圖，也相當成功：1912年引進自治法案之時，愛爾蘭北部省分的奧蘭治分會（Orange Lodge）揚言要發動武力反抗，結果避免了阿爾斯特（Ulster）九縣中的六個縣被納入愛爾蘭聯合王國之中。在愛爾蘭主要軍事基地的英國軍官，有許多和北方的清教徒不是有親屬關係就是有政治關聯，因

壓力團體可以訴諸掌權者的情
緒；表現感情以及事實。

此他們威脅政府說，如果下令要他們和奧蘭治黨員（Orangemen）
作戰的話，他們將不接受這項任務。第一次世界大戰使雙方避開
了攤牌的局面，但是人們並沒有忘記這項威脅，愛爾蘭也因此被
分裂成兩個國家。〔賴恩（A. Ryan），1956，《骷雷鎮之叛變
（Mutiny at the Curragh）》〕。

　　1953年爲建立商業電視台而展開盛況空前的遊說國會議員、
知名人物撰寫專題論文的活動，以及與此搭配的天衣無縫的如雪
片般湧進報社的信件，被英國廣播電台前任董事長描述爲「是英
國史上一項最可悲的、最具破壞性的、以及最嚇人的行動」。〔威
爾森（H. Wilson），1961，《壓力團體（Pressure Group）》〕。

　　1974年全國礦工工會受到各界的指控，認爲他們要爲保守黨
政府的下台負責，因爲要不是他們反對民選政府工業政策而發動

罷工行動，保守黨也不會下台。

在推動以全民公決來決定英國是否應該加入歐洲經濟共同體的活動中，贊成加入派共花費了一百四十八萬一千五百八十三英鎊，而反對加入派則支出了十三萬三千六百三十英鎊。

有些反對壓力團體運作的看法是基於：財力可能造成對事件不平等的影響力；非民選的組織可以扣住不提供他們的服務來改變民選政府的意向；前面的分析也指出如果政府政策與軍方將領的意圖發生嚴重衝突時，可能得不到軍方力量的支持；以及有些團體擁有媒體過當的支持。

「遊說」國會議員的作法，導致某些像芬納之流的作者把壓力團體稱為「遊說團」。遊說團的英文本字實際上是指下議院的接待室，在那裡個別民眾或團體可以要求會見某位議員，嘗試說服他來支持他們的觀點。

進行遊說是一項基本的民主處事之道，但是對於「出錢贊助」某位國會議員，或保留某位國會議員做某個機構的顧問——像是警察聯合會或某個商業組織，就有比較多的反對意見。大部份的工會出錢贊助某位國會議員——這意味著他們提供一筆錢資助他出來參選以及支付其它的開銷。國會「顧問」可能收到直接支付給他的酬勞。

支持這些措施的人士指出，壓力團體提供了真實生活與比較孤立的國會世界之間一道有用的環節，不過「提供金錢或其它好處給任何一位國會議員要其推動任何一件事，不論是懸而未決，還是達成交易，都是一項重大的罪行」〔爾斯金‧梅爾（Erskine May），1844，《國會實務（*Parliamentary Practice*）》〕。

國會議員不太可能真的會任由金錢因素影響到他們的判斷，但是反對這些措施的人士覺得，這類金錢上的報酬是無法接受的。「不應該收買國會議員要求他們在國會上代表任何一個既得利益」。〔梅休（C. Mayhew），1969，《政黨遊戲（*Party Games*）》〕。

SOCIETY OF TEACHERS OPPOSED TO PHYSICAL PUNISHMENT

Summer 1986, Vol. 2 No. 3

VICTORY!

STOPP members will know that on 22 July MPs voted for the abolition of corporal punishment for all schoolchildren educated at public expense. After eighteen years of hard campaigning, STOPP has triumphed.

The victory by just one vote - 231 to 230 - followed several weeks of intensive lobbying by STOPP of MPs of all parties. 37 Tories including eight ministers joined the opposition parties in voting for an end to the British practice of beating pupils.

The vote came after a debate lasting over $3\frac{1}{2}$ hours at the Report stage of the Government's Education Bill. The Bill already contained a section outlawing corporal punishment due to the House of Lords vote in April, and the vote was on an amendment to remove abolition from the Bill.

'ABOLITION DAY'

During the debate the Government announced that if abolition succeeded it would come into force on 15 August 1987, the beginning of the next school year but one. This will be 'abolition day'.

STOPP's task is not totally completed - for a start the vast majority of independent school pupils will still not be protected from beating - but the

圖25.1 反對體罰教師協會

　　一項壓力團體運作的範例，是反對體罰教師協會發動的反對體罰運動（見圖25.1）。

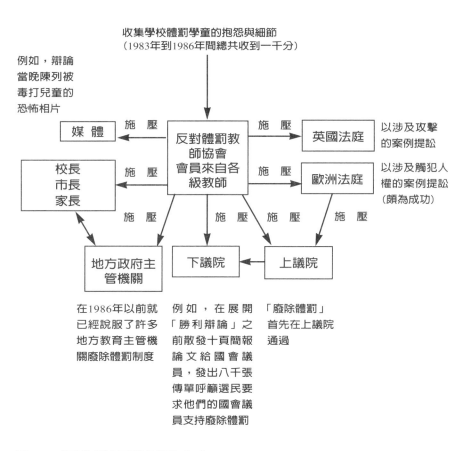

收集學校體罰學童的抱怨與細節
（1983年到1986年間總共收到一千分）

例如，辯論
當晚陳列被
毒打兒童的
恐怖相片

媒　體　← 施　壓 — 反對體罰教師協會會員來自各級教師 — 施　壓 → 英國法庭　以涉及攻擊的案例提訟

校長市長家長　← 施　壓 — 施　壓 → 歐洲法庭　以涉及觸犯人權的案例提訟（頗為成功）

施　壓　　施　壓　　施　壓　　施　壓

地方政府主管機關　　下議院　←　上議院

在1986年以前就已經說服了許多地方教育主管機關廢除體罰制度

例如，在展開「勝利辯論」之前散發十頁簡報論文給國會議員，發出八千張傳單呼籲選民要求他們的國會議員支持廢除體罰

「廢除體罰」首先在上議院通過

圖25.2　成功的壓力團體的運作方式

　　反對體罰教師協會的成功，是藉由數種方法才達成的。圖25.2
大略列出梗概。

複習摘要

壓力團體的優點

◆給予民眾直接參與政府與影響菁英的機會。
◆提供兩次選舉之間,辯論與反對政府意見的論壇。
◆讓掌權者知道民眾內心真正的感覺為何。

立即表現出來的憤怒、輕視、或是喜悅,是對於陳列在政府檔案中單調事實的珍貴矯正(芬納,1958,《匿名帝國》)。

壓力團體的缺點

◆某些團體有比較多的權力是由於金錢上的接觸,或是擁有施展某種影響力的管道,而不是擁有比其它團體更為正當的理由。
◆非民選組織能夠打消民選政府的意圖。舉例來說,1945-6年間,工黨政府想要引進公共衛生局以建立各科執業醫師薪資制度,就像醫院所採行的一樣。英國醫藥協會拒絕合作,結果各科執業醫師仍舊保持個別業者的身份,領取薪資主要是根據他的門診掛號病人數的公式計算。
◆一般社會大眾被關在決策制訂的大門之外,完全不知道決策是如何產生的。

壓力團體的若干範例

部門或「保護」團體

這些主要是關心保護全國人口中他們所代表的那個部門的利益。例子包括有：

◆工會。

◆英國產業聯合會。

◆英國醫藥協會。

◆協助老人團體。

◆避免兒童遭虐全國協會。

促進團體

這些團體推動某項訴求。這些訴求追求的可能是相當有限的目標。例如：

◆反對體罰教師協會──1986年獲致成功。

◆墮胎法改革會──1967年獲致成功。

也可能是更一般性的目標，舉例來說：

◆閱聽人協會（減低媒體上的性與暴力）。

◆全國民權自由委員會。

這些差異可能並不總是那麼一清二白──有些組織當需要來時，可能同時落入這兩個類別──例如，天主教會是一個經常性的「部門」壓力團體，但是可能發起「推動」某些特殊訴求的行動（例如，反墮胎；免費校車接送學童）。

經濟利益團體

◆工黨遊說團體，例如，總工會及其會員工會。
◆商業遊說團體，例如，英國產業聯合會。
◆專業遊說團體，例如，英國醫藥協會；全國教師聯合會；律師協會。

非經濟利益團體

◆牛津世界貧窮慈善救濟會（Oxfam）。
◆英國國教會。
◆兒童救援會。
◆反煙害團體。
◆支援吸煙團體。

當然，有些明顯的非經濟團體可能會涉及經濟利益：例如，贊成吸煙團體從香菸製造商那裡獲得基金。

第26章

投票行為

26.1 投票模式

1872年不記名投票引進英國選舉，從此以後我們不再能夠確定民眾投票的方式。我們清楚知道每個政黨在每個選區得到什麼樣的支持，因而我們得以看見工黨在英格蘭北部、威爾斯、與蘇格蘭，比在英格蘭中部與南部地區，得到更多的支持——一種已經被描述爲「一國兩制」的投票模式。此外，保守黨在鄉村地區會比工業中心獲得較高的支持，而這項差異無關南北的劃分。

文森（J. Vincent, 1967）的《維多利亞時代的投票模式（*How the Victorians voted*）》顯示，在實施不記名投票之前，民眾的投票模式傾向於根據他們的職業與宗教，而不是根據他們的階級。肉商主要支持保守黨；雜貨店主大多支持由自黨；英國國教神職人員支持保守黨；衛斯理教徒與天主教徒支持自由黨。

隨機抽樣調查於1950年代發展出來，雖然在不記名投票之前，我們無法得到詳細的選情知識，但是這些技術已經可以對投票模式進行科學調查。

民眾是照一般預料，根據階級投票嗎？女人比男人更有可能投票給某個特殊的政黨嗎？年齡或是宗教對於投票模式有何影響？

26.2 社會階級與族群起源的影響力

階級對投票模式的影響已經引起社會上相當大的興趣，因爲在工黨與「勞工階級」之間，以及保守黨與「中產階級」之間，存在有假定的利益認同；然而自1945年以來，保守黨執政的時間

投票所（「開票所」）外的政黨代表沒有正式的地位——你不必告訴他們你投給了誰。

整體來說遠比工黨長久。儘管事實上在那段期間的人口調查顯示，總人口中有比較多的勞工階級人士。1983年工黨得到勞工階級百分二十二的選票，保守黨得到百分之二十三，而聯盟黨得到百分之十六。保守黨比其它兩黨有較多的中產階級選票，但是這並未否定前述第一項的結論。歐陸國家當前的政治比英國更是以階級為基礎。羅斯與麥卡里斯特（Rose & McAllister）指出，住宅階級就某種程度來說，已經大有取職業階級而代之的現象（表26.1）。

　　勞工階級國宅的承租戶仍然大力支持工黨，雖然這是個人數在不斷減少的團體。

　　雖然就影響投票模式而言，社會階級可能是一個影響力正在衰退之中的因素。保守黨總得票數中，大約有一半是來自於勞工

表26.1　1983年大選各黨得票百分比

	聯盟黨	保守黨	工黨
未加入工會的自宅擁有者	24	62	13
加入工會的自宅擁有者	32	40	28

階級；而工黨總得票數中，只有百分之十五來自於中產階級的這項事實，已經引起社會科學家相當大的興趣。

「勞工階級保守黨員」的論調已經是許多著作的主要研究領域：例如，《工黨必定會輸嗎？（*Must Labour Lose?*）》（阿布蘭斯與羅斯）（M. Abrams & R. Rose, 1960）；《工黨贏得了嗎？（*Can Labour Win?*）》（克羅斯蘭）（C. Crosland, 1960）；《富裕社會中的勞工（*The Worker in an Affluent Society*）》（史威格）（F. Zweig, 1961）；以及《勞工階級的保守黨徒（*The Working Class Torries*）》（諾德林格）（E. Nordlinger, 1967）。

諾德林格辨別出兩種主要類型的勞工階級保守黨徒：「尊敬型（deferential）」與「務實主義者（pragmatist）」。尊敬型的選民顯示出一種強烈的偏好，希望高社會地位的人，而不是與他們社會階級相同的人能夠做他們的領袖，他們覺得那些人不是天生的領導者，就是「被教育成領導人物」。務實主義的選民是重視「成就取向的」，他們投票給保守黨因為他們認為保守黨政府更可能對他們個人有所幫助。諾德林格發現務實主義的選民比較喜歡保守黨領袖「實現」他們的政見，但是他們也敬重具有高「歸屬」地位的政治領袖。

巴特勒與金恩（《英國1964年大選》，1965）提到一項保守黨政治中心所進行的調查，其中發現有百分之三十二的勞工階級曾經投票給保守黨，同時只有百分之十七的中產階級投票給工黨。

表26.2　投票與社會階級

	新勞工階級				傳統勞工階級			
	住在南部	擁有自宅	非工會會員	受雇於私人企業	住在蘇格蘭或北部	租政府的房子	工會會員	受雇於公共部門
保守黨	46	44	40	38	29	25	30	32
工黨	28	32	38	39	57	57	48	49
自由／社民黨	26	24	22	23	15	18	22	19
保守黨／工黨 1987年多數黨	保守黨 +18	保守黨 +12	保守黨 +2	工黨 +1	工黨 +32	工黨 +17	工黨 +28	工黨 +18
保守黨／工黨 1983年多數黨	保守黨 +16	保守黨 +22	保守黨 +6	工黨 +1	工黨 +38	工黨 +17	工黨 +10	工黨 +21
手工工人的%	40	57	66	+2	1	4		
（差於1983年）	（+4）	（+3）	（+7）				（-7）	-2

階級投票（百分比）

專業／管理	辦公人員	庶務員	技術手工半工人	技術／無技術手工	失業者
	1987	1987	1987	1987	1987
保守黨	59	52	43	31	32
工黨	14	22	34	50	51
自由黨／社民黨	27	26	24	19	17

該調查將此現象解釋爲生活水準上升，致使勞工階級中收入較高的人士採取中產階級的生活型態。「相當數量的技術工人可以稱爲階級混血兒，他們在職業、教育、說話方式、與文化規範上，是勞工階級，然而在收入與物質享受上則屬於中產階級」，他們更

可能在投票忠誠度上不表示意見，甚至改變立場」。這項資產階級化理論（embourgeoisement thesis）在1977年獲得羅柏茲（R. Roberts）更進一步的支持，其在《分裂的階級結構（*Fragmentary Class Structure*）》著作中指出，有一部份的勞工階級——擁有自宅、住在中產階級住宅區的手工工人——是反對工會並且投票支持保守黨的選民。「資產階級勞工是活生生的畜生」，但是只代表少數的勞工階級，而不是大多數。現在被稱作C2選民（有技術的勞工階級），在南部地區愈來愈可能把票投給保守黨的這項事實已經從1987年與1992年的大選中顯現出來。「愛薩克斯人（Essex Man）」成了富裕勞工階級保守黨選民的同義詞——1992年清楚地顯示愛薩克斯的巴首頓市（Basildon）成了保守黨勝選的晴雨計。這項證據第一次之所以會清楚地顯明出來，是因為1979年大選時在富裕勞工階級選民席次佔多數之地，對工黨不利的選票擺盪的特別高，就像是繁榮富庶的哈特佛郡（Hertfordshire）的西欽市（Hitchin）。

資產階級化這個過程業已被其它早期研究所駁斥，特別著名的是高德史洛普等位學者（Goldthrope et al.,），1962，在《富裕工人（*The Affluent Worker*）》一書中發現，路頓市（Luton）的高薪汽車工人並沒有出現什麼資產階級化的過程。雖然高德史洛普確實發現，愈少涉入勞工階級次文化的汽車工人，就愈可能投票給保守黨、自由黨、或棄權投廢票。然而，價值變遷的速度比生活型態的轉變來得慢——只不過表示這些變遷來得太早了。似乎也有趨勢顯示中產階級人士——像是社會工作者和教師——因為直接涉入勞工階級的互動而投票給工黨。

高德史洛普發現，工會身份與投票給工黨之間存在有明確的關係——工會會員投票給工黨是比投票給保守黨的可能性高出三到四倍：在1980年代與1990年代之間工會會員人數的減少，無疑地促成了保守黨的選舉勝利。相同的研究也發現大型工廠的環境，

會增加「勞工階級政治意識的環境」，促使有比較高的可能性投票給工黨。

　　環境的重要性——對投票行為之決定有所幫助的環境因素——也被帕金（F. Parkin）所強調，他在《勞工階級保守黨徒》與《政治偏差行為理論》中指出，英國的制度基本上是保守的，並且有助於社會優勢價值的維持，而工黨則被視為在挑戰這些價值。事實上，雖然勞工階級保守黨選民與中產階級工黨選民通常都被描述為「偏差選民」。帕金卻主張真正的「偏差選民」是投票給工黨的選民，因為他們挑戰英國社會的核心價值。他指出了如果中產階級工作領域的價值屬於「勞工階級」，那麼他們就比較可能投票給工黨的這項事實。但是當中產階級價值為優勢價值時，勞工階級就比較可能投票給保守黨。這個看法有助於解釋在投票行為上相當可觀的區域差異。向上的社會流動也似乎鼓勵民眾投票給保守黨，或許是作為認同他們新階級的一項工具。有些勞工階級的民眾可能投票給保守黨，因為他們支持保守黨對法治與移民所持的強硬立場。必須記住的是，那些「客觀上」因職業之故而屬於勞工階級的人可能認為他們是中產階級，因此他們「主觀上」屬於中產階級，所以他們根據主觀認定而投票。

　　關於族群起源的影響力並沒有多少研究，但證據是來自新國協與愛爾蘭的移民比較可能投票給工黨。然而，這有可能是階級認同的問題，因為大多數新國協與愛爾蘭移民傾向於受雇於手工行業。

　　投給自由黨的票通常是來自社會的各個階層：「自由黨的選票是這個國家形象的鏡中反影」（巴特勒與金恩，1965，《1964年英國大選》）。至於達倫道夫的主張——「民眾已經從他們的階級界線中釋放出來」——確實獲得某些證據的支持。

投票與階級

（這段論文寫於二十多年前——自從那時起，其結論是否獲得支持？）

　　英國的政黨政治比大多數其它國家更以階級為基礎。最近一項針對四大盎格魯撒克遜民主制度（英國、美國、加拿大、澳洲）的比較研究顯示，除了斯堪地那維亞之外，英國有最高的階級投票指數。英國的階級投票指數也比大多數歐陸國家來得高。這項指數的建構是以手工工人投票給左派政黨的比例減去非手工工人投左派政黨的比例，所得到的階級差異值來加以測量的，例如：

投票給左派政黨的%

　　手工工人　　　　75

　　非手工工人　　　25

　　階級投票指數　　+50

　　因此當大部份的手工工人投給而大多數的非手工工人不投給左派政黨之時，那麼獲得的指數值就會很大。造成指數值很小的情況則是因為很多手工工人把票投給右派政黨（例如，西德），或是很多非手工工人把票投給左派政黨（例如，威爾斯），當出現這兩種情況時，小的值，甚至負的值都有可能出現（例如，加拿大）。

　　這使得第二項條件變得重要。階級投票在英國或許很高，但是絕不如實際上可能發生的情形一樣高。大多數人，當被詢問到英國階級意識的中點在何處時，或許會指向勞工階級。這項說法是正確的，因為工人的階級意識是比中產階級來得更加明確。然而中產階級卻表現出更大的政治凝聚力。工黨在戰後的選舉當中從未成功地贏得超過百分之二十至二十五非手工工人的選票，或是百分之十到十五的商業與專業階級的選票。另一方面，至少三

分之一的勞工階級自始至終都投票給保守黨。

什麼是勞工階級保守主義的基礎呢？最重要的成分是社會敬重，雖然這可能有很多種形式。十九世紀保皇黨民主黨員像狄斯瑞里與邱吉爾（Disraeli & Lord Randoph Churchill）深深吸引住勞工，因爲保皇黨員，不像搶錢的自由黨工廠老闆，他們是眞正的貴族、不涉及階級鬥爭。作夢都不會把票投給格蘭德格林先生（Mr Gradgrind）的工廠員工，可以充滿信心地追隨歐尼姆公爵。伴隨這個現象的是對教育的敬重，不要忘了教育所代表的社會訓練至少與知識文憑一樣多：「保守黨更適合治理這個國家。他們受過比較好的教育——沒有什麼比聽到寄宿中學的人說英語還要美好的事」。但同樣有的是對金錢與企業成就的敬重——實際上這種現象在十九世紀是存在的，許多工人願意追隨他們地方上自由主義或激進主義雇主的領導。今天金錢與出身都與保守主義連在一起：「他們是知道他們自己在做些什麼的生意人。他們被培養出來治理社會，來接掌領導權。」就某種程度來說，隱藏在這份敬意之下的勢利態度，直接反映在保皇黨工人對自己的看法上。支持保守黨的手工工人可能比支持工黨的手工工人，更可能認爲自己是中產階級。但是這種自我提昇並不足以解釋全部的情況。表示敬意隱含著維持既有的社會上下層級結構，承認「紳士出身」的優越感。

表示敬意很難解釋勞工階級保守主義的整個心態。同樣重要的是第二個類別，麥肯錫與席爾維（McKenzie & Silver）稱之爲世俗的保守主義者——主要是年輕的、高收入的男性選民，正好又贊成私有企業、重視消費上的富足、或是厭惡工會。他們在情感上較不認同上層階級的領導，對於保守黨統治的能力採取更爲冷靜、務實的看法。

富裕可能會決定勞工階級保守主義所採取的形式，而其本身不是造成保守主義的原因。沒有證據顯示高收入、或是擁有消費

者耐久財，會導致勞工階級選民支持右派。其中一項例外是擁有自有住宅，不論是對那個收入階層來說，擁有自己房子的人都比那些租房子的人，使從事手工工作的人感覺更像中產階級，而且更有可能會把票投給保守黨。這是最粗糙形式的資產階級化理論所獲得的些微支持——消費上的富足使人們在行為上、感覺上傾向中產階級。階級認同太根深蒂固了，而不會被一台洗衣機給顛覆。然而，階級與政黨的依附可能仍然維持相當固定，儘管生活水準有所變遷，這些依附的張力都可能消失。生活不再像是只在爭取維生必需品；階級團結所給予的精神支持，不再是維繫社會生存的必須。這項富足的可能效應，是資產階級化調查者到目前為止所忽略的，可能具有非常重要的政治意義。可以確定的是，這項效應可以解釋過去十五年來工業選區投票率的跌幅超過平均值的情形。沒有這項效應，我們無法解釋選民的揮發性何以如此顯著。尤其，這項效應是與雖然看似緩慢的、但是會愈來愈顯著的職業結構變遷同步發展。〔普爾澤（P. Pulzer）《英國的代議制度與選舉（*Political Representation and Elections in Britain*）》London:Allen & Unwin, 1972〕。

26.3 性別、年齡、與宗教的影響力

在英國，性別、年齡、與宗教都不是影響投票行為的主要因素。「階級是英國政黨政治的基礎；所有其他的因素都是陪襯與細節（普爾澤，《英國的代議制度與選舉》）。在這三者之中，性別差異可能是一直到1983年大選時，都是具有最大影響力的因素。即使如此，女人比男人更不可能投票給工黨。這可能是因為有較高比例的女人從事辦公室與服務業的工作，這些產業直到最

表26.3 投票模式：按性別與年齡分*

	男性			女性			第一次投票者		
	1987 %	1983 -87	1979 -87	1987 %	1983 -87	1979 -87	1987 %	1983 -87	1979 -87
保守黨	44	-2	-3	44	+1	-3	45	+4	+2
工黨	33	+4	-6	31	+2	-8	34	+5	-7
自由／社民黨	22	-2	+9	25	-3	+10	21	-9	+4

*為了比較數次選舉間的變化，保守黨、工黨、自由黨／社民黨的選票分別是各黨占三黨選票的比例。

來源：伊佛・克魯，刊於1987年6月15日《衛報》之論文。

近大多都尚未工會化：舉凡在與經營管理者有較多直接接觸之地，皆會促使雙方發展更多的認同；而且那些環境更多是中產階級的環境。已經有人指出，女性比較謹慎，不論是因環境制約之故，還是生理特質所致，結果都是他們會投票給最可能維持現狀的政黨。

1983年的大選中，女性比男性有更多人把選票投給「聯盟黨」。到了1987年，性別顯得對投票行為沒有一點影響；然而到了1992年，又回到了早期的模式。蓋洛普選後調查發現，有百分之四十四的女性投票給保守黨，相較之下投票給保守黨的男性為百分之三十八（表26.3）。

年紀比較大的選民比年輕的傾向於投票給保守黨，無疑地隨者年紀的增長，我們變得較不喜歡改變。然而，選舉年齡降低至十八歲並沒有如很多人所期望的，會為工黨帶來任何實質的好處──一般說來新生代的選民順從傳統根據階級與居住地的模式投票。以年輕的選民來說，似乎有股趨勢是他們較不可能維持他們父母所具有的對政黨的忠誠，而且1992年以前的情況似乎是，年輕人

比較可能把票投給工黨；然而1992年大選之後的蓋洛普調查發現，保守黨在十八歲與二十四歲的選民中，享有比工黨稍微多一點的選票。

北愛爾蘭以外，聯合王國的其它地區，在決定該如何投票時，較少受到宗教因素的影響。信仰英國國教的民眾比信仰天主教與衛斯理教的民眾較可能投票給保守黨。這或許是衛斯理教與激進主義結合這段歷史經過的結果，而且許多天主教徒是來自愛爾蘭移民、愛爾蘭移民多為手工工人——一項階級而非宗教影響力的結果。然而，不論社會階級為何，天主教徒投票給工黨的趨勢都比較高。

26.4 媒體與民意調查

對兩大政黨的支持，自1951年以來便已經下降，該年有四分之三的選民對這兩個最大的政黨有十分明顯的偏好。現在有更多的「游離選民（floating voters）」——即沒有特殊政黨忠誠的民眾——有待政黨來爭取。而且不要忘了，百分之一的選舉擺盪幅度能夠使政黨多得三十個席位而成為大多數，因此可以理解何以所有的政黨主事者皆謹慎觀察媒體的影響力。全國性的報紙存在有明顯的、可辨識的大多數——從個人訂戶到全國的發行量——是偏向保守黨的趨勢。電視台的公正性可以從兩大主要政黨在1992年大選結束後，同時指控電台偏向某個政黨的事實中，窺知一二。

每個政黨都指稱各電視台分配給他們的時間、以及關於他們的報導有所偏差。1986年牛津科技學院的一份報告，分析提供給各個政黨的一周平均時數：

工黨	33分12秒
保守黨	30分9秒
自由黨	8分38秒
社民黨	6分42秒
其它政黨	2分28秒
當時的政府	139分7秒（也就是所有政治新聞報導的64%）

　　1986年當政的是保守黨政府；所以可以說該黨擁有所有播報時間的百分之七十八。然而，似乎可以確定的是，執政黨可能就有這項好處。

　　雖然有些社會科學家會警告我們不要誇大了媒體的力量，其它的學者則指出媒體已經取代教會成為思想觀念與倫理道德的掌控者。法蘭克・帕金（Frank Parkin）就採取這個觀點，他說大眾媒體的工作就是在宣佈優勢社會階級的價值；在英國，就是接受資本主義是天生自然、不可避免的那套價值觀。如果他說的沒錯，那麼誰掌控了媒體這個問題，就非常重要了。

　　有數種方式可以控制媒體：透過篩選（selection），即決定哪些是應該報導的訊息（例如，新聞價值）；以及透過陳述方式（presentation），即會報導相同的事實，但是陳述手法的不同可能會造成迥然不同的印象。

　　百分之八十六的全國性早報是由五大公司所掌控。
　　百分之七十三的商業電視網是由五大公司所控制。
　　百分八十的電影拍攝是由五大公司控制。

摘自高鼎（Golding），《大眾媒體》

　　誰看報可能和有多少報可看一樣重要——決策者可能受到他們所看報紙的影響。（表26.4）

表26.4 全國性日報

報紙	一般支持的政黨	最大讀者群的社會階級
太陽報		保守黨 第四與第五類
每日鏡報	工黨	第四與第五類
每日快訊報	保守黨	第一與第二類
每日郵報	保守黨	第一與第二類
每日星報	保守黨	第四與第五類
每日電訊報	保守黨	第一與第二類
衛報	工黨／自民黨	第一與第二類
時報	保守黨	第一與第二類
金融時報	保守黨	第一與第二類

註：市場研究者經常使用字母分類法，例如，C1社會階級粗略等於第三類非手工階級。除了時報與金融時報之外，其它各報的讀者群都涵蓋第三類社會階級。

　　在所有廣受歡迎的報紙（小報）中，擁有最大發行量數字的是《太陽報》（四百一十萬）以及《每日鏡報》（三百五十萬）；在高水準的報紙中，每日電訊報發行量最大（一百二十萬）。《今日報》最早發行於1986年，一般認為其支持自由民主黨。《獨立者報》（也於1986年創刊），確實表現立場中立，鎖定所有年齡在二十歲到四十五歲的成年讀者。

　　然而，我們確實無法肯定媒體有任何足以改變投票意向的大能。廣告在提供民眾他們想要的東西時，最有力量——但是不可能改變既有的態度（參閱22.3）。

　　現有的政黨支持者篩選新聞與評論的方式，傾向於聽取會增強他們現有態度的新聞與報導；游離選民因他們本身對政治缺乏興趣的保護，而免於受到影響。

　　改變態度的競選活動在經歷一段長時間之後，會比企圖直接影響立即投票意向的活動，更有可能會成功。1959年保守黨確認

表26.5 開票結果

	保守黨	工黨	自民黨	其它政黨	差距	民調錯誤比例
MORI	38	39	20	2	-1	8.6
NOP	39	42	17	2	-3	10.6
蓋洛普	38.5	38	20	3.5	0.5	7.1
ICM	38	38	20	4	0	7.6
最後結果	42.8	35.2	18.3	3.7	7.6	-

來源：巴特勒與卡分納，《1992年英國大選》，Basingstoke: Macmillan, 1993。

一般社會大眾把保守黨和社會較具特權的部門聯想在一起，所以在他們的全國競選廣告中密集顯示勞工階級民眾投票給保守黨的畫面。在競選結束後，研究指出保守黨與社會上特權人士的結合程度下降了七至八個百分點。

儘管如此，專業說服家的影響力顯然是相當有限的。其中一個例子是，保守黨幾乎花了五十萬英鎊試圖改善他們領袖——亞利克・道格拉斯—何姆爵士(Alec Douglas-Home)——的公共形象。在那段時期，他的民意調查評分從百分五十八跌落至百分之四十八〔羅斯（R. Rose），1967，《左右選局（*Influencing Voters*)》〕。

「投票學（Psephology）」——研究民眾投票方式的學問——自1945年以後已經變得十分複雜，隨機抽樣技術的發展已經大為提高預測選舉結果的精確程度。正確的抽樣技術已經降低了像蓋洛普之類著名民意調查機構的誤差率，將之縮小到2％至6％之間。

英國大選常因些微的差距而造成定局，而且這些差距常落在抽樣誤差的範圍內，致使民意調查遭到不準確的指責，甚至有人認為民意調查影響選舉結果，使民眾認為大局已定而把票投給會贏的候選人。然而，1992年所有主要的民意調查都預測工黨會勝選，但是全部都錯了（**表26.5**）。這顯然推翻了民眾會為了要使自

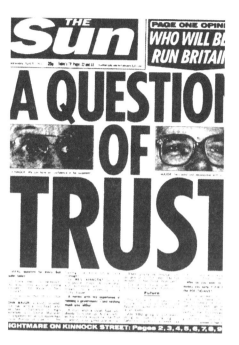 

圖26.1　報紙報導的偏差

己是獲勝的那一方，而改變他們投票意向的說法。

　　各政黨也可以把民意調查當成一種市場調查的技術，用它來找出選民想要的是什麼政策。就這點而言，有兩個反對這種用法的可能意見：第一，市場調查花費不貲，對最有錢的政黨有利；第二，會誘使政治家根據民意調查所得到的民之所欲而大作廣告，而不努力喚起社會大眾對比較不受他們歡迎的政策的注視。平心而論，必須指出的是，很少有任何一個政黨真的會做出這種事來。

　　較大的社會與地理流動；隨著傳統製造業這個最大的雇主走向服務部門所帶來的工業結構改變；以及選民教育水準的提高，已經帶來了一個比以前更加不穩定的投票模式。每個階級的選民忠誠度似乎已經變得更加「條件性」──他們更不可能基於傳統的

表26.6 民調錯誤的可能來源

抽樣架構	1.0
選民登記	1.0
拒答	1.5
有系統地說謊	-
實際投票率的差異	0.5
最後的擺盪	1.5
總計	5.5

來源：同表26.5。

理由而支持某個政黨。

　　這項政治忠誠模式的變遷，自象徵兩黨忠誠高峰期的1951年選舉之後，已經日益成長。

民意調查

　　大選時的民意調查結果比它們平日看起來的情況要好得多。民調似乎只有在民眾──特別是報紙版面主編──期望他們做些他們不可能做到的事時，才顯得做得很爛。正如我們前面說過，避免抽樣誤差是不可能的這件事上，我們是指，民意調查上得到的一個百分比絕不可能保證比距離真值還差二或三個百分比還來得近些。英國選舉時，兩個主要政黨之間的差距總是非常微小，常常是在抽樣誤差的百分之四到六之間。如果民調顯示工黨領先保守黨三個百分點，實際的狀況可能是在工黨領先六個百分點到五五波的拉鋸戰之間。1974年2月的事實是，民調幾乎做得分毫不差，預測保守黨領先工黨三個百分點，而實際上是領先一個百分點。因為選票分配的結果，工黨贏得更多的席次，但是保守黨贏

得比較多的選票——非常接近民調所預測的值。

因此，大選的民調並不太能夠作為預測的指標，因為結果通常太過接近，常落在抽樣誤差的範圍之內。但是在兩次選舉之間的狀況——政黨間常在這個時候出現相當大的不合——卻不至於如此。在兩次選舉之間不同時點上民調所測得的政黨支持一般趨勢，毫無疑問是相當可信的。就像在補選與地方選舉，顯示當朝政府的一貫模式：執政中期表現得相當不好，但是隨著下次選舉的逼近，便開始重新振作。〔麥克林（I. McLean），《政治事實：選舉（*Political Realities-Elections*）》，London:Longman, 1976〕。

複習摘要

性別的影響力

一般說來，女人比男人更可能投票給保守黨。據說這是因為：

◆女人比較謹慎（或是由於環境因素，或是由於生理特徵），而且比較可能不贊成變遷。

◆有高比例的女性受雇於工會組織並不健全的辦公場所與服務部門。

◆女人比較可能工作於中產階級的環境中，而與經營管理者有比較多的接觸（因而認同經營管理者）。

不過，性別與投票之間的關係並不是那麼確定。這是因為：

◆白領職業工會化的增長。

◆男人與女人的社會化日益近似（包括：教育機會等等）。

◆現在男人坐辦公室與從事服務業的比例增多，再加上整體
上加入工會人數的減少。

社會階級的影響力

在1972年，有人主張除了斯堪地那維亞的國家之外，英國的
政黨政治比大多數其它國家帶有更高度階級走向的特質（普爾澤
《英國的代議制度與選舉》）；然而，到了1986年，羅絲與麥卡里
斯特（R. Rose & I. McAllister）在《選民開始精挑細選（*Voters
Begin to Choose*）》一書中，主張正常的階級政治在英國已經成了
過去式。現在，勞工階級已經分裂成三派了。

解釋工黨支持下降的因素包括了有：

◆受雇於「重」工業與大量工會化工廠勞工人數的減少。

◆工會會員人數的縮減。

◆擁有自宅人數的增加（包括：市府住宅）。

◆勞動人口生活的日益富裕。

諾德林格把「勞工階級保守黨徒」分成兩大類型：

◆尊敬型：覺得「上層」階級人士是天生的領導者或者是被
教育成領導者——最可能出現在傳統的社區（例如，鄉村選
民）。

◆務實主義者：（也被麥肯錫與席爾維稱為「世俗類」）。覺
得保守黨政府更可能對他們個人有所助益——這些選民比較
屬於「成就取向」的投票者（例如，比較可能出現在新科

技社區）。麥肯錫與席爾維，1972，在《英國的勞工階級保守黨徒（*The Working Class Tory in England*）》一書中，提出這個看法：勞工階級對保守黨的支持是日益世俗化，這是基於對該黨具有優越的行政與管理能力的信念。

自我測驗9.1

1.何謂寡頭政治？（一分）

2.下列哪個不是聯合王國的一部份？英格蘭、愛爾蘭共和國、北愛爾蘭、蘇格蘭、與威爾斯。（一分）

3.舉出兩類菁英。（兩分）

4.舉出（i）常被描述為「左派」的英國政黨；（ii）常被描述為「右派」的英國政黨。（兩分）

5.舉出兩個政黨，在英國定期舉行的大選中，都有候選人參選，但從未選上國會議員。（兩分）

6.指出壓力團體的三大民主面向。（三分）

7.在英國，「體制」的意義所指為何？（三分）

8.為何所有的政黨中，中產階級的人數都最多。（三分）

9.為何有些人在大選時，放棄投票的權利？（三分）

10.舉出兩個不同類型的壓力團體。各舉一個例子。（四分）

自我測驗9.2

圖示：參考第488與第489頁的表24.1與表24.2。

1. 英國的下議院有多少位議員？（一分）

2. 在1983年的大選中，要把一位聯盟黨的議員送進國會，需要多少張選票？（一分）

3. 在哪一段期間兩黨的支持（兩黨政治）達到高峰？（一分）

4. 1979年大選社民黨沒有得到一張選票。何以如此呢？（一分）

5. 扼要評論這項陳述：在英國，「獲得最多選票的政黨組成政府」。（三分）

6. 請舉出三種不同於現在英國國會選舉實施的「最高票者當選」的選舉制度，並簡要說明每個制度運作的方式。（六分）

7. 英國下議院的現行制度與更完善的比例制度之間，各有何優缺點？（七分）

自我測驗9.3

　　1978年阿爾巴尼亞（Albania）國會議員選舉的結果是：
共產黨得1,436,288票；其它政黨0票；廢票3張；棄權票1
張。

1. 英國國會選舉時，有誰不能投票？（三分）
2. 你期望在一個自封為「民主」國家中，看到哪些特色？
   （四分）
3. 就什麼程度來說，英國是民主國家？（十三分）

　　　　　　　　　　　　　　　　　　　　　　總計二十分

圖示：見第504頁的圖片

1.描述並舉出不同類型壓力團體的例子。（六分）
2.檢視壓力團體在英國政治體系下所扮演的角色。

（十四分）

解答

　　1.有數種分類壓力團體的方法：有時候他們被分成部門團體與促進團體。部門團體力圖保護他們團體成員的利益。包括嘗試改善他們成員的工資與勞動條件的工會，以及像代表雇主利益的英國產業聯合會之類的組織。促進團體支持某項特殊的訴求。這項訴求可能是處於不斷發展中的狀況——例如，閱聽人協會努力控制媒體上出現的性與暴力的數量與程度；或者推動團體成立是出於一項非常特定的目標——例如，試圖阻止核廢料被掩埋在某個地區。

　　壓力團體的分類有時可能會有重疊的情況出現。例如，協助老人團體代表的是全國老人的利益；但是某個地方分部可能試圖推動某項特殊的訴求：或許是阻止某家醫院停辦門診部門，因為這將造成老人必須要搭巴士到比較遠的地方就診。

　　還有其它分類壓力團體的方法：例如，分為經濟性利益團體（像是董事長協會）與非經濟性利益團體（像是推動真正的麥酒運動）。

〔你只能得到六分：所以把注意力集中在精確地解釋某一項分類壓力團體類型的方法，並且提出具體的例子。你也可以用簡短的數個字讓考官知道，還有其他的分類方法存在。〕

　　2.壓力團體在英國扮演重要的角色，因為他們使政黨以及其它的政府機構瞭解民眾的感覺，並且確保民眾所關心的問題能夠上達決策者。

　　壓力團體有許多種運作的方式。他們可以起草抗議書，組織民眾集會，在媒體上登廣告，甚至做些違法的事來引起大眾對他們訴求的注意，但是最有效的施壓手法卻不是那麼顯眼。

壓力團體用來確保政治家知道他們目的的一項手法是「贊助」某位國會議員（花錢支付國會議員雇用秘書與提供選舉經費），或是花錢請國會議員做他們的「顧問」，提供關涉到他們利益事項的建議，確保在下議院中有人代表他們的利益。例如，警察聯合會便花錢聘請這樣的一位顧問。

另一種方法是與政府的公務部門建立密切的關係。例如，在決定補貼農民水準的年度評鑑會報上，必須先諮詢全國農民工會的意見。

壓力團體在下議院或上議院中有他們的議員。例如，羅馬天主教可以仰仗在上下兩院裡、以及各大政黨內的天主教徒，支持教會反墮胎與反對以人體胚胎做實驗的看法。

雖然壓力團體提供了政府與被治理者之間一項珍貴的溝通管道，保證少數團體的利益獲得代表，並且為社會大眾與在位的掌權者提供必要的資訊。但是他們也受到各種批評。壓力團體不是民選的。他們的效力有可能更多是仗著他們能夠接近媒體以及與有影響力的人物接觸，甚至他們扣住不提供基本服務的能力或是透過他們的財力，而不是他們所提出訴求的正當性。芬納教授在《匿名帝國》一書中，對壓力團體所提出的批評，便是基於壓力團體活動的秘密性，以至於社會大眾無法瞭解為何在位掌權者會做出那些特殊的決定。

權力與權威

工黨勝利在望

阿拉斯特爾・康貝爾（Alastair Campbell）著，政治版編輯

　　工黨正步向選舉的勝利，昨天一票民調披露這項訊息。

　　《今日報》針對保守黨五十二席位的調查指出，工黨領先八個百分點，總共足以贏得三席次的多數。

　　這項民調顯示工黨得到百分之四十六的支持，而保守黨得到百分之三十八，而自由民主黨則有百分之十三的支持率。

　　工黨必須贏得最後選票差距方能取得執政權——而所有的徵候都顯示他們正步向勝利。

《每日鏡報》，1992年7月4日

政治版編輯，高登・達格（Gordon Greig）著

　　約翰・梅傑（John Major）英國政壇上沈默寡言的男人，今天早晨搬回唐寧街10號的住所。他不僅是位打敗尼爾・金納克（Neil Kinnock）及其所領導的工黨——也是位打敗英國聯合民意調查機構的首相。出乎所有預料他會下台並且會出現沒有政黨獲得多數席的臆測之外，他確定會是最大黨的領導者，並且可能會贏得全面性的多數。

　　就宣佈的半數席次，保守黨似乎已經得到了出人意外的百分之四十三的選票，而工黨只得到百分之三十七。這項結果幾乎與整個選舉期間的民調預測完全相反，保守黨似乎穩穩拿下了蟬聯第四屆的執政權，此乃現代英國政治史上史無前例的一項成就。

政黨狀況

	席次	變化
		+/-
保守黨	336	-40
工黨	271	+42
自由／民主黨	20	-2
其它	24	—

（a）何謂政黨差距不大的選區？解釋爲何政黨差距不大的
選區在英國大選時很是重要？（四分）

（b）在英國有些政黨和其它政黨比較起來，可能會處於哪
種劣勢？（七分）

（c）有此一說，民意調查在英國大選時期扮演非常重要的
角色。簡單說明這類民調的角色，並且檢討他們在選
舉時所具有的優缺點。（九分）

中部地區試務委員會
普通考試，《社會學》，試卷二，1993（夏）。

普通考試試題二

研究下表並且回答下列問題。

關於對一項不公正的或有害法令的反應

	已經採取%	將會採取%	認為最有效的%
個人行動			
接觸國會議員	3	46	34
向有影響力的人表示意見	1	10	4
接觸政府部門	1	7	5
接觸廣播、電視、或是報紙	1	14	23
集體行動			
簽署抗議書	9	54	11
在我所屬的組織中提出這項議題	2	9	2
發動抗議或示威	2	8	5
持相同見解者組成一個團體	1	6	4
以上皆非	19	14	9

從來不認為有哪個法令不公正或有害的百分比 = 69

取材自喬威爾與愛瑞（Roger Jowell & Colin Airey），英國社會態度：1984年報告（Gower, 1984），第21頁。

（a）根據上表什麼行動被回答者視爲

　　（i）是最有效的個人行動，可以藉此來對抗不公正或
　　　　有害的法令？（一分）

　　（ii）是最有效的集體行動，可以藉此來對抗不公正或
　　　　有害的法令？（一分）

（b）有多少百分比的回答者說他們會採取抗議，或遊行的
　　行動來反抗一項不公正的或有害的法令？（一分）

（c）個別勞工經常把工會當做一種形式的集體行動。工會
　　如何推動勞工的利益？（六分）

（d）何謂政黨？（五分）

（e）（i）什麼因素影響北愛爾蘭民衆的投票方式？（六分）
　　（ii）什麼因素影響英國民衆的投票方式？（十分）

北愛爾蘭試務與評鑑委員會
《社會科學》，試卷一，1992（夏）

第十單元
自我測驗題解

解答

　　如果你表達的意義相當明顯的話，你就不用一字不差地照我們下面評分標準的字眼來作答，除非要你回答某個專有名詞，你才需要如此做。下面所列的評分標準摘要列出需要回答的內容資訊，需要擴大發揮時，你當擴大之。對那些給分方式是0-2;3-5;6-8分的，給出高分表示除了高分所要求的答案外，回答者已經答出了低分所要求的答案。若果不然，可斟酌給分方式。

自我測驗1.1

1.初級資料（或是初級資訊）　　　　　　　　　　　　（一分）
2.假設　　　　　　　　　　　　　　　　　　　　　　（一分）
3.無結構訪談　　　　　　　　　　　　　　　　　　　（一分）
4.沒有　　　　　　　　　　　　　　　　　　　　　　（一分）
5.樣本的抽取，根據
　（a）正確的比例
　（b）從研究的團體中每一個可辨識的部門中抽出。
　　　　　　　　　　　　　　　　　　　　　　　　（每項一分）
6.人口調查，《發言人年報（*The Statesman's Year Book*）》，報紙
　（還有許多適當的答案）。　　　　　　　　　　　　（每項一分）
7.計畫；執行；分析；報告。　　　　　　　　　　　（每項一分）
除上述答案外，還有其它相近似的名詞或概念，或者別的答案都是可以接受的，例如，假設形成、調查等等，或是下列科學方法的六大過程中的四項：

　　　◆確認問題
　　　◆選擇適當的方法來研究確認的問題

◆收集相關的資料

◆分析資料

◆詮釋資料

◆報告研究發現並提出結論

8.訪談者偏差是一種情況，其中訪問的結果受到訪問者個人特質與訪問方式的影響。　　　　　　　　　　　　　　　　　　（兩分）

舉例來說，受到訪問者問問題的方式，或是訪問者長相的影響。

（各得一分，共兩分）

（還有許多其它的可能性——例如，性別、年齡、種族、服裝、表達方式）

9.一組樣本是指精確代表一個較大母群的一小部份。（各得一分）

抽樣是爲了節省時間。　　　　　　　　　　　　　　　　（一分）

（其它可能的理由——例如，缺乏資源、省錢、不可能研究母群中的每一個人）　　　　　　　　　　　　　　　　　　　　（四分）

10.回答出下列四項中任何一項，各得一分

◆用任何一種其它的方式，可能都比較困難

◆研究者能夠更充分地瞭解所以然與何以然

◆可以發覺到研究者一般想不到的因素

◆能夠觀察到非口語的溝通（身體語言）

◆如果研究者身份不被看穿，團體的行爲表現可能更爲正常

（四分）

總計二十五分

自我測驗1.2

1.參與觀察。　　　　　　　　　　　　　　　　　　　　　（一分）

2.（i）團體成員的行爲可能不再能夠自然而然。　　　　（一分）

（ii）涉及到「混進」團體。　　　　　　　　　　　　　（一分）

3.回答出任何一項正確的答案得一分，提出解釋或例證，再給一
分。例如：

　　◆道德／倫理的議題

　　◆維持「掩飾的身份」

　　◆記錄資訊

　　◆融入該團體的行為與價值

　　◆時間／金錢

〔注意：這項問題並未限制你必須根據所附之短文而回答某個答案。〕

（四分）

4.指出一項困難處得一分，提出理由解釋再得一分

　　他們並不是在控制的實驗情況下所進行的研究，因而無法準確地
複製實驗。

　　他們的受試者是複雜的、有個人意志與情感的人。

　　因為他們自己也是人，社會科學家可能也會有所偏誤。

（六分）

5.答案只顯示回答者並未充分瞭解，或是只描述參與觀察這個方
法，或只說出這個方法的優點。　　　　　　　　　（0-2分）

　　答案同時交代了參與觀察這個方法的優缺點。　　（3-5分）

　　答案顯示出全盤考慮過選擇參與觀察的理由，以及使用這個方
法的限制——把這些討論關聯到失業者的研究。　　（6-7分）

總計二十分

自我測驗2.1

1.一夫多妻制　　　　　　　　　　　　　　　　　　　（一分）

2.下列任何一個答案

　　歷史悠久的勞工階級社區（特別是英格蘭北部，北愛爾蘭，威爾
斯、與蘇格蘭）以及印度與巴基斯坦移民社區。　　（一分）

3.下列任兩個答案（各得一分）

　◆養育小孩／社會化

　◆提供經濟架構

　◆同伴關係

　◆保護

　◆規範性行為　　　（兩分）

4.下列任兩個答案（各得一分）

　◆教育機會增加導致工作流動的需求

　◆交通運輸的改善

　◆新興的住宅區

　◆福利的改善造成依賴的減少

　◆調節家庭的人口數

　◆教育促使個人擺脫其它家庭成員的規範與價值　　　（兩分）

5.下列任兩個答案（每個一分）

　電視；擁有自己的汽車與全家開車外出旅遊；受教育年限愈長、依賴期間愈久；父母親有較長的假期；父母親每天工作時間的縮短；幼兒戶外活動的危險性增加；有更多的小孩，面對更多的家庭作業；摩天大樓。

6.下列任三個答案（各一分）

　◆增加他使用的勞動力

　◆提供他幫忙工作的小孩，增加他的財富

　◆使不同家庭之間基於政治與/或經濟的目的，而形成聯盟

　◆增加他的社會地位

　◆若不如此，會出現過多沒有人保護的婦女　　　（三分）

7.下列任三個答案（三分）

　增加的期望；對於角色的不確定感，更多的壓力；更多在一起的時間；可依賴親戚人數的減少，離婚比以前更加容易。

8.提到青少年與成年人（父母與子女）之間在態度與行為上的差異，有人指出存在一個獨立的「青年文化」，但是有研究指出，

這項「鴻溝」被過分誇大（一分），來自同一個家庭的父母與年輕人之間，要比這些年輕人與來自不同社會背景的年輕人之間，在態度上有較高的相關。（一分）　　　　　（三分）

9.每提到下列一點得一分（最多兩分）

（a）除非她非常有錢，否則現在社會是期望母親執行所有與家事有關的角色。然而，隨著家庭人數的減少，現在這成了一個暫時的階段，因此也得不到過去的哪種地位，減少了滿足感。核心家庭集中在母親的角色之上，並且把現代母親都孤立起來。節省勞力的設計與簡速食品固然減少了加諸在現代母親身體上的壓力，但是可能也減少了「專業」的滿足感。然而，這些都是使母親能夠結合母親角色與工作角色的機制，雖然這常常引起「角色衝突」。

（b）每提到下列一點得一分（最多得兩分）：

父親的角色日漸變得以家庭以及以家人為中心。正如現在有許多母親結合為人母與外出工作的角色，大多數的父親分擔家務事，家庭中的分工變得更加分散。隨著經濟依賴的減少與教育年數的延長，現代父親並沒有得到自動自發的尊重，而他扮演一個教官的角色也大為減低。　　　　　（四分）

10.下列任四項答案

離婚率反映的是解除不愉快婚姻的容易度，而不是增加「破碎」家庭。以前不愉快的夫妻不經離婚便自行分居或遺棄對方，有很多後來又再婚。離婚者有四分之三再婚——從離婚到再婚的平均時間長度為二到三年。（婚姻制度並沒有遭到否定）。1982年成立的家庭委員會發現（《價值與變遷中的家庭》），大多數的人認為穩定的家庭是項該致力得到的理想目標。（四分）

總計二十五分

自我測驗2.2

1.34

2.妻子。

3.某個國家中，婚姻解除的件數 　　　　　　　　　　　　（一分）

　相對於每一千對現存的婚姻數（某年內）　　　　　　　（一分）

　或是，占總人口每一千人的比例（某年內）　　　　　　（一分）

　或是，占總結婚數的比例　　　　　　　　　　　　　　（一分）

　或是，占每千名年齡介於20-49歲已婚婦女的比例（注意，這個
　算法相當罕見）　　　　　　　　　　（一分）　　（三分）

4.每一個理由給一分

　提出適當的解釋者，或進一步申論者給一分

範例

理由

◆宗教的因素會造成各種不同
　的變異情形。

◆法律的因素也可能造成各種
　不同的變異。

◆保持婚姻關係，儘管事實上
　有意義的關係已經不存在
　了。

◆沒有普遍被接受的婚姻「成
　功」的測量工具。

◆可以就離婚率來判斷。

◆有數種不同的方式。

◆沒有離婚，但是可能已經分
　居或遺棄對方。

申論

◆愛爾蘭不存在合法的離婚。

◆離婚法改革法案通過之後，
　英國離婚率大增。

◆為了子女的緣故；或擔心社
　會不贊同的壓力。

◆期望因人而異。

◆如解除婚姻關係的對數。

◆如每一千對現有的婚姻中，
　或是每一千人當中，或是佔
　結婚數的比例，來評斷夫妻
　不住在一起，但是不把這個
　狀況正式化。

（四分）

5. 有些人把離婚人數增加單純視為婚姻這個社會制度崩潰的一項徵候——例如，人們變得比較「不正常」，社會上存在有更多的婚外關係等等。（0-1分）

　有些人考慮到法令的改變，生命期望的延長，以及／或是其它人口因素的作用（只談到法令變遷最多給兩分）（2-3分）

　廣泛討論各種解釋的答案——像是家庭模式的變遷；期望的改變；婦女地位的提昇（4-5分）

6. 很浮面地提到像是婦女更可能成為「受害人」（例如，暴力，孤立等等），或是較無法容忍丈夫不當行為的答案（0-2分）

　考量到婦女經濟能力的增加（像是合法的援助、福利國家、法律的改變）；或是認識到他們的權利（例如，教育）；或是獨立自主（例如，就業）等答案。（3-4分）

　把太太訴請離婚的可能性增加關連到家庭中以及社會上角色期望的改變之類答案（這類答案可能從人口面來看——例如，性別平衡，家庭人數減少）。（5-6分）

總計二十分

自我測驗2.3

給15-20分　顯示瞭解到態度如何受到女性依賴情況的改善而改變（例如，福利國家）、指出今日角色有限變遷之類答案。

給11-14分　指出家庭結構的改變及其對於男性與女性角色所造成的影響；影響平等機會的法令變遷的答案。

給6-10分　指出延長教育與職業機會的影響，以及家庭人數減少對婦女角色的衝擊

給0-5分　只有簡單地指出變遷，沒有提出什麼理由，或是只提出一些不完整的理由。

總計二十分

自我測驗3.1

（除非答案是某個特定的名詞，否則你可以用你自己的話來回答）

1.社會化（答「教育」，不接受） （一分）

2.自我實現的預言 （一分）

3.學校體系（一分）是由三種類型的學校組成的 （一分）

  或者回答出下面兩個中的任何一個，各得一分

  次級文法中學

  次級現代中學

  次級技術學校

  （沒寫「次級」沒關係） （兩分）

4.按能力（一分），分班（一分） （兩分）

5.遺傳（一分），環境（一分）

  先天／後天也可以接受。另外兩個相關的面向，也可以（例如，家庭／學校）或是一個定義（例如環繞著兒童身邊的影響力）

  （兩分）

6.下列任三項

  思想、信仰、態度、知識、語言、穿著、飲食習慣、或是其它的行為特徵。 （三分）

7.下列任三項

  增加依賴、財富增加、消費主義、媒體影響力、象徵性抗議、替罪羔羊、都市主義、教育體系對某些人並不合適、早熟。（可以只寫兩個理由，再加上一個不錯的解釋）。 （三分）

8.下列任三項

  ◆文化傳遞

  ◆就業訓練

  ◆社會篩選

  ◆社會控制

  此外這些層面可以獨立計分（接受科層制度內的位置、接受評

鑑、接受繁瑣） （三分）

9.正確指出綜合中學的優點（例如，社會融合、更多的機會參加考試，學童不會被貼上失敗者的標籤，規模大以及規模大的好處，不致扭曲初級教育）的答案得兩分；

正確指出綜合中學的缺點（例如，學習能力強的被「拖累」；匿名性、非追求學術成就者較少有機會擔任需負責任的職務、標準降低加上例子）的答案，得兩分 （四分）

〔「是嗎」意味著一項爭論；因此需要說明正面與負面的主張，只回答「是」或「否」不給分。〕

10.下列任四項

早期的學習影響所有後期的學習。

我們所學的事物有一半是早年學習的結果。

物質上優勢（例如，安靜的房間可供研讀、有錢從事參觀拜訪）

環境因素（例如，居住環境不良、不健康的身體、曠課）。

◆說話的方式。

◆父母的期望。

◆社會學習（例如，延遲滿足）。

◆父母親的態度（例如，反學校教育）。 （四分）

總計二十五分

自我測驗3.2

1.勞工階級的女孩。 （一分）

2.中產階級的女孩比較可能是職業生涯取向。 （一分）

勞工階級的女孩比較可能被家務瑣事所羈絆，而犧牲學校與家庭作業。 （兩分）

3.舉出三個可以接受的理由／基礎，各得一分，像是族群團體、年

齡、學業成就、教徒、共同興趣、性別。　　　　　（三分）

4. 舉出一個可以接受的理由，得一分，最多三分，提出一個解釋或一個範例說明勞工階級的小孩比較難適應學校環境，得一分。
　◆父母親的教育背景／知識水準
　◆父母親對於教育的態度
　◆家中對於書籍、安靜的讀書地方的供應狀況
　◆家庭與學校之間缺乏共同的價值
　◆語言差異
　◆學校的期望　　　　　　　　　　　　　　　　（六分）

5. 只是簡單說明有沒有青年文化存在，而沒有提出任何進一步的衍生與解釋　　　　　　　　　　　　　　　　　　（0-2分）
　就服裝、行為、消費模式等等方面，舉出彰顯青年文化存在的例子。可能還說明一些這種文化存在的理由，並且帶出一些例子——像是地獄天使、龐克、怪頭族等等。　　　　（3-5分）
　回答中質問青年文化是否存在，並且／或是彰顯大多數青年人享有成年人的期望與價值，顯示對文化概念的瞭解。　（6-8分）

　　　　　　　　　　　　　　　　　　　　　　　　總計二十分

自我測驗4.1

1. 社會流動（只寫「流動」可以接受）　　　　　　　（一分）
2. 地位表徵　　　　　　　　　　　　　　　　　　　（一分）
3. 勞工階級　　　　　　　　　　　　　　　　　　　（一分）
4. 百分之四（任何數字不超過百分之十都可以接受）　（一分）
5. 說出下面三個團體得兩分，正確地指出其中兩個得一分：
　◆第一類階級
　◆第二類階級
　◆第三類非手工階級

（兩分）

6.絕對貧窮與相對貧窮（各得一分）（「維生」代替「絕對」與「比
　較」代替「相對」亦可）　　　　　　　　　　　　　　（兩分）

7.指出下列中的任四項，各得一分
　◆缺乏機會
　◆動機
　◆教育因素
　◆遺產
　◆菁英團體的自我選擇
　◆膚色／族群團體
　◆結構因素
　◆性別
　◆宗教
　　或是提到上述中的任兩個因素（各一分），再加上舉出相關的例
　　子或提出進一步的說明）（各一分）　　　　　　　　（四分）

8.說出下述每一個理由得兩分（理由一分；解釋一分）
　◆行為模式日益相似
　◆手工與非手工工人報酬率的趨同
　◆社會流動增加
　◆擁有自宅人數增加
　◆職業結構的變遷　　　　　　　　　　　　　　　　　(四分)

9.指出下列兩項差異得兩分（差異一分；解釋一分）
　◆關閉流動管道的封建制度／階級開放體系
　◆建立在土地所有權上的封建制度／建立在財產所有權或是就業
　　關係上的階級制度
　◆建立在宗教信仰上的封建制度／不是建立在宗教信仰之上的階級制
　　度
　◆封建制度是個金字塔型的階層結構／階級則是個電燈泡形狀的體系

10.提出勞工階級接受中產階級的屬性／生活型態的精確定義，給兩分
　　舉出資產階級化的例子，一個例子一分，最多三個例子（例

如，投票模式、擁有自己的房子、消費耐久品的擁有、或是出國旅遊之類的行為）；或是提出相關的研究分析，最多三分（例如，史威格／高德史洛普與洛克伍德／穆亨與傑克斯）

（五分）

總計二十五分

自我測驗4.2

1. 中學與大學的背景　　　　　　　　　　　　　　　　　（一分）
2. 伊頓與溫徹斯特（同時回答兩個才算對）　　　　　　　（一分）
3. 大多數有能力的人（一分）達到最重要的與最有影響力的位置（一分）；提出這種現象發生的解釋給兩分——例如，透過教育成就（一分）；因為學校給予社會所有部門充分發揮潛力的機會　　　　　　　　　　　　　　　　　　　　　（一分）（四分）
4. 回答出下面任兩項，得兩分
   ◆ 獨立的教育體系／「預備學校」——寄宿學校
   ◆ 非正式的網絡
   ◆ 通婚
   ◆ 逃稅
   （描述目前狀況的維持得一分；說明如何維持或相關的範例得兩分）
5. 簡單提到「是」或「否」，而沒有提到相關的解釋（得1-2分）答案是「是」或「否」，並且提出若干理由或舉出例子，像是

是	否
生活型態愈來愈相近	財富所有權的不平等
收入日益相同	就業的不平等
教育機會	寄宿學校
擁有自己房子人數的成長	公立教育的不平等
福利國家的提供	有權力的職位由菁英來遞補
	說話的腔調與生活方式

答案中提到若干上述的相關理由與例子，以支持雙方的觀點

（6-7分）

答案對於階級的概念提出妥善的分析，充分地討論雙方面的觀點
——應該會提到像是階級意識、合法化、與／或得不到任何機會，
得滿分

（8-10分）

總計二十分

自我測驗5.1

1.疏離

2.數項可能性——例如：

◆生產線上的功能

◆檔案員

◆照料機器的人

（任何一種相當明顯是缺乏技術、缺乏決策制定、或是工人從事
的是最終產品之間沒有任何關聯的職務）　　　　　　（一分）

3.下列任兩個例子

◆地方政府

◆財政

◆醫療

◆衛生

◆銀行（例如，白領部門）

（說出相關的工會名字亦可）　　　　　　　　　　　（兩分）

4.下列任兩個（各一分）

貢獻、整合、地位、滿足、社會接觸（其它的表達形式也可以
接受——例如，「作伴」、「安全」、「成就的管道」）。　　（兩分）

5.工人參與（或其範例——例如，公司董事會上的勞工代表）

（兩分）

6.安全、附加福利、缺乏控制，各得一分

或是下列任何一個例子——例如，公司提供的汽車、房貸津貼、私人醫療保健、較不可能被裁員（或是相似的概念，如就業保障）；上班較不用打卡（彈性上下班）；比較不可能加班。

（三分）

7.說出下面任何一項，各得一分

◆延展性

◆中立性

◆對立性

或是提出每一項的確實定義。例如：

「延展性」的工作模式是種工作特性，工人感覺到充分投入，以至於他們一直想著這個工作，或許繼續在他們的「休閒」時間，仍舊繼續做這個工作。

（接受「對外／對內」的答案，給兩分，雖然這不真的是工作的模式，而是工作的屬性）

（三分）

8.下面任三個答案（各得一分）

◆教育機會增加

◆開放就業機會的立法（例如，協助婦女生產後回到工作崗位）

◆出現更多（被雇主或婦女視為）適合的工作

◆變成「常態（更正確的說法是更被社會所接受）」

◆第二次世界大戰突顯女性在更多就業領域都可勝任愉快

◆更多部分工時的工作（例如，配合家務責任）

◆生活水準帶來上升的期望（例如，擁有自用住宅）——需要兩份收入

（三分）

〔注意〕：由於該題指明要你回答近五十年來的情況，所以下列理由不被接受：

家庭人數——今日每個家庭中的小孩人數與1930年代相近——除非提到不同社會階級的子女數（也就是說，第四類社會階級家

庭的平均子女數已經縮減）。

第一次世界大戰

婦女參政權

某些比五十年還早的創造發明（例如，打字機）〕

9. 下列每答出一項得一分，最多四分，或如前所述每答出一點得一分，提出解釋或相關的例子，再加一分（總共最多得四分）

◆雇主偏差／不願意指派，提拔女性，因爲他們可能會懷孕生產

◆男性偏差／男性對女性的刻板印象，所以傾向於指派、提拔男性

◆初級社會化／制約女性接受從屬性的角色

◆別的動機／許多婦女以結婚爲最基本的目標

◆爲人母使女性被排除在升官的競爭行列之外／最關鍵的時期／擁有的知識已落伍

◆家庭與家人佔據最重要的地位／有些女性不願意接受家人見不到她等等的態度　　　　　　　　　　　　　　　　（四分）

10. 下列每答出一項得一分，最多四分，或如前所述每答出一點得一分，提出解釋或相關的例子，再加一分（總共最多得四分）

士氣低落／認同失落，信心喪失／震驚、羞辱

家庭壓力／婚姻破裂／角色混淆，財務困難、家庭以外沒有宣洩情緒的管道

依賴／降尊屈就接受幫助

社會孤立／沒有金錢，擺脫家庭的誘因

拒絕社會／從事犯罪、暴動、吸毒等等〔只與小部份的失業者爲伍／發展某些青年次文化（例如，龐克）〕

　　　　　　　　　　　　　　　　　　　總計二十五分

自我測驗5.2

1.530,000（介於510,000與540,000之間的任何數字都可以接受）。

（一分）

2.女性。

（一分）

3.下列每答出一項得一分，最多四分，或如前所述每答出一點得一分，提出解釋或相關的例子，再加一分（總共最多四分）

第二次世界大戰爆發／整軍經武，人力投向軍隊等等

政府的經濟行動／凱恩斯經濟學——公共工程方案

消費成長／消費品的生產／例如，汽車、冰箱等等，特別是戰後時期。

〔「經濟學」類的答案，論及失業的循環本質，可以接受〕（四分）

4.論及低估數字的原因，最高給三分，每提到一點高估的原因，給一分，總分爲四分（也就是說，兩分低估，兩分高估，或是三分低估，一分高估）

或低估的原因

◆參與「某些方案的人」並未包括進去

◆已婚婦女並沒有登記

◆超過六十歲的男性並未包括在內

◆雖然有登記但是沒有請領

或高估的原因

◆登記領福利金的人並沒有眞的在找工作

◆「黑市」經濟

◆季節性的變動

（四分）

5.清楚地指出「自動化」這個名詞被人誤解，或是只簡單地論及失業的答案

（0-2分）

論及一成串或是對於個別工人，與／或勞動力的結構——例如，

工人人數減少　　危險性／不討好的工作減少

更多輪班的工作　重複性工作的減少

技術減化　　　　更多的活動自由／自主性／工人

　　　　　　　　的疏離感

或者是多受雇於服務業／中產階級增加等等　　（3-6分）

對於那些顯示對於自動化的優缺點以及勞動力的結構有完整瞭解

的答案　　　　　　　　　　　　　　　　　　　（7-9分）

　　　　　　　　　　　　　　　　　　　　　　　（九分）

　　　　　　　　　　　　　　　　　　　總計二十分

自我測驗6.1

1.人口學　　　　　　　　　　　　　　　　　　（一分）

2.每十年　　　　　　　　　　　　　　　　　　（一分）

3.回答出下列任何一個答案得一分：大倫敦都會區、西米德蘭區、

　麻塞賽區、約克郡西區、曼徹斯特大都會區，泰恩與維爾、史翠

　屈克來區

　（答「倫敦」、「伯名罕」等等不給分）　　　（一分）

4.13.8（介於11.8到13.8之間的數字都對）

　接近32（介於30到40之間的數字都對）（各給一分）　（兩分）

5.答出下列任兩個都對：宗教信仰、飲食、語言、音樂、衣著、思

　維模式（各得一分）

　（其它的答案只要清楚地與「共享的文化」有關都算對）　（兩分）

6.每個面向給一分

　活嬰數

　總人口中每千名

　某一年當中（一年中）　　　　　　　　　　　（三分）

7.每個理由一分

　納稅、服兵役、社會計畫

或是某些需要計畫的社會層面——例如，醫療、教育、住宅、就業、社會服務（也是一個一分） （三分）

8. 指出一個因素得一分，提出理由或解釋，再加一分

恐懼　　　　　　　稀少資源的競爭，例如，工作機會
刻板印象　　　　　高能見度——某些少數人全部都有的某項特徵
代罪羔羊　　　　　易於辨識、歸罪
（並不一定要一字不差，意思對了就可） （四分）

9. 每提到下列的一個缺點，得一分（最多可得四分），或是一個缺點一分，提出有關該缺點的解釋，再加一分。
◆社會孤立／寂寞
◆無規範／缺乏標準／脫序
◆污染〔各種形式的污染，包括空氣／噪音，只能算一分〕
◆人口過於擁擠或是其它與生活水準有關的因素（例如，花費）
◆犯罪／暴力／恐懼／衝突
◆膚淺的關係／地位表徵的競爭更加激烈 （四分）

10. 每個顯示相同性的因素得一分，或者因素一分，解釋一分。
◆人口移動／擁有自用汽車——低廉的房價等等
◆電視／對鄉村與都市投射相同的形象
◆教育／相同的課程、教材：城鄉教師的打散與混合
◆機械化、自動化／工業化的農作方法
◆假日數增加／鄉村到都市，都市到鄉村去 （四分）

總計二十五分

自我測驗6.2

1. 英格蘭東南部（或東南部） （一分）
2. 蘇格蘭 （一分）
3. 英格蘭西北部（或西北部） （兩分）

4.說出一個因素得一分（最多給三分），針對指出的因素提出解釋
　　或做進一步衍生，再加一分。

　　◆產業的移動——例如，重工業的沒落（例如，北部／西北部）
　　　／服務業的成長，特別是在南部／汽車工程業的發展等等，
　　　在米德蘭東部

　　◆市場所在——例如，與「帝國」貿易的沒落（例如，利物
　　　浦）；歐洲共同體貿易的發展（例如，安哥利亞東部）

　　◆退休——例如，手邊有資金的老人人數的增加，得自於出售自
　　　己的房子等等；到鄉村或海邊地區去過退休生活（例如，西
　　　南部）。

　　◆更多的選擇機會——例如，教育／社會／地理的流動使更多的
　　　民眾能夠選擇居住地點；許多人選擇較不污染／人口較少的
　　　地方居住。

　　◆農業人口的持續下降——例如，機械化更普遍的應用，生產更
　　　多的糧食（蘇格蘭，威爾斯）

　　◆移民——例如，大多數的移民定居在東南部與米德蘭西部。

5.顯示瞭解程度不夠的答案，如只提到一項或兩項明顯的差異（例
　　如，人口更多），或是僅限於描述都市或鄉村的生活型態而沒有
　　做進一步的比較　　　　　　　　　　　　　　　　　　（0-2分）

　　大部份是描述性的答案——例如，提及在住宅、娛樂、購物設
　　施、工作模式等等　　　　　　　　　　　　　　　　　（3-5分）

　　解釋一系列的差異並且以成對關係（初級與次級）來處理兩者
　　間差異的答案　　　　　　　　　　　　　　　　　　　（6-8分）

　　顯示充分瞭解的答案——例如，提到社區與社團。只有清楚說明
　　鄉村與都市地區之間存在共同性的答案，例如，「都市村落」，得
　　滿分。　　　　　　　　　　　　　　　　　　　　　（9-10分）

　　　　　　　　　　　　　　　　　　　　　　　　　　總計二十分

自我測驗7.1

1.順從者。　　　　　　　　　　　　　　　　　　　　　　（一分）

2.14-16歲。　　　　　　　　　　　　　　　　　　　　　（一分）

接受任何大於十歲小於二十歲——或簡單說是「青春期男女」或是「青少年」的答案（但是不接受「年輕人」或「兒童」。）

3.「勞工階級」或是第三類手工階級到第五類階級皆可（例如，「無技術工人」）　　　　　　　　　　　　　　　　　（一分）

4.下列任兩個答案：家庭、學校／教育、同輩團體、媒體、法律、宗教、就業（每個一分）　　　　　　　　　　　　　（兩分）

5.「最不有具批判能力的人」或是「較不聰明的十三歲或十四歲的青少年」或是「那些在情緒上已經準備好要接受這類訊息的民眾」、或是顯示其瞭解媒體訊息在正常情況下，是受到已經學到的價值觀念的篩選之類的答案。　　　　　　　　　（兩分）

6.下列任三項：

◆滴水穿石效應

◆提供有關犯罪技術的資訊／想法

◆使不良行為受到英雄式的崇拜／使不良行為看起來刺激有趣

◆誇大犯罪／使犯罪／違法行為看似與正常行為並無二致

◆鼓勵已經很兇暴的人使用暴力（不僅是「使人兇狠」等等）

◆製造道德標準的混淆／脫序（各得一分）　　　　　　（三分）

7.下列任三項：

◆法律是中產階級建構的，因此反映中產階級的價值。

◆中產階級犯罪由於其本質不同，較不可能被偵測出來。

◆中產階級的民眾通常居住的環境較為遼闊，比較不可能受到指責／或敗露事跡。

◆警察比較不可能對中產階級有刻板印象或貼上標籤，因此較不可能受到懷疑。

◆有些中產階級犯罪（例如，逃稅）較少受到道德上的譴責。

◆中產階級有較多的機會不必靠犯罪，就能獲得社會地位／追求
到他們的目標（各得一分）　　　　　　　　　　　　（三分）

8. 每個論點最多給兩分，全部最多給四分（提到一點給一分，提出
解釋再給一分），或是每提一點給一分，最多給四分。

◆廣告創造並且鼓勵更多為大家接受的目標，卻沒有提供獲得這
些目標的方法

◆更多隨手可偷的消費財——例如，汽車

◆更多違反交通規則的車輛

◆暴力與人口過於稠密的關聯性（例如，高樓層的公寓）

◆都市主義的持續成長（社區／社團的二分法）

◆相對貧窮的影響

◆對成人節制較少／在家與學校則嚴格講求紀律（要提出質疑，
方給兩分）

◆電視可能產生的效應（必須指出哪種人可能會受到影響，方可
給兩分）

◆聚眾場合中的團體影響力——例如，足球賽（指出暴力等等的
增加可能與媒體的宣傳／貼標籤有關的答案，得兩分）

◆在女性方面——以前男性的民德愈來愈被更多的女性採納。

◆新犯罪類型（例如，信用卡詐欺）

◆全面性的社會態度變遷

◆討論母親外出工作的可能影響（指出這項影響受到駁斥的答
案），給兩分。　　　　　　　　　　　　　　　　　（四分）

9. 每答出一點得一分，最多四分

◆我們的社會化過程鼓勵女孩子選擇被動的持家角色，而期望男
孩子堅強、有企圖心

◆男孩子比較少受到父母的管束，比較可能晚歸

◆男孩子比較可能去可能會出現暴力的地方，像是啤酒屋。

◆媒體的角色模範

◆可能的生理差異

◆雙重標準可能意味著，女孩子以合法的方式表示他們的不滿（例如，性亂交）

10.每答出一點得一分，最多四分

◆有很多犯罪並沒有接到報案／犯罪的「黑數」

◆警察的行動因時因地不同

◆有很多犯罪並未偵破

◆媒體對某種犯罪的衝擊並不一致（「道德恐慌」）

◆新的創造發明製造新的犯罪型態（信用卡／汽車）

◆法律的變遷影響到犯罪率的變化　　　　　　　　　　（四分）

總計二十五分

自我測驗7.2

1.16.7（或是百分之16.7）　　　　　　　　　　　　　　　（一分）

2.無法計算，因為不到百分之七十五的民眾不是不住在那裡，就是不在那裡工作（或類似的答案）。　　　　　　　　　　　（一分）

3.他們都包括有大型的市鎮或是他們都包括一個組合都市（前五名）。　　　　　　　　　　　　　　　　　　　　　　（一分）

他們都有一股「都市氣息」，或相類似的說法（例如他們都是工業都市而不是農業都市）　　　　　　　　　　　　　　（一分）

4.答「是」的，不給分。

沒有提出確實證據的答案　　　　　　　　　　　　　　（一分）

舉出一個地區，屬高犯罪率、低失業率的例子　　　　　（一分）

舉出一個地區，屬低犯罪率、高失業率的例子　　　　　（一分）

5.只把失業當作一項因素處理的答案　　　　　　　　　（0-2分）

除了指出失業是主要因素之外，尚將之與比較可能因素做比較

（3-4分）

具體討論都市生活與犯罪之關係的答案（例如，更多的財物可偷，人口更是過度稠密）　　　　　　　　　　　（4-6分）

除了說明物質因素之外，尚討論都市風氣（匿名性、社團關係等等）的衝擊　　　　　　　　　　　　　　　　（7-8分）

　　　　　　　　　　　　　　　　　　　（總分八分）

　　　　　　　　　　　　　　　　　　總計十五分

自我測驗8.1

1.文化　　　　　　　　　　　　　　　　　（一分）

2.總罷工　　　　　　　　　　　　　　　　（一分）

3.二十年　　　　　　　　　　　　　　　　（兩分）

4.都市化　　　　　　　　　　　　　　　　（兩分）

5.社區　　　　　　　　　　　　　　　　　（兩分）

6.一項一分，最多三分

　◆社會孤立，寂寞

　◆自殺

　◆更多的犯罪／暴力

　◆人口過於稠密

　◆競爭更為激烈／更積極爭取地位表徵

　◆更多的壓力

　◆更多的污染／噪音

　◆表面化的人際關係

　◆代間權威減少　　　　　　　　　　　（三分）

7.一項一分，最多三分：

靈恩派　　　　　　　正統派

聖潔派　　　　　　　摩門教（末世聖徒教會）

「西印度教派」　　　耶和華見證會

回教　　　　　　　　　　　聖靈論

西克教徒　　　　　　　　　「月光派」（統一教會）

（其它可能的答案，例如，訖里什那神派，但是並不是任何一個
傳統的基督教信仰，或是猶太教都對）

8.一項一分，最多三分

　◆都市化

　◆工會的發展

　◆義務教育／受更多的教育

　◆核心家庭成為主要的運作模式

　◆休閒時間增加

　◆失業

　◆較高的生活水準／全面性的生活富裕　　　　　　　　（三分）

9.每個相關的論點最多給兩分，總共最多給四分（一點一分，解釋
　再加一分），或者每一點給一分，最多給四分

社會控制／合法化　　　　整合

社會變遷　　　　　　　　面對壓力時，給予支持

社會凝聚力　　　　　　　給予道德方向

成長儀式　　　　　　　　提供生命的意義

重新把偏差者整合到社會之中　　　　　　　　　　　（四分）

10.每個相關的論點最多給兩分，總共最多給四分（一點一分，解
　釋再加一分），或者每一點給一分，最多給四分

　◆社會化的過程

　◆地理上的孤立

　◆經濟結構的缺乏變化

　◆缺乏衝突／外族入侵　　　　　　　　　　　　　　（四分）

總計二十五分

自我測驗8.2

1.180,000 （一分）

〔注意：記住要加上三個零（讀表時總是要非常仔細，看清楚引用的數字所使用的單位，是以百計、還是千計、百萬計等等）〕

2.英格蘭與威爾斯採教堂婚禮的人數已經下降。 （一分）

採取到戶政事務所或公證結婚的人數已經大增，大受歡迎。

（一分）

3.每一項一分，最多三分

◆「世俗化」這個名詞是用來描述在英國以及某些其它國家在宗教信仰上已經出現的、或正在發生的變化。

◆定期上教堂的人數已經減少，而且採用教會「成長儀式」如結婚的人數，也已經下降。

◆教會對這個國家的日常生活變得較不重要，不但神父與牧師擁有的社會地位比以前為低，他們發表的言論受到重視的程度也已減低

◆世俗化也被用來描述發生在教會內部的變遷，更加重視把教堂變成為年輕人、老年人、以及社區中其它團體的社交中心，較不強調精神層面的事。

〔注意〕：這題的難處在於很難決定要寫多少——只能得到三分的這項事實意味著，你不可能花太多時間，而閱卷者可能會找出三個給分的重點，所以建議你最好儘可能扼要寫出你能夠想到的重點。 （三分）

4.解釋除了宗教信仰上的原因之外，說明其它上教會的理由，給兩分——例如：

人們可能想要在教堂結婚，因為他們認為這種作法比到公證所結婚來得浪漫，或是讓他們的小孩受洗，因為如果他們不這麼做可能會惹惱他們的親戚。其他人到某個教會去，可能是因為該教會有個不錯的青年會，小孩子可能會被他們的父母親送到教會去上

主日學。

◆解釋除了宗教信仰上的原因之外，說明其它上教會的理由，給
兩分——例如：

信仰是個相當難以測量的屬性。有些人深信某些事物，但是卻
認為那是個人的私事，不喜歡到處宣揚；其他人有的可能只是
膚淺的信仰，但是卻相當公開。宗教信仰是有關信仰測量問題
的一個例子：有人很規律地上教堂可能是為了結交朋友或獲得
社會地位，並沒有深入的信仰；其他信仰虔誠的人，可能寧願
在家裡敬拜禱告。

◆解釋除了宗教信仰上的原因之外，說明其它上教會的理由，給
兩分——例如：

有可能上教堂的人數減少是要求上教堂的社會壓力減少所致，
而不是宗教信仰式微的結果。　　　　　　　　　　　　（六分）

5.只處理宗教影響力式微的答案，最多給三分——例如：

布來恩・威爾森，在《世俗社會中的宗教》一書中，持這個觀
點：宗教是在式微當中，並且引述固有教會信徒人數的減少、神
職人員地位的下降、以及像是公證結婚人數增加之類的因素，作
為宗教式微的證據。

◆提出證據指出宗教影響力持續存在的答案，最多給三分（也就是
說，如果同時討論到宗教式微與持續影響的答案，最多給六分）

大多數英國人仍然表示屬於某個宗教，雖然實際上真正定期做
禮拜的人是相對少數。1984年哈里斯研究中心調查發現，百分
之六十五的人說他們信某個宗教，但是這些人當中只有三分之
一表示每個月會到某個敬拜所去做一次以上的禮拜，這大約是
佔總人口的百分之二十。這個數字與大衛・馬丁在《英國宗教
社會學》一書中所引述的數字近似：馬丁發現英格蘭人口中有
百分之三十每個月上教堂做一次禮拜，有百分之四十五每年到
教堂去做一次禮拜。

◆如果談到政治影響力，再給兩分——例如：

在英國社會，教會領袖對於道德問題所發表的言論仍然頗有權威，並且媒體也會加以報導；英國國教主教是上議院的一員。顯示教會持續影響力的指標是，政府廢除免費校車服務的計畫遭到上議院的駁回。該項行動即由資深天主教議員，諾佛克公爵所領導的，他十分關切該法案對鄉村天主教學校所產生的潛在影響。

▲ 或是

如果答案顯示對於宗教影響的瞭解，不限於固有的基督教會：

雖然固有基督教會實際的信徒人數已經減少，其人數於1985年大約佔英國總人口的百分之十六。有證據顯示對於超自然事物的興趣與信仰一直持續存在，從接受算命到各種各樣小教派的信徒——例如，耶和華見證會的信徒人數在1970年到1985年之間增加了幾乎三分之一。此外，信仰非基督教的人數亦有顯著的成長，最明顯的是回教徒，其人數在1970年與1985年之間從二十五萬增加到九十萬，而且他們的信仰對日常生活有相當深刻的影響。

〔注意：如果你回答的資料不只與某個問題的某個部份有關，你不必擔心重複作答——例如，世俗化的答案適用於第三題與第五題〕。

自我測驗9.1

1.寡頭政治是指由某個團體執行統治。　　　　　　　　（一分）
2.愛爾蘭共和國（如果答案不只愛爾蘭共和國這六個字，不給分）。　　　　　　　　　　　　　　　　　　　　（一分）
3.下列任兩項：
　　◆政治菁英
　　◆軍事菁英
　　◆經濟菁英
　　◆媒體菁英　　　　　　　　　　　　　　　　　　（兩分）
　　（如果答案是某個團體，如軍官階級，可接受）

4.（i）下列任一項：工黨、社會民主自由黨（北愛爾蘭）、新芬黨、工人革命黨〔注意：並沒有推出候選人，不算是個政黨。〕 （一分）

（ii）下列任一項：保守黨、民主統一黨、正統統一黨、全民陣線、英國國民黨（「阿爾斯特統一黨（Ulster Unionist）」） （一分）

（兩分）

5.下列任兩項：工人革命黨、全民陣線、英國國民黨、共產黨、生態黨（綠黨） （兩分）

6.下列任三個因素（各得一分）

◆組織鬆散的團體沒有什麼力量（例如，老人）

◆生產者團體（例如，釀酒商、煙草商）有財力與權力使在位者聽到他們的意見（或是不把上述兩個因素算做兩個，而只依賴其中一個，團體的權力繫於其擁有的財富）

◆壓力團體的秘密運作／一般社會大眾被排除在協商之外

◆暴力／內亂可能被用來達到某些目的

（三分）

7.一個特徵或例子一分，最多三分

◆建制久遠

◆非民選的團體／個人運使相當大的權力

◆成員的共同出身／經驗（這可能包括就讀於同一所寄宿學校或是畢業於牛津劍橋大學）

◆各界的領導人物：司法界、媒體、軍方、金融界

◆社會地位崇高學術機構的領導人物（牛津某學院的院長）

◆因其出身而為政界的領導人物 （三分）

8.一個特徵一分，最多三分

◆更多的休閒時間

◆較不需要消耗體力的工作，因而有能量從事其他的活動

◆高教育水準

◆更多的信心／相信他們自己的能力

◆更多的行使權威的經驗

◆對於科層程序有更多的瞭解

◆社會化的過程使競爭更爲激烈　　　　　　　　（三分）

9.一個理由一分，最多三分

◆對政治缺乏興趣／特別是最缺乏教育的人

◆沒有政黨代表他們支持的觀點

◆不同意他們通常支持的政黨的某些政策、或不喜歡他們通常支
　持的政黨中的某些人物（但是也不會投給其他的政黨）

◆抵達投票所，有地理上的困難

◆年齡／殘障（而且沒有要求通訊投票或代理投票）

◆搬家（沒有要求通訊投票）

◆外出度假／洽商

◆相信不可能改變結果，他們的票不會造成多大的差異（特別是
　「安全」席次）　　　　　　　　　　　　　　（三分）

10.（i）保護（或是「部門」）　　　　　　　　　　（一分）

　　　　任何正確的例子（例如，工會、英國醫藥協會、協助老
　　　　人團體）　　　　　　　　　　　　　　　（一分）

　　（ii）推動　　　　　　　　　　　　　　　　　（一分）

　　　　任何正確的例子（例如，閱聽人協會）　　　（一分）

或是

　　（i）經濟利益團體　　　　　　　　　　　　　（一分）

　　　　任何正確的例子（例如，全國總工會、董事長協會、英國
　　　　產業聯合會、或是「勞工遊說團」、「企業遊說團」等
　　　　等）　　　　　　　　　　　　　　　　　（一分）

　　（ii）非經濟利益團體　　　　　　　　　　　　（一分）

　　　　任何正確的例子（例如：牛津全球慈善機構、教會）

　　　　　　　　　　　　　　　　　　　　　　　（一分）

〔注意〕：接受「全國」與「地方」作爲一種類型，給一分；但是
舉出正確的例子，才給滿分。（最多四分）

　　　　　　　　　　　　　　　　　　　　　總計二十五分

自我測驗9.2

1. 650 （一分）

2. 338,286 （如果答案相當接近，一點計算錯誤，可以接受）
（一分）

3. 1951-5 （一分）

4. 社民黨直到1981年才建黨，或是相類似的說法。 （一分）

5. 指出獲得最多票的政黨不必然組成政府的答案 （一分）
解釋為何如此的答案 （一分）
舉出少數黨組成政府的例子（例如，1951年的保守黨；1974年（二月）的工黨）

或是

提到所有1945年以後的政府都比以前的政府得到比較多的反對票，或是相類似的說法 （一分）
（總共三分）

6. 任三項（各一分）：替代票制；第二輪投票；政黨提名名單；單一選票可移轉制。就選答的例子提出清楚的描述（一個例子一分）
（六分）

7. 每提到一項有利的優點，得一分（最多得三分）（例如，「強勢政府」；少數團體沒有不當的影響力；快速；簡單易懂、每位代表與選區之間有清楚的關連）每提到一項有利的缺點，得一分（最多得三分）（對少數團體不公／不具代表性；民選獨裁制度；「對立」政治；「浪費」選票；少數人掌權）
加一分，若提到重新改組可能改變各地理區域的制度；或是提到其他國家的例子／制度） （七分）
總計二十分

自我測驗9.3

1. 下列任三項：醫師證明精神失常者；褫奪公權者；上議院議員／王室；年齡未滿十八歲的年輕人（各得一分） （三分）

2. 下列任四項：結社的自由；言論的自由／溝通的自由；參與政府的機會（例如投票權）；保護少數團體；免於在缺乏正當理由的情形下，個人行動遭受限制的自由。（也接受相同的取得資源管道，例如，金錢／媒體） （四分）

3. 顯示瞭解不夠或是僅止於簡單的陳述，英國是／不是個民主政治。 （0-3分）

稍微討論英國社會的民主特色並且／或是顯現對於不民主的特徵瞭解有限的答案（例如，投票制度） （4-6分）

顯示對於民主特徵（例如，人身保護法以及其他的合法權利；壓力團體；工會）有相當的瞭解，並且舉出顯示其對不民主特徵，也有所瞭解的例子（例如，接觸媒體、教育管道的不平等；政黨候選人的遴選；有些工會不具民選特性等等） （7-10分）

對英國是充分民主的程度提出批判，包括了像是權力取得的管道、「多數人暴政」的可能性，警察等機關做出差別處理的舉動等等。 （11-13分）

總計二十分

第十一單元
普通與進階試題之比較

普通社會學與進階社會學之比較
─附進階社會學試題與解答範例

進階社會學

　　許多人沒有通過社會學的進階考試，因爲他們低估了這門課程。這對那些成熟的考生特別如此，他們可能受到明顯直接試題的誤導，認爲只要他們對時事有相當豐富的常識就能通過考試。而這種念頭不論在普通考試或是進階考試都是不切實際的想法。

　　爲了彰顯通過進階考試所需要達到的水準，本書就鄉村與都市社區生活的差異這個典型試題提供一份樣本解答。考生從中可以看出，進階試題的解答除了比普通級的解答長之外，答案中也提到比較多的社會學研究、社會學理論、與社會學概念，並且進行更爲詳細的分析。

試題範例

　　爲何都市地區比鄉村地區有較高的犯罪率？

進階社會學論文解答範例

　　有證據顯示試題中陳述的說法是正確的。1980年版政府發行的《社會趨勢》中有一篇討論內環都市的特殊論文，文中描述這些地區和其它地方比較起來，有相當高的犯罪率。

　　《區域趨勢》顯示有大多數人口居住在組合都市之中的英格蘭西北部，有較高的犯罪報案數（1981年時，每一百人有七人犯案），全英國犯案數最低之處是在西南部，該區主要是鄉村地區（1981年時，每一百人中有四人犯罪）。同年，最高比例的搶劫記錄是發生在東南部，包括倫敦與其周邊住宅區（每十萬人中有七十五起搶劫案件），該區的搶案是安哥里亞東部與威爾斯相對數字

的六倍多。

都市地區的犯罪為何會比較嚴重，有相當明顯的理由。有許多現有討論竊盜的論文指出，都市的匿名性使犯罪者較不可能會被認識他們的人認出來，而且都市環境也使人比較容易下手偷竊、破壞陌生人的財產也比較容易（超市竊賊的研究指出，超市的非私人性是助長順手牽羊的一個因素，因為非私人性的環境使人不覺得偷竊會直接傷害到另一個人）。都市的生存條件很擁擠，而且麥克林托克（McClintock）在其研究1950年與1960年間的犯罪案件時，指出暴力犯罪的數量可能與人口稠密的程度有直接的關連。雷諾斯（Reynolds）在其觀察比較野生猩猩與動物園內的猩猩的研究中，也提出相似的說法：野生猩猩很少相互攻擊對方，但是關在籠子裡的猩猩卻常常攻擊對方。

都市中心那些比較沒有人想要住的地區提供給老人、失業者、移民、無技術工人以及被社會拒絕的人一個廉價的避難所。因此這些地區成為那些符合墨頓「創新」類型的人可能去住的地方。這些人可能接受社會的目標，但是以不合法的手段來獲取這些目標，因為社會把他們摒棄在取得合法手段的大門之外。內環都市被描述成陷入每況愈下的惡性循環，其中日益衰微的生活水準把所有比較有能力的人給逼出去，並且吸引越來越多家無恆產的人搬進來。

然而，都市地區較高的犯罪率不能只從有較多的物品可偷、較多的貧窮、較為擁擠、或較高比例的犯罪傾向來加以解釋，雖然這全都是這個過程中的因素。如果社會的民德與價值譴責犯罪的行動，那麼大多數的人就會固守道德規範。

在杜尼斯與涂爾幹的著作中，同時可以發現稍微不同形式的社會學理論的解釋。杜尼斯使用社區與社團這兩個名詞分別來描述鄉村與都市的社會風氣。他建議社區這個名詞相等於「社群」，用指人與人之間的關係是直接的、深入的、全面的鄉村地區。這

與社團相對，他把社團等同於「社會」，適用於都市地區，其中人與人之間的社會關係是間接的、表面的，只關聯到生活中的某一部份。杜尼斯親眼目睹現代世界朝向社團邁進，那將會是個缺乏社會連帶、與社會解組——包括犯罪——日益增加的環境。

涂爾幹採取一個與杜尼斯相近的觀點，強調現代社會中他稱之為脫序的現象，一種無規範狀態日益增加的程度。然而，杜尼斯認為社團根本有害於人們生活的條件，涂爾幹覺得脫序的機會會因都市環境中自由與個人解放的增進而受到制衡。雖然自殺與自殺未遂在英國不再被視為一項犯罪。不過那也是大約遲至三十年前才生效的法令，然而早在這之前涂爾幹其中的一本主要大作，便已彰顯脫序是造成自殺的主要因素。他發現天主教氣息的國家比新教氣息的國家，有較低的自殺率，他認為這與新教沒有立下嚴謹的信仰，讓其教徒遵守的事實有關。社會失落與自殺之間的相關，亦受到彼得·山斯柏里（Peter Sainsbury）《1951年代倫敦自殺研究（*Suicide inLondon in the 1950s*）》的肯定。該研究確認主要的自殺地區是「單身公寓之鄉」，而自殺率比較低的是人口穩定、世代居住該地的區域。

法蘭克本在《英國的社區》一書中說明都市／鄉村二分法，並且就其對威爾斯的鄉村與像利物浦與雪菲爾等都市地區所做的比較顯示，人與人之間的私人關係將受到他們社區性質的重大影響。

然而，並不是所有的都市地區都是一模一樣。同樣的，鄉村地區受到市鎮生活規範與價值的影響也愈來愈深。但是杜尼斯的理論的確受到其它指出社團集中程度愈高，犯罪發生次數愈多研究的支持。例如，芝加哥學派的學者蕭與麥凱（Shaw & McKay）發現，犯罪數隨著從芝加哥中心向外移出五個中心地帶而下降。

犯罪最嚴重的地區是中心區，該區這兩位學者稱為「過渡地帶」。違法犯紀、賣淫、賭博、非法使用毒品、高額的酒精消費、

暴力與破碎家庭標示出這裡的社會解組。這些並不全是犯罪活動，但都顯示出拒絕社會的規範與價值，而其行為本身可能會導致犯罪。當然大型市鎮的犯罪地帶並不全都是在中心，但是大多數的大型城市都有這麼一個地帶。

渥斯在其〈都市主義是種生活形式〉的一篇論文中，有力地表現出與杜尼斯與涂爾幹相同的觀點。鄉村社區有的主要是初級團體的接觸，而且他們之間的關係與都市社區比較起來，是親密的、私人的與持續的。在都市社區，主要是陌生人之間的接觸，也就是，次級團體的接觸，這些關係是浮面的、匿名的、與暫時的。

有些社會學家批評渥斯的論點（也等於批評涂爾幹與杜尼斯），主張其間的差異並不在於城鄉之間，而在於工業與前工業生活型態之間的差異。另一項較強烈的批評是，他們並沒有充分認識到都市村落的存在，例如，三十年前的貝斯納格林（楊格與威爾蒙特，《倫敦東區的家庭與親戚關係》）或是倫敦北區的賽皮亞特社區。然而，雖然這些是有相當程度初級團體接觸的地區，而犯罪率確實也比較低，但是都市社會風氣仍然存在。例如，威爾蒙特自己在他另外一本書《倫敦東區的青少男》描述貝斯納格林地區數量相當可觀的不良行為。

因此可以說犯罪是彰顯社會解組的表徵，而且社會解組最嚴重之區，將是犯罪數最高之地。社會解組可能在缺乏發展社會控制之處最為劇烈，因為在這些地方，由於個人匿名性之故，只得聽任不良行為次文化發展。這樣一個情勢最極端的形式普遍出現在內環都市。

然而，在1980年代後期與1990年代，犯罪在鄉村地區開始以比都市還快的速度增長；例如1990-1年亞文郡(Avon)與桑莫塞郡(Somerset)，以及戴費德郡(Dyfed)的犯案數增加了百分之三十三，兩者都是實質的鄉村地區。然而在倫敦，犯案率增加了百分之十

一點三。這可能顯示由於電視、觀光、與便捷旅遊之故，鄉村價值正在改變。而且高速公路系統也使得都市罪犯迅速轉向較好下手的目標。

第十二單元
術語辭典

此處所列之名詞與概念在正文中有更詳盡的界定

疏離感
alienation
一個人感受到和其他人的關係被切斷，社會孤立的感覺，致使他的生活或是工作變得毫無意義、沒有力量主宰他自己的命運。

脫序
anomie
一個社會或團體之內缺乏明確的價值，或價值混淆的狀況。舉例來說，或許有社會讚許的目標，但是某些人卻毫無可以達到這些目標的門徑。

人類學
anthropology
一門關於人類，特別是生物與社會發展的比較研究，一般用指對非先進社會的研究。

態度
attitude
對於特定的觀點或情境所持的一致可預測的反應。

自動化
automation
就控制工作過程而言，是指以電子與機械的設計來取代人力。

偏誤
bias
傾向於某種特殊的觀點（研究者可能潛意識受到這個觀點影響，而使他們的研究喪失效度）。

雙元
bipartite（bilateral）
存在於文法與次級現代中學的一種教育體制。

出生率 birth rate	每年每千名人口中存活的嬰兒數。
資產階級 bourgeoisie	擁有私人生產工具的人。或許這個名詞一般的用法是用來描述中產階級。
科層組織 bureaucracy	一種類型的組織，有正式的規則以及由訓練有素的專家支撐起來的上下層級分明的官僚體系。科層組織的一項特徵，常常是嚴謹僵硬。在現代社會，科層組織同時主宰著資本主義與社會主義的社會。可以在政府機關、工會、以及教育制度中找到。
資本主義 capitalism	一種經濟體制，生產工具（資本）集中並且控制在少數的私人所有者手中。以獲致私人利潤爲主要的目標，並且刺激競爭。
個案研究 case study	對某個特殊團體或組織的檢視，希望藉此洞察相類似實體的狀況。個案研究的主題可以是家庭、社會團體、小型社區等等。
種姓制度 caste	一種立基於宗教的社會階層化體系，是由固定位置，沒有流動的社會團體所組成的上下層級結構。種姓制度是世襲的、內婚的、以職業爲基礎的。
階級 class	一個廣泛的類屬，標示社會內享有相似社會與經濟地位的民眾。雖然基本上是根據經濟因素，諸如所有權或職業，階級也包括諸如生活型態與態度的屬性。

社區
community

社區是一群人的集合，像是某個部份的城鎮或鄉村，享有共同的價值並且經驗到相互歸屬的感覺。這個概念日益用來描述因共同利益而形成的社區、並不需要與某個特殊地理區域有所關聯（例如，同性戀社區）。

概念
concept

用來表達某個觀點的一個字或一堆字，因集中焦點於某個主題的某些層面，而得出來的觀點。

順從
conformity

符合團體期望的行為。

婚姻的
conjugal

因婚姻而產生的關係——婚姻的角色可以是聯合的（夫妻分享義務與責任），也可以是獨立的（分開的）。

控制組
control group

與做為實驗主體的一組相近似，只不過不受制於實驗變項的操弄，做為與實驗組比較之用。

聯合都市
conurbation

人口稠密的都市地區，其內部數個城鎮都因此而合併成一個整體。

文化
culture

社會特徵，包括：行為、思想、或信仰，是一個團體之內的人所共享的，而且透過社會化的過程，代代相傳的。

風俗 custom	已經確立的思想與行動的模式。
死亡率 death rate	每年每千名人口中的死亡人數（除非事先說明研究的是某個特定的時期）。
尊敬取向的投票者 deferential voter	勞工階級中把票投給保守黨的選民，感覺社會地位較高的人最適合統治。
延遲滿足 deferred gratification	因期望得到未來的好處，而延遲收取立即的報酬。
偏差行為 delinquency	指違反社會法令規章與道德規範的行為。經常用指較不嚴重的違反社會規則的行為，特別是出現在年輕人身上的不良行為〔「不良少年（juvenile delinquent）」——在英國是指年齡介於10歲到17歲的年輕違法者〕。
人口學 demography	對於人口的大小、結構、與分佈的研究。
依賴年齡團體 dependent age group	不是超過就是低於工作年齡的那些人，他們在經濟上屬於依賴勞動人口（不是透過國家給付就是靠親戚扶養）。
偏差 deviance	指不順從期望模式的行為。

離婚率
divorce rate

這是指某個國家在任何一年中瓦解的婚姻件數。離婚率可以從幾個不同的方法加以評估,而且應該謹慎檢視計算的方法。基數可以是某一年內離婚對數佔結婚對數的比例(例如,1969年每一百對當年結婚的夫妻當中,有十二對離婚,得出一個百分之十二的離婚率)。基數可以是每一千對現有的夫妻中離婚的對數(得出1969年的比例為四)。這個比率也可以就總人口中,每一千人中的離婚數(得出1969年的比例為一)。這個比率也曾經用每一千名年齡在二十至四十九歲的已婚婦女中離婚的人數,加以計算(得出1969年的比例為六)。

菁英(精英)
elite

一個社會中最有權力的團體———個擁有相當的控制權與影響力的團體。

資產階級化
embourgeoisement

敘述勞工階級接受中產階級的生活型態、態度、與目標的理論。

移民
migration

從一個國家遷移到另一個國家定居,是建立在永久的基礎之上。

經驗主義
empiricism

根據經驗而不是一組價值的一種觀點。

內婚制
endogamy

堅持結婚的對象必須是自己親族或社會團體內的成員。

環境
environment

所有環繞某個團體成員或個人周圍的物理因素與情緒力量都屬之———個相當重要的研究領域，是環境如何影響智力，或是如何決定行為。

階級身份
estate

一種社會階層化體系，立基於繼承來的權利與義務，出自於法令而非宗教。由於法律是人制定的，所以階級身份體系較不如種姓制度來得嚴格僵化，但是比社會階級更為封閉（例如，歐洲的封建制度）。

族群團體
ethnic group

擁有共同國籍、或是種族背景的人，共享著一個共同的文化（參閱文化）。通常一個「族群團體」的成員之間存在有某種程度的自願認同的情感。

俗民方法論
ethnomethodology

一個社會學的觀點，試圖研究人們如何使用事前察覺的假定與所得到的背景知識，來瞭解他們社會與他們日常生活的意義的方法。這個觀點認為人在創造他自己的社會世界，批評其它的社會觀點把社會生活中的秩序與實在視為理所當然；低估了人類個體可以控制他們自己世界的程度；並且相信社會學家可以做個中立不偏袒任何一方的觀察者。（這個觀點發展於1970年

代，大多源自於哈羅德・卡分科（Harold Garfinkel），他指出我們把許多例行事務與命令視爲理所當然——例如，叫他的學生在公車上叫老太太和孕婦起來讓座）。

外婚制
exogamy

堅持結婚的對象必須是自己親族或社會團體以外的人。

家庭
family

一群建立在親屬關係之上的人。從父權的觀點來看，擴大家庭包括核心家庭和其它經常接觸的親人；核心家庭是由先生、太太、以及未婚子女所組成的（孩子有共同的母親與／或父親。）

生育率
fertility

任何一年中，總人口中每一千個處於生育期的婦女，生出的活嬰人數（以年齡介於十五歲到四十五歲之間的婦女計算）。「生殖率（fecundity）」是指理論上，總人口中處於生育期中婦女，在任何一年中可以生出的子女數。

民俗
folkways

屬社會讚許的行爲。在社會上，會受到非正式的制裁、但不被視爲非常重要的行爲。

功能論
functionalism

一種觀察社會的方式，所看重的是特定的制度或行爲實現的是什麼功能。涂爾幹說，任何一個社會制度的研究，都需要回

答兩個問題——造成這個社會制度的原因為何？它執行哪些功能？後來墨頓顯示所有制度都有兩組功能：一為顯性功能——表現出來的明顯成果；一為隱性功能——同為表現出來的結果中相當重要的一個層面，只是不容易被辨識出來。例如，犯罪幫派的顯性功能可能是取得金錢，而它的隱性功能可能是提供幫派成員地位與權力。像孔德這輩的早期社會學家認為社會相當近似於生物有機體——每個部份都有一個特殊的功能要執行。今日大多數的社會學家並不接受這麼直接的類比，有些人甚至全盤否定功能論。

性別
gender

特別是指男性與女性之間的社會差異（像是在衣著、職業、或休閒活動）；也指與溫柔或是陽剛有關的人格差異（像是情緒化或是攻擊性）。性別不同於性，後者應該代表男人與女人之間生物學上的差異（像是性器官或會不會生小孩之類的差異）。

代溝
generation gap

一個名詞用來表示世代之間在行為與價值上為大眾公認的差異。

遺傳
heredity

從父母那裡繼承來的生物特質。

假設 hypothesis	指出某些日後可以加以檢定的事實之間的關係陳述。
工業化 industrialisation	生產活動變成機械化、並且集中在工廠之內的過程。
嬰兒死亡率 infant mortality rate	在任何一年裡，某人口中每一千名活嬰中的死亡數。
互動論（象徵互動論） interactionism（symbolic interactionism）	研究社會的途徑集中在個人透過小團體彼此之間的互動來創造社會生活的方式。置重點於鏡我的概念，即根據我們認為他人如何看待我們的方式創造我們自己的形象，並且據此引導我們的言行舉止。
利益團體 interest group	人們所形成的組織，存在的目的在於推動或保護某項共同利益。
標籤論 labelling	被以一種負面的方式指認出來的過程（例如，在某方面是行為偏差者）——並且將會因這個「標籤」而受到注意，以至於個人也以他被標籤所描述的方式來看待自己。
生命期望 life expectancy	某團體的成員能夠期望從某個特定時點開始可以存活的平均年數（通常是從出生開始算起，但是從任何一個年齡的生命期望都是可以算得出來的）。

貫時性研究
longitudinal study

一項針對同一個人或團體所進行的研究，執行期限持續或斷斷續續經過一段相當長的期間。

馬克斯主義
Marxism

是以馬克斯（1818-83）的著作為基礎，所發展出的一個觀點，主張人類行為乃是社會環境的結果、而經濟體系則構成了這個環境的基礎。因為只有透過經濟體系，人們的需求方能獲得滿足——人們生產財貨來滿足這些需要的方式，決定了他們工作與一起生活的方式。馬克斯主義認為人類社會是不斷變遷的，這是出於爭奪控制生產工具而引發衝突所致。

大眾媒體
mass media

可以達到大數量民眾的溝通工具（例如，電視、收音機、和報紙）。電影與廣告海報有時也包括在內。

母權
matriarchal

一個由母親統治的團體（例如，社會或家庭）。

母系
matrilineal

子嗣是從母姓。

母居
matrilocal

住在太太家人附近或和太太的家人住在一起。

機械化
mechanisation

用機器來取代手工勞力和其它勞力工作的過程。

因才取士
meritocracy

地位的獲得完全是根據個人成就的一種社會。

方法論
methodolgy

用來操弄資料、獲得知識的技術。

遷移
migration

人們從一地移居到另一地。

單偶婚姻制度
monogamy

允許一個女人一次只能嫁給一個男人，或一個男人一次只能取一個女人的婚姻制度。

民德
mores

一個被社會視爲對社會秩序的維持，極爲重要的行爲模式。違反民德將會受到比違反「民俗」，更加嚴厲的正式或非正式的處罰。（民德基本上是反映一個社會的道德標準）。

死亡率
mortality

一個社會死亡人數所遵循的模式，就像「死亡率」所顯示的 = 任何一年中總人口中每一千人中的死亡人數。

淨外移人數
net migration

遷入與遷出人數的差額（可能不是增加就是減少）。

規範 norm	被團體所共享的、共同接受的行爲標準（「無規範」是指缺乏指導個人行爲的規範，可能是規範太少的結果；或是規範太多以至於難以選擇，可能導致脫序。）
核心家庭 nuclear family	參閱家庭。
客觀性 objectivity	尋求不偏不倚使用科學技術的能力。
參與觀察 participant observation	一種研究員變成他研究團體之成員並且充分參與該團體的生活之情況。
父權 patriarchal	一個由父親控制的團體（例如，社會或家庭）。
父系 patrilineal	子嗣是從父姓。
父居 patrilocal	住在先生家人附近或和先生的家人住在一起。
同輩團體 peer group	指成員或多或少擁有同等地位的團體（就像「同儕」，意味著在上議院裡，擁有與他人相同地位的人）。在社會學裡，被用來指涉一群擁有某種相似性的人所形成的

團體——例如，年齡、共享的利益或地位。

現象學
phenomenology

現象可以是個事實（例如，科學的實在），或是個知覺（例如，我們的大腦解釋我們所感知事物的方式）。就第二個定義來說，現象學是指——我們的社會世界是相對的、全憑我們加諸其上的標籤而定（在和平時期殺人可能算是謀殺，在戰爭時期卻被看成英雄）。據此建構社會實在的關鍵要素是語言。現象學批評「科學」社會學，並且把人視為能夠創造並且控制他們自身環境的獨立行動者。

多偶婚姻制度
polygamy

任何一次婚姻都可以有一個以上配偶的一種婚姻體制。一夫多妻是一個男人可以迎娶一個以上太太的制度。一妻多夫制是一個女人可以有一個以上先生的制度。

實證主義
positivism

被用來描述藉助自然科學所發展出來的技術，來研究人類社會行為的社會學研究方法的一個名詞；視人類行為主要取決於外在刺激，正如原子與分子的運動一樣。

貧窮
poverty

社會中某個人或團體的生活水準低於一般所接受的情況。「絕對貧窮」是指人類生存的條件連最基本的要求都無法獲得滿足的情況。「相對貧窮」則是指人們生活的水準低於同一個社會中，他們可以合理與

之比較的情況——這個標準會因各社會而將有所不同。容特里將約克市的貧窮分爲「初級」——是指總收入不足以得到維持身體效能所需的最低之限度。「次級」——如果不隨便浪費總收入還算勉強足夠——兩類。

壓力團體
pressure groups

嘗試影響掌權者——像是政府、國會議員、地方政府人士或官員——的團體。

無產階級
proletariat

那些出賣他們的勞動力以換取工資的人。

寄宿學校
public schools

是私立的、收費的次級學校，就讀於這些學校可能會被認爲獲得一種社會的特權地位。這個名詞並沒有被用來包括所有的私立次級學校，因爲其中有些是特別設立來滿足年輕殘障人士的需求並且提供他們特殊服務的學校，而其它的次級學校在學術上並沒有優異的表現。

種族
race

用來標示擁有相同血統的民族的一個名稱。在生物學上被用來描述因物競天擇，而對某種特殊的環境產生了適應的結果。一般有三大人類的「種族」：黑人、高加索人、與蒙古人。然而，這個概念的價值頗令人質疑，因爲種族之內人與人之間在體質上的差異並不亞於種族之間。

參考團體 reference group	個人為了界定他的期望應該為何而認同的團體。
角色 role	個人在團體中所扮演的部份，以及在某個位置上的人被期望表現出的行為模式（或許是「歸屬的」，也就是說既定的，像是「父親」；或是「成就的」，也就是說選定的，像是「醫生」。
角色衝突 role conflict	是指某個角色的執行干擾到另一個角色的執行（例如，職業婦女可能在小孩與工作之間有著相互衝突的職責）。
樣本 sample	一個較大母群中具有代表性的一小部份。
抽樣架構 sampling frame	將從中抽取樣本的人物名單。
制裁 sanction	想要用來鼓勵或打消某種特殊行為模式的處罰或獎勵。
世俗化 secularisation	用來描述宗教在儀式崇拜與思想應用上，都顯現普遍式微的一個名詞，也用來描述宗教團體與制度變得更加關心非宗教的事務（例如，追求地位的晉升；或是成為青少年俱樂部的社會活動中心，或是年輕媽媽們的聚會場所）。

自我實踐預言 self-fulfilling prophecy	某人被某種特殊方式界定之後，導致他表現出符合預期行為的一種過程（例如，老師預期某個小孩不會有好的表現，而且把這個訊息傳遞給那個小孩，結果那名小孩接受了負面的自我形象，因而沒有表現出他應有的水準。）
社會化 socialisation	學習個人所屬團體的價值，以及他在那個團體中的角色（有時只用指孩提時期的學習過程）。
社會流動 social mobility	指在社會層級結構中的上下移動（常稱為「垂直社會流動」）。代間流動＝兩個世代之間在社會階梯上的上下移動，亦即，出生時的階級位置和接受調查時的階級位置。代內流動＝一個世代內的流動，亦即，某人在其職業生涯起點的階級位置和接受調查時的階級位置之間的變化。贊助流動（sponsored mobility）＝得到高社會地位是因為家庭背景或其它和能力與努力沒有多少關係的因素。競爭流動（contest mobility）＝得到高社會地位是建立在能力與努力的基礎上。
社會階層化 social stratification	根據繼承、權力、以及財富，而將社會中的人，做經常性或接近經常性的高低不等排列的一種方式。

地位 status	個人在某個既定情境下的位置（有時用法和「階級」相同，或是指在某個層級結構中的位置）。地位必須要被其它人所承認，並且從他們那裡得到應有的尊重。地位可以是「成就的」（即經由個人的努力而得到的），或是「歸屬的」（即繼承而來的）。
都市化 urbanisation	市鎮與城市成長，於是成為社會之重要特色的整段過程。（路易斯・渥斯，在《都市主義乃一種生活方式》一書中主張，人口的多寡與密度是許多社會行為主要的決定因素。）
價值 values	在社會某個固定範圍內主宰行為的一般性原則，通常被該團體接受為判斷行為的標準。
白領勞工 white-collar	若不是用來指稱從事例行庶務性或是其它非手工工作的工人，就是當做與「中產階級」同義的另一個名詞來用。

社會學精通　　　　　　　社會叢書 11

著　　者☞Gerard O'Donnell

譯　　者☞朱柔若

出 版 者☞揚智文化事業股份有限公司

發 行 人☞葉忠賢

責任編輯☞賴筱彌

地　　址☞台北市新生南路三段 88 號 5 樓之 6

電　　話☞(02)23660309　23660313

傳　　真☞(02)23660310

登 記 證☞局版北市業字第 1117 號

印　　刷☞鼎易印刷事業有限公司

法律顧問☞北辰著作權事務所　蕭雄淋律師

郵政劃撥☞14534976 揚智文化事業股份有限公司

初版二刷☞2002 年 3 月

定　　價☞新台幣 600 元

英文書名／Mastering Sociology

Copyright © 1994 by Gerard O'Donnell

Complex Chinese edition arranged with Macmillan Press Limited

Complex Chinese Copyright © 1999 by Yang-Chih Book Co., Ltd.

All Rights Reserved.

For sale in Taiwan and Hong Kong

Printed in Taiwan

國家圖書館出版品預行編目資料

社會學精通 ／ Gerard O'Donnell著；朱柔若譯.
　　 -- 初版.-- 臺北市 ： 揚智文化, 1999〔民88〕印刷
　　 面 ： 　公分. --（社會叢書 ： 11）
譯自：Mastering sociology
ISBN 957-818-009-8 （平裝）
1. 社會學

540   88005562